suhrkamp taschenbuch
wissenschaft 2056

Pierre Bourdieu

Schriften

Herausgegeben von
Franz Schultheis und Stephan Egger

Band 7

Die Schriften Pierre Bourdieus zur Politik nehmen zwar nur einen kleinen Teil des Werks ein, das vor allem als »Kultursoziologie« Aufsehen erregt hat. Aber auch Bourdieus »politische« Soziologie zeigt die eminente intellektuelle Sprengkraft seiner Theorie der sozialen Welt: Der Leser wird aufgefordert, Politik zu denken, »ohne politisch zu denken«. Er wird mit scharfsinnigen Analysen des politischen Diskurses, der Durchsetzung politischer Kategorien des Wahrnehmens und Denkens, der Genese und Struktur des politischen Feldes und seiner Definitionsmacht konfrontiert, die wie kaum eine andere unsere Sicht der sozialen Welt bestimmt. Der Band versammelt unter anderem Aufsätze zur politischen Repräsentation, zum Einfluss des Journalismus, zum Begriff des Volkes und über den Streik und das politische Handeln. Radikaler ist selten über Politik nachgedacht worden.

Pierre Bourdieu (1930-2002) hatte zuletzt einen Lehrstuhl für Soziologie am Collège de France inne. Im Suhrkamp Verlag sind u. a. erschienen: *Die männliche Herrschaft (2005), Meditationen. Zur Kritik der scholastischen Vernunft* (stw 1695), *Soziologie ist ein Kampfsport* (fes 5).
In der Reihe *Schriften* ist bisher erschienen: *Religion* (stw 1975).

Franz Schultheis ist Präsident der Fondation Bourdieu und Professor für Soziologie an der Universität St. Gallen. Stephan Egger ist Lehrbeauftragter am Soziologischen Seminar ebendort.

Pierre Bourdieu

Politik

Schriften zur Politischen Ökonomie 2

Herausgegeben von
Franz Schultheis und Stephan Egger

Aus dem Französischen von
Roswitha Schmid, Hella Beister,
Eva Kessler, Achim Russer
und Bernd Schwibs

Suhrkamp

In Zusammenarbeit mit der Fondation Bourdieu
und der UVK Verlagsgesellschaft.
Die Erstübersetzungen französischer Originaltexte
wurden gefördert aus dem Nachlass der 2005
verstorbenen Soziologin Steffani Engler.

Bibliografische Information der Deutschen Nationalbibliothek
Die Deutsche Nationalbibliothek verzeichnet diese Publikation in
der Deutschen Nationalbibliografie; detaillierte bibliografische Daten
sind im Internet über http://dnb.d-nb.de abrufbar.

suhrkamp taschenbuch wissenschaft 2056
Erste Auflage 2013

Umschlag nach Entwürfen
von Willy Fleckhaus und Rolf Staudt
Druck: Druckhaus Nomos, Sinzheim
Printed in Germany

ISBN 978-3-518-29656-1

Inhalt

Politik denken

Wir werden von Politik überflutet. Wir schwimmen im unentwegten und wechselhaften Strom des täglichen Geschwätzes über die vergleichbaren Chancen und Verdienste von austauschbaren Kandidaten. Es ist nicht nötig, die Leitartikler von Zeitungen und Zeitschriften zu lesen oder ihre »Analysen«, die während der Wahlsaison ihre Glanzzeit erleben und dann als vergilbte Angebote der Straßenbuchhändler enden, Nahrung für Begriffshistoriker nach einem kurzen Durchmarsch durch die Bestsellerlisten: Ihre Autoren bieten uns auf allen Radio- und Fernsehkanälen »Ideen« an, die man nur deshalb so leicht hinnimmt, weil es sich um »anerkannte Ideen« handelt. All das kann verkündet und ewig wiederholt werden und ist doch völlig nichtssagend. Unsere besoldeten Diskutanten, die sich zu festgesetzter Stunde treffen, um über die »Strategie von Raymond Barre«, das »Image von Chirac« oder »das Schweigen Mitterrands« zu reden, sagen die Wahrheit über das ganze Spiel, wenn sie die Hoffnung ausdrücken, dass ihr Gesprächspartner anderer Meinung sei, »um mit ihm ein Streitgespräch führen zu können«. Die Äußerungen zur Politik sind, wie das leere Gerede über gutes oder schlechtes Wetter, im Grunde flüchtig. Nur das ständige Vergessen verhindert die Offenlegung ihrer ungeheuren Eintönigkeit und ermöglicht es damit, das Spiel fortzusetzen.

Wenn es stimmt, wie Durkheim meinte, dass die Illusion unmittelbaren Verstehens das Haupthindernis für eine Wissenschaft von der sozialen Welt ist, gibt es zweifellos nichts, was schwieriger zugänglich wäre als diese Alltäglichkeit der Politik. Dieser Bereich der sozialen Welt produziert und ermächtigt mehr als irgendein anderer die eigene Darstellung seiner selbst: Die dort ihre Geschäfte gemacht haben, sind ehemalige Meister der Selbstdarstellung, was eine der Bedingungen zur Anhäufung dieser besonderen Art von symbolischem Kapital ist, wie sie das politische Kapital darstellt. Aber sie zeigen sich heute nur noch in Begleitung von Regisseuren, die eine halbwissenschaftliche Version der Sozialwissenschaft in die politische Praxis eingeschleust haben. Was sie tun und sagen, wird Gegenstand einer permanenten Exegese, die, unter dem Anschein, es zu objektivieren, selbst Teil des Objektes ist und zu seiner

Wahrnehmung beiträgt. An diesem strategischen Punkt sind die »Medienpolitologen« angesiedelt, moderne Nachfolger der Doxosophen Platons, zweideutige Gestalten, die mit dem einen Fuß in der Wissenschaft und dem anderen in ihrem Gegenstand stecken. Als scheinbare Wissenschaftler bedienen sie sich eines zur Schau gestellten Anstrichs von Wissenschaftlichkeit, um sich im Namen der Wissenschaft in jene Realität einzumischen, die sie vorgeben zu untersuchen.

Die Wissenschaft beginge einen Fehler, wenn sie nur ihre wissenschaftlichen Irrtümer kritisieren würde. Denn schließlich geht es doch darum, deren Position und Funktion in jenem neuen politischen Raum zu analysieren, der diese Einmischung genau charakterisiert. Und das auf die Gefahr hin, ihnen eine Anerkennung zu gewähren, die jede wirklich wissenschaftliche Diskussion beinhaltet. Oder umgekehrt sich dem Vorwurf auszusetzen, sie einer niederträchtig reduktionistischen Demontage zu unterziehen, wie es die satirischen Zeitschriften tun. Dieses Attentat auf die gesellschaftlichen Anstandsnormen, deren Befolgung hier wie anderswo eines der wichtigsten Hindernisse für den Fortschritt wissenschaftlicher Erkenntnis darstellt, wird zweifellos umso weniger entschuldigt, als es von einem anderen Verstoß begleitet wird. Er besteht darin, die geheiligte Grenze zwischen Kultur und Politik zu überschreiten, die Grenze zwischen dem reinen Denken und der Trivialität der Agora: Im Bruch mit dem, was den unnachahmlichen Charme aller Initiationseinschnitte ausmacht – zwischen Ontologie und Anthropologie für die einen, Wissenschaft und Ideologie für die anderen –, und mit allen sakralisierenden Trennungen zu den Profanen, die es gestatten, sich als höhere Wesensart zu fühlen, gilt es, sich in die öffentliche Sphäre hinabzubegeben.

Aber man wird dort nur ein mehr oder weniger erfolgreiches *remake* der Tragikomödie des Philosophen-Königs oder Philosophen-Söldners, des Sophisten oder Doxosophen spielen können, sofern man sich nicht mit allen Mitteln des Bruchs, der Abstandnahme, des *estrangements*, wie die russischen Formalisten sagen, ausstattet. Am wirkungsvollsten ist die Rekonstruktion der historischen Genese, deren Vergessen Grundlage der Illusion der Evidenz ist – so stark, dass sie die Illusionisten selbst täuscht. Aber Politik denken, ohne politisch zu denken, heißt auch und vor allem, eine Art des Denkens auf sie anzuwenden, das sich fast immer gegen sie richtet, jene Grenze zu überschreiten, die Grundlage ihrer Entfaltung ist. Es heißt, eine Konversion des Blicks vorzunehmen, um noch so triviale Realitäten wie ein politisches Kürzel, die Überschrift in einer Zeitung oder ein Wahlplakat der radikalsten Infragestellung unterziehen zu können, die sonst den erlauchten Gegenständen der philosophischen oder religiösen Exegese vorbehalten bleibt und vor der jene mondäne Mischung aus zwangloser phänomenologischer und zwanghaft strukturaler Analyse Halt macht, die das Denken über die »Moderne« so gerne betreibt. Man kann all das, was von der unmittelbaren Wahrnehmung eines »Mediencoups«, eines Wortspiels der *Libération* oder einer Zeichnung von Claire Bretecher ins Spiel gebracht wird, nur dann wirklich verstehen, indem man eine Arbeit ähnlich derjenigen des Ethnologen, des Ethnobotanikers oder Ethnolinguisten betreibt, wenn sie versuchen, die kognitiven Schemata ans Licht zu bringen, die in Akte, Diskurse oder Objekte investiert werden, welche ihrer Tradition fremd sind. Und gleichzeitig hat man sich hier ständig vor den Intuitionen der Vertrautheit zu hüten, die, weil sie nur zu gut über Kategoreme verfügen – wie den Gegensatz zwischen der Linken und Rechten, Dinge wie eine Wahlurne oder Wahlkabine oder Darstellungen wie den »Kuchen«, mit dem man die Stimmverteilung veranschaulicht–, es also letztlich verbieten, das Prinzip dieses Verständnisses selbst zu verstehen.

Beschreiben und Vorschreiben

Die Bedingungen der Möglichkeit politischer Wirkung und ihre Grenzen

Politisches Handeln im eigentlichen Sinne ist möglich, weil die sozialen Akteure als Teil der sozialen Welt über (mehr oder weniger richtige) Erkenntnisse dieser Welt verfügen und weil man die soziale Welt beeinflussen kann, indem man diese Erkenntnisse beeinflusst. Ziel des politisches Handelns ist es, Repräsentationen der sozialen Welt (mental, verbal, graphisch, dramatisch) zu schaffen und durchzusetzen, mit denen die Vorstellungen der sozialen Akteure und damit die soziale Welt selbst beeinflusst werden können; oder, genauer gesagt, soziale Gruppen – und mit ihnen das kollektive Handeln, mit dem diese versuchen könnten, die soziale Welt ihren Interessen gemäß zu verändern – zu schaffen und abzuschaffen, indem es die Repräsentationen produziert, reproduziert oder zerstört, die diese Gruppen für sich selbst und für andere sichtbar machen.

Die ökonomisch-soziale Welt – Erkenntnisobjekt für die in ihr lebenden sozialen Akteure – übt ihren Einfluss nicht in Gestalt mechanischer Determinierung aus, sondern in Gestalt einer Beeinflussung dieser Erkenntnis. Es ist klar, dass diese Beeinflussung zumindest bei den Beherrschten nicht gerade auf eine Aufforderung zu politischem Handeln hinausläuft. Bekanntlich verdankt die soziale Ordnung ihre Beständigkeit zumindest teilweise der Tatsache, dass sie Klassifizierungsschemata durchsetzt, die – da sie sich den objektiven Klassifizierungen anpassen – zu einer bestimmten Form der Anerkennung dieser Ordnung führen, derjenigen nämlich, die mit der Verkennung der Willkür ihrer Grundlagen einhergeht: Die Korrespondenz zwischen objektiven sozialen Gliederungen und Klassifizierungsschemata, zwischen objektiven Strukturen und mentalen Strukturen, ist die Grundlage einer Art Ur-Bejahung der bestehenden Ordnung. Politik beginnt eigentlich erst mit der Aufkündigung dieses für die ursprüngliche Doxa charakteristischen unausgesprochenen Vertrags über die Bejahung der bestehenden Ordnung; mit anderen Worten: Politische Subversion setzt kognitive Subversion voraus, Konversion der Weltsicht.

Der häretische Bruch mit der bestehenden Ordnung und den Dispositionen und Vorstellungen, die sie bei den von ihren Strukturen geprägten sozialen Akteuren erzeugt, setzt jedoch voraus, dass ein kritischer Diskurs und eine objektive Krise zusammentreffen, um die unmittelbare Entsprechung zwischen den inkorporierten Strukturen und den objektiven Strukturen, aus denen sie hervorgegangen sind, aufbrechen und eine Art praktischer *épochè*, eine Suspendierung der ursprünglichen Bejahung der bestehenden Ordnung, einleiten zu können.

Diese Möglichkeit, die soziale Welt zu verändern, indem ein Teil ihrer Realität, nämlich die Vorstellungen von dieser Welt, verändert werden oder, genauer gesagt, indem der üblichen Vorstellung, bei der die soziale Welt als eine natürliche Welt verstanden wird, eine *paradoxe Voraus-Schau*, eine Utopie, ein Plan, ein Programm entgegengehalten wird, macht sich die häretische Subversion zunutze: Die politische Voraus-Schau ist als *performative* Aussage eine Vorher-Sage ihrer selbst, mit der herbeigeführt werden soll, was sie sagt; indem sie Realität verkündet, vorher-sieht und vorsieht, vorstellbar und vor allem glaubhaft macht und damit den kollektiven Willen und die kollektive Vorstellung erzeugt, die ihrer Verwirklichung förderlich sind, trägt sie selber praktisch zur Realität dessen bei, was sie verkündet. Jede Theorie ist, wie das Wort schon sagt, ein Programm für die Wahrnehmung; ganz besonders aber gilt das für die Theorien von der sozialen Welt. Und sicher gibt es nur wenige Fälle, in denen die strukturgebende Macht der Wörter so unumstritten ist, ihre Fähigkeit, vorzuschreiben, wo sie zu beschreiben scheinen, oder Aussagen gegen etwas zu machen, wo sie scheinbar Aussagen über etwas machen. Mancher »Streit um Ideen« ist weniger realitätsfern, als er scheint, wenn man weiß, wie sehr sich die soziale Wirklichkeit über eine Veränderung der Vorstellungen ändern lässt, die sich die Akteure von ihr machen. Es ist bekannt, wie anders die soziale Realität einer Praxis wie Alkoholismus aussieht (und Gleiches gilt für Abtreibung, Drogenkonsum oder Euthanasie), wenn sie als erbliche Belastung wahrgenommen und verstanden wird, oder als Verkommenheit, als kulturelle Tradition oder als Kompensationsverhalten. Ein Wort wie *Paternalismus* hat deshalb eine solch ungeheure Wirkung, weil es alles verdächtig macht, womit das Herrschaftsverhältnis durch ständige Leugnung des Kalküls verschleiert wird. Und ebenso anfällig für die zerstörerische Wirkung der entschleiernden und entzaubernden Wörter wie die nach dem Modell der verschleierten Verhältnisse aufgebauten hierarchischen Verhältnisse und die Familiengruppe als ihr Paradebeispiel sind auch alle anderen Arten von symbolischem Kapital, Prestige, Charisma, Charme, sowie die Tauschverhältnisse, in denen sie mittels Dienstleistungen, Geschenken, Aufmerksamkeit, Pflege, Zuwendung akkumuliert werden. Am deutlichsten aber wird die eigentliche Macht der (religiösen oder politischen) Sprache und der von ihr geschaffenen Denk- und Wahrnehmungsschemata in Krisensituationen: Diese *paradoxen*, *außergewöhnlichen* Situationen erfordern einen außergewöhnlichen Diskurs, der die praktischen Prinzipien des Ethos zu expliziten Prinzipien mit (fast) systematischen Antwortmöglichkeiten erheben und allem Ausdruck verleihen kann, was an der von der Krise geschaffenen Lage unerhört und unsagbar scheint.

Der häretische Diskurs muss nicht nur die Bejahung der Welt des *common sense* aufbrechen helfen, indem er sich öffentlich zum Bruch mit der normalen Ordnung bekennt, sondern auch einen neuen *common sense* schaffen und die bislang unausgesprochenen oder verdrängten, jetzt aber mit der Legitimität der öffentlichen Manifestation und kollektiven Anerkennung versehenen Praktiken einer ganzen sozialen Gruppe in ihn einbringen. Weil nämlich jede Sprache, die sich bei einer ganzen sozialen Gruppe Gehör verschaffen kann, eine autorisierte und mit der Autorität dieser Gruppe belehnte Sprache ist, verleiht sie dem von ihr Bedeuteten mit dem Aussprechen Autorität, wobei sie ihre Legitimität von der Gruppe bekommt, über die sie ihre Autorität ausübt und die sie als solche schaffen hilft, indem sie ihr einen einheitlichen Ausdruck ihrer Erfahrungen bietet. Die Wirkung des häretischen Diskurses beruht nicht auf der Magie einer Macht, die der Sprache selbst (etwa Austins *illocutionary force*) oder der *Person* des Sprechers immanent wäre (etwa Webers Charisma) – zwei Begriffe, die die Frage nach den Gründen für diese Wirkung, der sie nur einen Namen geben, geradezu verhindern –, sondern auf der Dialektik von autorisierter und autorisierender Sprache und den Dispositionen der sozialen Gruppe, die dieser Sprache, und über die Sprache sich selbst, eine Autorität verschafft. Dieser dialektische Prozess vollzieht sich – bei jedem beteiligten Akteur und zuallererst beim Urheber des häretischen Diskurses selbst – in und durch die *Aussagearbeit*, die erforderlich ist, um das Verinnerlichte äußern, das Unnennbare nennen, den prä-verbalen und prä-reflexiven Dispositionen und den nicht sag- und vorzeigbaren Erfahrungen einen Ansatz zu jener Objektivierung in Wörtern geben zu können, die sie zu etwas wesentlich Allgemeinem und zugleich Mitteilbarem, also Sinnvollem und gesellschaftlich Sanktioniertem machen. Er kann sich auch der Arbeit der Dramatisierung bedienen, exemplarisch deutlich in der Prophezeiung, die als Einzige die Evidenzen der Doxa in Misskredit zu bringen vermag, und in der Grenzüberschreitung, die unerlässlich ist, um das *Unnennbare nennen* und die institutionalisierte oder verinnerlichte Zensur durchbrechen zu können, die die Wiederkehr des Verdrängten – zuallererst beim Häresiarchen selbst – verhindert.

Am deutlichsten aber wird die Wirkung der Repräsentationen bei der Entstehung von Gruppen, insbesondere die Wirkung der Wörter, der Losungsworte und Theorien, die zur Schaffung einer Gesellschaftsordnung beitragen, indem sie für die Durchsetzung der Prinzipien der sozialen Gliederung und in weiterem Sinne der symbolischen Macht des ganzen Polit-Theaters sorgen, das die Vorstellungen von der Welt und die politischen Gliederungen real und offiziell werden lässt. Die politische Arbeit der Repräsentation (in Worten oder Theorien, aber auch in Demonstrationen, Feiern oder jeder anderen Art der Symbolisierung sozialer Gliederungen oder Widersprüche) erhebt eine bis dahin auf den Zustand einer praktischen Disposition oder unausgesprochenen und oft unklaren Erfahrung (Unbehagen, Aufbegehren usw.) verwiesene Sicht- und Erlebensweise der sozialen Welt zur Objektivität des Diskurses; damit ermöglicht sie den sozialen Akteuren jenseits der Vielfalt ihrer jeweils besonderen, isolierenden, spaltenden, demobilisierenden Lage gemeinsame Eigenschaften zu entdecken und ihre soziale Identität auf die Grundlage von Merkmalen oder Erfahrungen zu stellen, die nur so lange nicht zueinander zu passen scheinen, wie ihnen das Relevanzprinzip fehlt, das sie zu Indizien für die Zugehörigkeit zu ein und derselben Klasse macht.

Der Übergang von der praktischen zur instituierten Gruppe (Klasse, Nation usw.) setzt voraus, dass ein geeignetes Klassifizierungsprinzip konstruiert wird, um den ganzen Komplex der für die Gesamtheit der Gruppenmitglieder charakteristischen distinktiven Merkmale erzeugen und zugleich sämtliche nicht-relevanten

Merkmale für ungültig erklären zu können, die manche oder alle von ihnen unter anderen Gesichtspunkten besitzen (Nationalität, Alter oder Geschlecht) und die die Grundlage für andere Konstruktionen abgeben können. So ist der Kampf selber die Grundlage der Konstruktion von (sozialen, ethnischen, geschlechtsspezifischen usw.) Klassen: Es gibt keine soziale Gruppe, in der nicht Kämpfe um die Durchsetzung des legitimen Prinzips der Konstruktion von Gruppen ausgetragen würden, keine Verteilung von Merkmalen, ob Geschlecht oder Alter, Bildung oder Reichtum, die nicht Grundlage von Spaltungen und politischen Kämpfen werden könnte. Die Konstruktion von Gruppen von Beherrschten nach dieser oder jener spezifischen Differenz ist nicht von der Dekonstruktion anderer Gruppen zu trennen, die aufgrund von Gattungsmerkmalen oder -eigenschaften (Männer, Alte, Franzosen, Pariser, Bürger, Patrioten usw.) zustande gekommen sind, die bei einem anderen Stand der symbolischen Machtverhältnisse für die soziale und manchmal auch rechtliche Identität der betreffenden Akteure bestimmend waren. Jeder Versuch der Instituierung einer neuen sozialen Gliederung muss mit dem Widerstand derer rechnen, die in dem aufgeteilten Raum die Herrschaftspositionen haben, und damit ein Interesse an der Aufrechterhaltung eines Verhältnisses zur sozialen Welt, das der Doxa entspricht und die Neigung bestärkt, die bestehende soziale Gliederung als eine natürliche Gliederung zu akzeptieren oder im Namen einer angeblich höheren (nationalen, familialen usw.) Einheit symbolisch zu negieren.[1] Anders gesagt: Die Herrschenden haben ein Interesse am Konsensus, an der grundsätzlichen Übereinstimmung über den Sinn der (somit in eine natürliche, der Doxa gemäße verwandelte) sozialen Welt auf der Grundlage einer Übereinstimmung über die Prinzipien der sozialen Gliederung.

Die Widerstandsarbeit der Orthodoxie ist eine Antwort auf die vorwärtstreibende Arbeit der häretischen Kritik. Diskurs und Bewusstsein, ja Wissenschaft, entsprechen den Interessen der Be-

1 Hieraus erklären sich auch die Verteufelungen der mit Parteienstreit und Fraktionskämpfen gleichgesetzten »Politik«, die die Konservativen von Napoleon III. bis Pétain im Laufe der Geschichte schon immer im Munde führten (vgl. M. Marcel, »Inventaire des apolitismes en France«, in: Association française de science politique, *La depolitisation, mythe ou réalité?* Paris: Armand Colin, 1962, S. 49-51).

herrschten, da sie sich und ihre potentielle Macht nur dann mobilisieren und sich selber als separate soziale Gruppe konstituieren können, wenn sie jene Kategorien der Wahrnehmung der sozialen Ordnung in Frage stellen – Produkte eben dieser Ordnung –, über die sich deren Anerkennung vermittelt, das heißt die Unterwerfung.

Die Beherrschten sind umso weniger zu der symbolischen Revolution imstande, die die Voraussetzung der Wiederaneignung der ihnen durch ihre Bejahung der herrschenden Taxonomien auch subjektiv genommenen sozialen Identität ist, je geringer die subversive Kraft und die Kritikfähigkeit sind, die sie im Laufe früherer Kämpfe akkumuliert haben, und je weniger ausgeprägt infolgedessen ihr Bewusstsein von den positiven oder, was wahrscheinlicher ist, negativen Merkmalen ist, über die sie sich definieren: Um die ökonomischen und kulturellen Voraussetzungen gebracht, sich dieser Enteignung bewusst zu werden, und befangen in der begrenzten Erkenntnis, über die sie aufgrund ihrer Erkenntnismöglichkeiten verfügen, berufen sich Subproletarier und proletarisierte Bauern in den Diskursen und Aktionen, die zum Umsturz jener Ordnung führen sollen, deren Opfer sie sind, oft gerade auf die Prinzipien der logischen Gliederung, die dieser Ordnung zugrunde liegen (siehe die Religionskriege).

Die Herrschenden dagegen bemühen sich – da sie das *Schweigen der Doxa* nun einmal nicht wieder einführen können –, mit einem rein reaktiven Diskurs Ersatz für all das zu schaffen, was durch die bloße Existenz des häretischen Diskurses bedroht ist. Da sie an der sozialen Welt, so wie sie ist, nichts auszusetzen finden, bemühen sie sich, mit einem ganz von der Schlichtheit und Transparenz der Vernunft durchdrungenen Diskurs jenes Gefühl von Evidenz und Notwendigkeit zu vermitteln, das diese Welt ihnen vermittelt; da das *laisser-faire* ganz in ihrem Interesse liegt, sind sie bemüht, die Politik mit einem entpolitisierten politischen Diskurs aus der Welt zu schaffen, der – Produkt von Neutralisierungs- oder vielmehr Verneinungsarbeit – den Zustand der Ur-Unschuld der Doxa wiederherstellen soll und sich in seinem Bemühen um eine Naturalisierung der sozialen Ordnung immer auch der Sprache der Natur bedient.

Typisch für diese nicht als solche ausgewiesene politische Sprache ist die Unparteilichkeitsrhetorik, stilistisch geprägt von Symmetrie, Ausgewogenheit, *juste milieu*, getragen vom Ethos des Anstands und der guten Sitten, beglaubigt durch die Vermeidung der gröberen Formen der Polemik, durch Diskretion und ostentative Respektierung des Gegners, kurz, durch alles, womit sich die Verneinung des politischen Kampfes als Kampf demonstrieren lässt. Diese Strategie der (ethischen) Neutralität findet ihre natürliche Vollendung in der Wissenschaftlichkeitsrhetorik.

Ganz naiv kommt diese Sehnsucht nach der Protodoxa in dem von allen Konservativismen gepflegten Kult des »guten Volks« zum Ausdruck (meist verkörpert vom Bauern), dessen wesentliches Merkmal, nämlich die Unterwerfung unter die bestehende Ordnung, in den Euphemismen des orthodoxen Diskurses (»die einfachen Leute«, »die einfachen Klassen«) noch ganz gut erkennbar ist. In Wirklichkeit kaschiert der Kampf zwischen Orthodoxie und Heterodoxie im politischen Feld nur den Gegensatz zwischen der Gesamtheit der (orthodoxen wie heterodoxen) politischen Thesen, das heißt dem ganzen Universum dessen, was im politischen Feld politisch formuliert werden kann, und all dem, was der Diskussion, das heißt dem Zugriff des Diskurses (in diesem Feld), entzogen bleibt und was – zurückgedrängt auf den Stand der Doxa – von denselben Leuten ganz ungeprüft und undiskutiert akzeptiert wird, die sich auf der Ebene der erklärten politischen Überzeugungen als Opponenten gegenüberstehen.

Der Kampf um die Erkenntnis der sozialen Welt wäre gegenstandslos, wenn jeder Akteur das Prinzip einer untrüglichen Erkenntnis seiner wahren Lage und seiner Position im sozialen Raum in sich selber fände und wenn sich nicht jeder Akteur in den unterschiedlichsten Diskursen und Klassifizierungen (nach Klasse, Ethnie, Religion, Geschlecht usw.) beziehungsweise in gegensätzlichen Bewertungen der Ergebnisse derselben Klassifizierungsprinzipien wiedererkennen könnte; die Folgen dieses Kampfes wären jedoch vollkommen unvorhersehbar, wenn der Allodoxia, der falschen Wahrnehmung und vor allem dem falschen Ausdruck, keine Grenzen gesetzt wären und wenn die Neigung, sich in den jeweils zur Verfügung stehenden Diskursen und Klassifizierungen wiederzuerkennen, bei allen Akteuren gleich wahrscheinlich wäre, unabhängig von ihrer Position im sozialen Raum (also von ihren Dispositionen) und unabhängig von der Struktur dieses Raumes, den Distributionsformen und den sozialen Gliederungen, die diese Struktur real bestimmen.

Der Effekt der Voraus-Schau, oder auch Theorie-Effekt (verstanden als Effekt der Setzung von Prinzipien der sozialen Gliederung, der immer eintritt, wenn etwas explizit gemacht wird), kommt in jenem Unsicherheitsspielraum zum Tragen, der aus der Diskontinuität zwischen den schweigenden Evidenzen des Ethos und den öffentlichen Manifestationen des Logos entsteht: Begünstigt von der Allodoxia, die diese Diskrepanz zwischen der Ordnung der Praxis und der Ordnung des Diskurses möglich macht, können sich gleiche Dispositionen in ganz unterschiedlichen und manchmal sogar entgegengesetzten Stellungnahmen wiederfinden. Womit auch gesagt ist, dass die Wissenschaft gar nicht anders kann, als einen Theorie-Effekt auszuüben, aber einen Theorie-Effekt ganz besonderer Art: Indem sie in einem kohärenten und empirisch wirksamen Diskurs manifest macht, was bis dahin unbekannt war, das heißt, je nach Fall, unausgesprochen oder verdrängt, verändert sie die Vorstellung von der sozialen Welt und damit auch die soziale Welt selbst, zumindest in dem Maße, wie sie Praxen möglich macht, die dieser veränderten Vorstellung entsprechen. So kann man zwar die frühesten Manifestationen des Klassenkampfes und auch die ersten Erscheinungsformen einer »Theorie« des Klassenkampfes (nach der Logik der »Vorläufer«) historisch fast beliebig weit zurückverlegen – von Klassen und Klassenkampf im strengen Sinne kann dennoch erst seit Marx und sogar erst seit der Gründung von Parteien gesprochen werden, die zur Durchsetzung einer Vorstellung von der sozialen Welt imstande sind (und zwar in großem Maßstab), die sich an dieser Theorie des Klassenkampfes orientiert. Und also befinden sich diejenigen, die im Namen des Marxismus Klassen und Klassenkampf in präkapitalistischen, also prämarxistischen Gesellschaften suchen, in einem theoretischen Irrtum, der typisch ist für jene Kombination von szientistischem Realismus und Ökonomismus, aufgrund derer die marxistische Tradition die Klassen immer in der – oft auf ihre ökonomische Dimension reduzierten – Realität der sozialen Welt selbst sucht:[2] Paradoxerweise hat die mar-

2 Die in den Texten der marxistischen Theoretiker immer vorhandene Spannung zwischen soziologistischem Szientismus und spontaneistischem Voluntarismus hängt sicher damit zusammen, dass diese Theoretiker je nach ihrer Position in der arbeitsteiligen kulturellen Produktion und auch je nach dem Zustand, in dem sich ihnen die sozialen Klassen darstellen, den Akzent stärker auf die Klasse als objektive Klassenlage oder auf die Klasse als Wille legen.

xistische Theorie, deren eigener Theorie-Effekt in der Geschichte seinesgleichen sucht, in ihrer Geschichts- und Klassentheorie keinen Platz für ihn. Als Wirklichkeit und Wille ist die Klasse (oder der Klassenkampf) Wirklichkeit, soweit sie Wille, und Wille, soweit sie Wirklichkeit ist: Die politischen Praxen und Vorstellungen (insbesondere die Vorstellungen von der Aufteilung in Klassen), wie sie zu einem bestimmten Zeitpunkt in einer Gesellschaft zu beobachten und zu messen sind, die der Wirkung der Theorie vom Klassenkampf schon lange ausgesetzt ist, sind zum Teil ein Ergebnis dieses Theorie-Effekts; wobei klar ist, dass ein Teil seiner Wirkung darauf zurückzuführen ist, dass die Theorie des Klassenkampfs eine objektive Grundlage hatte, nämlich die objektiven, inkorporierten Eigenschaften, und von daher auf das geheime Einverständnis dieser Dispositionen des politischen Sinns bauen konnte. Die Kategorien, in denen eine soziale Gruppe sich selbst denkt und sich ihre eigene Realität vorstellt, tragen zur Realität dieser Gruppe bei. Das bedeutet, dass die ganze Geschichte der Arbeiterbewegung und der Theorien, mit denen sie die soziale Wirklichkeit konstruiert hat, zum jeweils gegebenen Zeitpunkt auch in der Wirklichkeit dieser Bewegung präsent ist. Die Kategorien der Wahrnehmung der sozialen Welt, und damit auch die nach diesen Kategorien gebildeten sozialen Gruppen, entstehen in eben den Kämpfen, die die Geschichte der sozialen Welt ausmachen.[3]

Noch die striktest konstatierende wissenschaftliche Beschreibung läuft immer Gefahr, zur Vorschrift zu werden und über einen Theorie-Effekt, der dem Eintreten des von ihr Verkündeten Vorschub leistet, zu ihrer eigenen Verifizierung beizutragen. Wie die Formel: »Die Sitzung ist eröffnet« kann auch die These: »Es gibt zwei Klassen« als konstatierende oder als performative Aussage verstanden werden. Damit werden alle politischen Thesen intrinsisch unentscheidbar, die – wie die Bestätigung oder Verneinung der Existenz von Klassen, Regionen oder Nationen – zum Wirklichkeitsgehalt verschiedener Vorstellungen Stellung nehmen, oder zu ihrer Macht, Wirklichkeit zu schaffen. Die Wissenschaft, die diese Diskussionen vielleicht gern beenden würde, indem sie ein objektives Maß für den Realitätsgrad der rivalisierenden Positionen an-

3 Weshalb auch Geschichte (insbesondere die Geschichte der Denkkategorien) eine der Voraussetzungen für das Zu-sich-selbst-Kommen des politischen Denkens ist.

gibt, kann logischerweise nur den Raum der Kämpfe beschreiben, bei denen es unter anderem um die Repräsentation der an ihnen beteiligten Kräfte und um ihre Erfolgschancen geht: und zwar wohl wissend, dass von jeder »objektiven« Evaluierung jener Aspekte der Wirklichkeit, die in der Wirklichkeit selbst auf dem Spiel stehen, ganz reale Wirkungen ausgehen können. Wie daran vorbeisehen, dass die Vorausschau nicht nur in der Absicht ihrer Urheber, sondern auch in der Wirklichkeit ihres sozialen Werdens Wirkungen zeitigen kann, sei es als *self-fulfilling prophecy*, als performative Vorstellung zur Erzielung einer im eigentlichen Sinne politischen, der Festschreibung der bestehenden Ordnung dienenden Wirkung (umso nachhaltiger, je anerkannter sie ist), sei es als *Exorzismus*, der Aktionen zu ihrer Widerlegung in Gang setzen kann? Die Schlüsselwörter des ökonomischen Vokabulars, und zwar nicht nur Begriffe wie »Prinzip«, »Gleichgewicht«, »Produktivität«, »Anpassung«, »Funktion« usw., sondern auch zentralere, schwerer entbehrliche wie »Nutzen«, »Wert«, »reale« oder »subjektive Kosten« usw., ganz zu schweigen von Begriffen wie »ökonomisch«, »natürlich«, »gerecht« (denen noch »vernünftig« hinzuzufügen wäre), sind, wie Gunnar Myrdal ganz klar gezeigt hat, immer beschreibend und vorschreibend zugleich.[4]

Noch die neutralste Wissenschaft übt Wirkungen aus, die überhaupt nicht neutral sind: Die bloße Feststellung und Veröffentlichung des Stellenwertes eines Ereignisses – gemessen nach der Wahrscheinlichkeit, mit der es eintreten wird, das heißt, wie Popper sagt, nach der Stärke seiner *Neigung*, einzutreten, einer dem Wesen der Dinge inhärenten Eigenschaft – kann so zur Verstärkung seines »Existenzdranges« beitragen (mit einem Wort von Leibniz), da sie die sozialen Akteure dazu veranlasst, sich auf dieses Ereignis einzustellen und es geschehen zu lassen oder, im Gegenteil, sich zu mobilisieren, ihm etwas entgegenzustellen, und sich ihr Wissen über dieses wahrscheinlich eintretende Ereignis zunutze zu machen, um sein Kommen zu erschweren oder sogar zu verhindern. Es genügt auch nicht, wenn man, statt akademisch zwei Arten der Wahrnehmung von sozialer Differenzierung miteinander zu konfrontieren – als Komplex hierarchischer Strata oder als Komplex antagonistischer Klassen –, die für jede revolutionäre Strategie

4 G. Myrdal, *The Political Element in the Development of Economic Theory*, New York: Simon and Schuster, 1964, insbesondere S. 10-21.

entscheidende Frage stellt, ob zum fraglichen Zeitpunkt die beherrschte Klasse eine antagonistische, zur Selbstbestimmung ihrer Ziele fähige, kurz, mobilisierte Klasse ist oder, im Gegenteil, ein Stratum, das sich zuunterst in einem hierarchischen Raum befindet und über seine Distanz zu den herrschenden Werten definiert ist, oder ob, mit anderen Worten, der Kampf zwischen den Klassen ein revolutionärer, auf Umsturz der bestehenden Ordnung gerichteter Kampf ist oder ein Konkurrenzkampf, eine Art Verfolgungsrennen, bei dem die Beherrschten der Aneignung von Merkmalen der Herrschenden nachjagen. Nichts sähe sich rascher durch die Wirklichkeit widerlegt, und wäre also weniger wissenschaftlich, als eine Antwort auf diese Frage, die ausschließlich von den momentanen Praxen und Dispositionen der sozialen Akteure ausginge und nicht dem Vorhandensein oder Nicht-Vorhandensein von Akteuren oder Organisationen Rechnung trüge, die imstande sind, auf der Basis einer mehr oder weniger realistischen Voraus-Schau der objektiven Chancen einer dieser Möglichkeiten – Vorausschau und Chancen, die selber von der wissenschaftlichen Erkenntnis der Wirklichkeit nicht unbeeinflusst bleiben – auf Bestätigung oder Schwächung dieser Vorstellungen hinzuarbeiten.

Alles deutet darauf hin, dass der *Theorie-Effekt*, der in der Wirklichkeit direkt von Akteuren und Organisationen ausgehen kann, die zur Durchsetzung eines Prinzips sozialer Gliederung imstande sind – oder, wenn man so will, zur symbolischen Erzeugung oder Verstärkung der systematischen Neigung, bestimmte Aspekte des Realen mit Vorrang zu behandeln und andere zu übergehen –, umso stärker und vor allem umso nachhaltiger ist, je realitätsgerechter etwas explizit gemacht und objektiviert wird und je genauer die gedachten Gliederungen den realen entsprechen. Mit anderen Worten, die durch symbolische Konstituierung mobilisierte potentielle Macht ist umso größer, je mehr sich die *klassifikatorischen Merkmale*, durch die sich eine soziale Gruppe explizit ausweist und in denen sie sich *erkennt*, mit den objektiven Merkmalen der für diese Gruppe konsumtiven Akteure decken (über die sich auch ihre Position in der Verteilung der Mittel zur Aneignung des akkumulierten Sozialprodukts bestimmt).

Die Wissenschaft von den sozialen Mechanismen, die der Reproduktion der bestehenden Ordnung dienen – etwa von den Mechanismen der kulturellen Vererbung in Zusammenhang mit den

Abläufen des Bildungssystems oder von der symbolischen Herrschaft, die mit der Vereinheitlichung des Marktes der kulturellen und ökonomischen Güter einhergeht –, kann natürlich für das opportunistische *laisser-faire* eingespannt werden, das den Ablauf dieser Mechanismen *rationalisieren* möchte (in doppeltem Sinne). Ebensogut aber kann sie die Grundlage einer Politik mit völlig entgegengesetzten Zielen werden, bei der sowohl dem Voluntarismus der Unwissenheit oder Verzweiflung als auch dem *laisser-faire* ein Ende gesetzt und die Kenntnis dieser Mechanismen als Waffe zu ihrer Neutralisierung genutzt wird; und bei der das Wissen über das wahrscheinlich Eintretende nicht als Aufforderung zu fatalistischer Abdankung oder verantwortungslosem Utopismus verstanden wird, sondern als Grundlage einer Absage an das Wahrscheinliche, die auf der wissenschaftlichen Beherrschung der Gesetze beruht, nach denen die Produktion dieser ungewollten Möglichkeit erfolgt.

Delegation und politischer Fetischismus

Die Delegation, durch die eine Person einer anderen, wie es heißt, die Vollmacht erteilt, die Machtübertragung, durch die der Mandant den Mandatsträger ermächtigt, an seiner Stelle zu unterzeichnen, an seiner Stelle zu handeln, an seiner Stelle zu sprechen, ihm Prokura erteilt, das heißt die *plena potentia agendi*, die uneingeschränkte Vollmacht, für ihn zu handeln, ist ein komplexer Akt, der weitergehende Reflexion verdient. Bevollmächtigter – Minister, Mandatsträger, Delegierter, Sprecher, Abgeordneter, Parlamentarier – ist, wer ein Mandat, einen Auftrag oder eine Vollmacht besitzt, um die Interessen einer anderen Person oder einer Gruppe zu repräsentieren – ein vieldeutiges Wort –, das heißt darzustellen, sichtbar zu machen, zur Geltung zu bringen. Wenn »delegieren« also bedeutet, jemanden durch Übertragung eigener Macht mit einer Funktion, einem Auftrag zu betrauen, so bleibt doch die Frage offen, wie es geschehen kann, dass der Beauftragte Macht über den gewinnt, der ihm die Macht verleiht. Wo es um Machtübertragung einer Einzelperson auf eine andere Einzelperson geht, ist die Sache verhältnismäßig einfach. Anders dagegen, wenn eine Einzelperson Depositär von Vollmachten einer Vielzahl von Einzelpersonen wird – in dem Fall vermag ihre Machtbefugnis die eines jeden ihrer Mandanten zu übersteigen, kann sie gewissermaßen zur Verkörperung jener »Transzendenz des Sozialen« werden, von der häufig die Durkheimianer sprachen.

Aber das ist nicht alles. Denn tatsächlich droht die Delegationsbeziehung den Wahrheitsgehalt der Repräsentationsbeziehung zu verschleiern, wie auch den paradoxen Sachverhalt einer Situation, in der eine Gruppe nur durch Delegation an eine Einzelperson – den Generalsekretär, den Papst etc. –, die als eine Art »Rechtsperson«, das heißt als Substitut der Gruppe, agiert, bestehen kann. In allen diesen Fällen – gemäß der von den mittelalterlichen Kanonisten geprägten Formel: die Kirche ist der Papst – *scheint* die Gruppe den zu erschaffen, der an ihrer statt und in ihrem Namen, dies in Begriffen der Delegation gedacht, handelt; *in Wirklichkeit* ist es kaum minder richtig zu sagen, dass es der Sprecher, der Wortführer ist, der die Gruppe erschafft. Weil der Repräsentant existiert, weil er repräsentiert (ein symbolischer Akt), existiert die repräsentierte, symbolisierte Gruppe und lässt sie im Gegenzug ihren Repräsentanten als Repräsentanten einer Gruppe existent werden. Sichtbar wird in dieser zirkulären Beziehung die Wurzel jener Illusion, die bewirkt, dass am Ende der Wortführer in den Augen der anderen wie für sich selber als *causa sui* dastehen kann – da Ursache desjenigen, der seine Macht schafft, da die Gruppe, die ihn zum Träger von Macht werden lässt, nicht – oder jedenfalls nicht vollkommen, als repräsentierte Gruppe – existierte, wäre er nicht da, um sie zu verkörpern.

Diese Art Urzirkel der Repräsentation ist verdunkelt worden, ersetzt durch eine Unmasse von Fragen, darunter der allgemeinsten: der Bewusstwerdung. Verdunkelt wurde das Problem des politischen Fetischismus und jener Prozess, an dessen Ende die Selbst- (oder Fremd-)Konstitution der Individuen zu einer Gruppe steht, freilich auch der Verlust ihrer Kontrolle über die Gruppe, innerhalb und kraft deren sie sich konstituieren. Es gibt so etwas wie eine dem Politischen immanente Antinomie, darin bestehend, dass die Einzelnen – umso mehr, je mittelloser sie sind – sich zu einer Gruppe nur formen (lassen), das heißt zu einer Kraft, die in der Lage ist, ihr Wort zu erheben und sich Gehör zu verschaffen, wenn sie sich in die Hände eines Wortführers begeben, sich ihm ausliefern, zugunsten seiner abdanken: Keine Aufhebung von politischer Entfremdung ohne Risiko politischer Entfremdung! (Tatsächlich besteht diese Antinomie genaugenommen nur für die Beherrschten. Vereinfacht ließe sich sagen, dass die Herrschenden immer schon »existieren« – die Beherrschten dagegen nur, wenn sie sich mobilisieren oder mit Mitteln zur Repräsentation ausstatten. Außer vielleicht in Restaurationszeiten, nach einschneidenden Krisen, sind die Herrschenden am *Laisser-faire* interessiert, an unabhängigen Strategien isolierter Akteure, die nur Verstand zeigen müssen, um Vernunft walten zu lassen und die herrschende Ordnung zu reproduzieren.)

Es ist das – als solches vergessene und ignorierte – Werk der Delegation, das zur Grundlage der politischen Entfremdung wird. Die Beauftragten und *minister* – diese Diener des Kults wie des Staates – sind von jener Art »(mit eigenem Leben begabte) Produkte des menschlichen Kopfes«, von denen Marx in seiner Analyse des Fetischismus spricht. Politische Fetische, das sind Menschen, Dinge,

Wesen, die ein Eigendasein zu führen scheinen, wo doch soziale Akteure ihnen dies Dasein erst geschenkt haben, sind die von ihren eigenen Schöpfern verehrten Schöpfungen. Die politische Idolatrie beruht genau darin, dass der einer politischen Persönlichkeit beigelegte Wert, dieses Produkt des menschlichen Kopfes, wie eine geheimnisvolle objektive Eigenschaft dieser Persönlichkeit erscheint, als deren Reiz, Charisma – und das *ministerium* als *Mysterium*. Erneut könnte ich hier Marx zitieren, *cum grano salis* natürlich, denn seine Analysen des Fetischismus zielten nicht (und mit Grund) auf den politischen Fetischismus. In derselben berühmten Passage finden wir auch diesen Satz: »Es steht daher dem Werte nicht auf der Stirn geschrieben, was er ist.« Das ist genau die Definition des Charismas, jener Macht, die ihre Grundlage in sich selber zu haben scheint.

Delegation ist also der Akt, durch den sich eine Gruppe formiert, indem sie sich mit all dem ausstattet, was eine Gruppe zu einer solchen erst macht: eine Art Zentralstelle mit ständigem Personal, ein Büro samt allem, was zu einer entsprechenden bürokratischen Organisationsform gehört – Siegel, offizielle Abkürzung, Unterschrift, Übertragung des Rechts auf Unterschrift, offizieller Stempel usw. Die Gruppe existiert, sobald sie ein ständiges Vertretungsorgan mit *plena potentia agendi* und *sigillum authenticum* besitzt, das in der Lage ist, die serielle Gruppe, bestehend aus ständig fluktuierenden isolierten Einzelnen, die nur für sich sprechen und handeln können, zu vertreten (für jemanden sprechen heißt an dessen Stelle sprechen). Der zweite Delegationsakt, verborgener noch als der erste, ist jener, anhand dessen die derart konstituierte soziale Realität – Partei, Kirche usw. – ihrerseits eine Einzelperson mit einem Mandat versieht. Der bürokratische Begriff des »Mandats« ist mit Absicht gewählt: Es wird ein Sekretär sein – Büro und Sekretär passen sehr schön zusammen –, ein Minister, ein Generalsekretär ... Nicht mehr der ursprüngliche Mandant ernennt hier seinen Delegierten, vielmehr beauftragt das Büro einen Bevollmächtigten. Schauen wir uns diese *black box* etwas näher an: 1. Akt – Übergang atomistischer Einzelsubjekte zum Büro; 2. Akt – Übergang vom Büro zum Sekretär. Zur Analyse dieser beiden Mechanismen verfügen wir über ein Paradigma: die Kirche. Sie – und über sie jedes ihrer Mitglieder – besitzt das »Monopol auf Spendung oder Versagung von Heilsgütern«. In diesem Fall bezeichnet »Delegation« den

Akt, durch den die Kirche (und nicht die einfachen Gläubigen) dem *minister* die Macht überträgt, an ihrer Stelle zu wirken.

Worin besteht das Mysterium des *ministerium*? Durch den unbewussten Akt der Delegierung – aus Gründen der Beweisführung, analog der Hilfskonstruktion eines »Gesellschaftsvertrags«, habe ich unterstellt, dass er bewusst sei – wird der Mandatsträger befähigt, als Substitut der Gruppe seiner Mandanten zu handeln. Anders gesagt, der Beauftragte steht zu seiner Gruppe sozusagen in einem Verhältnis der Metonymie, er ist ein Teil einer Gruppe, allerdings ein Teil, das als Zeichen an Stelle der Gesamtheit einer Gruppe fungieren kann. Er kann als passives, objektives Zeichen fungieren, als Repräsentant, Gruppe *in effigie* und als solches die Existenz seiner Mandanten anzeigen und manifestieren (»Die CGT wurde im Elysée empfangen«: Das heißt nichts anderes, als dass an Stelle des Bezeichneten das Zeichen empfangen wurde). Allerdings kann dieses Zeichen auch sprechen, als Wortführer sagen, was es ist, was es tut, was es repräsentiert, was es sich vorstellt darzustellen. »Die CGT wurde im Elysée empfangen«: Damit wurde auch zu verstehen gegeben, dass die Gesamtheit der Mitglieder der Organisation auf zweifache Weise zum Ausdruck gebracht worden ist: in der faktischen Manifestation, Präsenz des Repräsentanten, und in dessen möglicher Rede. Sichtbar wird jetzt auch, dass die Abweichung, die Entfremdung zwischen Mandanten und Mandatsträger der Delegationsbeziehung als Möglichkeit immer schon immanent ist. In dem Maße, wie jene ihrem Bevollmächtigten einen Blankoscheck ausstellen – und das ist die Regel, sei es auch nur aus ihrer Unkenntnis der Fragen, auf die er wird antworten müssen –, *liefern sie sich ihm aus. Fides implicita* – so bezeichnete die mittelalterliche Tradition diesen Glauben der sich einer Institution ausliefernden Mandanten. Ein wunderbarer Ausdruck, der mühelos auf den Bereich der Politik übertragbar ist. Je ärmer, vor allem kulturell und bildungsmäßig ärmer Menschen dastehen, umso stärker sind sie gezwungen und geneigt, sich Bevollmächtigten zu überantworten, um politisch zu Wort zu kommen. Da wo Individuen isoliert sind, stumm, sprachlos, unvermögend oder machtlos, ihre Stimme zu erheben und sich verständlich zu machen, steht ihnen stets nur die eine Alternative offen: zu schweigen oder andere für sich sprechen zu lassen.

Beim Grenzfall der Gruppen, die sich aus Beherrschten zusammensetzen, geht der Symbolisierungsakt, kraft dessen sich der

Wortführer konstituiert, die Formierung der »Bewegung«, unmittelbar einher mit der Formierung der Gruppe: Das Zeichen bildet das Bezeichnete, der Signifikant wird identisch mit dem Bezeichneten, das ohne ihn nicht existierte, sich auf ihn reduziert. Nicht nur bringt der Signifikant die bezeichnete Gruppe zum Ausdruck und repräsentiert sie; vielmehr *bedeutet* er sie zu existieren, verfügt er über die Macht, die von ihm bedeutete Gruppe vermittels Mobilisierung zu sichtbarer Existenz aufzurufen. Er allein kann, gewisse Umstände vorausgesetzt, kraft der ihm durch Delegation übertragenen Macht die Gruppe mobilisieren: das ist Demonstration. Wenn er erklärt: »Ich zeige euch, dass ich repräsentativ bin, indem ich euch die Menschen vorstelle, die ich vertrete« (Quelle der ewigen Debatten um die Zahl der Demonstranten), dann manifestiert der Wortführer seine Legitimität durch Demonstration derer, die er vertritt. Aber diese Macht zur Manifestation der Demonstranten hat er nur, weil er gewissermaßen die Gruppe ist, die er manifestiert.

Wie sich bei den »Cadres« – Luc Boltanski hat es getan –, das heißt den Führungskräften, so gut wie bei den Professoren oder beim Proletariat zeigen lässt, bleibt diesen in vielen Fällen kein anderer Weg, um der von Sartre als »seriell« bezeichneten Existenz zu entkommen und kollektiven Status zu gewinnen, als der über den Wortführer. Es ist die Vergegenständlichung in einer »Bewegung«, einer »Organisation«, die vermittels der für soziale Magie typischen *fictio juris* eine einfache *collectio personarum plurium* in den Stand einer Rechtsperson, eines *sozialen Akteurs* erhebt.

Lassen Sie mich ein Beispiel aus der gewöhnlichen, alltäglichen Politik nehmen, die wir tagtäglich vor Augen haben. Es soll dienen, mich verständlich zu machen – wobei freilich auch das Risiko besteht, dass man mich nur allzu leicht versteht, aufgrund jenes allgemeinen Halbverstehens, das gemeinhin das Haupthindernis wirklichen Verstehens darstellt. Das Schwierige in der Soziologie ist gerade, dahin zu gelangen, das, was man schon immer verstanden zu haben glaubte, auf überraschende und irritierende Weise zu denken. Weshalb man manchmal auch beim Schwierigsten anfangen muss, um nur das Einfachste wirklich zu begreifen. Hier also mein Beispiel: Während der Mai-Ereignisse von 68 tauchte plötzlich ein Herr Bayet auf, der als Präsident der *Société des Agrégés* unablässig die Meinung der *Agrégés* zum Besten gab – wobei diese »Gesellschaft« zumindest zu jener Zeit so gut wie ohne Basis war. Hier haben wir ein typisches Beispiel von Usurpation: Eine Person, die glauben macht (wem? Zumindest der Presse, die nur Wortführer, Sprecher kennt und *anerkennt*, alle übrigen in die Rubrik »Freie Meinung« verdammt), dass »hinter ihr« eine Gruppe steht – allein dadurch, dass sie in deren Namen spricht, als deren »Rechtsperson«, und ohne dass dies von jemandem dementiert würde (hier stößt man an einen Grenzfall: sie kann umso mehr vor Dementis geschützt sein, je weniger Anhänger sie hat – in diesem Fall dokumentiert fehlendes Dementi nur fehlende Anhängerschaft). Was kann man gegen so jemanden machen? Man kann öffentlich protestieren, eine Unterschriftensammlung in Gang setzen. Wenn die Mitglieder der Kommunistischen Partei ihr altes Politbüro loswerden wollen, sind sie zunächst auf das Serielle, auf die Rückläufigkeit zurückgeworfen, auf den Status isolierter Individuen, und dazu verurteilt, sich wieder mit einem Sprecher, einem Büro, einer Gruppe zu versehen, um den (alten) Sprecher, das (alte) Büro, die (alte) Gruppe loszuwerden (was von den meisten Bewegungen, insbesondere den sozialistischen, schon immer als Kardinalssünde, als »Fraktionismus« denunziert worden ist). Was also ist gegen die Usurpation durch autorisierte Wortführer zu tun? Natürlich gibt es immer individuelle Lösungen, um zu verhindern, vom Kollektiv erdrückt zu werden: *exit and voice*, wie Albert Hirschmann es formuliert hat, Ausstieg oder Protest. Man kann aber auch eine andere Gesellschaft, einen anderen Verband gründen. Schauen Sie sich die Zeitungen jener Tage an: Um den 20. Mai herum taucht plötzlich eine andere *Société des Agrégés* mit einem Generalsekretär, einem Siegel, einem Büro auf … Es ist kein Entkommen.

Die Delegation, dieser Urakt gleichsam der Konstitution (in ihrer politischen wie philosophischen Bedeutung), ist mithin ein magischer Akt, durch den das, was zuvor eine bloße Ansammlung mehrerer Personen, eine Aneinanderreihung von Einzelnen war, in den Stand einer fiktiven Person erhoben wird, einer *corporatio*, einer Körperschaft, eines mystischen Körpers, inkarniert in einem (oder mehreren) biologischen Körper(n), *corpus corporatum in corpore corporato*.

Die Selbstkonsekration des Bevollmächtigten

Nachdem ich gezeigt habe, wie der Sachverhalt der widerrechtlichen Machtergreifung, der Usurpation, bereits potentialiter in der Delegation enthalten ist, wie der Tatbestand, für jemanden, das heißt, zu seinen Gunsten und in seinem Namen zu sprechen, die Tendenz impliziert, an seiner Stelle zu sprechen, möchte ich im Folgenden die allgemeinen Strategien darstellen, die der Bevollmächtigte zum Zwecke seiner Selbstkonsekration einsetzt. Um sich mit der Gruppe identifizieren und sagen zu können: »Ich bin die Gruppe«, »Ich bin, also ist die Gruppe«, muss der Bevollmächtigte sich gewissermaßen in der Gruppe aufheben, muss er sich der Gruppe hingeben, de- und proklamieren: »Ich lebe nur durch die Gruppe.« Die Usurpation durch den Bevollmächtigten ist notwendig bescheiden, setzt Bescheidenheit voraus. Das ist wohl auch der Grund, warum alle Apparatschiks sich irgendwie ähnlich sehen. Es gibt so etwas wie ein strukturell schlechtes Gewissen des Bevollmächtigten, der, um sich die Autorität der Gruppe anzueignen, sich mit der Gruppe identifizieren, sich auf die ihm Autorität verleihende Gruppe reduzieren muss. Aber lassen Sie mich hier Kant zitieren, der in *Die Religion innerhalb der Grenzen der bloßen Vernunft* bemerkt, dass eine Kirche, die auf »unbedingtem Glauben« gründet und nicht auf rationalem Glauben, keine »Diener« (*ministri*) hat, sondern nur »gebietende *hohe* Beamte (*officiales*), welche, wenn sie gleich (wie in einer protestantischen Kirche) nicht im Glanz der Hierarchie als mit äußerer Gewalt bekleidete geistliche Beamte erscheinen, und sogar mit Worten dagegen protestieren, in der Tat doch sich für die einzigen berufenen Ausleger einer heiligen Schrift gehalten wissen wollen (...). Sie verwandeln auf diese Art den *Dienst* der Kirche (*ministerium*) in eine *Beherrschung* der Glieder derselben (*imperium*), obzwar sie, um diese Anmaßung zu verstecken, sich des bescheidenen Titels des erstern bedienen.« Das Mysterium des *ministerium* wirkt nur, wenn der *minister* seinen Akt der Usurpation wie das ihm damit verliehene *imperium* verschleiert, indem er als schlichter »Diener« erscheint. Die persönliche (widerrechtliche) Aneignung von positionsspezifischen Eigenschaften bzw. Merkmalen ist nur möglich, wenn dieser Akt als solcher verborgen bleibt – nicht anders definiert sich symbolische Macht. Symbolische Macht ist eine, die Anerkennung voraussetzt, das heißt das Verkennen der über sie ausgeübten Gewalt. Die symbolische Gewalt des *minister* kann folglich nur wirksam werden durch die »Komplizenschaft«, das heißt den durch Delegation beförderten Akt des Verkennens vonseiten derjenigen, die Opfer dieser Gewalt sind.

Nietzsche hat diesen Sachverhalt im *Antichrist* sehr treffend geschildert – in jenem Werk, das tatsächlich weniger eine Kritik des Christentums darstellt als eine Kritik des Beauftragten, Bevollmächtigten, Delegierten (dieser hier verkörpert im Diener des religiösen Kults). Deshalb auch wird in dieser Schrift der Priester, die priesterliche Heuchelei wie die Strategien, mit denen sich der Bevollmächtigte selber verherrlicht und weiht, zum Gegenstand seiner gleichsam obsessiven Kritik. Ein erstes Verfahren, das dem *minister* zur Verfügung steht: sich selbst als notwendig erscheinen lassen. Bereits Kant hatte auf die Tendenz verwiesen, die Notwendigkeit der Exegese, der legitimen Lesart, geltend zu machen. Nietzsche bezeichnet sie in aller Deutlichkeit: »Diese Evangelien kann man nicht behutsam genug lesen; sie haben ihre Schwierigkeiten hinter jedem Wort.« Nietzsche legt hier nahe, dass der Vermittler, will er sich als legitimen Interpreten anerkennen lassen, das Bedürfnis nach seinem Produkt schaffen muss. Und dazu muss er die Schwierigkeit allererst erzeugen, die er allein lösen kann. Dem Bevollmächtigten gelingt so, in Nietzsches Worten: »die Selbstverstellung ins Heilige«. Um seine Notwendigkeit unter Beweis zu stellen, greift der Bevollmächtigte zu einem weiteren Mittel: der »unpersönlichen« Pflichtergebenheit. »Nichts ruiniert tiefer, innerlicher als jede ›unpersönliche‹ Pflicht, jede Opferung vor dem Moloch der Abstraktion.« Der Bevollmächtigte ist des Weiteren derjenige, der sich heilige Aufgaben zuweist: »Erwägt man, dass bei fast allen Völkern der Philosoph nur die Weiterentwicklung des priesterlichen Typus ist, so überrascht dieses Erbstück des Priesters, die *Falschmünzerei vor sich selbst*, nicht mehr. Wenn man heilige Aufgaben hat, zum Beispiel die Menschen zu bessern, zu erretten, zu erlösen (...) *selbst* schon geheiligt durch eine solche Aufgabe ...!«

Grundlage aller priesterlichen Strategien bildet die Falschheit im Sinne Sartres: der Selbstbetrug, die »heilige Lüge«. An ihr bemisst der Priester den Wert aller Dinge, indem er das als absolut gut bewertet, was gut für ihn ist. Und so nennt der Priester »›Gott‹ seinen eigenen Willen«. (Ähnliches ließe sich vom Politiker sagen: Er nennt seinen eigenen Willen »Volk«, »Meinung«, »Nation«.)

Zitieren wir nochmals Nietzsche: »Das ›Gesetz‹, der ›Wille Gottes‹, das ›heilige Buch‹, die ›Inspiration‹ – alles nur Worte für die Bedingungen, *unter* denen der Priester zur Macht kommt, *mit* denen er seine Macht aufrechterhält –, diese Begriffe finden sich auf dem Grunde aller Priester-Organisationen, aller priesterlichen oder philosophisch-priesterlichen Herrschaftsgebilde.« Die Beauftragten »drehen«, wie es bei Nietzsche heißt, die universellen Werte »nach sich um«, eignen sie sich an, die »Moral wird … mit Beschlag belegt«, sie nehmen »Gott«, »Wahrheit«, »Weisheit«, »Volk«, »Botschaft«, »Freiheit« für sich in Anspruch. Als Synonyma wovon? Von sich: »Ich bin die Wahrheit.« Sie sprechen sich selber heilig, machen sich »sakrosankt« – und ziehen so zugleich die Grenze zwischen sich und den simplen Profanen, werden zum »Maß aller Dinge«.

Darin, was ich den *Orakeleffekt* nennen möchte, dank dessen der Wortführer die Gruppe zum Sprechen bringt, in deren Namen er spricht, und dies mit der ganzen Autorität dieses unfassbaren Abwesenden – darin also wird die Funktion der priesterlichen Demutshaltung und Ergebenheit am anschaulichsten: Indem er völlig in Gott oder im Volk aufgeht, sich darin aufhebt, macht der Priester sich zu Gott oder zum Volk. Erst wenn ich Nichts werde – und weil ich imstande bin, Nichts zu werden, mich auszulöschen, mich zu vergessen, aufzuopfern, hinzugeben –, werde ich alles. Ich bin nichts weiter als der Beauftragte Gottes oder des Volkes, aber der oder das, in dessen Namen ich spreche, ist alles – und in dieser Eigenschaft bin auch ich alles. Der Orakeleffekt stellt eine regelrechte Persönlichkeitsspaltung dar: Die individuelle Person, das Ich, geht auf in einer transzendenten fiktiven oder Rechtsperson (»Ich gebe mich als Person meinem Vaterland hin«). Der Aufstieg zur Priesterwürde setzt Konversion voraus – *metanoia*: Das gemeine Individuum muss sterben, auf dass die *Rechtsperson* werde. Stirb und werde *Institution* (Aufgabe der Institutionsriten). Paradoxerweise können nun diejenigen, die sich zu Nichts gemacht haben, um Alles zu werden, das Verhältnis umkehren und denjenigen, die nichts als sie selbst sind, die *nur für sich sprechen*, vorwerfen, *de facto* wie *de jure* nichts zu sein (weil unfähig zur Unterwürfigkeit, zur Selbsterniedrigung, zur Hingabe). Darin, in diesem Recht auf Schuldzuweisung, auf Erzeugung von schlechtem Gewissen, beruht einer der Vorteile des Aktivisten.

Der Orakeleffekt gehört zu jenen Phänomenen, die wir gewöhnlich viel zu rasch zu verstehen meinen – wer hat nicht von der Pythia gehört, nicht von den Orakel deutenden Priestern? Und doch entgeht er uns überall dort, wo einer im Namen von etwas spricht – und indem er davon spricht, es existent werden lässt. Eine ganze Reihe tagtäglich in der Politik sich abspielender symbolischer Effekte beruhen auf dieser Art usurpatorischer Bauchrednerei, die darin besteht, diejenigen zum Sprechen zu bringen, in deren Namen man spricht, in deren Namen man rechtens sprechen darf, letztlich das »Volk«, in dessen Namen zu sprechen man ermächtigt ist. Kaum ein Politiker, der – »Volk«, die »breite Masse des Volkes« im Munde – nicht den Orakeleffekt produzierte, also den Coup, in eins die Botschaft und deren Entschlüsselung vorzunehmen, den Glauben zu erzeugen, dass der Ausspruch »Ich bin ein anderer« stimmt, dass der Wortführer, schlichter symbolischer Stellvertreter des Volkes, wirklich das Volk ist in dem Sinne, dass alles, was er sagt, wahr ist und die Wirklichkeit des Volkes wiedergibt.

Die Usurpation, die im Geltendmachen des Anspruchs beruht, fähig zu sein, im Namen von zu sprechen, ermöglicht den Übergang vom Indikativ zum Imperativ. Wenn ich, Pierre Bourdieu, als Einzelner, Isolierter, für niemand anders als für mich selbst sprechend, erkläre: Tut dies oder das, wehrt euch gegen die Aufstellung der Pershing-Raketen – wer wird mir da schon folgen? Anders, wenn ich über jene Statusmerkmale verfüge, die mich als einen erscheinen lassen, der im »Namen der Mehrheit des Volkes«, gar der »Mehrheit des Volkes und der Wissenschaft, des wissenschaftlichen Sozialismus« spricht … Wie die Durkheimianer, die auf der Wissenschaft von den Sitten eine Moral aufbauen wollten, sehr richtig gespürt haben, setzt der Übergang vom Indikativ zum Imperativ den Übergang vom Individuellen zum Kollektiven als der Grundlage jedes faktisch anerkannten oder prinzipiell anerkennbaren Zwangs voraus. Dank des Orakeleffekts vermag der bevollmächtigte Wortführer sich auf die Gruppe zu berufen, die ihn ermächtigt, gegenüber jedes einzelne Gruppenmitglied anerkannten Zwang bzw. symbolische Gewalt auszuüben. Bin ich das Mensch gewordene Kollektiv, die Mensch gewordene Gruppe und sind Sie Teil dieser Gruppe, sind Sie durch sie definiert, verleiht sie Ihnen Ihre Identität, ist sie es, die aus Ihnen einen echten Lehrer, einen echten Protestanten, einen echten Katholiken macht – dann bleibt Ihnen in der Tat nichts anderes übrig, als zu gehorchen. Der Orakeleffekt, das ist die Ausbeutung der Transzendenz der Gruppe gegenüber dem je Einzelnen, vollzogen von einem Einzelnen, der in gewisser Weise die Gruppe ist, und sei es nur aus dem einfachen Grunde, weil keiner aufzustehen und zu erklären vermag: »Du bist nicht die Gruppe«, ohne seinerseits eine andere Gruppe zu gründen und sich als Bevollmächtigter dieser neuen Gruppe anerkennen zu lassen.

Diese Paradoxie der Monopolisierung der kollektiven Wahrheit liegt jedem Akt symbolischer Durchsetzung zugrunde: Ich bin die Gruppe, das heißt der kollektive Zwang, Zwang eines Kollektivs gegenüber jedem einzelnen Mitglied, ich bin das Mensch gewordene Kollektiv – und zugleich bin ich derjenige, der die Gruppe im Namen der Gruppe selber manipuliert; ich stütze, berufe mich auf die Gruppe, die mir die Autorität gibt, gegenüber der Gruppe Zwang auszuüben. (Die dem Orakeleffekt immanente Gewalt wird niemals stärker spürbar als bei *Versammlungen*, Situationen typisch *religiös-gemeinschaftlichen* Zuschnitts, in denen die üblicherweise autorisierten oder, in Krisenzeiten, die auf Autorität sich berufenden professionellen Wortführer im Namen der ganzen versammelten Gruppe sprechen dürfen: Diese Gewalt erweist sich nicht zuletzt in der gleichsam physischen Unmöglichkeit, gegen die *erzwungene* und *zwangsläufige* Einstimmigkeit, Resultat einer Monopolisierung der Rede und der einschlägigen Techniken zur Erzeugung von Einstimmigkeit, wie Wahl durch Handaufheben oder Akklamation manipulierter Anträge, eine abweichende, dissidente Meinung zu äußern.)

Man müsste eine Sprachanalyse dieses Doppelspiels (oder Doppelichs) vornehmen, wie auch der rhetorischen Strategien – insbesondere des steten Wechsels vom *Ich* zum *Wir* –, in denen die strukturelle »Falschheit« der Wortführer zum Ausdruck kommt. Auf der Ebene des Symbolischen schlagen sich *Gewaltstreiche* in Gestalt von *Formverletzungen* nieder – erst wenn man sich dessen bewusst wird, kann man Sprachanalyse zu einem Instrument der politischen Kritik und die Rhetorik zu einer Wissenschaft von den symbolischen Machtinstanzen machen. Wann immer der Apparatschik symbolische Schläge austeilen will, wechselt er vom Ich zum Wir. Statt »Ich meine, dass ihr Soziologen die Arbeiter untersuchen solltet«, sagt er dann: »Wir meinen, dass …«, oder »Das gesellschaftliche Bedürfnis fordert …«. Das Ich des Bevollmächtigten, sein partikulares Interesse hat sich hinter dem proklamierten Interesse der Gruppe zu verstecken, der Bevollmächtigte hat »sein besonderes Interesse«, wie es bei Marx heißt, »zu einem allgemeinen zu machen«, um es auf diese Weise als Interesse der Gruppe anerkennen zu lassen. Allgemeiner gesprochen: Der Gebrauch einer abstrakten Sprache, die großen Worte der politischen Rhetorik, die tönenden Phrasen der abstrakten Tugend, die, wie Hegel so richtig gesehen hat, den Fanatismus und jakobinischen Terrorismus hervorbringen (man lese nur einmal die schreckliche Phraseologie der Korrespondenz von Robespierre) – das alles hat teil an der Logik des Doppelichs, Doppelspiels, die die subjektiv wie objektiv legitime Usurpation des Bevollmächtigten begründet.

Ich möchte die Diskussion über »populäre« Kunst als Beispiel nehmen (ich bin hinsichtlich der Mitteilbarkeit meiner Aussagen etwas beunruhigt – was vermutlich spürbar ist in der Schwierigkeit, mich mitzuteilen ...): Sie kennen alle die immer wieder aufflackernde Debatte über »populäre«, »volkstümliche«, »proletarische« Kunst – eine Debatte typisch theologischen Zuschnitts, an der sich die Soziologie nur beteiligen kann, um sogleich in die Falle zu gehen. Weshalb? Weil es sich um das Wirkungsfeld schlechthin des weiter oben beschriebenen Orakeleffekts handelt. Was z.B. als »sozialistischer Realismus« bezeichnet wird, ist tatsächlich das typische Produkt jener Substitution des besonderen Ich der politischen Beauftragten, des Schdanowschen Ich, um es einmal beim Namen zu nennen, das heißt eines zweitrangigen intellektuellen Kleinbürgers, der herrschen will, und nicht zuletzt über die Intellektuellen ersten Ranges, und der sich als universell setzt, indem er sich zum Volk ernennt. Eine grundlegende Analyse des »sozialistischen Realismus« würde im Weiteren aufdecken, dass in ihm nichts »Populäres«, »Volkstümliches« steckt, dass es sich dabei in Wirklichkeit (ungeachtet der Tatsache, dass diese Kunst, höchst oberflächlich, dem populären Bedürfnis nach Realismus nachzukommen scheint) um einen Formalismus, mehr noch: Akademismus handelt, auf der Grundlage einer höchst abstrakten allegorischen Ikonographie, des »Arbeiters« usw. Was in dieser formalistischen und kleinbürgerlichen Kunst zum Ausdruck kommt – die mitnichten das Volk wiedergibt, vielmehr (mit ihren halbnackten, muskelprotzenden Oberkörpern, ihren wettergegerbten, vor Optimismus strotzenden, in die Zukunft gerichteten Gesichtern) eine Verleugnung des Volkes beinhaltet – das ist die gesellschaftliche Philosophie, das unbewusste Ideal eines Kleinbürgertums von Handlangern des

Apparats, bei dem sich die reale Angst vor dem realen Volk verrät in der Identifikation mit einem idealisierten Volk – die Fackel der Menschheit in der Hand … Das Gleiche ließe sich anhand der »populären« Kultur demonstrieren: In allen diesen Fällen handelt es sich um eine Substitution des Subjekts. Die Priesterschaft – darum ging es Nietzsche –, das heißt die Priester, Kirchen, Apparatschiks aller Länder, setzt ihre ureigene Weltsicht (deformiert durch ihre eigene *libido dominandi*) an Stelle derjenigen der Gruppe, die sie angeblich zum Ausdruck bringt. Wie einst »Gott«, so benutzt man heute das »Volk« – und damals wie heute geht es um Abrechnung zwischen Intellektuellen.

Homologie und die Effekte des Verkennens

Jetzt muss man sich aber doch fragen, wie diese Strategien des Doppelspiels und Doppelichs trotz allem funktionieren: Wie kommt es, dass der Bevollmächtigte sich dabei nicht selber entlarvt? Um das zu begreifen, muss man sich vergegenwärtigen, was den innersten Kern des Mysteriums des *ministerium* ausmacht: der »legitime Betrug«. Es geht hier nicht darum, die naive Vorstellung vom pflichtergebenen Beauftragten, interesselosen Militanten, entsagungsvollen Führer fallenzulassen zugunsten einer zynischeren Sicht des Macht und Autorität bewusst und berechnend an sich reißenden Bevollmächtigten – das ist noch 18. Jahrhundert, das Priesterbild eines Helvetius und Holbach, das in seiner scheinbaren Luzidität letztlich naiv bleibt. Der legitime Betrug klappt nur, weil der Usurpator nicht etwa ein zynisch Berechnender ist, sondern einer, der *sich* selbst in gutem Glauben für jemanden anderen *hält*, als er wirklich ist.

Dass das Doppelspiel und die Usurpation der Macht sozusagen in aller Unschuld und Aufrichtigkeit klappen, liegt darin begründet, dass häufig die Interessen der Mandatsträger und die der Mandanten sich weitgehend decken, so dass der Beauftragte selbst glauben wie die anderen glauben machen kann, dass es keine anderen Interessen als die seiner Auftraggeber gibt. Dies zu erklären, bedarf es des Umwegs einer etwas komplizierteren Analyse. Es gibt einen politischen, einen religiösen Raum, das, was ich ein »Feld« nenne, das heißt autonome Sphären, in denen nach jeweils besonderen Regeln »gespielt« wird. Die in diesem »Spiel« Engagierten haben besondere, durch die Logik des Spiels und nicht die ihrer Mandanten definierte Interessen. Der politische Raum etwa hat seine »Rechte« und seine »Linke«, seine Herrschenden und seine Beherrschten; auch der soziale Raum hat Herrschende und Beherrschte, die Reichen und die Armen. Und beide Räume korrespondieren. Zwischen ihnen besteht Homologie. Was bedeutet, dass *grosso modo* derjenige, der in diesem »Spiel« die Linksposition *a* einnimmt, zu dem, der die Rechtsposition *b* einnimmt, im gleichen Verhältnis steht wie – im anderen »Spiel« – der mit der Linksposition *A* zu dem mit der Rechtsposition *B*. Wenn *a* nun Lust hat, *b* zu attackieren, weil da noch eine Rechnung zu begleichen ist, dann handelt er zwar eigennützig, aber in all seinem Eigennutz tut er doch zugleich etwas für *A*. In dieser strukturellen Koinzidenz der besonderen Interessen der Beauftragten mit denen der Auftraggeber gründet das Mysterium des aufrichtigen und erfolgreichen *minister*. Die erfolgreich den Interessen ihrer Mandanten dienen, dienen sich damit selber erfolgreich.

Von »Interessen« ist deshalb zu sprechen, weil mit diesem Begriff ein Bruch demonstriert wird: Er zerstört die Ideologie der Interesselosigkeit, der Uneigennützigkeit, die Berufsideologie der »Kleriker« und Intellektuellen aller Art. Die im religiösen, politischen, intellektuellen Bereich Engagierten haben ihre je eigenen Interessen, die ungeachtet ihrer Unterschiede zu denen eines führenden Akteurs im ökonomischen Feld nicht minder *vital* sind. Alle diese symbolischen Interessen – nicht das Gesicht oder den Wahlkreis verlieren, seinem Gegner nie das letzte Wort lassen, sich gegen einen konkurrierenden »Parteiflügel« durchsetzen, den Vorsitz in einem wichtigen Ausschuss führen usw. – sind so geartet, dass die Beauftragten, indem sie ihnen gehorchen, ihnen dienen, häufig zugleich ihren Mandanten dienen (unbestritten, dass es natürlich auch zu Interessenverschiebung und damit Interessenkonflikt zwischen beiden Seiten kommen kann). Aufgrund der Homologie passiert es jedenfalls häufiger, als dann zu erwarten wäre, überließe man alles dem Zufall oder vollzöge es sich entsprechend der Logik der statistischen Aggregation individueller Interessen, dass die Akteure, die sich mit der Befolgung dessen begnügen, was ihnen durch ihre Stellung im Spiel vorgegeben ist, eben dadurch den Leuten dienen, denen sie eigentlich dienen sollen und deren sie sich bedienen. Der Metonymie-Effekt ermöglicht die Verallgemeinerung der spezifischen Interessen des Apparatschiks, das heißt, bewirkt, dass die Interessen des Beauftragten seinen Mandanten, die er repräsentieren soll, zugeschrieben werden. Dieses Modell zeichnet wesentlich aus, dass es der Tatsache gerecht wird, dass die Bevollmächtigten keineswegs – oder doch in geringerem Maße und seltener als gedacht – zynisch sind, vielmehr selber verstrickt im Geschehen und tatsächlich an das glauben, was sie tun.

Man könnte viele Fälle nennen, in denen Mandant und Mandatsträger, Kunde und Hersteller in einem solchen Verhältnis der strukturellen Homologie stehen. Das gilt auch für das intellektuelle Feld, für den Journalismus: Der Journalist des *Nouvel Observateur* steht zu dem des *Figaro* im gleichen Verhältnis wie der Leser des erstgenannten zu dem des zweitgenannten Presseorgans. Wenn der Journalist des *Nouvel Obs* sich nun einen Spaß daraus macht, dem des *Figaro* eins auszuwischen, dann erfreut er damit auch seine Leserschaft, ohne dass er es ausdrücklich will. Das ist ein äußerst simpler Mechanismus, widersetzt sich damit aber nicht weniger der herkömmlichen Vorstellung von ideologischer Aktion im Sinne eines interessegeleiteten Dienens oder interessierter Willfährigkeit bzw. vom Eigennutz diktierter Unterordnung unter eine Funktion: Der Journalist des *Figaro* ist nicht die verlängerte Feder des Episkopats oder der Handlanger des Kapitals; er ist zunächst einmal ein Journalist, der je nach Augenblick vom *Nouvel Obs* oder von *Libération* besessen ist.

Die Delegierten des Apparats

Bisher habe ich die Beziehung zwischen Mandant und Mandatsträger in den Vordergrund gerückt. Zu untersuchen ist jetzt noch die Beziehung zwischen der Körperschaft der Mandatsträger, dem Apparat, mit je eigenen Interessen und, laut Weber, eigenen »Tendenzen«, zumal der zum Weiterfunktionieren, auf der einen, dem je einzelnen Mandatsträger auf der anderen Seite. In dem Moment in dem die Körperschaft der Beauftragten – Priesterschaft, Partei, usw. – ihre Tendenzen geltend macht, gewinnen die Interessen des Apparats Vorrang gegenüber den Interessen des einzelnen Beauftragten, was zur Folge hat, dass dieser nicht mehr Beauftragter seiner Mandanten ist, sondern dem Apparat gegenüber verantwortlich wird. Das Verständnis der Eigenschaften und Praktiken der Beauftragten setzt unter diesen Umständen notwendig das Verständnis des Apparats voraus.

Das fundamentale Gesetz bürokratischer Apparate lautet, dass der Apparat all denen alles (nicht zuletzt die Macht über den Apparat) gibt, die ihm alles geben und alles von ihm erwarten, weil sie außer ihm nichts haben und nichts sind. Anders ausgedrückt: Der Apparat hängt am stärksten an denjenigen, die am stärksten an ihm hängen, weil er sie am festesten in der Hand hat. Bei Sinowjew, der diese Dinge sehr gut begriffen hat, und, aus gutem Grund, leider aber in Werturteilen befangen bleibt, heißt es: »Der Erfolg Stalins liegt darin begründet, dass er jemand außergewöhnlich Mediokres ist.« Er kommt damit dem oben erwähnten Gesetz sehr nahe. In Bezug auf den Apparatschik spricht er von »einer höchst unbedeutenden, und deshalb unbezwingbaren Kraft«. Das sind schöne, wenn auch etwas falsche Formulierungen; das Polemische daran macht zwar ihren Reiz aus, verhindert allerdings auch, die Dinge so zu sehen, wie sie sind (was nicht heißt, sie zu akzeptieren). Die moralische Entrüstung vermag nicht nachzuvollziehen, wie gerade die im Apparat reüssieren können, die – entsprechend charismatischer Auffassung – die Dümmsten, Gewöhnlichsten sind, die, denen jeder eigene Wert fehlt. Tatsächlich reüssieren sie nicht, weil sie die Gewöhnlichsten sind, sondern weil sie nichts außerhalb des Apparats besitzen, nichts, das ihnen erlauben würde, sich ihm gegenüber Freiheiten herauszunehmen, ihm gegenüber den Gewitzten zu spielen.

Es herrscht demnach eine strukturelle, nicht zufällige Solidarität zwischen Apparat und einer bestimmten Sorte Menschen, die vornehmlich negativ definiert ist, nämlich durch den Mangel an all den Eigenschaften, die in einem fraglichen Augenblick innerhalb eines Feldes von Interesse sind. Neutraler ausgedrückt: Die Apparate verwenden, küren sichere Leute. Warum »sicher«? Weil sie nichts haben, das sie in Opposition zum Apparat bringen könnte. In diesem Sinne sind Jugendliche in den fünfziger Jahren in der KP Frankreichs oder während der »chinesischen Kulturrevolution« häufig als gleichsam symbolische Aufpasser oder »Wachhunde« benutzt worden. Jugendliche: Das symbolisiert nicht allein Begeisterung, Naivität, Überzeugung, alles das, was unreflektiert mit der

Jugend identifiziert wird; im Sinne meines Modells handelt es sich dabei auch um diejenigen, die nichts haben, die Newcomer, die ohne Kapital ins Spiel eintreten. Vom Apparat her gesehen bilden sie das Kanonenfutter für die Kämpfe mit den Alten, die, im Besitz von Kapital, sei es durch die Partei, sei es aus eigener Kraft, irgendwann einmal beginnen, mit Hilfe dieses Kapitals Front gegen die Partei zu machen. Wer nichts hat, folgt bedingungslos. Er hat umso weniger entgegenzusetzen, je mehr er vom Apparat bekommt, nach Maßgabe seiner bedingungslosen Gefolgschaft und Nichtigkeit. So konnte in den fünfziger Jahren so mancher Jungintellektuelle um die 20 *ex officio* qua Delegation des Apparats ein Publikum vorweisen, mit dem sonst lediglich die renommiertesten Intellektuellen aufwarten konnten, und das auch nur, wenn ich so sagen darf: auf Kosten des Autors.

Dieses »eherne Gesetz« der Apparate verstärkt sich noch durch einen weiteren, hier nur kurz dargestellten Prozess, den ich den »Büro-Effekt« nennen möchte. In diesem Kontext beziehe ich mich auf Marc Ferros Analyse der Bolschewisierung: In den Sowjets der Stadtviertel, in den Fabrikausschüssen, das heißt den spontanen Gruppen während der russischen Revolution, war noch alle Welt versammelt, ergriffen die Menschen das Wort ... Kaum war dann ein ständiger Delegierter ernannt, kamen die Leute schon seltener. Mit der Institutionalisierung, verkörpert im Funktionär und im Büro, kehrt sich alles um: Mit der tendenziellen Monopolisierung der Macht durch das »Büro« nimmt die Zahl der Anwesenden bei den Versammlungen immer mehr ab; das Büro *beruft* die Versammlungen *ein*, die Rolle der Teilnehmer ist zum einen, die Repräsentativität der Repräsentanten zu demonstrieren, zum anderen, die von diesen getroffenen Entscheidungen zu *ratifizieren*. Schließlich beginnen die Funktionäre auch noch, den normalen Mitgliedern vorzuwerfen, dass sie den Versammlungen fernbleiben, die sie auf jene beiden Rollen reduziert.

Dieser Prozess der Machtkonzentration in den Händen der Bevollmächtigten bildet eine Art historische Realisierung dessen, was im theoretischen Modell des Delegationsverfahrens beschrieben ist: Da sind zunächst Menschen, die sprechen und diskutieren; kaum ist ein Delegierter da, erscheinen sie seltener. Es gibt ein Büro, das eine besondere Kompetenz, eine besondere Sprache entwickelt. (An dieser Stelle könnte auch die sich entfaltende Forschungsbürokratie erwähnt werden: Es gibt Forscher, es gibt ein wissenschaftliches Verwaltungspersonal, das eigentlich für die Forscher da sein soll; denen jedoch ist dessen Bürokratenjargon – »Forschungspriorität«, »Forschungshaushalt«, heutigentags technokratisch-demokratischer Jargon »gesellschaftliche Nachfrage« – unverständlich. Irgendwann einmal kommen sie nicht mehr – und flugs geißelt man ihren Absentismus. Einige Forscher aber bleiben, jene, die Zeit haben. Und wie es weitergeht, dürfte jetzt klar sein.) Der Delegierte, der Funktionär, das ist – wie seine Bezeichnung im Französischen, »permanent«, so schön veranschaulicht – derjenige, der seine ganze Zeit dem widmet, was für andere nur sekundäre Beschäftigung ist oder Teilzeitarbeit. Er hat Zeit, und die Zeit arbeitet für ihn. Er vermag die prophetischen, das heißt diskontinuierlichen Gewaltstreiche in bürokratischer Dauer, in der zeit- und energieverschlingenden Wiederholung zunichte zu machen. Derart konzentrieren die Bevollmächtigten Macht in ihren Händen, entwickeln sie eine besondere, auf der paradoxen Umkehrung des Verhältnisses zu den Mandanten gründende Ideologie: Deren Absentismus, Inkompetenz, Indifferenz für die kollektiven Interessen anprangernd, wird nicht gesehen, dass diese Verhaltensweisen ihre Ursache in der Machtkonzentration in den Händen der Funktionäre, Delegierten, »*Permanents*« haben. Der Traum aller Funktionäre: ein Apparat ohne Basis, ohne Gefolgschaft, ohne Militante ... Auf ihrer Seite ist die Permanenz gegen die Diskontinuität; sie verfügen über eine spezifische Kompetenz, eine eigene Sprache, eigene Kultur und Bildung – die von Apparatschiks, begründet auf einer spezifischen Geschichte, die ihrer kleinen Affären (bei Gramsci heißt es einmal: Wir haben byzantinische Diskussionen, Fraktionierungen, Flügelkämpfe, die keiner versteht). Dann ist da noch eine besondere Sozialtechnologie. Diese Leute werden Experten in der Manipulation der einzigen Situation, die für sie problematisch werden könnte: der Konfrontation mit ihren Mandanten. Wie man Vollversammlungen manipuliert, wissen sie; und auch, wie man Stimmen in Akklamationen verwandelt ... Und schließlich – dies erforderte freilich eine längere Beweisführung – haben sie die gesellschaftliche Logik auf ihrer Seite: Sie können den Dingen einfach freien Lauf lassen, damit sie ihren Interessen entgegenkommen; vielfach liegt ihre Macht gerade in der – entropischen – Entscheidung, nichts zu tun, keine Entscheidung zu treffen.

Es dürfte verständlich geworden sein, dass das zentrale Phänomen jene Art Umkehrung der Werte bildet, mittels deren letzten Endes der Opportunismus in die Ergebenheit des Militanten umgewandelt wird: Da gibt es Posten, Privilegien, und die Leute ergreifen sie; weit entfernt, sich dafür schuldig zu fühlen, werden sie, darauf angesprochen, antworten, dass sie die Posten nicht etwa für sich persönlich ergreifen, sondern um der Partei oder der Sache willen; und sie werden auf den Grundsatz verweisen, dass man schließlich einen Posten, den man einmal erkämpft hat, nicht freiwillig aufgibt. Und am Ende wird es ihnen sogar gelingen, ethische Vorbehalte gegen die Machtergreifung als schuldhaften Absentismus oder als Dissidenz anzuschwärzen.

Es gibt so etwas wie eine Selbstkonsekration, so etwas wie eine Theodizee des Apparats: Der Apparat hat immer recht (und die Selbstkritik der Individuen bietet ihm eine allerletzte Zuflucht vor den Versuchen, ihn als Apparat in Frage zu stellen). Die Umkehrung der Wertordnung, mit der jakobinischen Überhöhung von Politik und politischem Priestertum, hat bewirkt, dass die bereits erwähnte politische Entfremdung nicht mehr wahrgenommen wird, dass vielmehr die Priestersicht von Politik sich durchgesetzt hat, so dass jetzt als schuldig gilt, wer nicht die politischen Spiele mitmacht. Die Auffassung, dass nicht militant, nicht politisch engagiert sein eine Art Schuld sei, für die man auf ewig zu büßen habe, ist derart stark oktroyiert und verinnerlicht worden, dass die letzte politische Revolution, die Revolution gegen die politische Klerikatur und gegen die in jedem Delegationsakt potentiell enthaltene Usurpation, noch immer aussteht.

Die politische Repräsentation

Elemente einer Theorie des politischen Feldes

© Pavlovsky/Sygma

Ebenso wie die Wirtschaftswissenschaft über die ökonomischen und kulturellen Bedingungen »rationalen« ökonomischen Handelns schweigt, hüllt sich die »Politikwissenschaft« im Hinblick auf jene Bedingungen in den Mantel des Schweigens, welche die Bürger vor die Wahl stellen, sich entweder ihrer Stimme zu enthalten oder durch ihre Delegation alle Macht aus den Händen zu geben, eine Wahl, die umso gewalttätiger ausfällt, je weniger sie über die ökonomischen und kulturellen Mittel der politischen Teilhabe verfügen. Deshalb muss jede Untersuchung der politischen Kämpfe, wenn sie nicht die gesellschaftlichen Mechanismen, die eine »Spaltung der wahlberechtigten Staatsbürger in politisch aktive und politisch passive Elemente«[1] hervorbringen und fortschreiben, als naturgegeben annehmen und historische Regelmäßigkeiten, die für einen bestimmten Zustand der strukturellen Verteilung des insbesondere kulturellen Kapitals gelten, zu ewigen Gesetzen erklären will, von den ökonomischen und sozialen Bestimmungsgründen der politischen Arbeitsteilung ihren Ausgang nehmen.

1 Max Weber, *Wirtschaft und Gesellschaft* II, Köln und Berlin 1964, S. 1067.

Die neomachiavellistischen Theorien gehen auf die Trennung zwischen den Besitzern der kulturellen Produktionsinstrumente, genauer: den Besitzern des *De facto*-Monopols auf die politischen Produktionsinstrumente (Parteiführer, Gewerkschaftsführer, Zeitungsdirektoren, bekannte Journalisten etc.), und den einfachen Laien nur ein, um diese in die menschliche *Natur* einzuschreiben als eine der »apathischen« Natur der »Masse« oder »Menge« inhärente Fatalität. (Wie viele Bücher haben Politologen nicht diesem »Problem« gewidmet!)

So spricht Robert Michels von der »immanent inkompetenten« Masse oder ihrer »grundlegenden Inkompetenz« und beschreibt das Verhältnis zwischen Laien und Professionellen als Ausdruck eines *Bedürfnisses* (»Das Führungsbedürfnis der Masse« und »Das Verehrungsbedürfnis der Massen«) oder allgemein der menschlichen *Natur* (»Dem Führungsbedürfnis der Menge und ihrer Indifferenz steht der natürliche Machthunger der Führer gegenüber. Die technisch notwendige Entwicklung der demokratischen Oligarchie wird durch die allgemeinen menschlichen Eigenschaften noch beschleunigt.«)[2] Die Berücksichtigung der sozialen und damit historischen Bedingungen des Phänomens der Konzentration, ja der Monopolisierung der politischen Macht, vor allem innerhalb derjenigen Apparate, die die Interessen der Beherrschten verteidigen sollen, stellt somit einen eindeutigen Bruch mit den Theorien dar, die, wie diejenigen von Mosca oder Michels, einen Beitrag liefern für die *Beschreibung* der Funktionsweise politischer Apparate. Wenn man die historischen Bedingungen der Möglichkeit politischer Monopolisierung außer Acht lässt, vor allem die den politischen Führern oder Gewerkschaftsführern gelassene Freiheit aufgrund der *sozial verankerten Inkompetenz* der verschiedenen Gruppen von Mandanten, und in universellen, ewigen Trieben das Prinzip der den großen politischen und religiösen Bürokratien inhärenten Tendenzen zu erkennen glaubt, die, wie wir sehen werden, in jedem Fall das Produkt einer bestimmten Konstellation des Felds sind, also veränderbar um den Preis einer Veränderung des Felds, zum Beispiel durch eine Veränderung des Verhältnisses zu den »Mandanten«, erklärt man Funktionsgesetze, die durch veränderte Bedingungen mehr oder weniger vollständig außer Kraft gesetzt werden können, zu Naturgesetzen.

2 Robert Michels, *Zur Soziologie des Parteiwesens in der modernen Demokratie*, 1911, Neudruck der 2. Auflage, Stuttgart 1970, S. 373, 46, 57 und 200.

Weil die Produktionsinstrumente der im eigentlichen Sinne politischen, das heißt expliziten und explizit differentiellen Repräsentation der sozialen Welt ungleich verteilt sind, gewinnt das politische Leben die Form eines Austauschs zwischen professionellen Produzenten und bloßen Laien und lässt sich in der Logik von Angebot und Nachfrage beschreiben. Das politische (Produktions-) Feld ist der Ort, an dem von den dort befindlichen, miteinander konkurrierenden Akteuren politische Produkte hergestellt werden (Probleme, Programme, Analysen, Kommentare, Konzepte, Ereignisse), unter denen die auf den Status von »Konsumenten« reduzierten gewöhnlichen Bürger wählen sollen, wobei das Risiko eines Missverständnisses umso größer ist, je weiter sie vom Produktionsort entfernt sind.

Das Monopol der Professionellen

Ohne hier die Analyse der sozialen Bedingungen der Konstitution sozialer und technischer Kompetenz, die für eine aktive Teilnahme an der »Politik« erforderlich ist, wiederaufnehmen zu wollen,[3] ist zumindest daran zu erinnern, dass die Konsequenzen der morphologischen Hindernisse, die jeder Form von direkter Regierung aufgrund der Größe der politischen Einheiten und der Zahl der Bürger entgegenstehen, durch die Konsequenzen der ökonomischen und kulturellen Enteignung noch verstärkt werden. Die Konzentration des politischen Kapitals in den Händen einer kleinen Zahl wird desto weniger behindert, ist also desto wahrscheinlicher, je weniger die einfachen Parteimitglieder über die für eine aktive Teilnahme an der Politik notwendigen materiellen und kulturellen Instrumente, das heißt vor allem *freie Zeit* und *kulturelles Kapital*, verfügen.[4]

Da die vom politischen Feld angebotenen Produkte Wahrnehmungs- und Ausdrucksinstrumente der sozialen Welt oder, wenn

3 Vgl. insbesondere *Die feinen Unterschiede*, Frankfurt 1985, S. 620-726.

4 Was impliziert, dass die politische Arbeitsteilung entsprechend dem Umfang des in einer bestimmten sozialen Formation akkumulierten ökonomischen und kulturellen Kapitals (ihrem »Entwicklungsstand«) variiert und auch entsprechend der mehr oder weniger asymmetrischen Struktur der Verteilung dieses Kapitals, vor allem des kulturellen Kapitals. So führte der allgemeine Zugang zu den höheren Schulen zu Veränderungen im Verhältnis zwischen den Parteien und ihren aktiven Mitgliedern oder ihren Wählern.

man so will, Sicht- und Teilungsprinzipien sind, ist die Verteilung der Meinungen in einer bestimmten Bevölkerungsschicht abhängig vom Zustand der verfügbaren Wahrnehmungs- und Ausdrucksinstrumente und vom Zugang der verschiedenen Akteure zu diesen Instrumenten. Das heißt, das politische Feld übt in der Tat eine Art Zensur aus, indem es das Universum des politischen Diskurses und damit des politisch Denkbaren auf den endlichen Raum der Diskurse beschränkt, die in den Grenzen der politischen *Problematik* produziert oder reproduziert werden können, als dem Raum der im Feld realisierten, das heißt aufgrund der den Zugang zum Feld regelnden Gesetze soziologisch möglichen Stellungnahmen. Die Grenze zwischen dem politisch Sagbaren oder Nicht-Sagbaren, Denkbaren oder Nicht-Denkbaren bestimmt sich für eine Kategorie von Laien in dem Verhältnis zwischen den ausdrücklichen Interessen dieser Kategorie und der Fähigkeit, diese Interessen zum Ausdruck zu bringen, die abhängig ist von ihrer Position in den kulturellen und damit politischen Produktionsverhältnissen. »Die Absicht«, sagt Wittgenstein, »ist eingebettet in der Situation, den menschlichen Gepflogenheiten und Institutionen. Gäbe es nicht die Technik des Schachspiels, so könnte ich nicht *beabsichtigen*, eine Schachpartie zu spielen. Soweit ich die Satzform im voraus beabsichtige, ist dies dadurch ermöglicht, dass ich deutsch sprechen kann.«[5] Die politische Absicht konstituiert sich nur im Verhältnis zu einer bestimmten Konstellation des politischen Spiels, genauer: des Universums der Handlungs- und Ausdruckstechniken, die es zu einem bestimmten Zeitpunkt bietet.

In diesem wie in anderen Fällen konstituiert der Übergang vom Impliziten zum Expliziten, vom subjektiven Eindruck zum objektiven Ausdruck, zur öffentlichen Kundgebung in einem Diskurs oder öffentlichen Akt per se einen Akt der *Instituierung* und stellt damit eine Form von offizieller Bestätigung, von Legitimation dar. Es ist kein Zufall, dass, wie Benveniste bemerkt, die Wurzel aller Wörter, die sich auf das Recht beziehen, von *sagen* abgeleitet ist. Und die Institution, verstanden als das, was bereits instituiert, bereits explizit gemacht ist, übt gleichzeitig einen Versicherungs- und Zulassungseffekt und einen Schließungs- und Enteignungseffekt aus. Da die Produktion der politisch wirksamen und legitimen

5 Ludwig Wittgenstein, *Philosophische Untersuchungen*, Paragraph 337, Frankfurt 1980, S. 171.

Wahrnehmungs- und Ausdrucksformen, von Krisenzeiten abgesehen, das Monopol der Professionellen und damit den Zwängen und Einschränkungen unterworfen ist, die dem politischen Feld inhärent sind, lässt sich feststellen, dass die Konsequenzen der Zensuslogik, die de facto den Zugang zu den Wahlmöglichkeiten unter den politischen Produkten regelt, noch verstärkt werden durch die Konsequenzen der oligo-politischen Logik, die das Angebot der Produkte regelt: ein Produktionsmonopol, das einem Korps von Professionellen, das heißt einer kleinen Zahl von Produktionseinheiten, die selbst wiederum von den Professionellen kontrolliert werden, überlassen ist, Zwänge, die auf den Wahlmöglichkeiten der Konsumenten lasten, die desto mehr zu frageloser *Treue* gegenüber den bekannten Marken und zu bedingungsloser Delegierung an ihre Vertreter neigen, je geringer ihre *soziale Kompetenz* in Sachen Politik ist und je weniger sie über eigene Produktionsinstrumente für politische Diskurse oder politische Handlungen verfügen.

Das Verhältnis zwischen Laien und Professionellen nimmt für Herrschende und Beherrschte sehr unterschiedliche Formen an. Da Erstere, die sich mit pressure-groups, Verbänden oder Vereinsparteien[6] begnügen können, meistens in der Lage sind, selbst ihre politischen Handlungen und Meinungen zu produzieren, finden sie sich niemals vorbehaltlos mit der durch die Delegierung implizierten Enteignung ab. Dies kann man deutlich daran erkennen, dass die bevorzugten Parteien der Intellektuellen, wie in Frankreich die PSU oder, allgemeiner, die linksradikalen Splittergruppen, sich in irreduzible Sekten auseinanderdividieren. Die Mitglieder der herrschenden Fraktionen der herrschenden Klasse, insbesondere die Führungskräfte der großen Industrie- und Handelsunternehmen, haben ihrerseits häufig ein negatives oder zumindest ambiva-

6 Vereinspartei könnte man eine Organisation nennen, deren so gut wie ausschließlicher Zweck die Vorbereitung der Wahlen ist und die dieser ständigen Funktion eine Permanenz verdankt, die die gewöhnlichen Verbände nicht haben: Sie steht dem Verband nahe aufgrund des begrenzten und partiellen Charakters ihrer Ziele und des dafür erforderlichen Engagements und gleichzeitig durch die sozial stark diversifizierte Zusammensetzung ihrer *Klientel* (die aus Wählern besteht und nicht aus Aktivisten), und sie steht der Partei nahe aufgrund der von der Wiederkehr ihrer spezifischen Funktion, der Vorbereitung der Wahlen, verlangten Permanenz. (Bemerkenswert ist, dass die *ideale Partei*, wie Ostrogorski sie beschreibt, genaugenommen ein Verband ist, das heißt eine *temporäre*, ad hoc geschaffene Organisation mit Blick auf eine bestimmte Forderung oder eine spezifische Sache.)

lentes Bild des politischen Universums, zum einen, weil es der Ort der Infragestellung der herrschenden Ordnung ist, die als solche etwas Ungehöriges an sich hat, und zum andern, weil der Politiker den Sanktionen der Abstimmung und des kollektiven Urteils unterworfen ist und seine Funktion die Dimension des »Dienens« mit einschließt. Daraus ergibt sich, dass die aus den konservativen Parteien Gewählten häufig Leute sind, für die die Politik entweder eine zweite Karriere ist (solche, die vorher schon Kapital in einer anderen Karriere, vor allem der Beamtenkarriere, akkumuliert haben) oder eine Ersatzkarriere (solche, die in ihrem beruflichen Leben nicht sehr erfolgreich waren).

Die Zwänge des Marktes lasten in erster Linie auf denjenigen, die nur über geringe ökonomische und kulturelle Mittel verfügen und die keine andere Wahl haben, als entweder politisch abzudanken oder sich ganz der Partei anzuvertrauen. Diese muss als ständige Organisation die *permanente Repräsentation der kontinuierlichen Existenz*, als mobilisierte oder mobilisierbare *Klasse*, derjenigen produzieren, die sie zu repräsentieren vorgibt und die immer Gefahr laufen, in die Diskontinuität einer atomisierten Existenz (mit dem Rückzug ins Privatleben und der Suche nach individuellen Heilswegen) oder in die Partikularität rein vindikativer Kämpfe zurückzufallen. Für sie ist der Markt der Politik einer der am wenigsten freien Märkte. Sie brauchen Parteien im Sinne *permanenter Organisationen*, die auf die Eroberung der Macht ausgerichtet sind und ihren Mitstreitern und Wählern nicht nur eine Doktrin anbieten, sondern auch ein *Programm* des Denkens und Handelns, und die daher *a priori* globale Zustimmung verlangen. Wie Marx in *Das Elend der Philosophie* bemerkt, kann man die Entstehung einer sozialen Gruppe in dem Augenblick datieren, wo die Mitglieder ihrer repräsentativen Organisationen nicht mehr nur die ökonomischen Interessen ihrer Mandanten verteidigen, sondern die Entwicklung der Organisation selbst. Wenn die Existenz einer ständigen, von den korporativen und konjunkturellen Interessen relativ unabhängigen Organisation die Bedingung der permanenten und im eigentlichen Sinne politischen *Repräsentation* einer Gruppe und damit der Existenz dieser Gruppe als solcher ist, wie kann man dann übersehen, dass diese Organisation auch das Risiko der Enteignung der »gewöhnlichen« Mitglieder einschließt? Die Antinomie der »etablierten revolutionären Macht«, wie Bakunin sagt, ist ganz und gar vergleichbar derjenigen der reformierten Kirche, wie Troeltsch sie beschrieben hat. Die *fides implicita*, die globale und totale Delegation, mit der die Mittellosesten der Partei ihrer Wahl en bloc eine Art unbegrenzten Kredit gewähren, lässt den Mechanismen freien Lauf, die dazu tendieren, ihnen jede Kontrolle über den Apparat zu nehmen. Ironischerweise ist daher die Konzentration des politischen Kapitals (falls nicht entschieden gegengesteuert wird, was aber unwahrscheinlich ist) gerade in den Parteien am ausgeprägtesten, die den Kampf gegen die Konzentration des ökonomischen Kapitals auf ihre Fahnen geschrieben haben.

Gramsci hat immer wieder die Tendenz zum chiliastischen Fideismus und zur providentiellen Vorstellung der Partei und ihrer Führer beschrieben, wie sie sich bei der Klientel der kommunistischen Parteien beobachten lässt: »In unserer Partei gab es einen anderen gefährlichen Aspekt: die Sterilisierung jeder individuellen Aktivität, die Passivität der Masse der Partei, die dumpfe Zuversicht, dass es immer und überall jemanden gäbe, der an alles denkt und für alles vorsorgt.«[7] »Durch diese ihre völlige Unterlegenheit verängstigt, haben die Massen jedem Selbstbestimmungsrecht und jeder Macht entsagt, die Organisation und die Gestalt des Organisators werden für sie ein und dasselbe, wie für ein Heer im Felde der *condottiere*, der zum Faustpfand des zukünftigen Sieges wird.«[8] Man könnte auch *a contrario* Rosa Luxemburg zitieren, wenn sie (in der Weise des *wishful thinking*) eine Partei beschreibt, die selbst ihre Macht begrenzt, indem ihre Führer bewusst ständig dafür Sorge tragen, durch ihre eigene Abdankung den Willen der Massen auszuführen. Es wäre überhaupt interessant, in den Stellungnahmen der verschiedenen »Theoretiker« zu diesem Problem (die wie Gramsci zwischen »Spontaneismus« in der *Ordine Nuovo* und »Zentralismus« im Artikel über die kommunistische Partei schwanken können) den Anteil zu bestimmen, der auf objektive Faktoren (wie das allgemeine und das politische Bildungsniveau der »Massen«), insbesondere auf die unmittelbare Erfahrung der Dispositionen der »Massen« in einer bestimmten Konjunktur, und denjenigen, der auf die Logik des Felds und der internen Oppositionen zurückzuführen ist.

Diejenigen, die die Partei beherrschen und die Existenz und den Fortbestand dieser Institution mit den von ihr garantierten spezi-

7 Gramsci, *Ecrits politiques*, 2. Bd., Paris 1974, S. 265.

8 Gramsci, *op.cit.*, S. 82.

fischen Profiten zu ihrer Sache machen, finden in der Freiheit, die ihnen das Monopol der Produktion und Durchsetzung *instituierter politischer Interessen* lässt, die Möglichkeit, ihre eigenen Interessen als Mandatsträger der Interessen ihrer Mandanten durchzusetzen. Und dies, ohne dass vollständig bewiesen werden könnte, dass die solcherart verallgemeinerten und per Volksentscheid gebilligten Interessen der Mandatsträger nicht mit den unausgesprochenen Interessen der Mandanten zusammenfallen, da Erstere das Monopol haben auf die Produktionsinstrumente der politischen Interessen, das heißt der politisch zum Ausdruck gebrachten und anerkannten Interessen der Letzteren, wenn man von der aktiven Stimmenthaltung absieht, die in der Revolte gegen eine zweifache Ohnmacht wurzelt: Ohnmacht gegenüber der Politik und allen von ihr vorgeschlagenen rein seriellen Aktionen und Ohnmacht gegenüber den politischen Apparaten. Der Apolitismus, der mitunter die Form des Antiparlamentarismus annimmt und auf alle Formen des Bonapartismus, Boulangismus oder Gaullismus umgelenkt werden kann, ist im Grunde genommen ein Protest gegen das Monopol der Politiker, das politische Äquivalent dessen, was unter anderen Vorzeichen die religiöse Revolte gegen das Monopol der Kleriker war.

Kompetenz, Einsätze und spezifische Interessen

Auf dem Gebiet der Politik wie auf dem der Kunst ist die Enteignung der Mehrheit ein Korrelat oder eine Konsequenz der Konzentration der politischen Produktionsmittel in den Händen von Professionellen, die nur dann eine Chance haben, bei dem politischen Spiel mitzuspielen, wenn sie über eine spezifische Kompetenz verfügen. In der Tat ist nichts weniger selbstverständlich als die für eine Teilhabe am politischen Feld erforderlichen Denk- und Handlungsweisen. So wie der religiöse, künstlerische oder wissenschaftliche Habitus setzt der Habitus des Politikers ein spezifisches Training voraus. Zuallererst muss natürlich das ganze Korpus des durch die politische Arbeit gegenwärtiger oder früherer Professioneller produzierten und akkumulierten spezifischen Wissens (Theorien, Problemstellungen, Konzepte, historische Traditionen, ökonomische Gegebenheiten etc.) sowie allgemeinere Fertigkeiten erworben werden, wie die Beherrschung eines bestimmten Jargons und einer bestimmten politischen Rhetorik, der Rhetorik des *Tribuns*, die unerlässlich im Verhältnis zu den Laien ist, oder der Rhetorik der politischen *Debatte*, die im Verhältnis der Professionellen untereinander gebraucht wird. Aber es geht auch und vor allem um eine Art *Initiation* mit Prüfungen und Übergangsriten, mit denen die *praktische Beherrschung* der dem politischen Feld immanenten Logik eingeprägt und die *Unterwerfung* unter die diesem Feld inhärenten Werte, Hierarchien und Zensuren oder die spezifische Form, die die parteieigenen Zwänge und Kontrollen innerhalb jeder Partei annehmen, durchgesetzt wird. Das bedeutet, dass, wenn man die politischen Diskurse völlig verstehen will, die zu einem bestimmten Zeitpunkt auf dem Markt offeriert werden und die insgesamt das Universum dessen definieren, was politisch gesagt und gedacht werden kann, im Gegensatz zu dem, was als unsagbar und undenkbar verworfen wird, man den ganzen Prozess der Produktion von Professionellen der ideologischen Produktion analysieren müsste, angefangen mit der Markierung, die sie für diese Funktion bestimmt und die durch eine häufig implizite Definition der gewünschten Kompetenz erfolgt, sowie der allgemeinen oder spezifischen Ausbildung, die sie auf die Übernahme der Funktion vorbereitet, bis hin zur ständigen Gleichschaltung, die ihnen, mit ihrem stillschweigenden Einverständnis, von den älteren Mitgliedern ihrer Gruppe aufgezwungen wird, vor allem dann, wenn sie als neu Gewählte in eine politische Instanz gelangen, in die sie eine Offenheit und Freizügigkeit hineintragen könnten, die ein Anschlag auf die Spielregeln wären.

Die Enteignung im Zusammenhang mit der Konzentration der Produktionsmittel der Produktionsinstrumente der gesellschaftlich als politisch anerkannten Diskurse oder Handlungen ist in dem Maße ständig gewachsen, wie das Feld der ideologischen Produktion an Autonomie gewonnen hat, indem große politische Bürokratien mit Vollzeitprofessionellen und Institutionen (wie in Frankreich das *Institut des sciences politiques* und die *École nationale d'administration*) entstanden sind, die den Auftrag haben, die professionellen Produzenten von Denkmodellen für die soziale Welt auszulesen und auszubilden (Politiker, politische Journalisten, hohe Beamte etc.), und gleichzeitig, die Funktionsregeln des Felds der politischen Produktion und das für die Beachtung dieser Regeln unerlässliche Korpus an Wissen und Know-how zu kodifizieren.

Die »Politische Wissenschaft«, die in eigens zu diesem Zweck eingerichteten Institutionen gelehrt wird, ist die *Rationalisierung* der Kompetenz, die das Universum der Politik erfordert und über die die Professionellen praktisch verfügen. Sie zielt darauf ab, diese praktische Beherrschung effizienter zu machen, indem sie rationale Techniken zu ihrer Verfügung stellt, wie die Meinungsumfrage, die Öffentlichkeitsarbeit oder das politische Marketing, und gleichzeitig legitimiert sie diese, indem sie ihr den Anschein von Wissenschaftlichkeit verleiht und politische Fragen zur Angelegenheit von Spezialisten macht, deren Sache es ist, im Namen des Wissens und nicht des Klasseninteresses zu entscheiden. So kommt die elitäre Meinungstheorie, die bei der Entwicklung oder Analyse von Meinungsumfragen oder den rituellen Klagen über die Nichtwähler fast immer eine Rolle spielt, in aller Unschuld in den Untersuchungen über die *opinon makers* zum Vorschein, die, von einer Philosophie der Emanation, des »Ausströmens«, inspiriert, die Zirkulationsnetze der Meinungen bis zu der Quelle, der sie entströmen sollen, das heißt bis zur »Elite« der »Meinungsmacher«, hochsteigen wollen, bei denen keiner auf die Idee kommt, danach zu fragen, woher ihre Meinung stammt.[9]

Die Autonomisierung des Felds der politischen Produktion geht zweifellos einher mit einer Erhöhung der »Eintrittsgebühren« in das Feld, insbesondere der Forderungen, was die allgemeine oder spezifische Kompetenz betrifft. (Das erklärt zu einem Teil das zunehmende Gewicht der in den Schulen – Sciences Po, ENA – ausgebildeten Professionellen zu Lasten der einfachen aktiven Parteimitglieder.)[10] Und zweifellos geht sie auch einher mit einer Verstärkung der Auswirkungen der internen Gesetze des politischen Felds, insbesondere der Konkurrenz zwischen den Professionellen, im Verhältnis zu den Auswirkungen der direkten oder indirekten Transaktionen zwischen

9 Vgl. C. Kadushin, »Power, Influence and Social Circles: A new Methodology for Studying Opinion Makers«, in *American Sociological Review* 33, 1968, S. 685-699.

10 Allerdings könnte diese Entwicklung in einem gewissen Umfang kompensiert werden durch die allgemeine Erhöhung des Bildungsniveaus, die aufgrund des entscheidenden Gewichts des schulischen Kapitals in dem System der Faktoren, die die Unterschiede im Verhältnis zur Politik erklären, zweifellos dieser Tendenz zuwiderzulaufen und (je nach Organisation in unterschiedlichem Ausmaß) den Druck der Basis zu verstärken vermag, die weniger geneigt ist, einer bedingungslosen Delegierung zuzustimmen.

Professionellen und Laien.[11] Dies bedeutet, dass, wenn man eine politische Stellungnahme, ein Programm, eine Intervention, eine Wahlrede etc. verstehen will, es zumindest genauso wichtig ist, das Universum der im Feld offerierten konkurrierenden Stellungnahmen zu kennen, wie die Nachfrage der Laien, deren erklärte Mandatsträger (»Basis«) die Urheber dieser Stellungnahmen sind. Eine Stellungnahme, der Begriff sagt es, ist ein Akt, der nur in der Relation Sinn bekommt, durch die Differenz, den *distinktiven Abstand*.[12] Und diese Logik ist nie so deutlich wie in all den Fällen, in denen die Opposition zwischen den Konkurrenten (zum Beispiel innerhalb einer Partei) die Form annimmt, die häufig innerhalb des literarischen oder künstlerischen Felds anzutreffen ist, nämlich die der fast inhaltslosen Alternative zwischen Alt und Neu, Alt und Jung, Archaismus und Modernismus, wobei der Konflikt zwischen Platzhaltern und Anwärtern sich nach außen hin als Generationskonflikt präsentiert.

Ein erfahrener Politiker ist in der Lage, den objektiven Sinn und die soziale Wirkung seiner Stellungnahmen praktisch zu kontrollieren aufgrund seiner Kenntnis des Raums der aktuellen und vor allem potentiellen Stellungnahmen, genauer: des Prinzips dieser Stellungnahmen, nämlich des Raums der objektiven Positionen im Feld und

11 Die Fernsehdebatte, die wegen ihrer spezifischen Kompetenz, aber auch wegen ihres Gespürs für politische Schicklichkeit und Angemessenheit ausgesuchte Professionelle in Gegenwart eines Publikums, dem nur der Status eines Zuschauers zukommt, miteinander konfrontiert und damit den Klassenkampf in Form einer theatralisierten und ritualisierten Konfrontation zweier Champions realisiert, symbolisiert vollkommen die Vollendung des Autonomisierungsprozesses des politischen Spiels, das mehr denn je in seinen Techniken, seinen Hierarchien, seinen internen Regeln befangen ist.

12 In einem Gespräch über die Diskussionen zur Aktualisierung des gemeinsamen Programms, an denen er im Namen der Kommunistischen Partei teilgenommen hatte, macht ein hoher kommunistischer Funktionär wiederholt das Distinktionsbedürfnis, den *Wunsch, sich zu unterscheiden*, für die »Überbietungen der kommunistischen Delegation« verantwortlich: »Sie (die Parteiführer) wollten sich unbedingt von der Sozialistischen Partei absetzen, darum erschien es ihnen notwendig, ›weiter zu gehen, noch weiter nach links‹. (…) Mehr als die Frage des Mindestlohns (denn die Sozialistische Partei hat schnell nachgegeben) wurde die Frage der Filialen entschieden in den Vordergrund gestellt. Ich glaube, das geschah mit Absicht. Die Parteiführung wollte sich von der Sozialistischen Partei absetzen, um nicht mit einer Sozialistischen Partei, die einen Stimmanteil von 28 % hat, und einer Kommunistischen Partei, deren Stimmanteil sich bei 22 % einspielt, an die Macht zu gelangen.« (Y. Roucaute, *Le PCF et les sommets de l'Etat: de 1945 à nos jours*, Paris 1981, S. 175-181)

der Dispositionen derjenigen, die diese Positionen besetzen. Dieser »praktische Sinn« für mögliche und unmögliche, wahrscheinliche und unwahrscheinliche Stellungnahmen, was die verschiedenen Inhaber der unterschiedlichen Positionen betrifft, erlaubt es ihm, angemessene Stellungnahmen »auszuwählen« und »kompromittierende« Stellungnahmen zu vermeiden, zum Beispiel solche, bei denen es zu einer ungewollten Begegnung mit den Inhabern konträrer Positionen im Raum des politischen Felds kommen würde. Dieser Sinn für das politische Spiel, das den Politikern erlaubt, die Stellungnahmen anderer Politiker vorherzusehen, macht sie aber auch selbst für andere Politiker vorhersehbar. Vorhersehbar heißt aber auch verantwortlich, in der Bedeutung des englischen *responsible*, das heißt kompetent, seriös, vertrauenswürdig, kurz: bereit, in beständiger Weise, ohne Überraschungen oder verräterische Abweichungen, die durch die Struktur des Spielraums zugewiesene Rolle zu spielen.

Das politische Spiel kennt keinen größeren Imperativ als diese grundsätzliche Einwilligung in das Spiel selbst, *illusio*, *involvement*, *commitment*, die Investition in das Spiel, die gleichzeitig ein Produkt des Spiels und die Bedingung für das Funktionieren des Spiels ist. Wenn sie nicht aus dem Spiel und von den in diesem zu erwerbenden Profit ausgeschlossen werden wollen, sei es die bloße *Freude* am Spiel oder alle materiellen und symbolischen Vorteile, die mit dem Besitz eines symbolischen Kapitals verbunden sind, akzeptieren alle, die das *Privileg* haben, in das Spiel zu investieren (statt sich zur Indifferenz und Apathie des Apolitismus genötigt zu sehen), die stillschweigende Abmachung bezüglich der Teilnahme am Spiel, wonach dieses *der Mühe wert* befunden wird, gespielt zu werden, eine Abmachung, die sie mit allen anderen Teilnehmern durch eine Art *originäre Kollusion* verbindet, die sehr viel mächtiger ist als alle offenen oder geheimen Absprachen. Diese Solidarität aller in das Spiel Eingeweihten, die miteinander verbunden sind durch ihre grundsätzliche Einwilligung in das Spiel und seine Einsätze, durch ihren Respekt dem Spiel und seinen ungeschriebenen Gesetzen gegenüber, durch ihre grundsätzliche Investition in das Spiel, auf das sie ein Monopol haben, das sie perpetuieren müssen, um die Rentabilität ihrer Investitionen zu sichern, manifestiert sich nie so deutlich wie dann, wenn das Spiel als solches bedroht ist.[13]

13 *Illusio* kann auch Interesse bedeuten, aber nicht im ökonomischen Sinn: Das durch das Spiel geweckte Interesse am Spiel, die soziale, das heißt sozial insti-

Für die durch eine Form der Kollusion (wie eine Gesamtheit von *Kollegien*) untereinander verbundenen Gruppen ist *Diskretion* und *Schweigen* über alles, was die intimen Überzeugungen der Gruppe betrifft, ein grundsätzlicher Imperativ. Mit äußerster Heftigkeit verurteilen sie nach außen dringende Manifestationen von Zynismus, die unter *Eingeweihten* völlig akzeptabel sind, weil sie *per definitionem* nicht an den grundsätzlichen Glauben an den Wert der Gruppe rühren können, wobei freizügige Wertvorstellungen häufig als zusätzlicher Wertbeweis erfahren werden. Ein typisches Beispiel dafür ist die Entrüstung, mit der Politiker und vor allem politische Journalisten, die für gewöhnlich schnell dabei sind, kompromittierende Gerüchte und Anekdoten über Politiker zu kolportieren, denjenigen begegnen, die für einen Augenblick den Anschein erwecken, »das Spiel zu verderben«, indem sie dem populären und kleinbürgerlichen Apolitismus, der gleichzeitig die Bedingung und das Produkt des Politikermonopols ist, politische Existenz verschaffen. So wurde die Kandidatur Coluches für das Amt des Präsidenten auf Anhieb von fast allen Professionellen als *Poujadismus* verurteilt. Man würde allerdings in dem von dem Pariser Komiker angesprochenen Themenbereich vergeblich nach den typischen Topoi des Buchhändlers von Saint-Céré suchen, wie sie die klassische Studie von Hoffmann aufzählt: Nationalismus, Anti-Intellektualismus, Regionalismus, rassistische und faschistoide Xenophobie, Verherrlichung der Mittelklassen, Moralismus etc.[14] Und man versteht nur schwer, wie »informierte Beobachter« den »Kandidaten der Minderheiten«, all derjenigen, »die nie von den politischen Parteien vertreten werden«, »Schwule, Lehrlinge, Schwarze, Araber« etc. (Coluches »Programm«), mit dem Verteidiger der kleinen Kaufleute verwechseln konnten, der gegen »die Kanaken« und »die heimatlose Mafia der Drogenhändler und Päderasten« kämpfte.[15]

Obwohl über die soziale Basis des Poujadismus wenig bekannt ist, ist doch unbestritten, dass er seine ersten Anhänger und treu-

tuierte und modellierte *Libido* veranlasst einen, am Spiel teilzunehmen, wobei man dazu neigt, sich zu differenzieren, von der Indifferenz wegzukommen, der alles gleich ist (»das ist mir egal«). *Illusio* im ökonomischen Sinn, die von dem als solchem konstituierten ökonomischen Spiel verlangt wird, ist nur ein besonderer Fall im Universum möglicher Formen der Libido oder des Interesses.

14 Stanley Hoffmann, *Le mouvement Poujade*, Cahiers de la fondation nationale des sciences politiques, Paris 1956, S. 209-260.

15 Stanley Hoffmann, a.a.O., S. 246.

esten Unterstützer in der Kleinbourgeoisie der Handwerker und Provinzkaufleute fand, die eher älter waren und sich durch den ökonomischen und sozialen Wandel bedroht sahen. Zwei Umfragen (des IFRES und des IFOP) ergaben aber übereinstimmend, dass diejenigen, die für die Kandidatur Coluches Sympathie bekundeten, völlig gegensätzliche Eigenschaften aufwiesen. Die Bereitschaft, Coluches *Kandidatur* zuzustimmen, verhält sich umgekehrt proportional zum Alter: Sie ist am größten bei ganz jungen Leuten (und da vor allem bei Männern), und sie ist nur in den Augen eines Teils (ungefähr eines Drittels) der Personen über 65 Jahre ein Skandal. Sie nimmt auch zu mit der Größe des Wohnorts: So ist sie in ländlichen Gemeinden und Kleinstädten sehr schwach und erreicht ihren Höchststand in Großstädten und im Großraum Paris. Obwohl die von beiden Meinungsforschungsinstituten angewandten Kategorien ungenau und wenig vergleichbar sind, scheint doch alles darauf hinauszulaufen, dass sich Arbeiter und Angestellte, aber auch Intellektuelle und Künstler am deutlichsten zugunsten dieses ungewöhnlichen Kandidaten aussprechen, wohingegen er in den Chefetagen von Industrie und Handel die deutlichste Ablehnung erfährt, was leicht zu verstehen ist, wenn man weiß, dass die entsprechenden Stimmen vor allem bei der Linken entwendet sind (deutlich mehr bei der Sozialistischen als bei der Kommunistischen Partei), aber auch bei den Grünen und denjenigen, die sich normalerweise der Stimme enthalten. Der Anteil der befragten Personen, die ohne Coluches Kandidatur rechts wählen würden, ist (vor allem unter den Arbeitern) gering, der Stimmanteil würde vor allem auf die Sozialistische Partei entfallen (wobei der Anteil derjenigen, die überhaupt nicht wählen würden, natürlich in allen Kategorien sehr hoch ist). Der Umstand, dass sich unter den Männern deutlich mehr Anhänger von Coluche finden als unter den Frauen, legt die Vermutung nahe, dass diese Wahl Ausdruck einer aktiven Verweigerung ist, ganz im Unterschied zur bloßen Indifferenz, die mit der statusbedingten Inkompetenz zu tun hat. Damit versuchen die Professionellen, Politiker und Journalisten, dem »Spielverderber« das Beitrittsrecht zu verweigern, das ihm von den Laien in großem Umfang eingeräumt wird (von denen zwei Drittel prinzipiell seiner Kandidatur zustimmen), und zweifellos deshalb, weil dieser ungewöhnliche Spieler dadurch, dass er bei dem Spiel mitspielt, ohne es ernst zu nehmen, die Grundlage des Spiels bedroht, nämlich den Glauben und die Glaubwürdigkeit der gewöhnlichen Spieler.

Das Theater der sozialen Welt

Der Kampf, den die Professionellen untereinander ausfechten, ist zweifellos die Form *par excellence* des symbolischen Kampfs um die Bewahrung oder Veränderung der sozialen Welt durch die Bewahrung oder Veränderung der Sicht- und Teilungsprinzipien, genauer: um die Bewahrung oder Veränderung der Teilungen, die durch die Veränderung oder Bewahrung der Klassifizierungssysteme entstanden sind, in denen sie sich verkörpern, und derjenigen Institutionen, die die geltende Klassifizierung legitimieren und damit zu deren Perpetuierung beitragen. Die sozialen Bedingungen der Möglichkeit dieses Kampfs sind in der spezifischen Logik zu sehen, die in jeder sozialen Formation das politische Spiel organisiert, bei dem es einerseits um das Monopol der Entwicklung und Verbreitung des legitimen Teilungsprinzips der sozialen Welt und damit der Mobilisierung von Gruppen geht und andererseits um das Monopol der Verwendung der objektivierten Machtinstrumente (des objektivierten politischen Kapitals). Er ist daher ein Kampf um die symbolische Macht, sichtbar und glaubhaft zu machen, vorherzusagen und vorzuschreiben, Kenntnis und Anerkennung zu verschaffen.

Das politische Feld ist ein privilegierter Ort für die Ausübung einer *Macht der Repräsentation oder Manifestation*, die dazu beiträgt, dem, was praktisch, stillschweigend oder implizit existiert, die volle, das heißt objektivierte, unmittelbar für alle sichtbare, öffentliche, offizielle und damit autorisierte Existenz zu verschaffen. Diese Manifestationsmacht kann über alles ausgeübt werden, was die soziale Welt und die Sicht dieser Welt betrifft, und sie ist nie so wirkmächtig wie dann, wenn sie auf die Sicht- und Teilungsprinzipien der sozialen Welt angewandt wird, indem sie die geltenden Prinzipien verstärkt oder verändert (zum Beispiel das Prinzip der Arbeitsteilung zwischen den Geschlechtern durch den Feminismus), neue Gegensätze, neue Weisen, Form und Inhalt, Vordergrund und Hintergrund, Aktuelles und Inaktuelles zu hierarchisieren, zum Vorschein bringt, neue Prinzipien der Klassifizierung und Gruppierung des Wahrgenommenen und damit neue *Gruppen* durchsetzt.

Daher sind die Akte der Theatralisierung, mit denen Gruppen sich (in erster Linie für sich selbst) zur Schau stellen, Zeremonien, Prozessionen (wie die Panathenäen), Umzüge, Aufmärsche, Demonstrationen etc., für sie selbst und für andere eine elementare Form der Objektivation und Manifestation der Teilungsprinzipien, nach denen sie sich objektiv organisieren und über die sich die Wahrnehmung organisiert, die sie von sich selbst haben. So bildeten die repräsentativen Institutionen (Räte, *Cortes*, Generalstände, Parlamente etc.) zweifellos die Basis für die erste mentale oder objektive Vorstellung von der Nation und ihrer Struktur. Wie das Zeremoniell, das *Ränge* und *Zahlen sichtbar* macht (und das in dieser Hinsicht Gegenstand von Diskussionen sein kann, wie dies bei der Eröffnung der Generalstände der Fall war), bringt die zweidimensionale, räumliche Projektion die *Hierarchie* der dargestellten Gruppen (durch die Markierung ihres Rangs in einer Linie von oben nach unten oder von rechts nach links) und in manchen Fällen ihr numerisches Gewicht zum Vorschein, ohne das Wesentliche außer acht zu lassen, nämlich die faktische Existenz der dargestellten und *benannten* Gruppen.

© Bibliothèque nationale

In der Tat scheint alles darauf hinzuweisen, dass die Idee, das *numerische Gewicht* von Gruppen darzustellen (wie dies der Fall ist bei einem Stich, dem »Wahlbild« für die Generalstände mit der dem Dritten Stand am 27. Dezember 1788 eingeräumten doppelten Repräsentation), zur Voraussetzung hat, dass die Vorstellung der Zahl und der numerischen *Repräsentativität* (also der Stimmen pro Kopf) in Konkurrenz tritt zur Vorstellung des Rangs.

Ebenso sind in den modernen parlamentarischen Regimes die repräsentativen Versammlungen eine Art räumliche Projektion des politischen Felds und, über dieses vermittelt, des sozialen Felds insgesamt, von dem die politische Bühne eine theatralisierte Vorstellung gibt. Das bedeutet, dass deren Organisationsstruktur, insbesondere die Opposition zwischen der Linken und der Rechten, dazu tendiert, sich als paradigmatische Manifestation der sozialen Struktur durchzusetzen und in den Köpfen als ein Sicht- und Teilungsprinzip der sozialen Welt (insbesondere der Teilung in Klassen) zu fungieren.
Die Tradition, wonach in allen Parlamenten die Konservativen zur Rechten und die Liberalen zur Linken des Präsidenten sitzen, geht auf die Verfassungsgebende Versammlung zurück: Nach der Zusammenkunft der drei Stände fing man an, die Mitglieder der Versammlung voneinander zu unterscheiden, die auf die Unterscheidung durch Kostüme verzichtet und sich je nach ihren Ideen gruppiert hatten, die Anhänger der Monarchie zu seiner Rechten und die Anhänger der Revolution zu seiner Linken, oder einfacher: auf der *rechten* und auf der *linken* Seite, woraus dann später die *Rechte* und die *Linke* wurde.

In den parlamentarischen Demokratien ist der Kampf um die Zustimmung der Bürger (um ihre Stimme, ihre Beiträge etc.) auch ein Kampf um die Aufrechterhaltung oder den Umsturz der *Verteilung von Macht über die öffentlichen Gewalten*, oder, wenn man so will, um das Monopol des legitimen Gebrauchs der objektivierten politischen Ressourcen: des Rechts, der Armee, der Polizei, der öffentlichen Finanzen, Verwaltungen etc. Die Parteien sind in diesem Kampf die Akteure *par excellence*, Kampforganisationen, die eigens dafür geschaffen wurden, diese *sublimierte Form des Bürgerkriegs* zu führen, indem sie durch präskriptive Vorhersagen die größtmögliche Zahl von Akteuren, die ihre Sicht der sozialen Welt und ihrer Zukunft teilen, *auf Dauer mobilisieren*. Um diese dauerhafte Mobilisierung sicherzustellen, müssen die Parteien einerseits eine Vorstellung der sozialen Welt entwickeln und durchsetzen, die die Zustimmung der größtmöglichen Zahl von Bürgern findet, und andererseits (Macht-)Posten erobern, deren »Besitz« es erlaubt, diejenigen zu halten, die sie innehaben.

Damit ist die Produktion der Ideen über die soziale Welt de facto immer der Logik der Eroberung der Macht untergeordnet, das heißt der Mobilisierung der größten Zahl. Das erklärt zweifellos, warum bei der Entwicklung der legitimen Repräsentation der kirchliche Produktionsmodus bevorzugt wird, bei dem die Vorschläge (Anträge, Plattformen, Programme etc.) unverzüglich der Zustimmung einer Gruppe unterbreitet werden und daher nur von Professionellen durchgesetzt werden können, die imstande sind, Ideen wie Gruppen zu manipulieren und Ideen zu produzieren, die wiederum Gruppen produzieren, indem sie diese Ideen so manipulieren, dass ihnen die Zustimmung einer Gruppe sicher ist. Zu dieser ganz spezifischen sozialen Technik gehört die Rhetorik des Meetings oder der ganze Komplex von Rede- und Redaktionstechniken, Techniken der Versammlungsmanipulation, die es erlauben, »einen Antrag durchzubringen«, ganz zu schweigen von den Prozeduren und Verfahren, die, wie das Spiel mit der Anzahl der Mandate, die Produktion der Gruppe unmittelbar kontrollieren.

Es wäre falsch, die Autonomie und spezifische Wirkung dessen zu unterschätzen, was im politischen Feld passiert, die politische Geschichte auf eine Art Epiphänomen ökonomischer und sozialer Kräfte zu reduzieren und die politischen Akteure gewissermaßen zu deren Marionetten zu machen. Abgesehen davon, dass dies die symbolische Wirkung der Repräsentation und des mobilisierenden Glaubens, den sie aufgrund der Objektivation hervorruft, ignorieren hieße, liefe dies darauf hinaus, die politische *Regierungsmacht* zu vergessen, die, auch wenn sie noch so abhängig ist von den ökonomischen und sozialen Kräften, doch einen realen Einfluss auf diese

Kräfte ausüben kann, indem sie auf die Instrumente der Verwaltung von Sachen und Personen einwirkt.

Das Verhältnis zwischen Partei und Klasse, zwischen dem Kampf der politischen Organisationen und dem Klassenkampf ist ein symbolisches Verhältnis zwischen einem Signifikanten und einem Signifikat, oder genauer: zwischen *Repräsentanten*, die eine *Vorstellung* von etwas geben, und vorgestellten Akteuren, Handlungen und Situationen. Die Übereinstimmung von Signifikant und Signifikat, von Vorstellung und vorgestellter Welt resultiert zweifellos weniger aus der bewussten Bemühung um Anpassung an die Nachfrage der Klientel oder aus dem durch externe Pressionen ausgeübten mechanischen Zwang als aus der Homologie zwischen der Struktur des politischen Theaters und der Struktur der vorgestellten Welt, zwischen den sozialen Kämpfen und der sublimierten Form dieser Kämpfe, die im politischen Feld gespielt wird.

Die Konsequenzen der spezifischen Notwendigkeiten des nationalen politischen Felds, das wie das literarische oder das philosophische Feld seine eigene Geschichte und seine eigenen Institutionen hat, zeigen sich, im sozialen Raum der verschiedenen europäischen Länder, in den beträchtlichen Unterschieden zwischen den Repräsentationen und politischen Strategien »repräsentativer« Organisationen von Bevölkerungsschichten, die, wie die Arbeiter oder die »leitenden Angestellten« (*cadres*), äquivalente Positionen besetzen, trotz aller Vereinheitlichungsbemühungen, wie der »Bolschewisierung« der kommunistischen Parteien. Es ist offensichtlich, dass diese Unterschiede zumindest ebenso sehr auf die spezifischen Traditionen des politischen Raums zurückzuführen sind (zum Beispiel auf das jeweilige Gewicht der kommunistischen Partei und der marxistischen Tradition, deren Form und Inhalt unterschiedlich ausgeprägt sind je nach den verschiedenen Interpretationen, aber auch je nach den Debatten innerhalb des universitären und politischen Felds sowie dem Verhältnis zwischen beiden) wie auf Unterschiede zwischen den objektiven Eigenschaften der repräsentierten Bevölkerungsschichten, die selbst zu einem großen Teil auf diese Traditionsunterschiede zurückzuführen sein könnten. Man braucht nur daran zu denken, in welch unterschiedlichem Maße Industriearbeiter verschiedener Nationen sich als »Klasse« begreifen und ihr Verhältnis zu den anderen Sektoren des sozialen Raums in der Optik des Klassenkampfs sehen.

Die Homologie zwischen dem politischen Raum und dem sozialen Raum als Ganzes hat zur Folge, dass die verschiedenen Gruppen von Professionellen, indem sie die Befriedigung der spezifischen, durch die Konkurrenz innerhalb des Felds gebotenen Interessen verfolgen, obendrein die Interessen derjenigen befriedigen, die im sozialen Raum homologe Positionen besetzen, oder anders ausgedrückt: dass sie noch in den Stellungnahmen, die am meisten dem Interesse derjenigen entsprechen, die sie zu repräsentieren behaupten, uneingestanden die Befriedigung ihrer spezifischen Interessen als Repräsentanten verfolgen, die ihnen durch die Struktur der für den Innenraum des politischen Felds konstitutiven Positionen und Oppositionen zugeschrieben werden.

Das augenscheinliche Verhältnis zwischen den Repräsentanten und den von ihnen Repräsentierten, die als bestimmende Ursache (»pressure groups« etc.) oder Zweckursache (die »Sache«, für die man sich einsetzt, Interessen, die man »bedient«, etc.) begriffen werden, kaschiert das Konkurrenzverhältnis zwischen den Repräsentanten. Zu Recht sagt Max Weber ganz unverblümt materialistisch: »Entweder: man lebt ›für‹ die Politik – oder aber: ›von‹ der Politik.«[16]

Genaugenommen müsste man eher sagen, dass man von der Politik leben kann unter der Bedingung, dass man für die Politik lebt. Im Verhältnis der Professionellen untereinander definiert sich die besondere Art der Investition in die Politik, die jede Kategorie von Mandatsträgern dazu bewegt, sich der Politik, und damit ihren Mandanten, zu widmen. Genauer: Die Beziehungen, die die professionellen Verkäufer politischer Dienstleistungen (Politiker, politische Journalisten etc.) mit ihren Klienten unterhalten, sind immer durch die Beziehungen zu ihren Konkurrenten vermittelt und mehr oder weniger vollständig determiniert.[17] Sie bedienen die Interessen ihrer Klienten in dem Maße (und nur in dem Maße), wie sie dabei ihre eigenen Interessen bedienen, dies *umso mehr, je mehr ihre Position in der Struktur des politischen Felds sich mit der Position ihrer Klienten in der Struktur des sozialen Felds deckt.* (Die Genauigkeit der Entsprechung beider Räume ist zweifellos zu ei-

16 Max Weber, *Wirtschaft und Gesellschaft* II, S. 1052.

17 »Die Einheit des Proletariats wird durch Opportunisten aus allen Lagern verhindert, die die eingefleischten Interessen ihres Klüngels verteidigen, natürlich auch materielle Interessen, aber vor allem ihr Interesse an der Beherrschung der Massen.« Gramsci, *Ecrits politiques*, Bd. 1, S. 327.

nem großen Teil von der Intensität der Konkurrenz abhängig, das heißt vor allem von der Zahl der Parteien oder Richtungen, die die Vielfalt und Erneuerung der angebotenen Produkte bestimmt, indem zum Beispiel die verschiedenen Parteien gezwungen sind, ihre Programme zu ändern, um neue Klientele zu erobern.) Daher sind die von den Professionellen produzierten politischen Diskurse immer zweifach determiniert und weisen eine Ambivalenz auf, die nicht beabsichtigt ist, da sie aus der Dualität der Referenzfelder resultiert und ein Ergebnis der Notwendigkeit ist, gleichzeitig den esoterischen Zwecken der internen Kämpfe und den exoterischen Zwecken der externen Kämpfe zu dienen.

Diese strukturale Ambivalenz, die zur Folge hat, dass jeder politische Diskurs, wie häufig literarische oder künstlerische Produkte, die für einen breiten Markt bestimmt sind, zweifach kodiert ist und sowohl das breite Publikum der Klienten wie das engere Publikum der Konkurrenten im Blick hat, erreicht ihre höchste Ausprägung in der innerhalb der revolutionären Tradition der UdSSR so genannten »Äsopischen Sprache«. Diese indirekte Sprache, deren sich die Revolutionäre bedienten, um der zaristischen Zensur zu entgehen, tauchte in der bolschewistischen Partei anlässlich des Konflikts zwischen den Anhängern Stalins und denen Bucharins wieder auf, als es darum ging, aus »Parteipatriotismus« zu vermeiden, dass die Konflikte innerhalb des Politbüros oder des Zentralkomitees aus der Partei heraussickern. Da sie einer verborgenen Wahrheit, die »jedes hinlänglich gebildete Mitglied« zu entziffern weiß, den Anschein des Bedeutungslosen verleiht, kann sie je nach Empfänger Gegenstand zweier unterschiedlicher Lesarten sein.[18]

Es gibt keine bessere Illustrierung des Feldeffekts als jene Art *esoterischer Kultur*, die aus Problemen besteht, die den gewöhnlich Sterblichen völlig fremd und uneinsichtig sind, aus Konzepten und Diskursen ohne jeden Bezug zur Erfahrung des gewöhnlichen Bürgers, vor allem aber aus Nuancierungen, Subtilitäten und Finessen, die von den Nicht-Eingeweihten nicht wahrgenommen werden und die ausschließlich die Konflikte und Konkurrenzbeziehungen zwischen den verschiedenen Organisationen oder zwischen unterschiedlichen »Richtungen« oder »Strömungen« innerhalb einer Organisation zum Inhalt haben. Auch hierzu lässt sich wieder Gramsci zitieren: »Wir anderen, wir entfernen uns von der Masse: zwischen

18 Vgl. S. Cohen, *Nicolas Boukharine, la vie d'un bochevik*, Paris 1979, S. 330 und 435.

uns und der Masse entsteht eine Wand von Zweideutigkeiten, Missverständnissen, von Wortklaubereien. Irgendwann werden wir dastehen wie Leute, die um jeden Preis ihren Posten behalten wollen.«[19] Was aber tatsächlich der Grund dafür ist, dass diese politische Kultur den meisten unzugänglich bleibt, ist sicher weniger die Komplexität der Sprache, in der sie sich ausdrückt, als die darin zum Ausdruck kommende Komplexität der für das politische Feld konstitutiven sozialen Beziehungen. Diese künstliche Schöpfung der Kurienkämpfe erscheint denjenigen, die bei dem Spiel nicht mitspielen, nicht so sehr unverständlich als ohne jede Berechtigung zu sein, da sie nicht einsehen, »zu was das gut sein soll«, und nicht verstehen können, warum eine bestimmte Nuancierung zwischen zwei Wörtern oder Wendungen eines Diskurses, eines Programms, einer Wahlplattform, eines Antrags Anlass zu derartigen Debatten gegeben hat, weil sie das Prinzip der Oppositionen nicht teilen, die diese Nuancierungen hervorgebracht haben.[20]

Ein System von Abständen

Auf diese Weise tragen die Struktur des Felds und die Konkurrenz, deren Form und Einsätze von dieser Struktur bestimmt werden, ebenso wie die unmittelbare und allein anerkannte Beziehung zu den (als Mandanten beschriebenen) Klienten dazu bei, die Stellungnahmen zu determinieren, und zwar aufgrund der Zwänge und Interessen, die mit einer bestimmten Position im Feld sowie einer bestimmten Position innerhalb der dort stattfindenden Konkurrenz verbunden sind. Die Produktion von Stellungnahmen geschieht nie völlig unabhängig vom System der konkurrierenden Stellungnahmen, die von der Gesamtheit der miteinander konkurrierenden Akteure und Organisationen präsentiert werden. Die *politische Problematik* liegt in ebendiesem Raum von Möglichkeiten, die objektiv jedem Produzenten (und jedem Konsumenten) zur Auswahl stehen in der konkreten Form aller tatsächlich präsen-

19 Gramsci, *Ecrits politiques*, Bd. 2., S. 225.

20 Zu den Faktoren dieses Abschottungseffekts und der dadurch bewirkten besonderen Form von Esoterik muss man die häufig zu beobachtende Tendenz der politischen Funktionäre zählen, nur mit anderen Funktionären Umgang zu pflegen.

tierten Stellungnahmen im Ganzen der Positionen, die zu einem bestimmten Zeitpunkt für das Feld konstitutiv sind. Parteien, wie »Richtungen« oder »Strömungen« innerhalb von Parteien, existieren nur in Bezug zu anderen Parteien, und jeder Versuch, zu definieren, wer sie sind und was sie verkünden, wäre vergeblich, wenn er nicht berücksichtigt, wer ihre Konkurrenten innerhalb desselben Felds sind und was diese verkünden. Wie die künstlerischen, literarischen oder philosophischen Bewegungen existieren und überleben die politischen Bewegungen nur in Opposition zu den konkurrierenden Bewegungen, eine Opposition, die durch den Kampf ständig erneuert wird. Das erklärt das Scheitern aller Versuche, die ihnen angehängten Ismen absolut zu definieren, so der Versuch der Spezialisten für deutsche Geschichte, nach Rosenberg den Begriff des »Konservatismus« zu definieren, ohne dabei zu sehen, dass dieser seinen substantiellen Inhalt ständig ändern musste, um seinen relationalen *Wert* zu bewahren.[21]

Da jedes politische Feld dazu tendiert, sich um die Opposition zwischen zwei Polen zu organisieren (die, wie die Parteien im amerikanischen System, selbst regelrechte Felder bilden können, die nach analogen Teilungen organisiert sind), weisen die Beziehungen zwischen den in den polaren Positionen situierten Doktrinen oder Gruppen, »Partei der Bewegung« und »Partei der Ordnung«, »Progressive« und »Konservative«, »Linke« und »Rechte«, *invariante* Merkmale auf. Die in den realistischen Typologien registrierten Eigenschaften der Parteien sind unmittelbar verständlich, wenn man sie in Bezug setzt zu beiden Polen, wenn man sie auf die Distanz bezieht, die sie voneinander trennt und die die Eigenschaften derjenigen, die sie besetzen, der Parteien oder Politiker, bestimmt

21 Dies gilt nirgends so sehr wie für die »Begriffe« des »historischen Materialismus«, bei denen Produzenten und Benutzer paradoxerweise vergessen, dass sie auch eine Geschichte haben und häufig ihre Existenz und Substanz den Konflikten verdanken, in denen sie erzeugt wurden. All diese Ismen, Instrumente der Analyse, aber auch des Banns, Instrumente der Erkenntnis, aber auch der Macht, die von der marxistischen Tradition perpetuiert werden, indem sie diese als reine Konstrukte behandelt, bar eines jeden Kontexts und losgelöst von jeder strategischen Funktion, sind »häufig an die Umstände gebunden, behaftet mit voreiligen Verallgemeinerungen, markiert durch scharfe Polemiken« und geschaffen »in der Divergenz, in den heftigen Konfrontationen zwischen den Vertretern der verschiedenen Richtungen«. (Georges Haupt, »Les marxistes face à la question nationale: l'histoire du problème«, in G. Haupt, M. Lowy, C. Weill, *Les marxistes et la question nationale: 1848-1914*, Paris 1974).

(insbesondere ihre Tendenz zur Divergenz auf die Extreme oder zur Konvergenz auf das Zentrum hin) sowie, untrennbar damit verbunden, die Wahrscheinlichkeit, dass die zentrale, intermediäre Position, der neutrale Ort, besetzt wird. Das Feld definiert sich insgesamt als ein System von Unterschieden auf verschiedenen Ebenen, und alles, was in den Institutionen oder bei den Akteuren, in deren Handlungen oder Diskursen, geschieht, erhält seinen Sinn nur in der Relation, durch das Spiel der Oppositionen und Distinktionen. So kann sich beispielsweise die Opposition zwischen der »Rechten« und der »Linken« in einer veränderten Struktur aufrechterhalten um den Preis eines partiellen Austauschs der Stellungnahmen zwischen denjenigen, die diese Positionen zu zwei verschiedenen Zeitpunkten (oder an zwei verschiedenen Orten) besetzen: Der Rationalismus und der Glaube an Wissenschaft und Fortschritt, der in der Zeit zwischen den beiden Weltkriegen in Frankreich wie in Deutschland Sache der Linken war, während die nationalistische und konservative Rechte sich eher dem Irrationalismus und dem Kult der Natur verschrieb, stehen heute in beiden Ländern im Zentrum des neuen konservativen Credos, das auf dem Vertrauen in den Fortschritt, die Technik und Technokratie gegründet ist, während die Linke sich auf ideologische Themen und auf Praktiken verwiesen sieht, die eigentlich zum entgegengesetzten Pol gehörten, wie der (ökologische) Kult der Natur, der Regionalismus und ein gewisser Nationalismus, die Denunzierung des Mythos des absoluten Fortschritts, die Verteidigung der »Person«.

Die gleiche dyadische oder triadische Struktur, die das Feld im Ganzen organisiert, kann sich an jedem Punkt im Feld reproduzieren, das heißt innerhalb einer Partei oder Splittergruppe, nach der gleichen doppelten, internen wie externen Logik, die die spezifischen Interessen der Professionellen und die realen oder mutmaßlichen Interessen ihrer realen oder mutmaßlichen Mandanten zueinander in Beziehung setzt. Die Logik der internen Oppositionen kommt sicherlich in denjenigen Parteien, deren Klientel am mittellosesten und daher am meisten geneigt ist, sich auf die Partei zu verlassen, am deutlichsten zum Ausdruck. Nichts erklärt die Stellungnahmen besser als eine Topologie der Positionen, von denen sie ausgehen: »Was Russland angeht, habe ich immer gewusst, dass in der *Topographie* der Fraktionen und Strömungen Radek, Trotzki und Bucharin links standen, Sinowjew, Kamenjew und

Stalin rechts, während Lenin im *Zentrum* des Ganzen lag und hier die Rolle eines *Schiedsrichters* einnahm, vor allem natürlich im Hinblick auf den politischen Sprachgebrauch. Der Kern dessen, was man leninistisch nennt, steht bekanntlich für die Ansicht, dass all diese ›topographischen‹ Positionen völlig illusorisch und irreführend sind.«[22] Es sieht in der Tat ganz danach aus, als impliziere die Verteilung der Positionen im Feld eine Verteilung der Rollen, als sei jeder Protagonist auf seine Stellungnahmen verwiesen – sowohl durch die *Konkurrenz* mit den Inhabern der am weitesten entfernten und der am nächsten liegenden Positionen, die auf unterschiedliche Weise seine Existenz bedrohen, wie durch den *logischen Widerspruch* zwischen seinen eigenen und deren Stellungnahmen.

So sind bestimmte rekurrente Gegensätze, wie derjenige zwischen libertärer und autoritärer Tradition, lediglich eine Übertragung des fundamentalen Widerspruchs der revolutionären Bewegung – die sich gezwungen sieht, Disziplin und Autorität, ja Gewalt auszuüben, um Autorität und Gewalt zu bekämpfen – auf die Ebene der ideologischen Kämpfe. Die »linksradikale« Kritik in ihrer »spontaneistischen« Form, häretischer Protest gegen die häretische Kirche, Revolution gegen die »etablierte revolutionäre Macht«, ist bemüht, den Widerspruch zwischen den »autoritären« Strategien innerhalb der Partei und den »anti-autoritären« Strategien der Partei innerhalb des politischen Felds in seiner Gesamtheit gegen diejenigen zu verwenden, die die Partei beherrschen. Und auch in der anarchistischen Bewegung, die dem Marxismus seinen Autoritarismus vorwirft,[23] findet sich eine ähnliche Opposition zwischen der »programmatischen« Ausrichtung, die in ihrem Eifer, das Fundament für eine mächtige anarchistische Organisation zu legen, die Forderung nach grenzenloser Freiheit der Individuen und Kleingruppen in den Hintergrund drängt, und der »synthetischen« Ausrichtung, die den Individuen ihre volle Unabhängigkeit lassen will.[24]

22 Gramsci, *op. cit.*, S. 258. Hervorhebung P.B.

23 So ist bekannt, dass Bakunin, der in den von ihm gebildeten Bewegungen (zum Beispiel der Nationalen Brüderschaft) die völlige Unterwerfung unter die leitenden Organe forderte und der im Grunde genommen ein Anhänger der »blanquistischen« Vorstellung der »handelnden Minderheiten« war, in seiner Polemik gegen Marx den Autoritarismus denunzierte und die Spontaneität der Massen und die Autonomie der Föderationen pries.

24 Vgl. J. Maitron, *Le mouvement anarchiste en France*, Bd. 2, Paris 1975, S. 82f.

Aber auch hier begegnen die internen Konflikte externen Konflikten aufgrund der Homologie zwischen den Positionen, die die politischen Leader im politischen Feld besetzen, und den Positionen, die ihre aktuellen oder potentiellen Klienten in den unteren Regionen des sozialen Raums besetzen. In dem Maße (und nur in dem Maße), wie jede Richtung der Arbeiterbewegung sich auf homologe Sektoren der Arbeiterschaft beruft, finden die realen Teilungen und Widersprüche dieser Welt ihre Entsprechung in den Widersprüchen und Teilungen der Arbeiterparteien. Die Interessen des nicht organisierten Unterproletariats haben nur dann eine gewisse Chance, politisch vertreten zu werden (vor allem dann, wenn es sich um Ausländer handelt, die kein Stimmrecht haben, oder um stigmatisierte Ethnien), wenn sie (in bestimmten Konstellationen des politischen Felds) zur Waffe und zum Einsatz werden im Kampf zwischen Spontaneismus oder ultrarevolutionärem Voluntarismus (die immer dazu tendieren, die am wenigsten organisierten Fraktionen des Proletariats zu privilegieren, dessen spontane Aktionen der Organisation vorausliegen oder über diese hinausgehen) und Zentralismus (der von seinen Gegnern als »bürokratisch-mechanistisch« bezeichnet wird), für den die Organisation, das heißt die Partei, dem Kampf vorausgeht und diesen konditioniert.

Eine Analyse des Felds der politischen Produktion und innerhalb dessen des Unterfelds der »linken Parteien« oder der »Arbeiterbewegung« würde sicher ergeben, dass die unterschiedlichen, ja gegensätzlichen Sichtweisen der revolutionären Aktion, der Zukunft des Kapitalismus, des Verhältnisses zwischen der Partei und den Massen etc. eng verbunden sind mit der (zentralen, dominanten bzw. marginalen, dominierten) Position innerhalb des Parteiapparats, die selbst wiederum aufs Engste verknüpft ist mit dem zur Verfügung stehenden kulturellen Kapital, vor allem mit dem Gegensatz von »ausgewiesenen« Intellektuellen und »Autodidakten«. So gilt als erwiesen, dass der Ökonomismus und die Tendenz, die deterministische, objektivistische und wissenschaftliche Seite des Marxismus zu akzentuieren, eher bei den »Theoretikern« anzutreffen ist (zum Beispiel bei Tugan-Baranowski oder den »Ökonomisten« innerhalb der sozialdemokratischen Partei) als bei den »Aktivisten« oder »Agitatoren«, die häufig »Autodidakten«, das heißt auf dem Gebiet der Philosophie oder Ökonomie nicht ausgewiesen sind. Der Gegensatz zwischen »Zentralismus« und »Spontaneismus« oder, weiter gefasst, zwischen autoritärem und libertärem Sozialismus scheint sich völlig parallel dazu aufzuteilen, wobei die Tendenz zum Szientismus und Ökonomismus den Besitzern des Wissens das Recht verleiht, die Orientierung der »Bewegung« autoritär zu definieren. Das ist sicherlich einer der Gründe für die Opposition zwischen Bakunin und Marx, dessen Leben durch seine eigene Zerrissenheit zwischen subjektivistischem Spontaneismus und szientistischem, deterministischem Objektivismus, zwischen dem »Aktivisten« und dem »Wissenschaftler« in ihm geprägt war, die dann mit zunehmendem Alter zu Gunsten des »Wissenschaftlers« entschieden wurde.

Parolen und Leitideen

Die Tendenz zur Autonomisierung und zur unbegrenzten Zersplitterung in winzige antagonistische Sekten, die potentiell in die Konstituierung eines Korps von Spezialisten eingeschrieben ist, die spezifische Interessen haben und um die Macht im politischen Feld (oder in einem bestimmten Sektor dieses Felds, zum Beispiel in einem Parteiapparat) konkurrieren, wird in unterschiedlichem Ausmaß dadurch aufgewogen, dass der Ausgang der internen Kämpfe abhängig ist von den Kräften, die die in diesen Kampf verwickelten Akteure und Institutionen außerhalb des Felds mobilisieren können. Mit anderen Worten: Der Tendenz zur Spaltung wird dadurch ein Riegel vorgeschoben, dass die Stärke eines Diskurses weniger mit seinen immanenten Eigenschaften zu tun hat als mit der von ihm bewirkten Mobilisierung, das heißt, zumindest zu einem Teil, abhängig ist vom Grad seiner *Anerkennung* durch eine große und mächtige Gruppe, die sich in diesem Diskurs wiedererkennt und deren Interessen er (mehr oder weniger) zum Ausdruck bringt.

Aus einer bloßen »Strömung« wird erst dann eine politische Bewegung, wenn es den Vorstellungen gelingt, über den Kreis der Professionellen hinaus Anerkennung zu finden. Die den Professionellen durch die Notwendigkeiten des internen Kampfs auferlegten Strategien, deren objektives Fundament, über alle proklamierten Unterschiede hinaus, Unterschiede des Habitus und der Interessen sein können (oder genauer: des ökonomischen und schulischen Kapitals und der sozialen Laufbahn), die mit unterschiedlichen Positionen im Feld verknüpft sind, versprechen nur in dem Maße Erfolg, wie sie den (mitunter unbewussten) Erwartungen von Gruppen außerhalb des Felds entsprechen. So werden die sektiererischen Spaltungstendenzen ständig aufgewogen durch die Zwänge der Konkurrenz, die bewirken, dass die Professionellen, wenn sie bei ihren internen Kämpfen triumphieren wollen, auch an Kräfte außerhalb ihres engeren Kreises appellieren müssen (im Unterschied zum wissenschaftlichen oder künstlerischen Feld, wo der Erfolg bei den Laien immer das Risiko in sich birgt, diskreditierend zu sein). Die avantgardistischen Splittergruppen können die für das intellektuelle Feld charakteristische Logik nur deswegen in das politische Feld hereinbringen, weil sie über keine Basis verfügen, also keinen Zwängen unterliegen, aber auch ohne jede Stärke sind. Da sie in der Weise von Sekten funktionieren, die aus der Teilung heraus entstanden sind und der Fortpflanzung durch Teilung unterliegen, also auf dem Verzicht auf Universalität beruhen, bezahlen sie die Behauptung ihrer umfassenden technischen und ethischen Qualifikation, durch die sich die *ecclesia pura* definiert, das Universum der Puritaner, der »Reinen« und »Puristen«, deren politische Virtuosität in ihrer Verbundenheit mit den puristischen und radikalen Traditionen (der »permanenten Revolution«, der »Diktatur des Proletariats« etc.) zum Ausdruck kommt, mit einem Verlust an Macht und Einfluss. Wenn ein Politiker (umso mehr der Parteiführer oder die Partei selbst) sich nicht aus dem politischen Spiel ausschließen und auf seine Ambitionen verzichten will, wenn schon nicht an der Macht selbst zu sein, so doch zumindest an der Macht teilzuhaben, auf die Machtverteilung Einfluss zu nehmen, kann er sich derart exklusive Tugenden nicht leisten. So wie die Kirche es als ihren Auftrag ansieht, ihre institutionelle Gnade über alle Gläubigen, Gerechte und Ungerechte, auszugießen und die Sünder unterschiedslos den göttlichen Geboten zu unterwerfen, hat die Partei das Ziel, möglichst viele, die noch zaudern, für ihre Sache zu gewinnen. (Das ist der Fall, wenn die kommunistische Partei sich vor Wahlen an »alle fortschrittlichen Republikaner« wendet.) Um ihre Basis zu vergrößern und die Klientel der Konkurrenzparteien an sich zu binden, zögert sie daher nicht, von der »Reinheit« ihrer Linie abzugehen und die Ambivalenzen ihres Programms mehr oder weniger bewusst auszuspielen. Einer der beständigsten Kämpfe innerhalb der Partei ist der Kampf zwischen denjenigen, die gegen die für eine *Stärkung* der

Partei (also derjenigen, die sie beherrschen) notwendigen Kompromisse sind, die aber zu Lasten ihrer *Originalität* gehen, das heißt um den Preis der Aufgabe der ursprünglichen, eigenständigen und distinktiven Stellungnahmen zustande kommen, und die dazu aufrufen, zu den Quellen zurückzukehren, die ursprüngliche Reinheit wiederherzustellen, und auf der anderen Seite denjenigen, denen es vor allem um die Stärkung der Partei geht, das heißt um die Erweiterung der Klientel, auch um den Preis von Konzessionen, wenn nicht gar einer methodischen Glättung all dessen, was an den ursprünglichen Stellungnahmen der Partei allzu »exklusiv« sein könnte. Erstere wollen die Partei der Logik des intellektuellen Felds unterwerfen, die, zum Äußersten getrieben, der Partei alle politische Kraft rauben kann; Letztere haben die Logik der *Realpolitik* (deutsch im Original) für sich, die Voraussetzung der politischen Existenz.

Die Wähler sehen sich, was ihre Wahlstrategien betrifft, vor eine ähnliche Alternative gestellt: Sie müssen wählen zwischen einer ihren Interessen angemessenen, aber wenig einflussreichen Vertretung (einer Splittergruppe etc.) und einer unvollkommenen, aber gerade deshalb einflussreichen Vertretung (deren Paradigma die *catch-all party* ist). Das bedeutet, dass die Logik, die zumindest in normalen Zeiten numerische Schwäche mit politischer Schwäche gleichsetzt (Krisenzeiten können das politische Hochkommen einzelner Individuen begünstigen), zu Kompromissen zwingen kann, jedenfalls den erprobten und bewährten Stellungnahmen den je besonderen Optionen gegenüber einen entscheidenden Vorteil verleiht.

Das politische Feld ist daher der Ort der Konkurrenz um die Macht, die eine Konkurrenz um die Laien ist, genauer: um das Monopol auf das Recht, im Namen eines mehr oder weniger großen Teils der Laien zu sprechen und zu handeln. Der Wortführer macht sich nicht nur die Stimme einer Gruppe von Laien zu eigen, das heißt zumeist ihr Schweigen, sondern auch ihre Stärke, die er selbst miterzeugt, indem er ihr eine Stimme leiht, die im politischen Feld als legitim anerkannt ist. Die Kraft der von ihm präsentierten Ideen wird nicht, wie auf dem Terrain der Wissenschaft, an ihrem Wahrheitswert gemessen (auch wenn sie einen Teil ihrer Kraft seiner Fähigkeit verdanken, andere davon zu überzeugen, dass er im Besitz der Wahrheit sei), sondern an ihrer Mobilisierungskraft, das heißt an der Kraft der Gruppe, die diese Ideen, auch stillschweigend oder ohne dagegen Einspruch zu erheben, anerkennt, wobei er diese

Gruppe manifestieren kann, indem er ihre Stimmen sammelt oder sie selbst im Raum versammelt. Deshalb oszilliert das Feld der Politik, auf dem man vergebens nach einer die Legitimitätsinstanzen legitimierenden Instanz suchen würde, immer zwischen zwei Kriterien der Validierung, nämlich zwischen Wissenschaft und Plebiszit.[25]

In der Politik bedeutet sprechen, etwas zu tun, genauer: sich die Mittel zu geben, etwas zu tun, indem man andere davon überzeugt, dass man tun kann, was man sagt, indem man Sicht- und Teilungsprinzipien der sozialen Welt Anerkennung verschafft, die sich wie die *Parolen* selbst verifizieren, indem sie Gruppen und damit eine soziale Ordnung produzieren. Die politische Äußerung, und das macht ihre eigentliche Definition aus, engagiert ihren Urheber total, weil sie ein Engagement ist, etwas zu tun, das nur dann ein wirkliches politisches Engagement ist, wenn es sich mit einem Akteur oder einer Gruppe von Akteuren verbindet, die *politisch verantwortlich* sind, das heißt imstande, eine Gruppe zu engagieren, die das Engagement erfüllen kann: Nur unter dieser Bedingung entspricht sie einer Handlung. Die Wahrheit eines Versprechens oder einer Prognose ist abhängig von der Glaubwürdigkeit, aber auch von der Autorität dessen, der sie abgibt, das heißt von seiner Fähigkeit, andere von seiner Glaubwürdigkeit und Autorität zu überzeugen. Wenn man annimmt, dass die zur Diskussion stehenden Zukunftsfragen von einem kollektiven Wollen und Handeln abhängig sind, dann sind die Leitideen des Wortführers, der dieses bewirken kann, nicht falsifizierbar, da sie die Macht haben, die von ihnen verkündete Zukunft wahr zu machen. (Zweifellos ist deswegen in der ganzen revolutionären Tradition die Frage der Wahrheit untrennbar mit der Frage der Freiheit oder historischen Notwendigkeit verbunden: Wenn man annimmt, dass die Zukunft, das heißt die politische Wahrheit, vom Handeln der politisch Verantwortlichen und der Massen abhängig ist, wobei zu präzisieren wäre, in welchem Ausmaß, dann hätte Rosa Luxemburg gegen Kautsky Recht, der mit dazu beigetragen hat, dass das geschehen konnte, was wahrscheinlich war und was er angekündigt hatte, indem er

25 Es ist kein Zufall, dass sich in der Meinungsumfrage der Widerspruch zwischen zwei antagonistischen Legitimitätsprinzipien zeigt, der technokratischen Wissenschaft und dem Willen zur Demokratie, dadurch dass diese Fragen stellt, die abwechselnd an das Urteil des Experten oder den Wunsch des Aktivisten appellieren.

nicht tat, was nach Rosa Luxemburg zu tun war; im anderen Fall hätte Rosa Luxemburg Unrecht, weil sie die wahrscheinlichste Zukunft nicht vorherzusehen wusste.)

Was im Munde des einen »inkompetentes Gerede« wäre, ist eine vernünftige Vorhersage im Munde des anderen. Politische Äußerungen, Programme, Versprechen, Prognosen (»Wir werden die Wahlen gewinnen«) sind nie logisch verifizierbar oder falsifizierbar; sie sind nur in dem Maße wahr, wie derjenige, der sie äußert (auf eigene Rechnung oder im Namen einer Gruppe) imstande ist, sie vor der Geschichte wahr zu machen, indem er sie in der Geschichte geschehen lässt, was untrennbar mit seiner Fähigkeit verbunden ist, die Erfolgschancen der Aktion realistisch einzuschätzen, mit der seine Worte in Handeln umgesetzt werden sollen, und seiner Fähigkeit, die dafür erforderlichen Kräfte zu mobilisieren, indem es ihm gelingt, Vertrauen in seine Person und damit in seine Erfolgschancen einzuflößen. Anders gesagt: Die Worte des Wortführers verdanken einen Teil ihrer »illokutionären Kraft« der Stärke (und vor allem der Größe) der Gruppe, die sie durch einen Akt der Symbolisierung, der Repräsentation und Manifestation als Gruppe mitproduzieren. Diese symbolische Kraft hat ihren Ursprung in der Formulierungs- und Erklärungsarbeit, die die Gruppe in sich selbst entdeckt, indem sie die Aussage mit der ganzen Kraft versieht, die von ihr dadurch miterzeugt wird, dass sie die von ihr angesprochene Gruppe real oder potentiell mobilisiert. Das kann man sehr gut an der für die Politik so typischen Logik des Versprechens, oder besser der Vorhersage, sehen: Im Sinne einer regelrechten *self-fulfilling prophecy* bewirken die Worte, mit denen der Wortführer einer Gruppe einen Willen, ein Projekt, eine Hoffnung oder eine Zukunft gibt, *das, was sie sagen*, sofern die Empfänger sich in ihnen wiedererkennen und ihnen die symbolische und materielle Kraft verleihen (in Form von Stimmabgaben, aber auch von Subventionen, Beiträgen, von Arbeits- oder Kampfkraft etc.), die ihre Realisierung erlauben. Weil es genügt, dass bestimmte Ideen von *Verantwortlichen* verkündet werden, um zu Leitideen zu werden, die allgemeinen Glauben finden, oder zu Parolen, die imstande sind, die in den Gruppen versteckte Kraft zu mobilisieren oder zu demobilisieren, müssen Irrtümer zwangsläufig als *Fehler* erscheinen oder, in der Sprache der Eingeweihten, als »Verrat«.

Glaubwürdigkeit und Glaube

Das politische Kapital ist eine Form des symbolischen Kapitals, ein *Kredit*, der sich auf die zahllosen Operationen gründet, mit denen die Akteure einer Person (oder einem Objekt), die gesellschaftlich als glaubwürdig angesehen wird, die ihr zuerkannten Machtbefugnisse erteilen. Die symbolische Macht, als objektive Macht, die sich in Dingen objektivieren kann (insbesondere in Machtsymbolen: Thron, Szepter, Krone) in der Weise der *fides*, wie Benveniste sie analysiert[26], ist eine Macht, die derjenige, der sie erleidet, in demjenigen, der sie ausübt, erkennt und anerkennt. Dazu Benveniste: »(...) heißt *credo* wörtlich ›den *kred* setzen‹, das heißt die ›magische Kraft‹ in eine Person setzen, von der man Schutz erwartet, folglich an ihn ›glauben‹.«[27] Als eine Art Fetisch bezieht der Politiker seine magische Macht über die Gruppe aus dem Glauben der Gruppe an seine Repräsentation der Gruppe, die eine Repräsentation der Gruppe selbst und ihrer Beziehungen zu den anderen Gruppen ist. Als Mandatsträger, der mit seinen Mandanten durch eine Art rationalen Vertrag (das Programm) verbunden ist, ist er auch ein Vorkämpfer, der durch eine magische Identifikationsbeziehung mit denjenigen verbunden ist, die, wie man sagt, »alle ihre Hoffnungen in ihn setzen«. Und weil sein spezifisches Kapital ein rein auf Vertrauen beruhender, von der kollektiven Repräsentation *abhängiger Wert* ist, der sich mehr oder weniger vollständig in Dingen oder Institutionen objektiviert, ist ein Politiker besonders anfällig für Verdächtigungen, Verleumdungen, Skandale, kurz: für alles, was das Vertrauen in ihn bedroht (und dies, wie wir sehen werden, umso mehr, je weniger er sein Kapital der Delegation verdankt).[28] Dieses äußerst *labile* Kapital kann nur um den Preis ständiger Arbeit bewahrt werden, die notwendig ist, um Kredit zu akkumulieren und Misskredit zu vermeiden. Von daher die Vorsicht der

26 Emile Benveniste, *Indoeuropäische Institutionen*, Frankfurt 1993, S. 94-100.

27 a.a.O., S. 99.

28 Die Heftigkeit der politischen Polemik und der ständige Rückgriff auf die moralische Denunzierung, die meistens mit Argumenten *ad personam* operiert oder zum Beispiel mit der *Karikatur* der physischen Erscheinung, erklärt sich auch durch den Umstand, dass die Leitideen einen Teil ihres Kredits dem Kredit der Person verdanken, die sie verkündet und garantiert, und dass es nicht nur darum geht, sie mit rein logischen Argumenten zu widerlegen, sondern sie zu *diskreditieren*, indem man ihren Autor diskreditiert.

öffentlichen Personen, die ständig vor das Tribunal der öffentlichen Meinung gestellt sind, ihr Verschweigen und Verbergen, die durch die ständige Angst geboten sind, etwas Falsches zu sagen oder zu tun, das nach dem unerbittlichen Prinzip der Irreversibilität im Gedächtnis der Gegner hängen bleibt, oder etwas verlauten zu lassen, was den gegenwärtigen oder vergangenen Glaubensbekenntnissen widerspricht oder deren Beständigkeit und Kontinuität dementiert.[29] Und die besondere Aufmerksamkeit, die die Politiker auf alles verwenden müssen, was dazu beiträgt, die Repräsentation ihrer *Aufrichtigkeit* oder ihrer Uneigennützigkeit zu produzieren, wird verständlich, wenn man daran denkt, dass diese Dispositionen als ultimative Garantie der Vorstellung der sozialen Welt erscheinen, die sie durchzusetzen versuchen, der »Ideale« und »Ideen«, denen sie Anerkennung verschaffen wollen.[30]

29 Die äußerste Vorsicht, die den vollendeten Politiker definiert und die sich insbesondere am hohen Euphemisierungsgrad seines Diskurses misst, erklärt sich sicherlich durch die äußerste Verletzlichkeit des politischen Kapitals, die aus dem Beruf des Politikers einen Beruf mit hohem Risiko macht, vor allem in Zeiten der Krise, wo, wie man an de Gaulle und Pétain gesehen hat, kleine Unterschiede in den Dispositionen und Werten Entscheidungen zugrunde liegen können, die sich völlig ausschließen, und zwar deswegen, weil außergewöhnliche Situationen dadurch, dass sie ein um ein einziges, ausschließlich politisches Kriterium herum organisiertes Klassifizierungssystem durchsetzen, die Möglichkeit von Kompromissen, Ambivalenzen, Doppelgleisigkeit, Mehrfachzugehörigkeiten etc. zunichtemachen, die der gewöhnliche Rückgriff auf vielfältige und partiell integrierte Klassifizierungskriterien autorisiert.

30 Deshalb macht der Politiker gemeinsame Sache mit dem Journalisten, der Macht über die Instrumente der Verbreitung von Nachrichten hat, die ihm Macht verleiht über jede Art von symbolischem Kapital. Da die Journalisten, zumindest in bestimmten politischen Konstellationen, in der Lage sind, den Zugang eines Politikers oder einer Bewegung zum Status einer politischen Kraft zu kontrollieren, mit der zu rechnen ist, und allgemeiner, dazu beizutragen, einen Ruf aufzubauen oder zu zerstören, sind sie, wie der Kritiker, auf die Rolle von *Gutachtern* verwiesen, die außerstande sind, für sich selbst das zu tun, was sie tun. Deswegen besteht zu denjenigen, die sie (entsprechend ihren Möglichkeiten, sie ins rechte Licht zu setzen) mit gemacht haben, eine Beziehung der *Ambivalenz*, die sie zwischen bewundernder oder serviler Unterwerfung und arglistigem Ressentiment schwanken lässt, das sich beim ersten *faux-pas* des Idols äußert, das sie mit produziert haben.

»Sein heißt wahrgenommen werden«

> »Dieses *skeptron* ist bei Homer das Attribut des Königs, der Herolde, der Boten und der Richter, aller Personen, die naturgemäß oder gelegentlich eine Autorität bekleiden. Man übergibt das *skeptron* dem Redner, bevor er mit seiner Rede anhebt, damit er als Autorität sprechen kann.«
>
> E. Benveniste, *Indoeuropäische Institutionen*

Die Masse von Mikros, Kameras, Journalisten, Photographen ist, wie das homerische *skeptron*, die sichtbare Manifestation der dem Redner zugebilligten Beachtung, seines Kredits, der sozialen Bedeutung seiner Handlungen und Worte. Die Photographie, die sie festhält und damit verewigt, hat hier wie anderswo den Effekt, die exemplarischen Akte des politischen Rituals zu *weihen*. Der Einsatz dieses Wahrnehmungsinstrumentes *bezeichnet* die Situationen (Amtseinsetzungen, Grundsteinlegungen, Paraden usw.), bei denen Politiker *repräsentieren*, etwas tun, um dabei *gesehen zu werden*, den guten Repräsentanten zu repräsentieren. Deshalb sind auch viele Handlungen, die oft so selbstbezüglich aussehen und deren voluntaristische Willkürlichkeit auf dem Gebiet der Politik so deplatziert erscheinen könnte (wie so viele wirkungslose Demonstrationen oder Petitionen), nie völlig ohne Funktion: Indem sie die Manifestanten manifestieren, und zuallererst die Verantwortlichen der Manifestation, manifestiert diese die Existenz einer Gruppe, die in der Lage ist, sich zu erkennen zu geben, und deren Verantwortliche sie zu erkennen geben können, ihre Existenz also derart rechtfertigen.

© Keystone

RTL

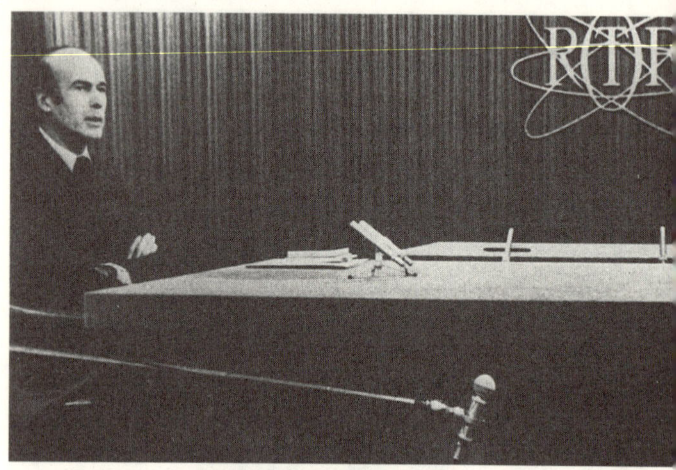

Eine gut inszenierte Demonstration
Die Kommunistische Partei am Matignon in Paris, 29. August 1978
© Patrick Chauvel

Das Duell der Champions
Giscard d'Estaing und Mitterrand,
11. Mai 1974
© Keystone

Die Republik in Schärpen
Kundgebung der Bürgermeister der Opposition in Paris
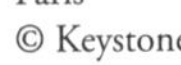
© Keystone

Die Symbolik der Einheit
Kundgebung vom 6. Dezember 1975
© Jeanmougin/Viva

Als »Menschenbankiers im Reich der Monopole«, wie Gramsci die Gewerkschaftsfunktionäre nennt,[31] verdankt der Politiker seine spezifische Autorität im politischen Feld, sein sogenanntes »politisches Gewicht«, seine Mobilisierungskraft aufgrund seiner Person oder per Delegation, als Mandatsträger einer Organisation (Partei, Gewerkschaft), die über politisches Kapital verfügt, das im Laufe früherer Kämpfe akkumuliert wurde, in erster Linie in Form von Posten – innerhalb oder außerhalb des Apparats – und den von diesen Posten *abhängigen* Aktivisten.[32] Das persönliche Kapital der »Bekanntheit« oder »Popularität«, das darauf gründet, als Person *bekannt und anerkannt* zu sein (einen »Namen«, einen »Ruf« zu haben etc.), sowie auf dem Besitz einer bestimmten Zahl spezifischer Qualifikationen, die die Bedingung für den Erwerb und die Bewahrung eines »guten Rufs« sind, ist oft das Produkt der Übertragung eines Bekanntheitskapitals, das auf anderen Gebieten akkumuliert wurde (insbesondere in Berufen, die, wie die freien Berufe, freie Zeit garantieren und die ein bestimmtes kulturelles Kapital voraussetzen, im Falle der Rechtsanwälte die berufsbedingte Eloquenz). Während dieses persönliche Kapital des *Notablen* das Produkt einer langsamen und stetigen Akkumulation ist, die im Allgemeinen ein Leben lang andauert, ist das persönliche Kapital, das man heroisches oder prophetisches Kapital nennen kann und woran Max

31 »Diese Führer sind zu Menschenbankiers im Reich der Monopole geworden, und die leiseste Andeutung von Konkurrenz macht sie rasend vor Furcht und Enttäuschung.« Gramsci, *op. cit.*, S. 85. »In vieler Hinsicht stellen die Gewerkschaftsführer einen sozialen Typus vor, der dem *Bankier* gleicht: ein sachkundiger Bankier, der ein gutes Auge für die Geschäfte hat, der mit einer gewissen Zielsicherheit die Entwicklung an den Geldmärkten voraussehen kann, verschafft seinem Hause Glaubwürdigkeit, zieht die Sparer und die Darlehensnehmer an: ein Gewerkschaftsführer, der im Kampf der gegensätzlichen sozialen Kräfte die möglichen Ergebnisse vorhersehen kann, zieht die Massen in seine Organisation, wird zu einem *Menschenbankier*.« Gramsci, *op. cit.*, S. 181.

32 Der Gegensatz zwischen beiden Arten des politischen Kapitals ist verantwortlich für eine fundamentale Differenz zwischen den Gewählten des PC und denen des PS: »Während die große Mehrheit der sozialistischen Bürgermeister sich auf ihre ›Bekanntheit‹ beruft, die sich auf das familiäre Prestige, berufliche Kompetenz oder erbrachte Dienstleistungen gründen mag, sehen sich zwei Drittel der Kommunisten zuerst und vor allem als Abgeordnete ihrer Partei.« (D. Lacorne, *Les notables rouges*, Paris 1980, S. 67)

Weber denkt, wenn er von »Charisma« spricht, das Produkt einer in einer Krisensituation vollzogenen inaugurierenden Handlung, in der durch das Schweigen der Institutionen und Apparate hinterlassenen Leere, einer prophetischen Handlung der Sinngebung, die sich rückschauend selbst begründet und legitimiert, indem ihr eigener Erfolg den Krisendiskurs und die dadurch realisierte ursprüngliche Akkumulation von Mobilisierungskraft bestätigt.[33]

Im Gegensatz zum persönlichen Kapital, das mit der Person seines Besitzers vergeht (obwohl es Anlass für Erbstreitigkeiten sein kann), ist das delegierte Kapital der politischen Autorität, wie dasjenige des Priesters, des Lehrers oder, allgemeiner, des *Beamten*, das Produkt der begrenzten und provisorischen (obwohl erneuerbaren, manchmal auf Lebenszeit) Übertragung eines Kapitals, das allein im Besitz der Institution ist und von dieser allein kontrolliert wird[34], nämlich von der Partei, die dank ihrer Kader und aktiven Mitglieder im Laufe der Zeit ein symbolisches Kapital der *Anerkennung* und *Treue* akkumuliert und sich für und durch den politischen Kampf mit einer permanenten Organisation ausstattet, die aus Funktionären besteht, die aktive und passive Mitglieder und Sympathisanten zu mobilisieren und die notwendige Propagandaarbeit zu organisieren vermögen, um Stimmen und damit Posten zu bekommen, mit denen die Funktionäre auf Dauer versorgt und gehalten werden können. Dieser Mobilisierungsapparat, der die Partei oder die Gewerkschaft von einem aristokratischen Club oder einer intellektuellen Gruppierung unterscheidet, beruht *gleichzeitig* auf objektiven Strukturen, wie der bürokratischen Struktur der Organisation, den innerhalb der Organisation oder in der öffentlichen Verwaltung angebotenen Posten mit allen damit verbundenen Profiten, der für sie charakteristischen Tradition der Rekrutierung, Ausbildung und Auswahl ihrer Mitglieder und Funktionäre, und

33 Man wird hier an das gaullistische Abenteuer denken. Man könnte aber das Gegenstück auch in einer völlig entgegengesetzten Region des sozialen und politischen Raums finden. So beobachtet Denis Lacorne, dass die kommunistischen Abgeordneten, die einen bestimmten persönlichen Bekanntheitsgrad haben, ihren Status als »lokale Persönlichkeit« fast immer einem »heroischen Akt« verdanken, den sie während des Zweiten Weltkriegs vollbracht haben. (D. Lacorne, *op. cit.*, S. 69)

34 Der politische Auftrag unterscheidet sich auch in diesem Fall von einer einfachen bürokratischen Funktion, weil er, wie wir gesehen haben, immer ein Auftrag ist, der die ganze Person impliziert.

auf bestimmten Dispositionen, wie der Parteitreue oder inkorporierten Teilungsprinzipien der sozialen Welt, die von den Parteiführern, den Funktionären und aktiven Mitgliedern in ihrer täglichen Praxis und ihrem politischen Handeln aufgeboten werden.

Die *investitur*, ein magischer Akt der *Einsetzung*, mit dem die Partei offiziell den offiziellen Kandidaten für eine Wahl aufstellt, markiert die Weitergabe eines politischen Kapitals. Deshalb hat sie zweifellos sehr viel mehr mit der mittelalterlichen Investitur, der feierlichen Übergabe eines Lehens, gemein, als es scheint. Fest steht, dass sie die Gegenleistung für einen hingebungsvollen Dienst an der Institution und ihren Garanten ist, der attestiert wird durch eine langdauernde *Investition* von Zeit und Arbeit, durch eine lange Unterordnung, ja Ergebenheit. Es ist kein Zufall, dass Parteien wie Kirchen häufig Oblaten an ihre Spitze setzen. Das Gesetz, das den Austausch zwischen den Akteuren und Institutionen regelt, kann so formuliert werden: Die Institution gibt alles, angefangen von der Macht über die Institution, denjenigen, die der Institution alles gegeben haben, weil sie nämlich nichts waren außerhalb der Institution und ohne die Institution und weil sie die Institution nicht verleugnen können, ohne sich selbst zu verleugnen, indem sie sich all das nehmen, was sie durch und für die Institution sind, der sie alles verdanken.

Schon bei Michels sind die zähesten Konservativen einer Partei diejenigen, die am stärksten von ihr abhängen. »Eine Partei, die über einen wohlgefüllten eigenen Säckel verfügt, kann die Stütze der Reichen und somit ihr finanzielles Übergewicht als unnütz beiseite schieben und ihre Basis in einem eigenen, von ihr pekuniär abhängigen Beamtenapparat finden.«[35] Oder Gramsci: »Heutzutage haben die Vertreter schon bestehender Interessen, also der Genossenschaften, der Arbeitsvermittlungen, der Arbeiterwohnviertel, der Gemeindeeinrichtungen, der Versicherungskassen, selbst wenn sie in der Partei in der Minderheit sind, längst die Oberhand gewonnen über die Tribunen, über die Journalisten, die Professoren, die Anwälte, deren ideologische Vorstellungen unzugänglich und vergeblich bleiben.«[36]

Kurz: Die Institution investiert, belehnt diejenigen mit einer Funktion, die in die Institution *investiert* haben. Diese Investition besteht aus Dienstleistungen, die in den Augen der Institution häu-

35 Robert Michels, a.a.O., S. 111.

36 Gramsci, *op. cit.*, S. 193.

fig umso wertvoller sind, je größer der psychische Aufwand ist (wie bei allen »Initiationsprüfungen«), also die psychische Investition in die Institution begünstigen. Da somit zu der materiellen Abhängigkeit die psychische Abhängigkeit hinzukommt, wird verständlich, dass der Ausschluss aus der Institution, der Entzug des Kapitals der institutionellen Autorität und aller damit verbundenen Sicherheiten und Garantien, häufig die Form einer *Niederlage*, eines sozialen und psychischen *Bankrotts* annimmt (dies umso mehr, als er, wie die Exkommunikation und der Ausschluss vom Gottesdienst, häufig mit dem »schärfsten sozialen Boykott« einhergeht »in Gestalt des Gebots, mit den Ausgeschlossenen nicht zu verkehren«).[37] Eine Person, die mit einem *Amtskapital* ausgestattet ist, vergleichbar der »Anstaltsgnade« oder dem »Amtscharisma« des Priesters,[38] mag keine andere »Qualifikation« besitzen als diejenige, die ihm durch den Akt der *investitur* von der Institution zugesprochen wird. Die Institution kontrolliert auch die *persönliche Bekanntheit*, indem sie zum Beispiel den Zugang zu den *sichtbarsten* Positionen (wie derjenigen des Generalsekretärs oder des Sprechers) oder zu den Orten kontrolliert, die im öffentlichen Blickfeld liegen (wie heutzutage die großen »Shows« im Fernsehen oder die Pressekonferenzen). Der Besitzer eines delegierten Kapitals kann jedoch persönliches Kapital erwerben durch eine subtile Strategie, die darin besteht, auf größtmögliche Distanz zur Institution zu gehen, soweit dies noch mit der Aufrechterhaltung seiner Zugehörigkeit zu ihr und der Bewahrung der damit verbundenen Vorteile kompatibel ist. Deshalb ist der Abgeordnete zumindest ebenso sehr vom Apparat wie von seinen Wählern abhängig, die er dem Apparat verdankt und die er im Falle eines Bruchs mit dem Apparat verliert, und in dem Maße, wie die Politik sich »professionalisiert« und die Parteien sich »bürokratisieren«, tendiert der Kampf um die politische Mobilisierungsmacht immer mehr dazu, ein Wettkampf auf zwei Ebenen zu werden: Der Ausgang der Konkurrenz um die Macht über den Apparat, die *ausschließlich* innerhalb des Apparats *zwischen den Professionellen* stattfindet, bestimmt die Wahl derer, die an dem Kampf um die Eroberung der Laien teilnehmen können, was dazu führt,

37 Max Weber, a.a.O., S. 880. Auch hier versteht man die Analogie zwischen der Erfahrung des Ausgeschlossenen und derjenigen des aus dem geistlichen Stand ausgetretenen Priesters.

38 Max Weber, a.a.O., S. 916.

dass der Kampf um das Monopol der Entwicklung und Verbreitung der Sichtprinzipien der sozialen Welt immer ausschließlicher den Professionellen und den großen Produktions- und Verbreitungseinheiten vorbehalten ist, womit die kleinen, unabhängigen Produzenten (angefangen mit den »freien Intellektuellen«) de facto ausgeschlossen werden.

Die Institutionalisierung des politischen Kapitals

Die Delegierung des politischen Kapitals setzt die Objektivierung dieses Kapitals in ständigen Institutionen voraus, seine Materialisierung in politischen »Apparaten«, in Posten und Mobilisierungsinstrumenten und seine ständige Reproduktion durch bestimmte Mechanismen und Strategien. Sie ist daher eine Sache von bereits länger bestehenden politischen Unternehmen, die ein bedeutendes objektiviertes politisches Kapital akkumuliert haben in Form von Posten innerhalb der Partei selbst, in allen der Partei mehr oder weniger unterstellten Organisationen sowie in den Organismen der lokalen oder zentralen Macht, die direkt oder indirekt durch die Partei kontrolliert werden (Stadtverwaltungen, Unternehmenskomitees etc.), aber auch in dem gesamten Netz industrieller oder kommerzieller Unternehmen, die mit diesen Organismen in Symbiose leben.[39] Die Objektivierung politischen Kapitals garantiert eine relative Unabhängigkeit gegenüber den Sanktionen der Wähler, indem an die Stelle der unvermittelten Herrschaft über Personen und der Strategien persönlicher Investition (»mit seiner Person bezahlen«) die vermittelte Herrschaft tritt, durch die Inhaber von Posten auf Dauer gehalten werden können, weil man ihre Posten

39 »Die Bürgermeisterämter, das ist für die Sozialistische Partei die Quintessenz der Mittel, der Menschen und der Einflußbereiche (…) Solange die Partei die Bürgermeisterämter innehat, bleibt sie bestehen, wird sie sich erhalten, komme was wolle. Man kann verstehen, dass die Stadtverwaltungen Sache der Sozialisten sind, vielleicht die einzige ernstzunehmende Sache. Die Ideologie, die Grundsatzerklärungen, die Aktionspläne, die Programme, die Debatten, Diskussionen, Dialoge, das ist natürlich wichtig. (…) Aber auf lokaler Ebene ist die Partei an der Macht oder hat zumindest diese Illusion. Deshalb spielt man nicht mehr, wenn es sich um Wahlen zum Stadtrat handelt. Man wird konkret. Man verteidigt sein Terrain, ohne theoretisches Geschwätz, hart und rauh, bis zum Schluss.« (P. Guidoni, *Histoire du nouveau Parti socialiste*, Paris 1973, S. 120).

behält. Damit wird verständlich, dass dieser neuen Definition der Positionen neue Merkmale in den Positionen ihrer Inhaber entsprechen. Je mehr das politische Kapital sich institutionalisiert in Form von zu gewinnenden oder zu behaltenden Posten, desto profitabler ist es, dem Apparat beizutreten, im Gegensatz zu den Anfangsphasen oder Krisenzeiten, zum Beispiel in der revolutionären Phase, wo ein hohes und unmittelbares Risiko besteht und die Aussicht auf Profit ungewiss ist.

Der Prozess, den man häufig mit dem vagen Begriff »Bürokratisierung« bezeichnet, wird verständlich, wenn man bedenkt, dass mit zunehmendem Fortschreiten, einem fortgeschrittenen *Lebenszyklus des politischen Unternehmens* die Konsequenzen des Angebots fester Funktionärsposten für die Rekrutierung die häufig zu beobachtenden Konsequenzen der Besetzung dieser Posten (vor allem aufgrund der dadurch garantierten Privilegien) noch verstärken.[40] Je weiter fortgeschritten der Prozess der Institutionalisierung des politischen Kapitals ist, desto mehr wird die Eroberung der »Köpfe« der Eroberung von Posten untergeordnet und desto mehr treten die aktiven Mitglieder, die allein durch ihre Hingabe an die »Sache« gebunden sind, vor den »Pfründnern« zurück, wie Weber sie nennt, *Klienten*, die dem Apparat auf Dauer verbunden sind durch den Profit, den er ihnen garantiert, und die ihm in dem Maße verbunden sind, wie dieser sie an sich bindet, indem er ihnen einen Anteil der materiellen oder symbolischen Beute zuteilt, die er mit ihrer Hilfe erwirbt (zum Beispiel mit dem *spoil system* der amerikanischen Parteien). Anders gesagt: In dem Maße, wie der Mobilisierungsapparat wächst, wächst das Gewicht (in der Realität wie in den Köpfen) der mit der Reproduktion des Apparats und der von diesem angebotenen Posten verbundenen Imperative, mit denen die Inhaber der Posten durch alle möglichen materiellen und symbolischen Interessen an den Apparat gebunden werden, vor den Imperativen der Realisierung der vom Apparat proklamierten Ziele. Damit wird

40 »Die übliche Entwicklung der gewerkschaftlichen Organisation kam zu ganz anderen Ergebnissen, als sie die Gewerkschaftsbewegung erwartet hatte: die Arbeiter, die zu Gewerkschaftsfunktionären wurden, verloren jede Berufung und alles Klassenbewusstsein und haben alle Merkmale des kleinbürgerlichen Beamten angenommen, geistig träge und sittlich verdorben oder leicht zu verderben. Je mehr sich die Gewerkschaftsbewegung ausweitet und immer größere Massen umfasst, umso mehr geht sie im Beamtengeist unter.« Gramsci, *op. cit.*, 3. Bd., S. 206f.

verständlich, dass der Wille, sich an der Macht zu halten oder einfach ihre Existenz zu sichern, die Parteien so häufig dazu bringt, das Programm zu opfern, das sie an die Macht gebracht hat.[41]

Die mit der Reproduktion der Apparate oder der Positionen im Apparat und der von diesen garantierten Machtbefugnisse oder Privilegien verbundenen Interessen treten nie so deutlich zutage wie in den Beziehungen zwischen den Parteien oder den in unmittelbarer Konkurrenz zueinander stehenden Parteiführern. So müssen zum Beispiel die Kommunistische Partei und die Sozialistische Partei Frankreichs so gut wie möglich die Interessen miteinander abstimmen, die sie zu einem bestimmten Zeitpunkt an einem Zusammenschluss oder einer Trennung haben können, sowie den symbolischen Gewinn oder Verlust, den sie erleiden können, je nachdem, welche Strategie gerade von einem Teil oder der Gesamtheit ihrer Klientel gebilligt oder missbilligt wird. Daraus ergibt sich, dass einer der wichtigsten Einsätze des Kampfs zwischen den Apparaten die Durchsetzung einer Sicht der Apparate ist, vor allem ihrer Verantwortlichkeiten bei einem Zusammenschluss oder einer Trennung. In dieser Hinsicht sollte man die Erklärungen und Analysen nachlesen, die von den Apparaten und ihren Führern anlässlich des Bruchs und der Wahlniederlage von 1978 produziert wurden. Dabei ließe sich beobachten, dass die Apparate, die gespalten sind, was die Gründe für die Spaltung betrifft, sich darin einig sind, die Sicht zu bekämpfen, wonach der Grund der Spaltung in den Interessen der gespaltenen Apparate zu finden sein könnte, die sich beide nur dann *unverändert* reproduzieren können, wenn sie die Spaltung reproduzieren, es sei denn, sie wollten ihren Konkurrenten und dessen Klientel an sich binden durch eine Strategie des »Zusammenschlusses an der Basis«.

41 Diese Analysen gelten auch für die Kirche: In dem Maße, wie das politische Kapital der Kirche sich in den Institutionen objektiviert und, wie dies in jüngster Zeit der Fall ist, in von der Kirche kontrollierten Posten (im Schulwesen, in der Presse, den Jugendbewegungen etc.), beruht die kirchliche Macht immer weniger auf Indoktrinierung und »Seelsorge«, so dass sie zweifellos besser an der Zahl der Posten und Akteure, die die Kirche mittelbar kontrolliert, zu messen ist als an der Zahl der »Kirchgänger«. (Das erklärt, dass die politischen Dispositionen der religiösen Behörden und insbesondere ihr Verhältnis zu den öffentlichen Mächten genauso vollständig und unmittelbar durch alle Faktoren determiniert sind, die die materielle Basis der sozialen Existenz der Kirche affizieren, wie heutzutage die vom Staat finanzierten Posten im Unterrichtswesen.)

»Für mich ist man entweder Kommunist oder man ist keiner«

»Wenn mir jemand sagt: ›Man versteht euch nicht, bei euch Kommunisten gibt es keine Richtungen: Es gibt keine rechten Kommunisten, keine linken Kommunisten, keine Zentristen, es gibt keine Freiheit!‹ Denen antworte ich: ›Was nennen Sie einen rechten Kommunisten, was einen linken Kommunisten, was einen Zentristen? Für mich ist man entweder Kommunist oder man ist keiner, und in der kommunistischen Organisation, wenn man da diskutiert, erklärt jeder seinen Standpunkt zur Tagesordnung, und wenn es wichtig ist, gibt es eine Abstimmung. Es ist die Mehrheit, die entscheidet.‹ Was nennt ihr denn Demokratie? Für mich heißt Demokratie 50 plus eine Stimme, das ist für mich verständlich! Es ist die Mehrheit, die entscheidet. Wenn ihr zur kommunistischen Partei kommt, um die Richtlinien zu bekämpfen, über die frei in einer Sitzung des Parteikongresses diskutiert und debattiert worden ist, um euren reformistischen Standpunkt durchzusetzen, weil das natürlich eurem Bewusstseinszustand entspricht (ihr habt ein empfindliches Hinterteil, ihr braucht einen gepolsterten Sessel, damit es sich nicht aufregt), dann werdet ihr euch in eurem Sessel breit machen und sagen: ›Ach! Ich bin mit der Richtung der Partei nicht einverstanden, ich bin ein rechter Kommunist, ich stehe ... in der Mitte.‹ Wenn es euch um Stimmen geht, sage ich euch sofort: ›Geht woanders hin, hier braucht man euch nicht, vielleicht habt ihr ein großes Hirn, vielleicht seid ihr sehr intelligent, aber ihr argumentiert ganz schlecht und vor allem seid ihr ganz schlecht informiert. Trotz eurer Intelligenz und trotz eurer großen Klappe kann es nämlich passieren, dass die Arbeiter aus eurem Wahlbezirk euch nie die Fahne vorantragen lassen. Die haben natürlich lieber einen Arbeiter, der sich bewährt hat, und sie wollen einen Kommunisten, selbst wenn es ein Intellektueller ist, weil es unter denen auch gute und schlechte gibt ... Wie in der Arbeiterklasse, wo es auch gute und schlechte gibt, das steht jedenfalls fest!‹«

(Schmiedgehilfe, Bergarbeiter, danach Fließbandarbeiter), geboren 1892 in Saint-Amand-les-Eaux, war PCF-Sekretär der Sektion Saint-Nazaire im Jahr 1928 und CGTU-Vertreter der Region Saint-Nazaire.)

Autobiographien von Aktivisten der CGTU-CGT, vorgestellt von Jean Peneff, *Les Cahiers du LERSCO*, 1. Dez. 1979, S. 28-29.

Einheit und Spaltung

Zum Kampf zwischen den Apparaten, die an der Durchsetzung von Prinzipien der Einteilung sozialer Welt arbeiten, gehört auch der Kampf um die Durchsetzung der Sicht auf die Grundlagen der Spaltung (konkurrierender) Apparate, in diesem besonderen Fall um die Verantwortung, die den jeweiligen Apparaten für diese Teilungen zukommt. Es versteht sich, dass diese Apparate, uneins über die Gründe ihrer Spaltung, gleichzeitig darin übereinstimmen, jene Sicht bekämpfen zu müssen, nach der diesen Teilungen die Interessen der unterschiedlichen Apparate zugrunde liegen könnten. Denn gemeinsam ist ihnen, dass, sieht man einmal ab von Versuchen der Einverleibung des Konkurrenten oder seiner Klientel durch eine Strategie der »Basisunion«, sie sich nur durch eine Reproduktion dieser Teilungen unverändert reproduzieren können.

Das Politbüro der PCF hat gestern folgende Erklärung verabschiedet:

Gegenwärtig starten verschiedene trotzkistische Organisationen – unter anderem die OCI, die der Sozialistischen Partei sehr nahesteht – und eine Gruppe, die sich missbräuchlich »Einheit der Kämpfe« nennt, eine Kampagne für den Zusammenschluss von PC und PS im Hinblick auf die zweite Runde der Präsidentschaftswahlen, ja sogar für die Benennung eines einheitlichen Kandidaten.

Indem sie auf die legitime Hoffnung einer Vereinigung von Millionen von Französinnen und Franzosen spekuliert, zielt diese Kampagne, die von den sozialistischen Parteiführern offen unterstützt und direkt organisiert wird, in Wirklichkeit auf eine Mystifizierung der Arbeiter ab, während man den realen Interessen an dieser Einheit und an der Veränderung, die sie erwarten, den Rücken kehrt.

Ihr Hauptmerkmal besteht tatsächlich darin, die volle Verantwortung François Mitterrands und anderer sozialistischer Parteiführer für den Bruch der Union und die Niederlage von 1978 zu vertuschen und Schweigen über ihre aktuelle Politik auszubreiten.

Über eine sofortige Übereinkunft zu sprechen, ohne ein Wort darüber zu verlieren, dass die Sozialistische Partei die Forderungen der Arbeiter nicht mehr verteidigt, die Sparpolitik und die Fabrikschließungen im Namen der Krise rechtfertigt, Europa und der Erweiterung des Binnenmarktes zustimmt, zur Stärkung des atlantischen Bündnisses unter amerikanischer Führung aufruft, die atomare Aufrüstung unterstützt, das bedeutet ganz einfach, die Arbeiter in den Schlepptau einer Krisenpolitik zugunsten des Kapitals zu nehmen.

Von einer Einheit der Kämpfe zu sprechen, ohne zu bemerken, dass François Mitterrand diesen Kampf verurteilt, ihn als überholt und abträglich bezeichnet und dass die verantwortlichen Sozialisten – einschließlich solche, die gewisse Gewerkschaftszentralen leiten – alles tun, um ihn zu verhindern, heißt nichts anderes, als mit schönen Worten den Aufruf zu einer Wahltaktik ohne Inhalte und Grundsätze zu bemänteln. (…)

L'Humanité, 18. Dez. 1980, S. 5.

Marchais appelliert an die sozialistischen Wähler, ihre Kräfte mit den Kommunisten »zu vereinen«

Georges Marchais hat während einer öffentlichen Versammlung am Donnerstag, dem 10. Dezember, in Chelles (Seine-et-Marne) erklärt, »dass es nur eine einzige politische Kraft gibt, die mit Loyalität, Mut und Klarheit für die Verwirklichung der Hoffnungen der Arbeiter auf Veränderung kämpft: Das ist die Kommunistische Partei Frankreichs. Der Generalsekretär der PCF wandte sich »ganz besonders an jene, die sozialistisch gewählt haben oder wählen, weil sie etwas verändern wollen«, und erklärte: »Es gibt einige von euch, die gedacht haben, dass der Kongress von Epinay und die Unterzeichnung des gemeinsamen Programms die Sozialistische Partei verändert haben. Nun muss man aber heute feststellen, dass euer Wunsch sein Ziel nicht erreicht hat. François Mitterrand ist in den Wagenspuren der alten SFIO hängen geblieben. Seine Reden gelten der Verherrlichung Leon Blums. Er wiederholt die Pilgerfahrten nach Washington. Er manövriert mit der Rechten wie in den Zeiten der republikanischen Front von 1956. Stattdessen schlägt er auf uns ein, denn er hat vor allem ein entscheidendes Ziel: Die Kommunistische Partei zu schwächen. Ihr, die ihr die Einheit und die Veränderung aufrichtig wollt, könnt einer solchen Richtung weder zustimmen noch sie unterstützen. Ich sage euch das in aller Offenheit: Vieles hängt von dem ab, was ihr entscheidet. Lasst uns unsere Kräfte vereinen, auch wenn wir nicht über alle Fragen einer Meinung sind, und wir könnten die Wiederkehr der schlimmsten Vergangenheit verhindern.«

Marchais bekräftigte, dass »sich eine Kette gebildet hat (...) von der Sozialistischen Partei hin zur RPR und von beiden zur UDF«, während die Kommunistische Partei die »Einheit« wolle. »Wir wollen eine große mehrheitliche Sammelbewegung bilden, den Zusammenschluss aller Kräfte des Volkes in die Tat umsetzen, eine vereinigte Linke für den Wechsel, der nicht wieder rückgängig zu machen ist. Das ist es, was wir wollen, das ist der Wechsel. Wir wollen kämpfen gegen die Rechte, gegen Giscard d'Estaing. Wir wollen die großen antikapitalistischen und demokratischen Reformen verwirklichen, ohne die es keine wirkliche Veränderung geben kann. Wir werden die ganze Verantwortung übernehmen für diese Erneuerung. Bis hin zur Regierung. Wir sind bereit.«

Le Monde, 20. Dez. 1980, S. 10.

Felder und Apparate

Auch wenn in jedem politischen Unternehmen, so monolithisch es auch zu sein scheint, divergierende Tendenzen und Interessen miteinander konfrontiert sind,[42] ist es doch so, dass die Parteien

42 Das lässt sich an dem dafür scheinbar am wenigsten geeigneten Fall beobachten, dem der bolschewistischen Partei: »Hinter der Fassade einer proklamierten politischen und organisatorischen Einheit, die unter dem Namen ›demokrati-

umso mehr nach der Logik des Apparats funktionieren, der unverzüglich auf die in die Logik des politischen Felds eingeschriebenen strategischen Erfordernisse zu reagieren vermag, je weniger ihre Mandanten über kulturelle Güter verfügen und je höher für sie der Stellenwert der Treue ist, je mehr sie also zur bedingungslosen und dauerhaften Delegierung tendieren, ferner, je älter die Parteien sind und je größer ihr objektiviertes politisches Kapital ist, je mehr ihre Strategien also darauf abzielen, »ihre Errungenschaften zu verteidigen«, je ausdrücklicher sie auf den Kampf ausgerichtet und damit nach dem militärischen Modell eines Mobilisierungsapparats organisiert sind und je weniger ihre Kader und Funktionäre über ökonomisches und politisches Kapital verfügen, je mehr sie also abhängig sind von der Partei.

Die politische Treue innerhalb derselben Generation und zwischen den Generationen, die den Parteien eine relativ stabile Klientel garantiert und den Wählersanktionen einen großen Teil ihrer Wirksamkeit nimmt, verbunden mit der *fides implicita*, die die Parteiführer vor der Kontrolle der Laien bewahrt, hat zur Folge, dass es paradoxerweise keine politischen Unternehmen gibt, die unabhängiger von den Zwängen und Kontrollen der Nachfrage und freier wären, allein der Logik der Konkurrenz zwischen den Professionellen zu gehorchen (manchmal auch um den Preis plötzlicher und paradoxer Umschwünge), als diejenigen Parteien, die am lautesten von sich behaupten, die Masse des Volks zu vertreten,[43] umso mehr, als sie gewöhnlich das bolschewistische Dogma akzeptieren, wonach es grundsätzlich illegitim sei, Laien in die parteiinternen

scher Zentralismus‹ bekannt ist, gab es im Jahre 1917, und noch einige Jahre später, keine gleichförmige politische Philosophie oder Ideologie. Im Gegenteil bot die Partei eine bemerkenswerte Vielfalt von Standpunkten: die Unterschiede gingen von begrifflichen Problemen bis hin zu Konflikten die fundamentalen Optionen betreffend.« (S. Cohen, a.a.O., S. 19)

43 Wenn man weiß, welchen Stellenwert das populäre Wertesystem Tugenden einräumt wie der Integrität (»ganz sein«, »aus einem Stück sein« etc.), der Treue zum gegebenen Wort, der Loyalität gegenüber den Seinen, der Beständigkeit (»so bin ich«, »mich wird man nicht ändern« etc.), Dispositionen, die in anderen Universen als Sturheit, ja Dummheit angesehen würden, kann man verstehen, dass das Festhalten an einmal getroffenen Entscheidungen, das aus der politischen Zugehörigkeit eine quasi erbliche Eigenschaft macht, die die Veränderungen innerhalb einer Generation und zwischen den Generationen überdauert, in den Volksklassen besonders stark zur Geltung kommt und vor allem den Linksparteien nutzt.

Kämpfe hineinzuziehen, sich auf sie zu berufen oder, ganz einfach, die internen Streitigkeiten nach außen sickern zu lassen. Und ebenso sind die Funktionäre nie so abhängig von der Partei wie dann, wenn ihr Beruf es ihnen nur um den Preis eines Opfers an Zeit und Geld erlaubt, am politischen Leben teilzunehmen. Dann können sie nur von der Partei die *freie Zeit* erwarten, die die Notabeln ihren Einkünften oder der Weise verdanken, wie sie diese Einkünfte erwerben, indem sie nur gelegentlich oder gar nicht arbeiten.

Obwohl der Gegensatz zwischen *Funktionären* und einfachen Parteimitgliedern (ganz zu schweigen von den Wählern) unveränderliche Merkmale aufweist, nimmt er doch je nach Partei eine sehr unterschiedliche Bedeutung an, und zwar aufgrund der Verteilung des Kapitals, aber vielleicht vor allem der *freien Zeit* zwischen den Klassen. Wenn die direkte Demokratie nicht der ökonomischen und sozialen Differenzierung widersteht, dann deswegen, weil die damit einhergehende ungleiche Verteilung der freien Zeit zur Folge hat, dass sich eine Konzentration der administrativen Aufgaben zugunsten derjenigen einschleicht, die über die notwendige Zeit verfügen, um diese Funktionen unentgeltlich oder gegen geringes Entgelt auszufüllen. Dieser Faktor könnte auch eine Erklärung liefern für die unterschiedliche Beteiligung der einzelnen Berufssparten (auch in Abhängigkeit vom Status innerhalb einer Berufshierarchie) am politischen und gewerkschaftlichen Leben oder allgemein für die unterschiedliche Bereitschaft, politische Verantwortung zu übernehmen. So bemerkt Max Weber, dass die Direktoren großer medizinischer oder naturwissenschaftlicher Institute wenig geneigt und imstande sind, den Posten des Rektors zu besetzen,[44] und Robert Michels erwähnt, dass diejenigen Wissenschaftler, die am politischen Leben aktiv teilgenommen haben, »ihre wissenschaftlichen Fähigkeiten langsam verkümmern« sahen.[45] Berücksichtigt man ferner, dass die sozialen Bedingungen, die die Weigerung, seine Zeit der Politik oder der Verwaltung zu widmen, begünstigen oder autorisieren, sehr häufig auch zu einer aristokratischen oder prophetischen Geringschätzung der *weltlichen* Profite disponieren, die diese Aktivitäten versprechen oder verschaffen können, kann man manche strukturalen Invariablen des Verhältnisses zwischen den Intellektuellen des (politischen, administrativen oder jedes ande-

44 Max Weber, a.a.O., S. 698.
45 Robert Michels, a.a.O., S. 202.

ren) Apparats und den »freien« Intellektuellen, zwischen Bischöfen und Theologen oder zwischen Dekanen, Rektoren, Wissenschaftsverwaltern und Forschern besser verstehen.

Wenn außerdem feststeht, dass die Abhängigkeit der Funktionäre von der Partei umso größer ist, je geringer das ökonomische und kulturelle Kapital war, das sie vor ihrem Eintritt in die Partei besessen hatten, versteht man, dass diejenigen, die aus der Arbeiterklasse kommen, das Gefühl haben, alles der Partei zu verdanken, nicht nur ihre Position, die sie von den Zwängen ihres früheren Status befreit hat, sondern auch ihr kulturelles Kapital, kurz: alles, was ihren jetzigen Status ausmacht: »Wer das Leben einer Partei wie der unsrigen lebt, kann nur aufsteigen. Ich habe mit dem Gepäck eines Volksschülers angefangen, und die Partei hat mich gezwungen, mich weiterzubilden. Man muss arbeiten, man muss Bücher lesen, man muss sich auf dem Laufenden halten ... Das ist eine Verpflichtung! Sonst wäre ich der Esel geblieben, der ich vor fünfzig Jahren war. Ich sage: Ein Aktivist verdankt alles seiner Partei.«[46] Man versteht auch, wie Denis Lacorne gezeigt hat, dass »Parteigeist« und »Parteistolz« unter den Funktionären der kommunistischen Partei sehr viel ausgeprägter sind als unter den Funktionären der sozialistischen Partei, die häufiger aus den Mittelklassen und den höheren Klassen kommen, insbesondere aus der Lehrerschaft, und daher weniger in der Schuld der Partei stehen.

Die von den Analytikern so häufig überschätzte Parteidisziplin und -dressur wäre also völlig wirkungslos ohne das Einverständnis, das sie in der Disposition der Akteure zur freiwilligen oder unfreiwilligen Unterwerfung finden, eine Disposition, die diese in den Apparat hineinbringen und die ständig verstärkt wird aufgrund der solidarischen Dispositionen und der in die Posten eingeschriebenen Interessen. Es lässt sich unterschiedslos behaupten, dass ein bestimmter Habitus die Bedingungen für seine Entfaltung, ja Vollendung in der Logik des Apparats findet, oder anders gewendet: dass die Logik des Apparats die in einen bestimmten Habitus eingeschriebenen Tendenzen zu ihren Gunsten »ausbeutet«. So könnte man einerseits auf die allen totalen Institutionen gemeinsamen Verfahren hinweisen, mit denen der Apparat und diejenigen, die ihn beherrschen, Disziplin durchsetzen und Häretiker und Dissidenten gleichschalten, und andererseits auf die Mechanismen, die

46 Denis Lacorne, a.a.O., S. 114.

mit dem Einverständnis derjenigen, deren Interessen sie bedienen, die Reproduktion der Institutionen und ihrer Hierarchien garantieren. Man könnte endlos die Dispositionen aufzählen und analysieren, die das Getriebe des militaristischen Apparats bilden: sei es das Verhältnis der beherrschten Klasse zur Kultur, das die aus der Arbeiterklasse stammenden Funktionäre zu einer Form von Antiintellektualismus verleitet, der als Rechtfertigung oder Alibi für eine Art spontanen Schdanowismus und arbeiterstaatlichen Korporatismus dienen kann, oder das Ressentiment, das sich in der (historisch gesehen) stalinistischen, das heißt polizeistaatlichen Sicht der »Fraktionen« zeigt und in der Tendenz, die Geschichte in der Logik des Komplotts oder der Schuldhaftigkeit zu denken, die, eingeschrieben in die »freischwebende« Position des Intellektuellen, ihren Gipfelpunkt bei dem Intellektuellen erreicht, der aus den beherrschten Klassen stammt, dem »Überläufer«, häufig Sohn eines Überläufers, wie Sartre ihn im Vorwort zu *Aden Arabie* so wunderbar beschrieben hat. Und manche extremen »Erfolge« der Manipulation durch den Apparat könnte man nicht verstehen, wenn man nicht sehen würde, wie sehr diese Dispositionen objektiv orchestriert werden, wobei die verschiedenen Formen von Miserabilismus, die die Intellektuellen zu einer arbeiterfreundlichen Haltung prädisponieren, sich zum Beispiel an einem spontanen Schdanowismus ausrichten und die Etablierung sozialer Verhältnisse begünstigen, in denen der Verfolgte sich zum Komplizen seines Verfolgers macht.

So erlaubt das Organisationsmodell bolschewistischen Typs, das sich in den meisten kommunistischen Parteien durchgesetzt hat, die in das Verhältnis zwischen den Volksklassen und den Parteien eingeschriebenen Tendenzen bis in ihre letzten Konsequenzen zu realisieren. Als Apparat (oder totale Institution), der mit Blick auf den wirklichen oder vorgestellten Kampf konzipiert und auf eine *Disziplin* gegründet ist, die es erlaubt, ein Ensemble von Akteuren (in diesem Fall aktive Parteimitglieder) »wie ein Mann« agieren zu lassen mit Blick auf eine gemeinsame Sache, findet die kommunistische Partei ihre Funktionsbedingungen im ständigen Kampf, dessen Ort das politische Feld ist und der nach Belieben reaktiviert oder intensiviert werden kann. Weil die Parteidisziplin, die, wie Max Weber beobachtet, »die rationale Uniformierung des Gehorsams einer Vielheit von Menschen« garantiert,[47] ihre Rechtfer-

47 Max Weber, a.a.O., S. 867.

tigung, wenn nicht ihre Begründung, im Kampf findet, genügt es, sich auf den wirklichen oder potentiellen Kampf zu berufen, ja, ihn mehr oder weniger künstlich zu beleben, um die Legitimität der Parteidisziplin wiederherzustellen.

Robert Michels, der auf die enge Korrespondenz zwischen der Organisation der »demokratischen Kampfpartei« und der militärischen Organisation sowie die zahlreichen Anleihen (besonders bei Engels und Bebel) der sozialistischen Terminologie beim Militärjargon hinweist, beobachtet, dass die Parteiführer, die, wie er sagt, große Eiferer für Disziplin und Unterordnung« seien,[48] es nicht versäumen, sich immer dann, wenn ihre Position bedroht ist, auf die Magie des gemeinsamen Interesses und auf »militärische Argumente« zu berufen: »Es wird dafür eingetreten, dass die Geführten schon aus taktischen Gründen – zur Wahrung der nötigen Kohäsion vor dem Feinde – unter keinen Umständen den Glauben und das Vertrauen zu ihren selbstgegebenen Führern verlieren dürften.«[49] Aber mit Stalin erreicht die Strategie der *Militarisierung*, die, wie Stephen Cohen bemerkt, sicherlich der einzige originelle Beitrag Stalins für das bolschewistische Denken, also das wichtigste Merkmal des Stalinismus ist, zweifellos ihre Vollendung: Die Sektoren der Intervention werden zu »Fronten« (die Gewinnfront, die Philosophiefront, die Literaturfront etc.), Ziele oder Probleme sind »Festungen«, die die »Theoriebrigaden« »erstürmen« müssen, etc. Dieses »militärische« Denken ist offensichtlich ein manichäisches Denken, das eine Gruppe, eine Denkschule oder eine als orthodox geltende Vorstellung verherrlicht, um desto besser alle anderen vernichten zu können.[50]

Die reale oder fiktive Situation des Kampfs stärkt die Position der Herrschenden innerhalb des Apparats, und die aktiven Mitglieder verzichten auf die ihnen durch die offizielle Definition ihrer Rolle zugewiesene Funktion des Tribuns, um zu bloßen »Kadern« zu werden, die den Auftrag haben, die Befehle und Parolen der zentralen Führung *ausführen* zu lassen, und die sich von ihren »kompetenten Kameraden« zu einer »Ratifizierungsdemokratie« genötigt sehen. Wenn die Kämpfe, die sich innerhalb der kommunistischen Partei gegen den Autoritarismus der Parteiführung und gegen die

48 Robert Michels, a.a.O., S. 185.

49 Robert Michels, a.a.O.

50 Vgl. Stephen Cohen, a.a.O., S. 367f. und 388.

den Interessen des Apparats vor den Interessen der Mandanten eingeräumte Priorität richten, die Tendenzen, die sie bekämpfen wollen, so häufig verstärken, dann deshalb, weil die Parteiführung sich nur auf den politischen Kampf berufen, ihn notfalls erfinden muss, insbesondere den Kampf gegen die nächsten Konkurrenten, um an die Parteidisziplin appellieren, das heißt die in Zeiten des Kampfs gebotene Unterwerfung unter die Parteiführung einfordern zu können. Damit wird der Vorwurf des Antikommunismus zu einer absoluten Waffe in den Händen derer, die den Apparat beherrschen, da er jede Kritik, ja Objektivierung disqualifiziert und nach außen hin Einheit gebietet.

Nichts bringt die Logik dieser Kampforganisation besser zum Ausdruck als das Verfahren des »Wer ist dagegen?«, so wie Bucharin es beschrieben hat: Man ruft die Mitglieder der Organisation zusammen und fragt sie: »Wer ist dagegen?«, und da sie alle mehr oder weniger Angst haben, dagegen zu sein, wird das designierte Individuum zum Sekretär ernannt, die vorgeschlagene Resolution angenommen, und immer einstimmig.[51] Die sogenannte »Militarisierung« besteht darin, sich auf eine »Kriegssituation« zu berufen, mit der sich die Organisation konfrontiert sieht und die durch eine entsprechende *Repräsentation* der Situation produziert werden kann, damit ständig die *Angst, dagegen zu sein*, produziert und reproduziert werden kann, die letztendliche Grundlage jeder militaristischen und militärischen Disziplin. Wenn es den Antikommunismus nicht gäbe, würde ihn der »Kriegskommunismus« erfinden. Da jede Opposition im Innern als Kollusion mit dem Feind erscheinen muss, verstärkt sie die von ihr bekämpfte Militarisierung, indem sie die Einmütigkeit des belagerten »Wir« verstärkt, die zum militärischen Gehorsam prädisponiert. Dabei macht die historische Dynamik des Kampffelds, auf dem sich Orthodoxe und Häretiker, Platzhalter und Herausforderer, gegenüberstehen, aus dem »Parteigeist« einen regelrechten *Korpsgeist*, im Körper durch die halb-rationale Ausbeutung der psychosomatischen Effekte der

51 Vgl. Stephen Cohen, a.a.O., S. 185. Eine Ethnographie der Versammlungspraktiken könnte tausende Illustrationen liefern für solch autoritativen Verfahren, die sich auf die praktische Unmöglichkeit stützen, ohne *ungebührlich* zu scheinen, mit der einstimmig kultivierten Einstimmigkeit zu brechen (indem man bei einer Abstimmung durch Handzeichen nicht die Hand hebt, indem man einen Namen auf einer Liste durchstreicht etc.).

zelebrierten Einmütigkeit oder, anders gewendet, der Angst vor dem Parteiausschluss, der Exkommunikation.

Damit ist die Ambiguität des politischen Kampfs, eines Kampfs um »Ideen« und »Ideale«, der zwangsläufig ein Kampf um die Macht und, ob man will oder nicht, um Privilegien ist, der Grund für den Widerspruch, dem alle politischen Unternehmen unterliegen, deren Ziel die Subversion der etablierten Ordnung ist: Alle auf der sozialen Welt lastenden Notwendigkeiten tragen dazu bei, dass die Mobilisierungsfunktion, die an die mechanische Logik des Apparats appelliert, dazu tendiert, die Ausdrucks- und Repräsentationsfunktion in den Hintergrund zu drängen, die alle berufsmäßigen Ideologien von den Funktionären fordern (die des »organischen Intellektuellen« wie die von der Partei als »Geburtshelferin« der Klasse) und die nur durch die dialektische Logik des Felds wirklich garantiert werden kann. Die »Revolution von oben«, ein Projekt, das den Apparat voraussetzt und produziert, bewirkt, dass diese Dialektik der Geschichte unterbrochen wird, zuerst im politischen Feld, diesem Kampffeld um ein Kampffeld und die legitime Repräsentation dieser Kämpfe, und dann innerhalb des politischen Unternehmens (der Partei, der Gewerkschaft oder des Verbands), das nur dann wie ein Mann funktionieren kann, wenn es die Interessen eines Teils, wenn nicht aller seiner Mandanten opfert.

Das politische Feld

Warum der Begriff »politisches Feld«? Was bringt er für das Verständnis von Politik? Geht es darum, der politischen Realität ein Konzept anzuhängen, das scheinbar den Vorstellungen ziemlich nahe kommt, auf die wir spontan zurückgreifen, wenn wir die politische Welt verstehen wollen? Wir sprechen häufig von politischer Arena, politischem Spiel, politischen Kämpfen.

Der Begriff »politisches Feld« hat mehrere Vorteile: Er erlaubt es, die Realität der Politik oder des politischen Spiels genau zu erfassen. Und er erlaubt es, diese Realität mit anderen Realitäten zu vergleichen, wie dem religiösen Feld, dem künstlerischen Feld ... Bekanntermaßen ist der Vergleich in den Sozialwissenschaften eines der wichtigsten Instrumente zur Erfassung und Analyse von Wirklichkeit. Wie Durkheim sagte: »Soziologie ist die komparative Methode.« Bedeutende Historiker haben diese Behauptung für sich übernommen und sich bemüht, die komparative Methode zu einem Erkenntnisinstrument *par excellence* zu machen. Ich glaube, es handelt sich um einen Begriff mit negativen Qualitäten, was gute Konzepte auszeichnet (die vielleicht nicht nur deswegen wertvoll sind, weil sie Probleme zu formulieren erlauben, sondern genauso sehr, weil sie falsche Probleme zu vermeiden helfen). Das sind die drei Gründe, warum der Feldbegriff mir nützlich zu sein scheint.

Ich will versuchen, schrittweise vorzugehen. Von politischem Feld zu sprechen heißt, dieses – um nochmals Raymond Barre zu zitieren – als einen Mikrokosmos zu konzipieren, als eine kleine, relativ autonome soziale Welt innerhalb der großen sozialen Welt. Man findet darin viele Eigenschaften, Beziehungen, Handlungen und Prozesse, die man in der großen Welt findet, aber diese Prozesse, diese Phänomene nehmen hier eine besondere Form an. Dies ist in dem Begriff Autonomie impliziert: Ein Feld ist ein autonomer Mikrokosmos innerhalb des sozialen Makrokosmos.

Etymologisch gesehen heißt autonom sein, sein eigenes Gesetz zu haben, seinen eigenen *nomos*, nach seinen eigenen Regeln zu funktionieren. Das Feld ist ein Universum mit eigenen Bewertungskriterien, die in einem anderen Mikrokosmos keine Gültigkeit haben. Ein Universum, das seinen eigenen Gesetzen gehorcht, die sich von den Gesetzen der gewöhnlichen sozialen Welt unterscheiden. Jemand, der in die Politik eintritt, muss, ebenso wie jemand, der in einen Orden eintritt, eine Verwandlung, eine Konversion durchmachen, und auch wenn ihm diese nicht als solche erscheint, auch wenn ihm diese nicht bewusst ist, wird sie ihm stillschweigend aufgezwungen, anderenfalls droht eine Niederlage oder der Ausschluss. Es handelt sich also um ein spezifisches Gesetz, das ein Bewertungs- und eventuell ein Ausschlussprinzip impliziert. Ein Anzeichen hierfür ist der Skandal: Wer in die Politik eintritt, verpflichtet sich stillschweigend, bestimmte Handlungen zu unterlassen, die mit seiner Würde unvereinbar sind, sonst droht ein Skandal.

Dieser Mikrokosmos ist des Weiteren von der übrigen Welt abgetrennt. Wie das religiöse Feld beruht das politische Feld auf einer Trennung von Eingeweihten und Nicht-Eingeweihten. Im religiösen Feld gibt es Laien und Kleriker. Das politische Feld ist nicht immer schon vorhanden (diese Behauptung stelle ich auf, ohne sie zu diskutieren). Es gibt eine Genese des politischen Felds, eine Sozialgeschichte der Entstehung des politischen Felds. Dinge, die uns selbstverständlich zu sein scheinen (zum Beispiel das Mehrheitswahlrecht), sind ein Produkt langer historischer Prozesse. Diese Dinge, die seit ewigen Zeiten zu existieren scheinen, sind häufig jüngeren Datums. So ist die Wahlkabine eine Erfindung des 19. Jahrhunderts, die mit einer bestimmten historischen Konfiguration verbunden war. Zu diesen Fragen gibt es sehr schöne historische Arbeiten.

Worauf beruht die – häufig unsichtbare – Grenze zwischen Professionellen und Laien? In der Tradition der politischen Soziologie haben zu Beginn des 20. Jahrhunderts einige Soziologen, die zu den Neo-Machiavellisten gerechnet werden und die vor allem über die sozialistischen Parteien Deutschlands und Italiens gearbeitet haben, Michels in Deutschland und Mosca in Italien, den Gedanken entwickelt, dass politische Apparate nach ehernen Gesetzen funktionieren, dass sie – auch die demokratischen Parteien oder die Gewerkschaften – dazu tendieren, die Macht in den Händen einer kleinen Zahl, einer Oligarchie, zu konzentrieren. Das ist eine ziemlich pessimistische Sicht der Geschichte, die darauf hinausläuft, dass es immer Herrschende und Beherrschte gibt, bis hinein in jene Parteien, von denen angenommen wird, dass sie denjenigen Kräften Ausdruck verleihen, die die Beherrschten befreien wollen. Um diese pessimistische Sicht zu widerlegen, genügt es, die statistische Verteilung der Zugangsmöglichkeiten zum politischen Mikrokosmos in Rechnung zu stellen. Darüber wissen wir ziemlich genau Bescheid aufgrund der statistischen Analysen der Wahlbeteiligung oder der Bereitschaft, zum Beispiel auf eine Frage nach der politischen Meinung zu antworten, vor allem bei einer Meinungsumfrage. Es ist bekannt, dass diese Bereitschaft, diese Fähigkeit sehr ungleich verteilt ist, nicht von Natur aus (es gibt keine Personen, die von Natur aus bereit sind, politische Kompetenzen oder Bürgerrechte in Anspruch zu nehmen, und andere, denen dies von Natur aus verwehrt ist), sondern weil es soziale Bedingungen des Zugangs zur Politik gibt. So weiß man, dass bei dem derzeitigen Stand der Arbeitsteilung zwischen den Geschlechtern Frauen sehr viel weniger als Männer bereit sind, auf Fragen der Politik zu antworten. Ebenso sind wenig gebildete Personen sehr viel weniger dazu bereit als gebildete Personen, und arme Leute sehr viel weniger als wohlhabende. Damit beruhen (ganz nebenbei bemerkt, obwohl dies von größter Bedeutung ist) die modernen Demokratien, insbesondere die amerikanische Demokratie, die immer als Vorbild dient, auf einem versteckten Zensusmechanismus. Wenn über 50 % der Bürger nicht zur Wahl gehen, wirft dies Probleme auf für die Demokratie, vor allem, wenn diese 50 % sich nicht nach dem Zufallsprinzip verteilen, sondern insbesondere auf der Seite der ökonomisch und kulturell Unterprivilegierten zu finden sind. Der Verweis auf diese ungleichen Zugangsmöglichkeiten zum politischen Feld ist sehr wichtig, wenn man vermeiden will, dass politische Ungleichheiten als naturgegeben angesehen werden. (Die Soziologie hat die ständige Aufgabe, die Geschichte zu rekonstruieren, die hinter den vermeintlich natürlichen Unterschieden steht.) Es gibt also soziale Bedingungen des Zugangs zu diesem Mikrokosmos, wie zum Beispiel genügend freie Zeit. Politisches Kapital wird in erster Linie von Personen akkumuliert, die mit einem ökonomischen Überschuss ausgestattet sind, der es ihnen erlaubt, ihre produktiven Aktivitäten ruhen zu lassen und als Wortführer aufzutreten. Bildung ist ein weiterer Faktor neben der freien Zeit.

Damit habe ich nur die sozialen Bedingungen erwähnt, denen das politische Feld unterliegt als ein Ort, an dem eine bestimmte Zahl von Personen, die die Zugangsvoraussetzungen erfüllen, ein besonderes Spiel spielen, von dem die anderen ausgeschlossen sind. Es ist wichtig, zu wissen, dass das politische Universum auf Schließungen beruht. Je mehr sich das politische Feld konstituiert, desto mehr verselbständigt es sich, professionalisiert es sich, desto mehr haben die Professionellen die Tendenz, auf die Laien herabzusehen. Damit Sie verstehen, dass es sich hier nicht um reine Spekulation handelt, erinnere ich daran, dass bestimmte Politiker denjenigen Laien, die sich in die Politik einmischen wollen, den Vorwurf der Inkompetenz machen. Weil sie es nicht ertragen können, dass Laien in den geheiligten Zirkel der Politiker eindringen, rufen sie diese zur Ordnung, so wie die Kleriker die Laien zurechtgewiesen hatten. Zum Zeitpunkt der Reformation rührte eines der Probleme daher, dass Frauen die Messe lesen oder die Letzte Ölung erteilen wollten. Die Kleriker verteidigten ihr von Max Weber so genanntes »Monopol der legitimen Handhabung der Heilsgüter« – eine großartige Formulierung – und denunzierten die unrechtmäßige Ausübung religiöser Handlungen. Wenn man einem einfachen Bürger sagt, er sei politisch inkompetent, beschuldigt man ihn, unrechtmäßig Politik zu betreiben. Aber es ist ein Verdienst dieser Inkompetenten (von denen ich einer bin), eine stillschweigende Prämisse der politischen Ordnung aufzudecken, dass nämlich die Laien von ihr ausgeschlossen sind. Die Kandidatur Coluches war nur einer dieser »inkompetenten« Akte. Ich erinnere daran, dass Coluche nicht wirklich kandidierte, aber er sagte, er kandidiere für die Kandidatur, um deutlich zu machen, dass jedermann kandidieren könne. Das ganze Feld der Medien und der Politik mobilisierte sich, über alle Unterschiede hinweg, und verurteilte diesen barbarischen Akt, der darin bestand, den fundamentalen Grundsatz in Frage zu stellen, nach dem nur Politiker sich zu Fragen der Politik äußern dürfen. Nur Politiker besitzen die Kompetenz (ein überaus wichtiger technischer und juristischer Begriff), über Politik zu sprechen. Es ist *ihre Sache*, über Politik zu sprechen. Die Politik ist ihre Sache. Das ist eine implizite Annahme, die in das politische Feld eingeschrieben ist.

Wenn ich diese allgemeine Empörung, diesen Konsens in der Verurteilung von Coluche erwähne, will ich damit zeigen, dass die Zugehörigkeit zum Feld auf einer Vorstellung beruht, die über die konstitutiven Oppositionen der auf dem Feld stattfindenden Kämpfe hinausgeht. Um mit einer politischen Lösung nicht einverstanden zu sein, muss Einverständnis herrschen über das Terrain der Uneinigkeit. Um mit einer soziologischen These nicht einverstanden zu sein, muss Einverständnis herrschen über das Terrain der Uneinigkeit. »Keiner soll (in das Reich der Geometrie) eintreten, der nicht selbst Geometer ist«, der das Spiel der Geometrie nicht akzeptiert. Zuerst muss es Einigkeit darüber geben, woraus Uneinigkeit entstehen kann, dass nämlich Politik wichtig ist, dass nur Politiker Politik machen können, dass nur Politiker kompetent sind, Politik zu machen ... Wenn ich von einem Postulat spreche, so trifft dies die Sache nicht ganz, denn es handelt sich um implizite Annahmen, während ein Postulat explizit das Recht fordert, etwas zu sagen. Eines der großen Probleme mit den Feldern, auch den komplexesten, wie dem mathematischen Feld (die Mathematiker verdrängen am meisten die implizite Annahme, als Feld zu existieren), ist das der Axiomatisierung, um die grundlegenden Tautologien explizit zu machen, auf denen ein Feld aufruht. Die meisten Felder, das religiöse, das literarische Feld, beruhen auf impliziten Annahmen, die von allen akzeptiert werden, in der Art: »Kunst ist Kunst«, »Politik ist Politik« usw. Dafür haben Laien manchmal ein intuitives Gespür. Sie sind argwöhnisch gegenüber der politischen Delegierung, ein Argwohn, der auf dem Gefühl beruht, dass eine Art grundsätzliche Komplizenschaft die Leute, die bei dem Spiel mitspielen, das man Politik nennt, miteinander verbindet, vor jeder Meinungsverschiedenheit. Man kann sogar sagen, dass sie aufgrund ihrer Zugehörigkeit zum Feld ein Interesse an dessen Fortdauer haben, wobei dieses Interesse als Ausdruck der Interessen der Bürger präsentiert werden kann, die ihnen ihr Mandat gegeben haben.

Anders gesagt: Es existiert ein grundsätzlicher Argwohn gegenüber Politikern, der sogleich als poujadistisch oder populistisch abgetan wird, aber nicht ganz der Grundlage entbehrt. Es ist einer der Vorzüge des Feldbegriffs, deutlich zu machen, dass bestimmte Handlungen von Personen, die auf dem Spielfeld mitspielen, das ich politisches Feld nenne, ihren Ursprung in diesem politischen Feld haben. Die Behauptung »Ich bleibe für Sie am Ball« (»Je roule pour vous«, wie 1981 auf einem Plakat zu lesen war, worauf die andere Seite antwortete: »Il vous roule!«, »Er haut Sie übers Ohr!«) besagt, dass ich mich ganz nach Ihnen richte. Ich behaupte, dass ich Ihr Sprecher bin und kein eigenes ausdrückliches Interesse habe, dass ich nichts anderes sage als das, was Sie sagen würden, wenn Sie an meiner Stelle wären und Ihren Interessen Ausdruck verleihen könnten. Die Behauptung, es gebe ein politisches Feld, macht im Gegenteil deutlich, dass die darin befindlichen Personen Dinge sagen oder tun können, die nicht von ihrer unmittelbaren Beziehung zu den Wählern, sondern von ihrer Beziehung zu den anderen Mitgliedern des Felds bestimmt werden. Jemand sagt das, was er sagt (zum Beispiel zu Fragen der Sicherheit oder der Delinquenz), nicht, um den Erwartungen der Bevölkerung im Allgemeinen oder derjenigen Bevölkerungskategorie zu entsprechen, die ihm ihre Stimme gegeben, das Mandat erteilt hat, sondern mit Bezug auf das, was andere in diesem Feld sagen oder nicht sagen, tun oder nicht tun, um sich von ihnen abzusetzen oder, im Gegenteil, Positionen zu seinen eigenen zu machen, die den Anschein der Repräsentativität in Frage stellen könnten. Anders gesagt: Die Vorstellung eines relativ autonomen Feldes wirft die Frage nach dem auf, was den politischen Handlungen zugrunde liegt. Wenn man verstehen will, was ein Politiker tut, muss man natürlich danach fragen, wer für ihn gestimmt hat, nach seiner Wählerbasis, seiner sozialen Herkunft fragen. Aber man darf nicht vergessen, nach der Position zu fragen, die er in dem Mikrokosmos einnimmt und die einen großen Teil seiner Handlungen erklärt. In manchen Fällen ist das ganz offensichtlich, zum Beispiel bei den unterschiedlichen Ausrichtungen innerhalb der Sozialistischen Partei oder den Konflikten zwischen Chirac und Balladur, um etwas weiter zurückliegende Beispiele zu nennen. Es ist klar, dass es sich hier um Fälle handelt, in denen die Stellungnahmen sich aus einer bestimmten Position herleiten lassen innerhalb eines Raums von Positionen, wie ihn das politische Feld darstellt.

Die Tatsache, dass das politische Feld autonom ist, seine eigene Logik hat und diese Logik den Äußerungen der in diesem Feld agierenden Personen zugrunde liegt, impliziert also, dass es ein spezifisches politisches Interesse gibt, das sich nicht automatisch auf die Interessen der Mandanten zurückführen lässt. Es gibt Interessen, die sich in der Beziehung zu den Angehörigen der eigenen Partei oder gegen die Angehörigen der anderen Parteien definieren. Als Feld zu funktionieren bewirkt eine Art Abschottungseffekt. Dieser beobachtbare Effekt ist das Ergebnis eines bestimmten Prozesses: Je mehr sich ein politischer Raum verselbständigt, desto mehr entwickelt er eine eigene Logik, desto mehr tendiert er dazu, nach den dem Feld inhärenten Interessen zu funktionieren, und desto größer wird der Bruch mit den Laien.

Ein Faktor dieser Entwicklung in Richtung einer zunehmenden Autonomie und damit eines wachsenden Bruchs ist der Umstand, dass in dem politischen Feld eine *spezifische Kompetenz* erzeugt und umgesetzt wird, ein Gespür für das jedem Feld eigene Spiel. Eine implizite Zugangsvoraussetzung zum Beispiel für das künstlerische Feld, so wie es sich in Frankreich mit dem Aufkommen des Impressionismus konstituiert hat, ist die allen selbstverständliche Kenntnis einer bestimmten Reihe von Dingen. Der Zöllner Rousseau hat sie nicht gekannt, der naive Maler, der nicht weiß, was es heißt, Maler zu sein, der eine Art Maler-Objekt ist. Seine »Freunde«, Apollinaire, Picasso, machen sich über ihn lustig, behandeln ihn als Maler, aber spöttisch oder ironisch. Er ist wie ein Hund in einem Kegelspiel, einem Spiel, dessen implizite Prämissen er nicht kennt. Die Politik ist ein solches Spiel mit impliziten Regeln. Zurzeit entstehen sehr schöne Arbeiten über die Sozialisation junger Politiker, zum Beispiel auf der Ebene des Conseil Général. Das ist ein wichtiges Stadium, in dem man die Dorfpolitik hinter sich lässt. Der Lokalpolitiker an der Basis, in den Dörfern und Kleinstädten, kann sich so geben, wie er ist. Er kann sich mit einer elementaren politischen Kompetenz begnügen in dem Maße, wie es darum geht, seine Bürger gut zu kennen und bei ihnen »gut angeschrieben« zu sein. Sobald man sich auf die Ebene des Conseil Général begibt, also auf Departementsebene, beginnt die Parteizugehörigkeit eine Rolle zu spielen. Die Alten sozialisieren die Neulinge und treiben ihnen spontane politische Reaktionen aus, die keine Politik im Sinne des politischen Felds sind. Mit guten Gefühlen macht man schlechte Politik. Man muss die politischen Phrasen, die Tricks lernen, die Kräfteverhältnisse kennen, wissen, wie man mit dem Gegner umgeht. Diese spezifische Kultur muss man in der Praxis beherrschen. Es ist keine rein akademische Kultur, sondern eine Kultur, die zu einem Teil im Politologiestudium erlernt wird, vor allem heutzutage, aber auch »von der Pike auf«, über Konfrontationen. Die gelehrteste Form dieser Kultur ist das Verfassungsrecht. Es gibt Momente, in denen man von einer ganzen Reihe von Debatten ausgeschlossen ist, wenn man nicht über ein Minimum an Kenntnissen im Verfassungsrecht verfügt. Was vor allem wichtig ist, ist das Aneignen von Wissen und von Fertigkeiten, die es einem erlauben, sich »normal«, das heißt politisch, zu verhalten, in einem politischen Feld, an dem teilzunehmen, was man gemeinhin Parteipolitik nennt. Dieser Sinn für das politische Spiel bewirkt, dass man einen Kompromiss auszuhandeln vermag, dass man über eine Sache Schweigen bewahrt, über die man normalerweise reden würde, dass man seine Freunde diskret zu protegieren versteht, dass man weiß, wie man mit Journalisten spricht.

All dies trägt zur Geschlossenheit des Felds bei und dazu, dass es die Tendenz hat leerzulaufen. Wenn man es seiner eigenen Logik überließe, würde es letztlich wie ein sehr avanciertes künstlerisches Feld funktionieren, in dem es kein Publikum mehr gibt, wie das Feld der Dichtung oder der Avantgarde-Malerei. (Auf Vernissagen sagen die Maler, dass sie nur noch ihresgleichen als Publikum haben.) Diese Geschlossenheit ist ein signifikantes Indiz für die Autonomie eines Felds. Auf dem Feld der Mathematik, sicherlich das autonomste Feld, hat man nur seine Konkurrenten als Klienten. (Nebenbei bemerkt: Gerade das treibt die Mathematik voran, denn wenn man nur seine Konkurrenten als Adressaten hat, wird man genau kontrolliert und ist bei seinen Beweisführungen zu äußerster Präzision gezwungen.)

Natürlich kann das politische Feld nicht so weit gehen. Diejenigen, die bei diesem Spiel mitspielen, können dies nicht tun, ohne sich auf diejenigen zu beziehen, in deren Namen sie sprechen und vor denen sie von Zeit zu Zeit, wenn auch mehr oder weniger fiktiv, Rechenschaft ablegen müssen. Hier stoßen die internen Spiele an ihre Grenze. Das religiöse Feld kommt dem politischen Feld am nächsten. Auch hier leitet sich ein sehr großer Teil der Vorgänge aus internen Beziehungen her. Max Weber hat dies sehr gut beschrieben, ohne dafür den Begriff Feld zu haben. Die Beziehungen zwischen dem Priester, dem Propheten und dem Zauberer determinieren die wesentlichen Vorgänge innerhalb des religiösen Felds. Der Priester exkommuniziert den Propheten, der Prophet stellt die Botschaft der Priester in Frage … Zwischen ihnen passiert eine Menge, aber unter dem Schiedsspruch der Laien, die einem Propheten folgen oder ihn ignorieren, in die Kirche gehen oder ihr fernbleiben können. In diesem Sinne gleicht das religiöse Feld sehr dem politischen Feld, das trotz seiner Tendenz zur Geschlossenheit dem Verdikt der Laien unterliegt.

Ein Feld ist ein Kräftefeld und ein Kampffeld zur Veränderung der Kräfteverhältnisse. In einem Feld wie dem politischen, religiösen oder jedem anderen Feld wird das Verhalten der Akteure durch ihre Position in der Struktur des Kräfteverhältnisses bestimmt, das für dieses Feld zu dem betreffenden Zeitpunkt charakteristisch ist. Das wirft die Frage auf: Wie definiert man diese Kraft? Worin besteht sie, und wie ist es möglich, diese Kräfteverhältnisse zu verändern? Eine andere wichtige Frage lautet: Welches sind die Grenzen des politischen Felds?

Ich sagte eben, dass es sich um ein autonomes Feld handelt, um einen eigenen Mikrokosmos innerhalb der sozialen Welt. Eine der wichtigsten Veränderungen der Politik in den letzten zwanzig Jahren ist darauf zurückzuführen, dass Akteure, die sich als Zuschauer des politischen Felds betrachten oder als solche betrachtet werden konnten, zu Akteuren im eigentlichen Sinn geworden sind. Ich spreche von den Journalisten, insbesondere den Fernsehjournalisten, und von den Meinungsforschern. Wenn wir heute das politische Feld beschreiben müssten, müssten wir diese Kategorien von Akteuren mit einbeziehen, aus dem einfachen Grund, dass sie Auswirkungen auf dieses Feld haben. Ich werde oft gefragt, woran ich erkenne, dass eine Institution oder ein Akteur zu einem Feld gehört. Die Antwort ist einfach: Man erkennt die Präsenz oder Existenz eines Akteurs in einem Feld daran, dass dieser den Zustand des Felds verändert (oder dass sich viel verändert, wenn er nicht mehr da ist). So ist der Front National zu einem Akteur des politischen Felds geworden in dem Maße, wie er nach und nach alle anderen, institutionellen oder individuellen, politischen Sprecher dazu gebracht hat, wenn nicht auf den FN selbst, so doch zumindest auf die Probleme Bezug zu nehmen, die der FN auf dem politischen Feld durchzusetzen versucht. Die Präsenz des FN hat bewirkt, dass der Gegensatz zwischen Franzosen und Ausländern denjenigen zwischen Reichen und Armen abgelöst und, vor allem unter dem Einfluss des politischen Felds, im allgemeinen politischen Bewusstsein eine so große Bedeutung angenommen hat. Es wäre leider unschwer zu zeigen, dass es keine Partei mehr gibt, die sich nicht in ihrem Verhältnis zu dieser Dichotomie, diesem in das politische Feld importierten *Teilungsprinzip* definiert.

Ich glaube, dass es ganz allgemein bei jedem Feld um seine Grenzen geht, um die Zugehörigkeit oder Nicht-Zugehörigkeit zu diesem Feld. In einem Feld von Soziologen stellt sich die Frage, wer Soziologe ist und wer nicht, und damit, wer das Recht hat, darüber zu bestimmen, wer Soziologe ist und wer nicht (oder in einem Feld von Mathematikern, wer Mathematiker ist und wer nicht).

Je autonomer ein Feld ist und je mehr es sich in seiner Autonomie eingerichtet hat, desto mehr wird das Problem der letzten Begründung des Felds verdrängt, vergessen. Es kann aber eine wissenschaftliche Revolution geben, die die Grenzen in Frage stellt, einen sogenannten »Paradigmenwechsel«, um mit Kuhn zu sprechen. Dies ist der Fall, wenn Neulinge die Prinzipien der Zugehörigkeit zum Feld in einer Weise verändern, dass Personen, die dazugehört hatten, jetzt nicht mehr dazugehören, deklassiert werden, und dass Personen, die nicht dazugehört hatten, plötzlich dazugehören. Ein historisches Beispiel ist die von Manet herbeigeführte impressionistische Revolution, eine Revolution der Sicht- und Teilungsprinzipien, der Prinzipien, wie die sichtbare Welt darzustellen ist. Die Besitzer der Norm, des *nomos*, des grundlegenden Gesetzes, werden plötzlich disqualifiziert, die Häretiker hingegen sanktioniert, kanonisiert.

Wie man sieht, hat das politische Feld eine Besonderheit: Es kann sich nie völlig verselbständigen, es bleibt ständig auf seine Klientel bezogen, auf die Laien. Diese Laien haben bei den Kämpfen zwischen Klerikern, zwischen Mitgliedern des Felds, sozusagen das letzte Wort. Warum ist das so? Die Politik ist deshalb nicht mit der Dichtung, das politische Feld nicht mit dem poetischen Feld vergleichbar, weil die symbolischen und politischen Kämpfe um den *nomos* im Wesentlichen die Formulierung und Durchsetzung der »guten« Sicht- und Teilungsprinzipien zum Inhalt haben (*nomos* stammt von dem Verb *nemo* ab, das bedeutet: eine Trennung, eine Teilung vornehmen; der Begriff wird gewöhnlich mit »Gesetz« wiedergegeben, aber genau genommen bezeichnet er das, was ich das grundlegende Sicht- und Teilungsprinzip nenne, das für jedes Feld charakteristisch ist). Wenn ich für das politische Feld sage, dass die wichtigste Teilung diejenige in Reiche und Arme ist, erhalte ich eine bestimmte soziale Struktur. Wenn ich sage, dass dies die Teilung in Franzosen und Ausländer ist, erhalte ich eine ganz andere soziale Struktur. Anders gesagt: Teilungsprinzipien sind alles andere als unmotiviert. Sie sind konstitutiv für Gruppen und damit für soziale Kräfte. Politik ist ein Kampf um Ideen, aber einen ganz besonderen Typ von Ideen, fundamentale Ideen (*idées-forces*), die als Mobilisierungskraft fungieren. Wenn das von mir vorgeschlagene Teilungsprinzip von allen anerkannt wird, wenn mein *nomos* zum universellen *nomos* wird, wenn alle die Welt so sehen, wie ich sie sehe, dann habe ich die ganze Kraft der Personen, die meine Sicht teilen, hinter mir. »Proletarier aller Länder, vereinigt euch!« ist eine politische Erklärung, die besagt, dass das Prinzip der Teilung in Nationalitäten an Bedeutung verliert gegenüber dem Prinzip der Internationalität, das über alle Grenzen hinweg Reiche und Arme einander entgegenstellt.

Politische Kämpfe sind Kämpfe zwischen politisch Verantwortlichen, aber bei diesen Kämpfen haben die Gegner, die um das Monopol der legitimen Handhabung der politischen Chancen konkurrieren, ein gemeinsames Anliegen: die Macht über den Staat (die gewissermaßen dem politischen Kampf ein Ende setzt, da die staatlichen Wahrheiten, zumindest offiziell, Wahrheiten jenseits der Politik sind).

Die Kämpfe um das Monopol des legitimen Sicht- und Teilungsprinzips der sozialen Welt konfrontieren Personen miteinander, die mit ungleichen Machtbefugnissen ausgestattet sind. Man kann sagen, dass in jedem Feld ein bestimmter Typ von Macht am Werk ist. Bei den Mathematikern handelt es sich um das wissenschaftliche Kapital: Es gibt Personen, die aufgrund ihrer früheren Leistungen, ihrer Erfindungen (sie haben Theoreme erfunden, die ihren Namen tragen) über ein spezifisches Kapital verfügen, das in der Nationalversammlung oder an der Börse nichts wert wäre, in einer Versammlung von Mathematikern aber sehr mächtig ist. Jede Art von Kapital ist an ein Feld gebunden und hat die gleichen Gültigkeits- und Wirksamkeitsgrenzen wie das Feld, in dem es Geltung hat. Jeder Versuch, es darüber hinaus durchzusetzen, ist eine Form von Tyrannei, im Sinne von Pascal. So ist es nicht selten, dass Politiker direkt auf das literarische Feld einwirken wollen. Sie schaffen Akademien, ohne zu sehen, dass es in einem autonomen Feld ein grundlegendes Gesetz gibt, das besagt, dass nur solche Kräfte auf dieses einwirken können, die von ihm anerkannt werden, die seinem *nomos* entsprechen. Es ist mehr wert, bei den Éditions de Minuit verlegt zu werden, als Mitglied der Académie Française zu sein. Wenn man Präsident der Republik ist, kann man keine Literaturpreise verleihen (obwohl alle es versuchen, vor allem, wenn sie Schriftsteller sein wollen, wie einige unserer verstorbenen Präsidenten).

Es gibt im politischen Feld symbolische Kämpfe, bei denen die Gegner über ungleiche Waffen, ungleiches Kapital und ungleiche symbolische Macht verfügen. Die politische Macht hat die Eigenheit, dem literarischen Kapital zu gleichen. Sie ist ein Prestigekapital, das an den Bekanntheitsgrad gebunden ist, daran, bekannt und anerkannt, *notabel* zu sein, von daher die wichtige Rolle des Fernsehens, wodurch etwas Außerordentliches eingeführt wurde, denn die Leute, die man nur aus den Wahlversammlungen im Gemeindesaal kannte, haben nichts mehr zu tun mit den stellvertretenden Ministern, die jeder vom Sehen kennt, vorausgesetzt, sie sind in ihrer Partei mächtig genug, um ins Fernsehen zu kommen. Das politische Kapital ist daher eine Art Prestigekapital, ein symbolisches Kapital, das an die Art und Weise gebunden ist, wie eine Person wahrgenommen wird.

In dem Maße, wie das politische Feld sich, historisch gesehen, weiterentwickelt, die Rollenzuschreibungen, die politischen Aufgaben, die politische Arbeitsteilung sich institutionalisieren, vor allem mit der Entwicklung der Parteien, erscheint ein sehr wichtiges Phänomen: Das politische Kapital eines politischen Akteurs ist zum einen abhängig vom politischen Gewicht seiner Partei und zum anderen von seinem eigenen Gewicht innerhalb der Partei. Der Begriff der *investiture* (der Aufstellung der Kandidaten durch die Partei) ist sehr aufschlussreich. Die Partei ist heutzutage eine Art Bank mit einem politischen Kapital und der Generalsekretär einer Partei eine Art Bankier (es ist vielleicht kein Zufall, dass alle unsere Präsidenten vorher Generalsekretäre waren), der den bürokratisierten, von der Bürokratie einer Partei garantierten und bürokratisch bestätigten Zugang zum politischen Kapital kontrolliert.

In dem Maße, wie das politische Feld sich bürokratisiert, wird der Zugang zur Institution durch Beitrittsrechte geregelt, die heute immer öfter von den Parteien (und von den Grandes Écoles, insbesondere der ENA) verliehen werden. Die hartnäckigsten Konservativen einer Partei sind diejenigen, die am meisten von ihr abhängig sind. In der religiösen Sprache nannte man sie Oblaten. Das waren Personen, Söhne armer Leute, die von den Eltern der Kirche geschenkt worden waren und die, da sie der Kirche alles verdankten, sich ganz der Kirche verschrieben. Niemand ist treuer als ein

Oblate, denn wenn dieser die Kirche verlässt, hat er nichts mehr. Die Kommunistische Partei setzt in hohem Maße auf diese Formel. Diese Leute geben alle Garantien, da sie ihre Legitimität, ihre ganze Macht von der Partei beziehen. Sie sind nichts mehr, wenn die Partei sie fallenlässt, daher ist ein Parteiausschluss so dramatisch. Der Ausschluss kommt einer Exkommunikation gleich (die religiösen Analogien funktionieren sehr gut).

Die spezifischen politischen Interessen, von denen ich gerade gesprochen habe, sind zunehmend an die Zugehörigkeit zu einer Partei und damit an deren Reproduktion gebunden. Ein sehr großer Teil der von den Politikern vollzogenen Handlungen hat keine andere Funktion, als den Apparat zu reproduzieren und sich selbst zu reproduzieren, indem sie den Apparat reproduzieren, der ihre Reproduktion garantiert.

Auch hier ist die Analogie zur Kirche evident. Das mag Sie schockieren, aber für mich war das eine Offenbarung. Es gab in der Kirche ein Verhalten, das mir unverständlich war, vor allem die Hartnäckigkeit, mit der die Kirche, die sonst vieles aufgab, an allem festhielt, was den Unterricht betraf, insbesondere an den staatlichen Subventionen für die religiösen Schulen. Das eben erläuterte Modell erlaubte es mir, zu verstehen, dass man, um Katholiken, Sozialisten oder Kommunisten zu behalten, die Institutionen bewahren muss, die ihnen eine Existenz (insbesondere Stellen) verschaffen. Die Reichtümer der Kirche werden immer als Maßstab für die Macht der Kirche angesehen – das Gleiche würde für eine Partei gelten. Sie haben vielleicht bemerkt, dass die Kirche seit einigen Jahren ständig alle ihre Reichtümer zur Schau stellt, sicherlich, weil es nicht mehr viel zu zeigen gibt und ihre wahren (oder wichtigsten) Reichtümer die von der Kirche kontrollierten Stellen sind. Wenn man herausfinden will, wie groß heutzutage der Einfluss der katholischen Kirche ist, spielt es keine Rolle, wer zur Messe geht und wer nicht, was für den Religionssoziologen Boulard noch ein Maßstab war (der, nebenbei bemerkt, sehr viel moderner war als die Éducation Nationale, die immer noch nichts Vergleichbares vorgelegt hat). Es ist eine grobe Vereinfachung, den Einfluss der Kirche an der Zahl der Kirchgänger zu messen. Sehr viel klüger wäre es, diejenigen Personen zu erfassen, deren Existenz von der Kirche abhängig ist und die ihren Job verlieren würden, wenn es die Kirche nicht mehr gäbe, und alles zu erfassen, was auf die eine oder andere Weise christlich genannt werden kann. Ein Schwimmbad ist nicht per se christlich, aber in dem Maße, wie es abhängig ist von den Subventionen einer christlichen Einrichtung, kann es einem Christen einen Job sichern und einen Christen an das Christentum binden. Das Gleiche gilt für die Parteien, und damit will ich schließen: Ein sehr großer Teil des politischen Verhaltens erklärt sich aus den Bemühungen um die Reproduktion des Apparats, der die politische Existenz seiner Mitglieder garantiert.

Ich sagte zu Beginn, dass das politische Feld als ein Spiel beschrieben werden könne, bei dem es um die legitime Durchsetzung der Sicht- und Teilungsprinzipien der sozialen Welt geht. Es gibt Weiße und Schwarze, aber auch Mischlinge, die potentiell genauso wichtig sind. Wenn man eine vergleichende soziologische Untersuchung darüber anstellt, wie der Gegensatz von Weißen und Schwarzen behandelt wird, sieht man sofort, dass die Situation in Brasilien, in den Vereinigten Staaten und in Frankreich keineswegs die gleiche ist. Einer der Einsätze des politischen Kampfs kann die Verschiebung dieser Grenzen oder dieser Dichotomien sein. Politische Kämpfe haben intellektuelle Einsätze, Sicht- und Teilungsprinzipien. Wie die Griechen sagten, handelt es sich um Kategorien, Klassifizierungsprinzipien. Was man Klassenkämpfe nennt, sind in Wirklichkeit Klassifizierungskämpfe. Die Änderung dieser Klassifizierungsprinzipien ist nicht nur ein intellektueller Akt, sondern auch ein politischer Akt in dem Maße, wie die Klassifizierungsprinzipien Klassen erzeugen, die mobilisiert werden können. Während der Religionskriege konnte man ganze Heere auf der Basis einer Zuschreibung von Kategorien mobilisieren. Der Einsatz des politischen Spiels ist das Monopol, eine andere Weltsicht, andere Glaubensvorstellungen durchsetzen zu können. Das erklärt, warum die religiöse Analogie so effizient ist. Es geht um den Kampf zwischen Orthodoxie und Häresie. Orthodoxie heißt richtige, rechte Weltsicht. Dagegen ist ein Häretiker jemand, der eine Wahl trifft, im Unterschied zu demjenigen, der keine Wahl trifft, der findet, dass die Dinge sich von selbst verstehen, dass die Welt gut ist, so wie sie ist, dass es nichts zu sagen oder zu beanstanden gibt, dass alles so weitergehen kann. Für den Häretiker »kann es so nicht weitergehen«. Die Einsätze der politischen Welt sind immer doppelte Einsätze: Es sind Kämpfe um Ideen, aber da diese nur dann ganz und gar politische Ideen sind, wenn sie zu Ideenkräften werden, sind es auch Kämpfe um die Macht.

Der Politik ist eine bestimmte Ambiguität inhärent. Von daher das für die Intellektuellen sehr schwierige Problem, sich mit Politik zu befassen, ohne zu Politikern zu werden. Sofort werden sie auf ihre Inkompetenz verwiesen. Immer wieder kann ich Spinoza zitieren: »Es gibt keine der wahren Idee immanente Kraft.« Weil die Arbeitsteilung es ihnen ermöglicht, haben Intellektuelle und Wissenschaftler, Ökonomen, Soziologen und Historiker, etwas mehr als der Durchschnitt Zugang zu Wahrheiten über die soziale Welt. Manchmal möchten sie in das politische Feld eintreten, das ein Spiel von Ideenkräften ist. Aber wie soll man den Ideen Kraft verleihen, ohne in das politische Feld und das politische Spiel einzutreten? Ich glaube, dass man das Problem der Intellektuellen auf diese Weise sehen muss. Es ist kein abstraktes Problem. Ich glaube, es wäre wichtig, dass Wissenschaftler zu den Problemen der Sicht- und Teilungsprinzipien ihre Meinung sagen können, dazu, wie es um die soziale Welt steht, die sie ihr Leben lang gemeinsam erforschen, um Wissen zu produzieren. Diese Frage interessiert vielleicht nur wenige, sie scheint mir aber relativ wichtig zu sein. Aber das ist nicht alles. Der Versuch, wahren Ideen etwas politische Kraft zu verleihen, ist besonders schwierig und riskant in einem Spiel, bei dem die Mächtigen die Tendenz haben, die Wahrheit zu fingieren, und den Glaubensvorstellungen und den Sicht- und Teilungsprinzipien, die sie durchsetzen wollen, vor allem auf dem Gebiet der Ökonomie, den Anschein einer wissenschaftlichen Garantie, eines Stempels der Wahrheit zu geben versuchen. Sie beteuern ständig, die Wissenschaft sei auf ihrer Seite, die Nobelpreise seien auf ihrer Seite, so wie man früher Kriege führte und dabei rief: »Gott ist mit uns«. Und sie verlangen vom einfachen Volk, sich auf diejenigen zu verlassen, die kompetenter sind, die es besser wissen, die das Monopol der Handhabung der politischen Heilsgüter für sich beanspruchen, das Monopol der Definition des politisch Guten und Richtigen, im Namen des Kompetenz- und Wahrheitsmonopols.

Wir haben das Recht (und vielleicht sogar die Pflicht), uns gerade im Namen der Wissenschaft diesem Gewaltstreich zu widersetzen, der im Namen der Wissenschaft ausgeübt wird, aber mit allen Mitteln, die die ökonomische Macht verleiht, ohne indessen auf andere Waffen zählen zu können als die Kenntnis der sozialen Welt, so, wie sie beschaffen ist, und vielleicht vor allem die Kenntnis des Doppelspiels, das für das politische Spiel konstitutiv ist, wo die Stärke zugleich Waffe und Einsatz ist und wo man sich zu seiner Stärkung den Anschein geben muss, die Wahrheit zu berücksichtigen und in Rechnung zu stellen. Weil diese Hommage an die Wissenschaftlichkeit in die Logik des politischen Mikrokosmos eingeschrieben ist, entbehrt die Wissenschaft – insbesondere die Wissenschaft des politischen Spiels – nicht ganz der politischen Stärke, zumindest der kritischen, negativen Stärke.

Sozialer Raum und politisches Feld

Die Reflexion über die sozialen Klassen beschränkt sich meistens auf die Frage der Existenz oder Nicht-Existenz der Klassen, und die den Vorstellungen über die sozialen Klassen zugrundeliegenden Theorien der Wahrnehmung der sozialen Welt operieren mit Gegensatzpaaren, die denen gleichen, die man hinsichtlich der Wahrnehmung der natürlichen Welt vorfindet. Der Gegensatz zwischen Empirismus, wonach die Wahrnehmung ihre Strukturen der Wirklichkeit entnimmt, und Konstruktivismus, wonach Gegenstände nur durch einen konstruktiven Akt wahrgenommen werden, gilt gleichermaßen für die natürliche wie die soziale Welt, für die Naturwissenschaften wie die Sozialwissenschaften. Der realistischen Theorie, die die Existenz der sozialen Klassen mit deren empirischer Messung durch objektive Indizien begründet, hält die konstruktivistische Theorie entgegen, dass es in der Wirklichkeit keine Diskontinuität gibt: So ist die Einkommensverteilung, wie die meisten der den Individuen zugeschriebenen sozialen Eigenschaften, eine kontinuierliche, und die auf diesem Kontinuum vorgenommene Aufteilung in diskontinuierliche Kategorien folgt allein den Zwecken der Statistik.

Die Denkblockade, was diese Fragen betrifft, verweist auf die Geschichte und den gegenwärtigen Zustand des Felds der Sozialwissenschaften, das von institutionellen und intellektuellen Trennlinien durchzogen ist, die reine Theoretiker und Empiriker scheiden, aber auch auf die Natur der Einsätze, die sich hinter der Frage der sozialen Klassen verbergen: Der Einsatz der Diskussionen über den Begriff der sozialen Klasse ist in der Tat politischer Natur, wobei die Heteronomie des Felds der Sozialwissenschaften zur Folge hat, dass die sozialwissenschaftliche Forschung in einer pseudowissenschaftlichen Rückübersetzung politischer Probleme und Teilungen befangen bleibt. Auf diesem Terrain stehen sich Anhänger rechter und linker politischer Positionen gegenüber, wobei erstere eine Theorie der sozialen Schichtung verfechten, die den Begriff des sozialen Kampfs zu verdrängen sucht, der mit der Behauptung der Existenz sozialer Klassen verknüpft ist, und letztere eine Theorie der sozialen Klassen vertreten, wobei sie, um die sozialen Kämpfe zu beschreiben, häufig starre ältere Begriffe benutzen und daher überhaupt nicht in der Lage sind, die in der gegenwärtigen Wirklichkeit beobachtbaren neuen Formen sozialer Konflikte in ihrer historischen Besonderheit zu verstehen.

Um dieser politischen Problematik zu entgehen, muss man zuerst die Existenz eines sozialen Raums behaupten, vergleichbar dem physischen Raum, den der Soziologe wie auf einer geographischen Karte rekonstruiert. Dieser Raum, der auf der Basis von Differenzierungs- oder Verteilungsprinzipien konstruiert ist, die sich durch einen Komplex von im Innern des sozialen Universums wirksamen Eigenschaften konstituieren, ist mit einem positiven und einem negativen Pol ausgerichtet, wobei die Individuen in ihm nicht irgendwo und irgendwie situiert sind, sondern einen durch ihre Position bei der Verteilung sozialer Ressourcen bestimmten Platz besetzen. Die Individuen, die unterschiedlichen Regionen dieses Raums zugehören, sind durch mehr oder weniger große Distanzen voneinander getrennt, können aber auch innerhalb dieses Raums Verschiebungen vornehmen, die nicht beliebig sind, die Mühe und allgemein Zeit erfordern.

Auf der Basis der Kenntnis des Raums der Positionen lassen sich logische oder theoretische Klassen herauslösen, die sich aus all den Akteuren zusammensetzen, die ähnliche Positionen innehaben, die ähnlichen Bedingungen und Konditionierungen unterworfen sind und daher mit hoher Wahrscheinlichkeit ähnliche Dispositionen und Interessen haben, also ähnliche Praktiken, Verhaltensweisen und Meinungen produzieren. Diese Klassen sind keine wirklichen Klassen, das heißt Gruppen, die von Individuen gebildet werden, die durch das Bewusstsein ihrer gemeinsamen Identität und ihrer Zugehörigkeit zur gleichen sozialen Einheit miteinander verbunden sind. Vielmehr handelt es sich um wahrscheinliche Klassen, deren konstitutive Elemente mobilisierbar (aber nicht notwendigerweise praktisch mobilisiert) sind auf der Basis ihrer Ähnlichkeiten, das heißt ihrer Zugehörigkeit zur gleichen Klasse von Positionen, zur gleichen Region des sozialen Raums. Der soziale Raum weist daher eine Struktur von wahrscheinlichen Annäherungen oder Distanzierungen auf, von wahrscheinlicher sozialer Nähe oder Distanz zwischen den Individuen (die besonders deutlich bei den Eheschließungen zum Vorschein treten), und der Übergang vom Wahrscheinlichen zum Wirklichen erfolgt nicht so selbstverständlich, wie die marxistische Theorie sich das vorstellt, deren Irrtum gerade darin besteht, diesen Übergang automatisch vorwegzunehmen. Anders gesagt: Indem die marxistische Theorie konstruierte Klasse und wirkliche Klasse gleichsetzt, identifiziert sie, wie Marx dies Hegel vorgeworfen hatte, die Dinge der Logik mit der Logik der Dinge oder, einfacher gesprochen, begeht sie den Fehler, anzunehmen, dass die Dinge, die in der Sprache existieren, dies auch in der Wirklichkeit tun. In dieser Perspektive wird der »ontologische Sprung« entweder (in einer mechanischen und gänzlich deterministischen Logik) so vorgestellt, als müsse er im Laufe der Zeit unvermeidlich erfolgen, oder (in einer völlig voluntaristischen und spontaneistischen Logik) als Konsequenz der »Bewusstwerdung«, die mit der »Erkenntnis« der Theorie identifiziert wird, wie sie unter der aufgeklärten Anleitung durch die Partei zustande kommt. In beiden Fällen unterlässt es die marxistische Theorie, die sozialen Prozesse zu hinterfragen, die mysteriöse Alchemie, die bewirkt, dass eine »kämpfende Gruppe«, eine handelnde Klasse, aus den objektiven ökonomischen Bedingungen auftaucht, und sie unterlässt es, eine Theorie über die Konsequenzen aufzustellen, die die Theorie auf der Ebene der sozialen Wirklichkeit zeitigt durch ihre Intervention als Theorie im Universum der symbolischen und sozialen Vorstellungen oder im politischen Raum.

Jede Theorie des sozialen Universums, auch wenn sie sich objektivistisch gibt, muss in ihrem Erklärungssystem die Vorstellung, die die Akteure sich von der sozialen Welt machen, berücksichtigen, das heißt ihren Beitrag für die Konstruktion der Sicht auf diese Welt und damit für die Konstruktion dieser Welt. Anders gesagt: Sie muss die symbolische Arbeit der Herstellung von Gruppen berücksichtigen, eine Arbeit der Vorstellung, der Repräsentation in jeder Bedeutung des Begriffs, die von den sozialen Akteuren ständig vollzogen wird, um ihre Sicht der Welt oder die Sicht ihrer eigenen Position in dieser Welt, ihrer sozialen Identität, durchzusetzen. Der soziale Raum ist nicht nur ein Objekt der Wahrnehmung, in dem die Individuen und Institutionen sich durch die Kombination einer bestimmten Anzahl von Eigenschaften und durch die Besetzung einer bestimmten Position in einem Klassifizierungssystem auszeichnen; er ist auch der Einsatz von Kämpfen zwischen den Akteuren, um ihre Konstruktion und ihre Vorstellung der sozialen Welt, ihre Wahrnehmungs- und Klassifizierungskategorien durchzusetzen und damit auf die soziale Welt einzuwirken. Die herrschende Sicht der sozialen Welt oder die Produktion der Taxonomien ist der Einsatz eines Kampfs zwischen Akteuren, die je nach ihrer Position bei der Verteilung der verschiedenen sozialen Ressourcen (der verschiedenen Arten des – ökonomischen, kulturellen, sozialen – Kapitals) und ihrer Position im Raum der darin potentiell eingeschriebenen Klassifizierungen sehr ungleich ausgestattet sind, um ihre Sicht der Welt durchzusetzen, insbesondere, um auf der Ebene der Benennungen und der Institutionen zu handeln, die, wie die Wahrnehmungs- und Bewertungsschemata, die in der Sprache ihren Niederschlag gefunden haben, oder die Titel (Adelstitel, akademische Titel), selbst ein Produkt der symbolischen Kämpfe und früherer Klassifizierungskämpfe sind und die, in mehr oder weniger veränderter Form, den Zustand der symbolischen Kräfteverhältnisse ausdrücken.

Aber der symbolische Kampf, den sich die Gruppen sozialer Akteure ständig liefern, wird immer markierter über ein Korps von Repräsentationsfachleuten (in jeder Bedeutung des Begriffs) vermittelt, über Kultur- und Ideologieproduzenten, Politiker, Gewerkschaftsvertreter, die als Wortführer der Gruppen, in deren Dienst sie ihre spezifische Kompetenz und ihre symbolische Macht stellen, innerhalb des Felds der symbolischen Produktion miteinander konfrontiert sind. Diese Fachleute besetzen in diesem Feld eine Position, die derjenigen entspricht, welche im sozialen Raum von denjenigen Gruppen besetzt wird, deren Stellungnahmen sie formulieren und deren Interessen sie zum Ausdruck bringen. Die Homologie der Positionen von Mandatsträgern und Mandanten hat zur Folge, dass Erstere den Interessen der Letzteren und dabei gleichzeitig ihren eigenen Interessen dienen können, die mit den spezifischen Einsätzen des Felds der symbolischen Produktion zusammenhängen. Die im eigentlichen Sinne politische Arbeit dieser Fachleute, die daran arbeiten, sehen und glauben zu machen, die legitime oder legale (offizielle) Klassifizierung zu produzieren und durchzusetzen – eine untrennbar gnoseologische und politische Ambition –, hat ihre eigene Logik, die mit der Autonomie des politischen Felds mit seinen verschiedenen Kategorien von Produzenten, seinen Teilungen und seinen spezifischen Einsätzen zusammenhängt.

Der Begriff »Volk« und sein Gebrauch

Soll in die Diskussionen um Begriffe wie »Volk« und »volkstümlich« bzw. »populär« eine gewisse Klarheit gebracht werden, muss man sich vergegenwärtigen, dass diese Begriffe (etwa in Wortverbindungen wie »Volkskunst«, »Volksreligion«, »Volksmedizin« usw.) zunächst einmal Streitobjekte zwischen Intellektuellen sind. Autorisiert zu sein oder sich autorisiert zu fühlen, vom »Volk« oder *für* (im doppelten Wortsinn) das »Volk« zu sprechen, kann an sich schon eine Kraft oder Stärke in den Auseinandersetzungen darstellen, die innerhalb der verschiedenen Felder – dem politischen, religiösen, künstlerischen usw. – geführt werden; und diese Kraft ist dabei umso gewichtiger, je geringer die relative Autonomie des betreffenden Feldes ausgebildet ist. Im politischen Feld, wo mit allen Ambiguitäten des Begriffs gespielt werden kann (»Volksklassen«, Proletariat oder Nation), ist sie am stärksten; am geringsten im literarischen oder künstlerischen Feld, das einen hohen Grad von Autonomie erreicht hat und in dem »populärer« Erfolg eher eine Form der Entwertung, ja der Disqualifizierung des Produzenten nach sich zieht (bekannt ist, welche Anstrengungen Zola unternehmen musste, um das »Populäre«, das »Volkstümliche«, zu rehabilitieren und das herrschende Bild innerhalb des Feldes umzukehren). Das religiöse Feld steht zwischen diesen beiden, ist jedoch auch nicht vollkommen frei vom Widerspruch zwischen den internen Anforderungen, die nach dem Raren, Distinguierten, Getrennten – z.B. einer gereinigten und spiritualisierten Religion – streben lassen, und den externen, häufig als »kommerziell« beschriebenen Anforderungen, die dazu verleiten, der kulturell gering ausgestatteten Laienkundschaft eine ritualisierte Religion mit starken magischen Konnotationen anzubieten (die der großen »volkstümlichen« Pilgerfahrten nach Lourdes, Lisieux usw.).

Zweite These: In Inhalt und Form hängen die Stellungnahmen zu »Volk« und »volkstümlich« von den besonderen Interessen ab, die sich gleichermaßen aus der Zugehörigkeit zum Feld der kulturellen Produktion und der darin eingenommenen Position ergeben. Jenseits aller Gegensätze, die sie trennen, sind die Experten doch darin einig, das Monopol auf die legitime Kompetenz, die sie genuin definiert, einzuklagen und nachdrücklich auf die Schranken zwischen Professionellen und Laien hinzuweisen. Der Tendenz nach »hasst« der Professionelle den »gemeinen Laien«, der ihn als Professionellen negiert und ohne seine Dienste auskommt; und so ist er denn auch rasch bei der Hand, jegliche Form von »Spontaneismus« (politischen, religiösen, philosophischen, künstlerischen) anzuprangern, die ihn des Monopols auf legitime Produktion der Güter und Dienstleistungen berauben könnte. Die Inhaber der legitimen Kompetenz sind bereit, gegen alles auf die Straße zu gehen, was die Selbstkonsumtion des »Volkes« begünstigen könnte (Magie, »Volksmedizin«, Selbstmedikation usw.). So sind auch die Geistlichen immer dazu geneigt, die religiösen Praktiken, die vom Standpunkt der Religionsvirtuosen nicht jene »Interesselosigkeit« oder, wie es anderswo heißt, die »Distanz« zeigen, die mit ihrer Vorstellung von akzeptabler Praktik verknüpft ist, als Magie oder ritualisierten Aberglauben zu verdammen und sie einer »Reinigung« zu unterwerfen.

Definiert sich somit das Negative, anders gesagt: »Vulgäre« bzw. »Gemeine«, »Populäre« primär als Gesamtheit der kulturellen Güter und Dienste, die als Hindernis für die Durchsetzung der Legitimität erscheinen, mit der die Professionellen dadurch den Markt für ihre Produkte zu schaffen (und zu erobern) suchen, dass sie die entsprechenden Bedürfnisse schaffen, so ist das positive »Populäre« (beispielsweise die »naive« Malerei oder die »Folkmusic«) Resultat einer Umkehrung der Wertigkeit, die bestimmte Intellektuelle, die innerhalb des Feldes der Experten meistens selbst zu den beherrschten gehören (und beherrschten Regionen des sozialen Raums zugehören), im Gedanken auf eine Rehabilitierung vollziehen, der von dem ihrer eigenen Nobilitierung nicht zu trennen ist. So definiert sich in den dreißiger Jahren die »populistische Schule« eines Louis Lemmonier, Andre Thérive und Eugène Dabit (alle drei mit sehr niedriger sozialer Herkunft und geringem Bildungsgrad) in Absetzung vom psychologischen Roman aristokratisch-mondänen Zuschnitts (wie auch vom Naturalismus, dem sie seine Exzesse und Übertreibungen vorwirft), wie die »proletarische Schule« eines Henri Poulaille sich im Gegensatz zum Populismus definieren und diesem Kleinbürgerlichkeit vorwerfen wird. Die meisten Diskurse, die im Namen oder zugunsten des »Volkes« gehalten werden oder gehalten wurden, stammen von Produzenten, die innerhalb des Produktionsfeldes beherrschte Positionen einnehmen. Und wie Rémy Ponton es sehr schön an den regionalistischen Romanciers gezeigt hat, stellt das mehr oder minder idealisierte »Volk« häufig eine Art Zuflucht gegen Scheitern oder Ausschluss dar. Es ist sogar zu beobachten, dass das Verhältnis der aus dem Volk selbst stammenden Produzenten zum »Volk« innerhalb ihres Lebens tendenziell schwankt je nach ihrem symbolischen Kapital innerhalb des Feldes (am exemplarischen Fall von Leon Cladel ließe es sich zeigen).

Die unterschiedlichen Vorstellungen vom »Volk« erscheinen somit als – entsprechend der je herrschenden Zensur und der spezifischen Darstellungsnormen des Feldes – transformierter Ausdruck eines grundlegenden Verhältnisses zum Volk, das sowohl von der Position im Feld der Experten – und weitergehender: im sozialen Feld – abhängt als auch von der spezifischen Laufbahn, die zu dieser Position geführt hat. Die aus beherrschten Regionen des sozialen Feldes stammenden Schriftsteller können – mit umso geringeren Erfolgsaussichten, je stärker die Autonomie des betreffenden Feldes ausgebildet ist – mit ihrer vorgeblichen Nähe zum Volk spielen, wie etwa Michelet, der das Stigma in ein Emblem umzuwandeln sucht, indem er stolz auf seine Herkunft pocht, und der sich »seines« »Volkes« und seines »Gespürs für das Volk« bedient, um sich im intellektuellen Feld durchzusetzen. Als Intellektueller, der – im Gegensatz etwa zu den Populisten oder den meisten regionalistischen Romanciers, die durch ihr Scheitern auf ihre Region oder ihre »Landschaft« zurückgeworfen werden – die Weihen der sozialen Anerkennung genossen hat, kann er sich stolz zu seiner ärmlichen Herkunft bekennen, da er weiß, dass dadurch sein Verdienst und sein Seltenheitscharakter nur noch wachsen können (was ihn wiederum zwingt, sich bei seinen Tanten zu entschuldigen, die es gar nicht mögen, wenn ihre Familie so entwertet wird ...). Womit gesagt wäre, dass seine Begeisterung für das Volk weniger das »Volk« zum Ausdruck bringt als die Erfahrung eines doppelten Bruchs: mit dem »Volk« (wie Viallaneix es nachdrücklich zeigt, spürt er das sehr früh) und mit der Welt der Intellektuellen.

Natürlich aber zahlt sich der Gebrauch der Begriffe »Volk« und »volkstümlich« am direktesten im politischen Feld aus. Die Geschichte der Kämpfe innerhalb der fortschrittlichen Parteien oder Arbeitergewerkschaften belegt die symbolische Wirksamkeit des Proletkults: Mittels dieser Strategie können sich jene, die eine

Form der Nähe zu den Beherrschten geltend machen können, als Inhaber gleichsam eines Vorkaufsrechts auf das »Volk« und dadurch einer exklusiven Mission aufspielen und zugleich Denk- und Äußerungsweisen, die ihnen unter dem intellektuellen Raffinement eher abträglichen Bedingungen oktroyiert wurden, zur universellen Norm erheben; daneben erlaubt ihnen diese Strategie aber auch, alles das geltend zu machen oder auf sich zu nehmen, was sie von ihren Konkurrenten trennt, und in eins damit den Bruch mit dem »Volk« – und zunächst einmal sich selbst gegenüber – zu kaschieren, der mit ihrem Zugang zur Rolle des Wortführers notwendig einhergeht.

In diesem Fall wie in allen anderen wird die Beziehung zu den Ursprüngen zu viszeral – und dramatisch – erfahren, als dass sich diese Strategie als Ergebnis zynischer Berechnung beschreiben ließe. Denn die Grundlage der verschiedenen Arten, sich gegenüber dem »Volk« zu situieren – ob es sich um den populistischen Proletkult handelt oder die *völkische* Gestimmtheit des »konservativen Revolutionärs« und alle »volkstümlichen Rechten« –, liegt immer noch und stets in der Logik des Kampfes, der sich innerhalb des Feldes der Spezialisten abspielt, das heißt in dieser ganz besonderen Form des Anti-Intellektualismus, den der Horror vor dem künstlerischen Lebensstil (Proudhon, Pareto und manch andere denunzieren die »Pornokratie«) und dem von weitem idealisierten intellektuellen Spiel manchmal dem Intellektuellen der ersten Generation eingibt – ein Horror, der bis zum rachsüchtigen Hass aller Schdanowschen Hussonet gehen kann, wenn er sich von dem durch das Scheitern der intellektuellen Unternehmungen oder missglückter Integration in die herrschende intellektuelle Gruppe hervorgerufene Ressentiment nährt (hier wäre an den Fall Céline zu denken).

Verständlich, dass für den Forscher, will er der Alternative von klassenspezifischem Ethnozentrismus und Populismus, dessen Kehrseite, entgehen, die vorgängige Analyse der objektiven Beziehung zum Objekt ein dringendes Gebot der Stunde ist. Der Populismus, der auch die Form eines Relativismus annehmen kann, bringt in seinem Bestreben der Rehabilitierung die Herrschaftseffekte zum Verschwinden: Bemüht, zu zeigen, dass das »Volk« die »Bürger« in Sachen Bildung, Kultur oder Distinktion nicht zu beneiden brauchen, vergisst er, dass seine kosmetischen oder ästhetischen Bestrebungen vorweg als exzessiv, unangemessen oder deplatziert abqualifiziert werden in einem Spiel, in dem die Herrschenden jederzeit durch ihre schlichte Existenz die Regeln des Spiels bestimmen (Kopf, ich gewinne, Zahl, du verlierst), indem sie die Gesuchtheiten mit der Elle der Diskretion und die Einfachheit an der des Raffinements messen.

Der Einwand könnte kommen, dass sich diesen Spiegeleffekten ja durch direkte Erhebung und Befragung entziehen ließe. Dass dem »Volk« abverlangt werden könnte, bei diesen Kämpfen der Intellektuellen, die um es geführt werden, gewissermaßen selbst den Schiedsrichter zu spielen. Aber ist denn alles das, was die Leute, die gemeinhin als das »Volk« bezeichnet werden, von sich geben, wirklich »volkstümlich«, »populär« – und ist alles, was aus dem Mund des »wahren« »Volkes« kommt, wirklich die Wahrheit des »Volkes«? Auf die Gefahr hin, den Pharisäern der »Sache des Volkes« Gelegenheit zu geben, ihre edlen Empfindungen durch Verdammung dieses ikonoklastischen Attentats gegen die populistische Bilderwelt unter Beweis zu stellen, möchte ich behaupten, dass nichts weniger sicher ist. Sehr gut ist es daran zu erkennen, wenn Bauern, in denen die »konservativ-revolutionäre« Tradition schon immer die Inkarnation des Authentischen hat sehen wollen, guten Glaubens die abgedroschenen Phrasen der Volksschulaufsätze oder der paleo- oder neoökologischen Vulgata herbeten, die ihnen durch die Arbeit mehrerer Generationen von Kulturvermittlern weitergegeben und eingebläut worden sind – Volksschullehrern, Pfarrern, Erziehern, Landjugend usw. – und die, geht man genealogisch vor, auf jene spezifische Kategorie von Autoren zurückgehen, die in den Volksschulbüchern ihr Unwesen treiben, das heißt all die regionalistischen Romanciers und minder begabten Poeten, die durch ihre (häufig ihrer »volkstümlichen« oder kleinbürgerlichen Herkunft zuschreibbare) Unfähigkeit, in den höher bewerteten Genres erfolgreich zu sein, dazu verleitet werden, das »Volk« und die »volkstümlichen« Tugenden zu zelebrieren. Das Gleiche gilt für den Arbeiterdiskurs, auch wenn dieser durch den Gewerkschaftler oder die Parteischule mehr Marx und Zola verdankt als Jean Aicard, Ernest Perrochon, Jean Richepin oder François Coppé. Um diesen Diskurs zu verstehen, den in letzter Instanz die (durch den Triumph der Tonband-Literatur und die Mode der Lebensgeschichten zu höheren Weihen gelangte) populistische Aufnahme zur Substanz erhebt, muss das ganze System der Beziehungen, dessen Produkt es ist, erfasst werden, die Gesamtheit der sozialen Bedingungen der Produktion der Produzenten (insbesondere der Volksschule) und des Diskurses selbst; folglich das gesamte Feld der Produktion des Diskurses über das »Volk«, nicht zuletzt die dominierten Regionen des literarischen und des politischen Feldes. Und am Ende steht man wieder am Ausgangspunkt, sehr weit entfernt jedenfalls vom »Volk«, so wie ihn der Populismus imaginiert.

Kurzum, die »volkstümliche«, die »populäre Kultur« ist eine höchst verzwickte Angelegenheit ... Die Kategorien, um sie zu denken, die an sie gestellten Fragen sind inadäquat. Statt über »populäre Kultur« im Allgemeinen zu sprechen, möchte ich das Beispiel der sogenannten »populären Sprache« aufgreifen. Jene, die sich gegen die Herrschaftseffekte auflehnen, die durch die Verwendung der legitimen Sprache eintreten, vollziehen häufig eine Umkehrung des symbolischen Kräfteverhältnisses und meinen Gutes zu tun, wenn sie die beherrschte Sprache als solche, zum Beispiel in ihrer autonomsten Ausprägung, das heißt den Argot, aufwerten und kanonisieren. Diese Umkehrung des Für und Wider, die sich auch im Bereich der Kultur, wenn etwa von »populärer Kultur« die Rede ist, beobachten lässt, stellt doch immer noch einen Herrschaftseffekt dar. Denn es ist doch paradox, die beherrschte Sprache in Bezug auf die herrschende Sprache zu definieren, die sich selbst im Verhältnis zur beherrschten Sprache definiert. In der Tat kann sich die legitime Sprache nicht anders bestimmen als durch Ablehnung der beherrschten Sprache, mit der sie ein Verhältnis von Kultur zu Natur etabliert: Nicht zufällig spricht man (im Französischen) von »mots crus« (derben, rohen Worten) und »langue verte« (Gaunersprache, ordinäre Sprache, wörtlich: »grüne«, derbe, unausgereifte Sprache). Was man »populäre« oder »Volkssprache« nennt, das sind Sprechweisen, die von der herrschenden Sprache aus als natürlich, unzivilisiert, barbarisch, vulgär erscheinen. Und jene, die um deren Rehabilitierung willen von der populären Sprache und Kultur sprechen, sind Opfer jener Logik, die die stigmatisierten Gruppen dazu verleitet, das Stigma als Zeichen ihrer Identität einzuklagen.

Der Argot, selbst in den Augen so manches Angehörigen der Herrschenden eine distinguierte Form der »gemeinen« Sprache, entspringt dem Streben nach – freilich beherrschter – Distinktion und bringt von daher zwangsläufig paradoxe Effekte hervor, die unverständlich bleiben, solange man sie in die Alternative von Widerstand oder Unterwerfung zwängen will, das heißt jene Alternative, die die gewöhnliche Reflexion über die »Volkssprache« leitet. Sollte wirklich von Widerstand gesprochen werden, wenn das Streben der Beherrschten nach Distinktion diese dazu bringt, das zu bejahen, was sie unterscheidet, das heißt eben das, in dessen Namen sie beherrscht sind und als vulgär, gewöhnlich, gemein konstituiert werden? Mit anderen Worten: Wenn ich zum Widerstand kein anderes Mittel habe als die Forderung nach dem, in dessen Namen ich beherrscht werde – ist das wirklich Widerstand? Zweite Frage: Ist es umgekehrt Unterwerfung, wenn die Beherrschten sich mühsam dessen zu entledigen suchen, was sie als »vulgär«, als »gemein« kennzeichnet, und sich das anzueignen trachten, im Verhältnis zu dem sie als »vulgär« erscheinen (in Frankreich zum Beispiel der Pariser Akzent) – ist das wirklich Unterwerfung? Ich meine, dass hier ein nicht lösbarer Widerspruch vorliegt; und diesen in der Logik der symbolischen Herrschaft immanent angelegten Widerspruch wollen jene, die von »populärer« oder von »Volkskultur« sprechen, nicht anerkennen. Widerstand kann entfremdend wirken und von Unterwerfung befreiend. Darin beruht das Paradox der Beherrschten, und ihm entkommt man nicht. Tatsächlich wäre das noch komplizierter, aber ich glaube, dass das Gesagte genügt, um die einfachen Kategorien, nicht zuletzt den Gegensatz von Widerstand und Unterwerfung, in dessen Rahmen gewöhnlich diese Fragen reflektiert werden, ein wenig durcheinanderzubringen. Widerstand ist auf ganz anderen Terrains angesiedelt als auf dem der Kultur bzw. Bildung – wo er nie von den kulturell Mittellosen ausgeht: davon zeugt die »Gegenkultur« in ihrer ganzen Formenvielfalt, die immer, was gezeigt werden könnte, ein gewisses Maß an kulturellem Kapital voraussetzt. Und Widerstand nimmt die unerwartetsten Formen an, so dass er für das Auge des Gebildeten nahezu unsichtbar bleibt.

Politische Fragen

Es dürfte keinen radikaleren Weg der Thematisierung von Politik geben, als auf diesem Boden jenes Problem abzuhandeln, das Marx und Engels formulieren, wenn sie – ausgehend von ihrer Analyse der Konzentration der Fähigkeit zu künstlerischem Schaffen in einzelnen und der damit einhergehenden (wenn nicht sogar daraus folgenden) Enteignung der großen Masse – das Bild einer (kommunistischen) Gesellschaft entwerfen, in der »es keine Maler (gibt), sondern höchstens Menschen, die unter anderm auch malen«,[1] in der durch die Steigerung der Produktivkräfte und generelle Beschränkung der Arbeitszeit (in Verbindung mit der Verteilung der Arbeit auf alle Gesellschaftsmitglieder) »für alle hinreichend freie Zeit bleibt, um sich an den allgemeinen Angelegenheiten der Gesellschaft – theoretischen wie praktischen – zu beteiligen«.[2] Ihre wissenschaftliche (und gewiss auch politische) Rechtfertigung gewinnt Utopie hier wie in anderen Bereichen in dem Maße, wie sie Selbstverständlichkeiten fragwürdig werden lässt und zur Aufdeckung der stillschweigenden Voraussetzungen hergebrachter Ordnung zwingt. Sicher setzt sie ihr offenbarer Großmut in diametralen Gegensatz zur elitären Denunziation des allgemeinen Wahlrechts durch Intellektuelle und Künstler früherer Zeiten. Und dennoch trägt auch die aus populistischen Motiven gespeiste Willfährigkeit,

1 Dieser Text ist eine revidierte und erweiterte Version der Zusammenfassung zweier Seminare, die am 13. Januar und 24. März 1977 an der École des hautes études en sciences sociales abgehalten wurden. Er stützt sich auf die Auswertung einer von der Association pour l'expansion de la recherche scientifique mit Unterstützung der gesamten französischen Presse durchgeführten Untersuchung, einen Komplex systematischer Interviews über Politik, und die innerhalb einer Arbeitsgruppe mit Luc Boltanski, Yvette Delsaut und Monique de Saint-Martin durchgeführte Sekundäranalyse nahezu aller statistischer Daten aus den seit 1968 von verschiedenen Organisationen durchgeführten Meinungsumfragen, die Marie-Christine Rivière zusammengetragen und systematisch archiviert hat. An dieser Stelle sei dem IFOP und der SOFRES gedankt, die uns großzügig den Zugang auch zu bisweilen noch unveröffentlichten Daten ermöglicht haben, sowie André Lichnerowicz, Jean-Louis Crémieux-Brilhac und Betrand Girod de l'Ain, die uns die Auswertung der Presseumfrage überlassen haben.

2 Karl Marx und Friedrich Engels, *Die deutsche Ideologie*, MEW, Bd. 3, S. 379. Friedrich Engels, *Anti-Dühring*, MEW, Bd. 20, S. 169.

die dem Volk ein gleichsam angeborenes Wissen über Politik zuerkennt, immer noch bei zur *Absegnung* jenes Mechanismus, der die Fähigkeit zur Hervorbringung des auf Gesellschaft bezogenen Diskurses und damit die Fähigkeit *bewussten* Handelns ihr gegenüber »in einzelnen« konzentriert, insofern sie ihn verschleiert, statt ihn offen auszusprechen (oder gar anzuprangern). Das utopische Paradoxon bricht die Doxa auf: Indem es das Bild einer sozialen Welt entwirft, in der »jeder, in dem ein Raffael steckt«, ein Raffael der Malerei wie der Politik, sich verwirklichen könnte, macht es die Einsicht unabwendbar, dass wie im Bereich der Malerei, so auch in dem der Politik die (inkorporierten und objektivierten) Produktionsmittel monopolisiert sind, und hindert auf diese Weise daran, all jene (Raffaels) zu vergessen, die weniger durch »ideologische Staatsapparate« gehindert werden, ihre »Talente (zu) entwickeln«, als durch die jenes Monopol tragenden Mechanismen.

Selbst wenn man dem idealisierten Volk nur ein gänzlich *praktisches* Wissen nicht einmal von der Gesellschaft als solcher, sondern lediglich von seiner Stellung und seinen Interessen in ihr zusprechen wollte, bliebe zu prüfen, ob und wie dieser *politische Sinn* sich im Rahmen eines mit seinem in praxi vorliegenden Wahrheitsgehalt deckenden Diskurses zum Ausdruck bringen, derart Grundlage *bewussten*[3] und kraft des jeglicher Explikation innewohnenden Mobilisierungseffekts auch wirklich *kollektiven* Handelns werden könnte; oder, um näher an der Wirklichkeit zu bleiben, ob es sich bei ihm tatsächlich um jenes zuweilen unterstellte untrügliche Gespür handelt, das in die Lage versetzen soll, auf dem *Markt* der Meinungsbildung die von den Inhabern der Mittel zur Erzeugung der legitimen Probleme und Meinungen produzierten und offerierten passenden Erzeugnisse ausfindig zu machen.

Die Politische Wissenschaft hat zwar schon seit längerem registriert, dass ein nicht unerheblicher Teil der Interviewten sich bei politischen Fragen aller Antworten »enthält« und diese »Nicht-Antworten« in signifikanter Weise abhängig von Geschlecht, Alter, Ausbildungsniveau, Beruf, Wohnsitz und politischer Tendenz variieren, doch ohne Konsequenzen daraus zu ziehen, sich vielmehr damit begnügt, diese im Sinne der liberalen Ideologie der Wäh-

3 Sofern man die von Marx in der *Deutschen Ideologie* (a.a.O., S. 30) formulierte Gleichung akzeptiert: »Die Sprache ist das praktische, … wirkliche Bewusstsein«.

lerbeteiligung schuldhafte »Enthaltung« unter Krokodilstränen zu beklagen.[4] Tatsächlich aber verhindert diese Feststellung, die Frage nach den sozialen Möglichkeitsbedingungen der Produktion einer Antwort auf eine politische Frage zu stellen, d. h. der *wenigstens* notwendigen Kompetenz, wenigstens eine Antwort zu geben, die darin besteht, die *eigene* Meinung aus einer Gesamtheit von zumindest zwei (Ja oder Nein) vorformulierten Meinungen zu erkennen, die den Konsumenten auf dem Markt der Meinungen angeboten werden. Und es handelt sich in der Tat um einen Markt, wie es die liberale Ideologie des *laisser-faire* will, einen Markt, der allerdings ebenso wenig wie der Markt ökonomischer Güter auf der »natürlichen Freiheit« der Konsumenten beruht, auf der automatischen Koinzidenz privater und kollektiver Interessen: Der Markt der Meinungen wird nicht von einer »unsichtbaren Hand« regiert, die den »aufgeklärten Eigennutzen« (*enlightened self-interest*) immer in die Richtung des Allgemeinwohls zwingt – vor allem, weil das Interesse, welches die politischen wie ökonomischen Entscheidungen anleitet, weit davon entfernt ist, immer und völlig aufgeklärt zu sein, und weil die meisten Akteure nicht über die Mittel verfügen, die angestrebten Ziele zu erreichen.[5]

Die Tatsache der Beantwortung einer politischen Frage im Rahmen eines Fragebogens, die Stimmabgabe bei der Wahl, wie, auf einer anderen Ebene der Partizipation, die Lektüre eines führenden Meinungsblattes oder die Zugehörigkeit zu einer Partei: Bei jedem dieser Fälle handelt es sich um ein spezifisches Zusammentreffen von Angebot und Nachfrage. Auf der einen Seite steht das *Feld der Ideologieproduktion,* jene relativ autonome Sphäre, worin – in Konkurrenz und Konflikt – das zu einem bestimmten historischen Moment objektiv verfügbare begriffliche Instrumentarium zur Erkenntnis der sozialen Welt erarbeitet wird und worin zugleich das *Universum des politisch Denkbaren* oder, wenn man will, die *legiti-*

4 Dabei müsste nur einmal in den Blick geraten, dass dieser »marais« sich zu einem gut Teil aus dem speist, was andere »Volk« oder »Massen« nennen, um seine Rolle im Funktionsgefüge der »liberalen Demokratie« und damit seinen Beitrag zur Aufrechterhaltung der herrschenden Ordnung zu erahnen.

5 Über die historische Genese der Philosophie der *invisible hand* und deren Funktion im ökonomisch-politischen Denken vgl. Albert O. Hirschman, *The Passions and the Interests. Political Arguments for Capitalism before its Triumph,* Princeton 1977.

me Problemstellung ihre nähere Bestimmung erfährt;[6] auf der anderen soziale Akteure mit unterschiedlichen Positionen innerhalb der Klassenverhältnisse, ausgestattet mit einer mehr oder minder entwickelten *spezifischen politischen Kompetenz*, anders gesagt, mit einem mehr oder minder großen Vermögen, eine politische Frage nicht nur als solche zu erkennen, sondern auch adäquat auf sie einzugehen, nämlich politisch zu beantworten, unter Zugrundelegung genuin politischer (und nicht etwa ethischer) Prinzipien – ein Vermögen, das aufs engste mit einem mehr oder weniger lebhaften Gefühl verbunden ist, kompetent im vollen Wortsinn zu sein: gewissermaßen rechtsfähig sich mit politischen Angelegenheiten zu beschäftigen, seine eigene Meinung über sie abzugeben und, wenn möglich, sogar ihren Verlauf mitzugestalten. Tatsächlich kann davon ausgegangen werden, dass Kompetenz im Sinne sachlicher Fähigkeit (politische Bildung) genauso variiert wie Kompetenz im Sinne von Rechtsfähigkeit, im Sinne eines Statusattributs und einer statusmäßigen Attribution – deren Kehrseite zugleich Ohnmacht und objektive (»Das ist nicht meine Sache«) wie subjektive (»Das interessiert mich nicht«) Ausgrenzung sind.[7]

Die Wahrscheinlichkeit, eine Meinung zu haben

Diese Hypothese gilt es zunächst zu verifizieren, indem man untersucht, wie die Neigung, auf politische Fragen zu antworten, tatsächlich variiert. Und man beobachtet dabei, dass die Wahrscheinlichkeit, eine Antwort zu geben, mindestens genauso signifikant variiert wie die bedingte Wahrscheinlichkeit, sich eine ganz bestimmte Meinung entsprechend den Merkmalen sowohl der Antwortenden als auch der Frage zu bilden, oder genauer, entsprechend der Relation zwischen den Merkmalen beider: Sie ist höher für einen Mann als für eine Frau, höher für eine jüngere als für eine ältere Person, höher, je größer der Wohnort, je umfänglicher

6 Wie andernorts auch steckt das Feld der künstlerischen Produktion in jedem Moment das Feld der möglichen künstlerischen Positionen ab.

7 Dieser sehr allgemeine Zusammenhang lässt sich bekanntlich im Bereich der künstlerischen Kompetenz beobachten, wo der subjektive Ausschluss (»Das interessiert mich nicht« oder »Das ist nichts für uns«) lediglich Folge einer objektiven Ausschließung ist.

das (am Abschluss gemessene) Bildungs- und das (am Einkommen gemessene) ökonomische Kapital ist, eine je höhere soziale Position man einnimmt. Die mit den Variablen verbundenen Abweichungen sind dabei desto ausgeprägter, je größerer Abstand zwischen Frage und Alltagserfahrung herrscht, je abstrakter und je stärker – in Inhalt wie Ausdruck – jene von der Alltagswirklichkeit abgespalten (sowie, allerdings sekundär, je später sie im Kräftefeld der Ideologieproduktion aufgetreten) ist, schließlich je nachdrücklicher sie eine von genuin politischen Prinzipien ausgehende Antwort verlangt, ablesbar schon an Wortwahl und Satzbau der Frage. Alles scheint darauf hinzuweisen, dass der »legitimste«, also kompetenteste Akteur auch umso legitimierter ist und sich dementsprechend fühlt, zur Abgabe seiner Meinung zugleich stärker geneigt und stärker aufgerufen ist, je »legitimer« das gestellte Problem auftritt.

So ist die Beobachtung zu machen, dass, wer auf die Frage nach seiner politischen Zugehörigkeit oder politischen Präferenz (durch Bezeichnung der Partei, der er sich am nächsten fühlt) nicht antworten kann, in der Regel auch die anderen Fragen unbeantwortet lässt. Dieser Befund gilt umso stärker, je eindeutiger die gestellte Frage dem Register der Berufspolitik entnommen ist. Auf die Frage, ob Frankreich den »armen Ländern« helfen sollte, antworten die von der SOFRES dem »Marais« zugerechneten Probanden nicht signifikant seltener (81 %) als andere, die sich der extremen Linken (91 %), der Linken (90 %), dem Zentrum (86 %), der Rechten (93 %) oder der extremen Rechten (92 %) nahe fühlen. Anders sehen die Zahlen aus, wenn danach gefragt wird, ob Frankreich sich für die Länder mit »demokratischem Regierungssystem« interessieren sollte. Hier antworten nämlich die Erstgenannten deutlich seltener (51 %) als diejenigen, die sich der extremen Linken nahe fühlen (76 %), der Linken (67 %), dem Zentrum (75 %), der Rechten (70 %) oder der extremen Rechten (74 %). Die Diskrepanz ist noch größer, wenn man, in derselben Erhebung, danach fragt, ob »Frankreich seine Hilfe an unterentwickelte Länder erhöhen, so beibehalten, verringern oder ganz einstellen sollte«: 18 % der als »Marais« Klassifizierten antworten hier nicht, gegenüber nur 7 % der extremen Linken, 6 % der Linken, 7 % des Zentrums, 6 % der Rechten, 1 % der extremen Rechten.[8]

8 SOFRES, *La France, l'Algérie et le Tiers Monde*, Februar 1971.

Um diese Aussagen, basierend auf Sekundäranalysen der Antworten und Enthaltungen im Rahmen von Befragungen verschiedener demoskopischer Institute zwischen 1960 und 1976, in ihrer umfassenden Gültigkeit zu erweisen, müsste in einer weiteren Erhebung *Gegenstand* wie *Form* der gestellten Fragen systematisch variiert werden, angefangen z. B. mit Problemen der Außenpolitik, die sich konkreter Erfahrung verschließen und auf die ein wie immer denkbares politisches Handeln augenscheinlich auch keinen Einfluss hat, bis hin zu den alleralltäglichsten, die ethischen Antworten der Alltagspraxis erheischenden oder den in konkreter politischer und gewerkschaftlicher Erfahrung wurzelnden Problemen, die Fragen des Lohns, der Arbeitsbeziehungen, der gewerkschaftlichen Arbeit berühren, zum einen, und von den abstraktesten Aussagen der »Politologie« bis hin zu den konkreten Fragen, die mitunter nur deren praktisches Äquivalent sind, zum anderen. Tatsächlich konnte dieser gewissermaßen ideale Fragebogen lediglich dadurch nachgestellt werden, dass Fragen der verschiedenen Umfrageinstitute herangezogen wurden. Dabei ist festzuhalten, dass der Prozentsatz der Nicht-Antworten differiert: je nach Institut (so scheint SOFRES immer – *ceteris paribus* – niedrigere Quoten zu erhalten als IFOP) und Umfrage (unabhängig vom Thema), d. h. je nach Anweisung für die Interviewer und danach, in welchem Umfang diese ihnen Folge leisten; schließlich aber auch noch, bezogen auf dasselbe Thema, je nach historischer Gesamtsituation.[9] Im Übrigen ist das Ausbleiben einer Antwort nicht immer nur durch negative Faktoren bestimmt; neben Meinungslosigkeit aus Mangel an Kompetenz – der hier hauptsächlich analysierte Fall – gibt es auch echte *Enthaltungen* aus eigenem Antrieb, in denen eine fehlende Übereinstimmung mit der legitimen Antwort zum Tragen kommt, die jedoch nicht den Mut aufbringt, sich als solche offen zu bekunden, und deshalb zum Mittel der Selbstzensur greift – ein ethischer oder politischer Konflikt, der keinen anderen Ausweg lässt als das Schweigen. Das besonders eindrucksvolle Beispiel einer derartigen Selbstzensur: Ein signifikant hoher Prozentsatz von Landwirten und Kleinunternehmern (17,1 % und 15,8 % gegenüber 4,1 % der Angestellten und mittleren Führungskräfte, 5,1 % der höheren

9 Beim augenblicklichen Stand der Forschung lassen sich die prozentualen Schwankungen in den Enthaltungen auf identische und vom selben Institut, aber zu verschiedenen Zeiten gestellte Fragen (eine Serie von Umfragen des IFOP über Atomenergie in den Jahren 1974, 1975, 1976 und 1977) noch nicht in ihrer spezifischen Logik rekonstruieren. Dennoch deutet alles darauf hin, dass sie unter den Schwankungen der diversen Meinungsäußerungen liegen.

Führungskräfte und freiberuflich Tätigen, schließlich 8% der Arbeiter) schweigt auf die Frage nach Steuerhinterziehung (»Welches Verhalten beim Ausfüllen der Steuererklärung erscheint Ihnen am normalsten: 1) Peinlich genau alle seine Einkünfte angeben; 2) Das eine oder andere bewusst auslassen; 3) So weit wie möglich Einkünfte unterschlagen«? IFOP, Februar 1969). Als typischer Konfliktfall mit einhergehender Selbstzensur ist auch das Folgende zu werten: Eine verhältnismäßig große Prozentzahl der höheren Führungskräfte (wie der Arbeiter, nämlich 22% gegenüber 19% der mittleren Führungskräfte und Angestellten, 27% der Unternehmer und 41% der Landwirte) enthält sich der Antwort auf die Frage nach der Rolle der Gewerkschaften (»Billigen oder missbilligen Sie die Rolle, die die Gewerkschaften gegenwärtig in Frankreich spielen?« IFOP, April 1969). Ist es im Übrigen unzulässig, an der hohen Enthaltungsquote der Bauern, die nicht allein auf Inkompetenz zurückzuführen ist, da diese ja im Rahmen derselben Erhebung auf die Frage nach den Studentenbewegungen, die sie genauso wenig kennen, häufiger antworten, deren zweideutiges, ja zwiespältiges Verhältnis zu den Arbeitern und deren Organisationen ablesen zu wollen (72% und 59%)? In der typischen Verteilung der Mitglieder einer Gruppe auf drei Klassen: Enthaltungen, positive und negative Antworten schlägt sich ein gleichermaßen heikles Problem nieder: Auf die Frage nach den Beziehungen zwischen Russen und Tschechen (IFOP, 1968: »Sind Ihrer Meinung nach die Moskauer Verträge vom 26.8. zwischen Russen und Tschechen für die Tschechen befriedigend oder unbefriedigend?«) enthalten sich 37% der potentiellen KP-Wähler der Stimme, während 19% die Verträge als befriedigend, 44% als unbefriedigend bezeichnen. Alle übrigen potentiellen Wähler einer Rechts- oder Linkspartei antworten im Schnitt häufiger (nur 18% Enthaltungen bei den potentiellen Wählern der PSU, 22% bei den Zentrumswählern, 26% bei den Sozialisten und Radikalen, 27% bei den Wählern der UDR, 32% bei den unabhängigen Republikanern; allerdings erklären sie auch prozentual häufiger, dass diese Verträge unbefriedigend sind (80% bei der PSU, 73% bei den Zentristen, 70% bei den Sozialisten und Radikalen, 69% bei der UDR und 64% bei den unabhängigen Republikanern). Aus ähnlichen Gründen enthalten sich 19% der Landwirte (gegenüber 11% der Industrie- und Handelsunternehmer, 9% der Arbeiter, Angestellten, mittleren Führungskräfte, 7% der höheren Führungskräfte und Freiberufler) einer Antwort auf die Frage nach Einführung des Sexualkundeunterrichts an den Schulen (»Billigen oder missbilligen Sie die Einführung von Sexualkundeunterricht an der Schule?« IFOP, 1966), während 33% sich negativ (und dies gegen den in diesem Fall sicherlich erheblichen Legitimitätsdruck), 48% sich positiv äußern (wogegen 74% der höheren Führungskräfte und freiberuflich Tätigen, 72% der Arbeiter, Angestellten, mittleren Führungskräfte und 60% der Industrie- und Handelsunternehmer sich für derartige Kurse aussprechen).

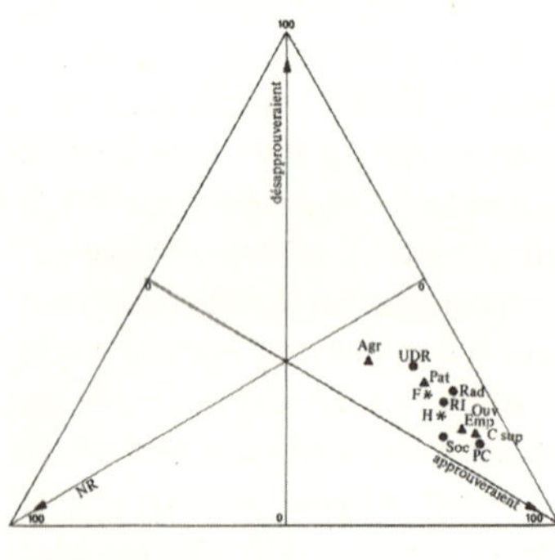

Fall 1: Befürworten oder missbilligen Sie die Einführung des Sexualkundeunterrichts in den Schulen? (IFOP, 1966)

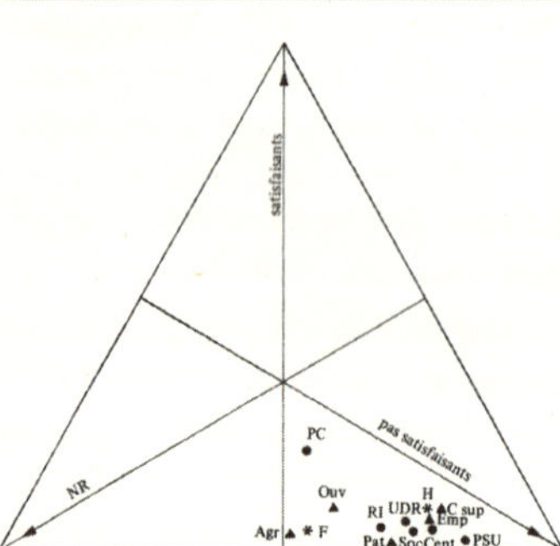

Fall 2: Glauben Sie, dass das am 26. August zwischen Russen und Tschechoslowaken unterzeichnete Moskauer Protokoll für die Tschechen eher befriedigend oder unbefriedigend ist? (IFOP, September 1968).

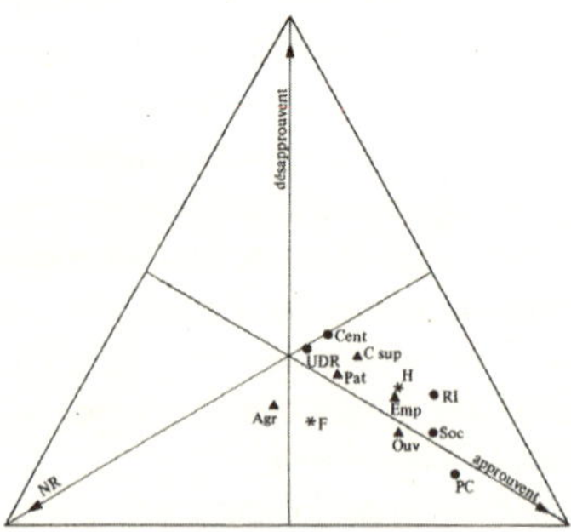

Fall 3: Befürworten oder missbilligen Sie die Rolle, die die Gewerkschaften augenblicklich in Frankreich spielen? (IFOP, 1969)

Agr = Landwirte.
Ouv = Arbeiter.
Csup = Höhere Führungskräfte.
Pat = Unternehmer.
F = Frauen.
H = Männer.

Die Darstellung der (meist in zwei Gruppen gegliederten) Antwortverteilungen und der Nicht-Antworten nach dieser oder jener Variable (soziale Klasse, Geschlecht, ausdrückliche politische Meinung usw.) in einem triangulären Diagramm macht *die Struktur dreier Komponenten* der Beziehung sichtbar, welche die jeweilige Kategorie zu einer spezifischen Problemstellung unterhält, wobei die Distanz zum *Mittelpunkt* die Bedeutung des Problems anzeigt. Am häufigsten findet man auf oder sehr nahe an diesem Punkt diejenigen Gruppen, die ihre Indifferenz oder »Inkompetenz« angesichts der Problemstellung ausdrücken, weil sich Befürwortung, Ablehnung und Enthaltung praktisch die Waage halten: So antworten auf die Frage »Finden Sie es wünschenswert oder nicht, dass die Studenten in Zukunft bei der Kontrolle der Universitätsexamen einbezogen werden?« (IFOP, November 1969) die Landwirte in 39% der Fälle, dass sie dies für wünschenswert »beurteilen«, gegenüber 31 %, die es nicht für wünschenswert erachten, während sich 30% enthalten. Oder auch die Frage »Sollten die Studenten politische Informationen eher aus Radiosendungen erhalten oder eher in Form von Diskussionen in den Hochschuleinrichtungen?« (IFOP, September 1968), auf die kleine Gewerbetreibende in 27% der Fälle antworteten, dass sie eher Radiosendungen bevorzugten, in 35% der Fälle Diskussionen, während sich 38% dieser Gruppe enthielten.

In den drei hier dargestellten Fällen scheint die zentrale Position von Gruppen besetzt zu sein, welche die gestellte Frage aus verschiedenen Gründen in Verlegenheit, sogar in Konflikt bringt. Selbst wenn die Daten einen letzten Beweis nicht erlauben, lässt sich annehmen, dass die drei Antwortkategorien drei verschiene Arten sind, einen von allen empfundenen Widerspruch oder Konflikt zu lösen.

Fall 1: Bei der Frage nach dem Sexualkundeunterricht weisen die Landwirte – im Gegensatz zu anderen Klassen, bei denen die Enthaltungen verhältnismäßig gering ausfallen und die sich nur durch das Ausmaß der Befürwortung des Sexualkundeunterrichts unterscheiden – eine recht hohe Quote der Enthaltungen auf und stehen dem Vorschlag häufiger ablehnend gegenüber. Dementsprechend nahe liegen sie am Zentrum.

Fall 2: Bei der Frage zum Verhältnis zwischen Russland und der Tschechoslowakei (auf die man nur entweder als Experte oder aber aufgrund eines Werturteils antworten kann) befinden sich diejenigen Befragten, die bei den nächsten Wahlen für die Kommunistische Partei stimmen wollen, dem Zentrum an nächsten, näher sogar als die Arbeiter, die Landwirte und die Frauen, die durch diese Frage sämtlich in Verlegenheit kommen.

Fall 3: Bei der Frage nach der Rolle der Gewerkschaften sind die zukünftigen Wähler der UDR und des Centre am stärksten gespalten und besetzen gleichzeitig Positionen, die dem Mittelpunkt am nächsten liegen (während die höheren Führungskräfte, kleinen Gewerbetreibenden, die Landwirte und Frauen in – oder angesichts – dieser Frage auch ziemlich gespalten sind).

Eine recht klare Vorstellung vom spezifischen Effekt der Beziehung zwischen »Kompetenz« (im doppelten Sinne) des Antwortenden und Gegenstand wie Form der Frage lässt sich jedenfalls gewinnen, wenn man einmal nachprüft, in welchem Umfang der jeweilige Prozentsatz der Enthaltungen z. B. für Frauen und Männer innerhalb ein und derselben Umfrage schwankt, d. h. in der die *ceteris-paribus-Klausel* gilt (SOFRES-Erhebung vom Februar 1971 über »Frankreich, Algerien und die Dritte Welt«). Zunächst ist festzustellen, das Frauen fast ebenso häufig wie Männer auf folgende Fragen antworten: »Frankreich unternimmt genug – zu wenig Anstrengungen, um die ausländischen Arbeiter unterzubringen« (85 % in beiden Fällen); »um ihnen eine Ausbildung zu verschaffen« (70 % gegenüber 75 %); »um sie gastfreundlich zu empfangen« (80 % gegenüber 83 %); »um sie angemessen zu entlohnen« (77 % und 83 %) – das heißt auf Fragen, die sich einer ethischen Lesart anbieten, für die, traditionellen Moralvorstellungen zufolge, Frauen zuständig und berufen sind. Anders sieht die Reaktion der Frauen aus, wenn sie mit im eigentlichen Sinne politischen Problemen konfrontiert werden: So antworten nur 75 % von ihnen (gegenüber 92 % der Männer) auf die Frage nach einer Fortsetzung der *Politik* der Zusammenarbeit mit Algerien, einem, wie die Wortwahl bereits klarmacht, rein politischen Problem; hinzu kommt, dass Fragen der Außenpolitik der konkreten Erfahrung noch ferner stehen als solche der Innenpolitik, zumal dann, wenn sie es, wie hier, an jedem ethischen Bezugsrahmen fehlen lassen (»Finden Sie es im Hinblick auf die französisch-algerischen Beziehungen wünschenswert, dass Frankreich seine *Politik* der Zusammenarbeit mit Algerien fortsetzt?«).[10] Tatsächlich muss das abstrakte Problem

10 In diesen Ziffern kommt paradigmatisch die Arbeitsteilung zwischen den Geschlechtern zum Ausdruck: Die Männer fühlen sich umso stärker *aufgefordert* – und nicht nur befugt –, eine Meinung zu äußern, je mehr sich die Frauen dieser Aufgabe enthoben fühlen und je *freier, sie zu delegieren,* also gewisser-

der Zusammenarbeit nur wieder auf den Boden der Ethik, ja der Nächstenliebe gestellt werden – die im Rahmen der traditionellen Arbeitsteilung zwischen den Geschlechtern den Frauen, diesen Experten in Fragen des Herzens und der Empfindsamkeit, zugewiesen ist (»Sollte sich Ihrer Meinung nach Frankreich unter den verschiedenen Gruppen von unterentwickelten Ländern vor allem um die Belange der *ärmsten* Länder kümmern?«) –, damit auch die Frauen wieder im gleichen Verhältnis wie die Männer antworten (jeweils mit 88 %). Wird jedoch erneut eine im spezifischen Sinn politische oder politologische Frage gestellt – zudem in abstrakten Begriffen, unter denen sich jede Gruppe etwas anderes vorstellen kann –, etwa die, ob Frankreich sich um die »Länder mit einem demokratischen Regierungssystem« kümmern sollte, fällt die Antwortquote der Frauen sofort wieder empfindlich ab, nämlich auf 59 % gegenüber 74 % bei den Männern.

Generell ist zu sagen, dass die Kluft zwischen Männern und Frauen wie die zwischen weniger Gebildeten und Gebildeten in dem Maße geringer wird, manchmal sogar ganz verschwindet, wie der Fragenkatalog Probleme des Alltagslebens oder der Privatsphäre berührt, also in den Bereich der häuslichen Moral- und Sittlichkeitsvorstellungen hineinspielt – Wohnen, Nahrung, Kindererzie-

maßen qua Vollmacht für sich entscheiden zu lassen. Darin dokumentiert sich die – wie bei Umfragen zu Bildungs- und Kulturfragen sichtbar wird, zuweilen untragbare – Bürde, die sich für die ihrer eigenen Herrschaft noch unterworfenen Männern aus der herrschenden Auffassung von der Teilung der Arbeit zwischen den Geschlechtern ergibt – einer Auffassung, die *um so anerkannter und verbindlicher ist, je weniger ökonomisches und zumal auch kulturelles Kapital man besitzt.* Antworten die Frauen generell weniger auf die Frage nach ihren Wahlabsichten im Hinblick auf die Nationalversammlung, so wächst das geschlechtsspezifische Gefälle zudem noch mit sinkendem sozialem Status; Meinungslosigkeit verteilt sich wie folgt: höhere Führungskräfte: 21 % Frauen und 18 % Männer; mittlere Führungskräfte: 22 % und 17 %; untere Angestellte: 27 % und 17 %; Handwerker und Kaufleute: 32 % und 24 %; Arbeiter: 28 % und 18 %; schließlich Landwirte: 38 % und 26 %, G. Michelat und M. Simon, »Catégories socio-professionelles en milieu ouvrier et comportement politique«, *Revue française de science politique* XXV, 2, 1975, S. 291-316. Eine Untersuchung getrennt nach Fraktionen würde zweifellos zutage fördern, dass in Bezug auf Politik wie Ästhetik die geschlechtsspezifischen Differenzen zunehmend schwinden im Übergang sowohl von den beherrschten zu den herrschenden Klassen als auch – innerhalb der herrschenden Klasse und wohl auch innerhalb des Kleinbürgertums – von den ökonomisch dominanten zu den dominierten Fraktionen).

hung, Sexualität usw. So antworten z. B. auf die Frage nach der Erziehung der Mädchen Frauen kaum weniger häufig als Männer (93,9 % gegenüber 96 %),[11] Personen mit geringerer Schulbildung sogar etwas häufiger als die mit höherer (94,5 % und 92,8 %), bei Fragen zu Küche und Kochen, dieser der Frau gesellschaftlich zugewiesenen Domäne, antworten Frauen insgesamt häufiger als Männer (98 % gegenüber 94 % z. B. auf die Frage nach den Lieblingsgerichten) – ausgenommen freilich bei Fragen nach dem Wein, Sache der Männer, und solchen, bei denen die kulinarischen Probleme einen Anstrich ins Allgemeine erhalten (»Meinen Sie, dass die Franzosen im *Allgemeinen* zu viel, normal, zu wenig essen?«: Männer 98 %, Frauen 96 %).[12]

Aus der gleichen Logik heraus wird verständlich, dass Arbeiter, deren Prozentsatz an Enthaltungen sonst sehr hoch liegt, dort am häufigsten antworten, wo es um die Rolle der Regierung in den Auseinandersetzungen zwischen Arbeitgebern und Arbeitnehmern geht (die »Meinungslosigkeit« steigt von 13 % bei den Arbeitern auf 18 % bei den höheren Führungskräften und Angehörigen der freien Berufe, 19 % bei den mittleren Führungskräften und Angestellten, 25 % bei den Handwerkern und Händlern, schließlich auf 31 % bei den Landwirten)[13] oder auch um die Parteien und Gewerkschaften, welche am besten die Belange der Lohnabhängigen vertreten (36,4 % bei den Arbeitern, 37,6 % bei den Unternehmern, 38,9 % bei den Angestellten und mittleren Führungskräften, 40,1 % bei den höheren Führungskräften und freiberuflich Tätigen, 49 % bei den Landwirten).[14] Der Abstand zwischen Männern und Frauen – oder zwischen Probanden mit niedrigem und hohem Bildungs-

11 Wobei die Abweichung zugunsten der Männer wohl zudem noch daher rührt, dass die Frage selbst explizit die Anwendung eines *Grundsatzes* fordert: »Meinen Sie, dass man achtzehnjährige Mädchen die Filme anschauen lassen *soll,* die sie sehen wollen?« (IFOP, März 1971).

12 SOFRES, *Les habitudes de table des français*, Dezember 1971.

13 »Wie verhält sich Ihrer Meinung nach in den Konflikten zwischen den Arbeitgebern und den Arbeitnehmern die Regierung: Sie vertritt die Forderungen der Arbeitnehmer – Sie vertritt die Interessen der Arbeitgeber – Sie ist neutral? (SOFRES, Oktober 1970).

14 »Welche der nachfolgend angeführten Gewerkschaften und politischen Parteien vertritt Ihrer Meinung nach gegenwärtig am besten die Belange der Arbeitnehmer: UDR, Zentristen, PC, CFDT, CGT, PS, GGT-Fo?« (IFOP, 2. Februar1970).

Verteilung von Nicht-Antworten nach Geschlecht

»In Frankreich sind gegenwärtig sehr viele ausländische Arbeiter. Häufig verrichten sie die schwersten Arbeiten. Meinen Sie, dass Frankreich genug oder nicht genug tut, …

	genügend	ungenügend	kA
damit sie Unterkunft finden			
Männlich	30	54	16
Weiblich	27	57	16
um ihnen eine Ausbildung zu verschaffen			
Männlich	34	41	25
Weiblich	31	39	30
sie gastfreundlich zu empfangen			
Männlich	47	36	17
Weiblich	40	40	20
um sie angemessen zu entlohnen			
Männlich	44	39	17
Weiblich	37	40	23

»Halten Sie es im Hinblick auf die französisch-algerischen Beziehungen für wünschenswert, dass Frankreich seine Politik der Kooperation mit Algerien fortsetzt?«

	ja	nein	kA
Männlich	56	36	8
Weiblich	47	28	25

»Um welche Gruppe von unterentwickelten Ländern sollte sich Frankreich Ihrer Meinung nach am meisten kümmern?«

	ja	nein	kA
um die ärmsten Länder			
Männlich	70	18	12
Weiblich	74	14	12
um seine alten Kolonien			
Männlich	50	37	13
Weiblich	41	39	20
um die Länder, deren Außenpolitik der Frankreichs nahesteht			
Männlich	56	24	20
Weiblich	48	20	32
um die Länder mit demokratischem Regime			
Männlich	40	34	26
Weiblich	25	34	41

SOFRES, *La France, l'Algérie et le Tiers Monde*, Februar 1971.
Verteilungen nach Bildungsniveau nicht verfügbar.

grad – nimmt dagegen wieder zu, je offensichtlicher die Frage dem eigentlichen Bereich der Politik oder der Politologie zugehört, d. h. je weniger sie einen direkten Bezug zur konkreten Erfahrung und zu den spezifischen Interessen der betreffenden Gruppe aufweist: So beträgt bei jener Grenzfrage des IFOP nach einer möglichen Beziehung zwischen dem »Konflikt« im Nahen Osten und dem »Krieg« in Vietnam[15] der weibliche Anteil der Enthaltungen 40 %, der der Männer 21,8 % und bei den Befragten mit niedriger Schulbildung 40,6 %, bei denen mit höherer Schulbildung 8,5 %. Die entsprechenden Zahlen für die bereits erwähnte Frage nach der Bedeutung des Moskauer Protokolls für die Tschechen lauten 44,6 % und 21,1 % sowie 39,4 % und 11 %.[16]

Statuskompetenz und Statusinkompetenz

Die Wahrscheinlichkeit einer Antwort hängt folglich immer ab von der Beziehung zwischen einer Frage (oder allgemeiner: Situation) und einem Akteur (oder einer Gruppe von Akteuren) mit einer bestimmten Kompetenz, deren inhaltliche Fassung selbst wieder abhängt von der Wahrscheinlichkeit ihrer effektiven praktischen Realisierung. Man würde das »Interesse« wie das »Desinteresse« an Politik besser verstehen, wäre man nur in der Lage zu erkennen, dass die Neigung, ein politisches »Vermögen« zu gebrauchen (zu wählen, »politisch zu argumentieren« oder »Politik zu treiben«), sich bemisst an der Realisierung dieses Vermögens oder, wenn man will, dass Gleichgültigkeit nur ein anderer Ausdruck für Ohnmacht ist.[17]

15 »Besteht Ihrer Meinung nach eine Verbindung zwischen dem Nahostkonflikt und dem Vietnamkrieg?« (IFOP, 9. Oktober 1967).

16 »Glauben Sie, dass das am 26. August zwischen Russen und Tschechoslowaken unterzeichnete Moskauer Protokoll für die Tschechen eher befriedigend oder unbefriedigend ist?« (IFOP, September 1968). Eine ähnliche Verteilung (43,4 % Meinungslosigkeit bei Frauen und 19,6 % bei Männern sowie 38,9 % bei Befragten mit geringer Bildung und 9,4 bei solchen mit höherer Bildung) lässt sich bei einer Frage nach der Außenpolitik Frankreichs beobachten: »Sind Sie mit der Außenpolitik der Regierung zufrieden oder unzufrieden?« (IFOP, 1966).

17 Einigen Beobachtern ist der Zusammenhang zwischen Desinteresse und Ohnmacht nicht entgangen, zum Beispiel D. Riesman und N. Glazer, »Criteria for

Es ist dies die einzige Hypothese, aus der heraus das gemeinhin als selbstverständlich hingenommene Faktum verständlich wird, warum das erklärte Interesse an Politik – wie auch die Geneigtheit zu antworten – nicht nur stärker bei den Männern auftritt als bei den Frauen, vielmehr auch eng mit Bildungsgrad, höherem Sozialstatus, Alter und Größe des Wohnorts korreliert: Laut einer Umfrage von IFOP *(Sondages 1-2,* 1969) wächst der Anteil derjenigen, die sich besonders für Politik interessieren, von 2% bei den Befragten mit Volksschulbildung auf 13% bei den Befragten mit einem höheren Schulabschluss, schließlich auf 34% bei den Hochschulabsolventen; nach Emeric Deutsch, Denis Lindon und Pierre Weill *(Les familles politiques d'aujourd'hui en France,* Paris 1966, S. 104-105) betragen die entsprechenden Zahlen 6%, 14% und 32% (11% bei den Männern gegenüber 5% bei den Frauen). Desgleichen ist das erklärte Interesse für politische Debatten wie für Sendungen über politische, wirtschaftliche oder soziale Probleme größer bei Männern als bei Frauen, größer in Paris als in kleineren Städten, größer bei Befragten mit höherer als mit niedrigerer Schulbildung: So steigt der Anteil derjenigen, die »oft« oder »von Zeit zu Zeit« politische Debatten am Fernsehschirm verfolgen, von 43,3% bei den Probanden ohne Schulabschluss auf 51,8% bei den Inhabern eines CEP und auf 55,5% bei den Inhabern eines BEPC oder CAP, schließlich auf 65,7% bei den Befragten mit Abitur oder einem Hochschulabschluss. Die entsprechende Sehbeteiligung bei Sendungen wirtschaftlichen und sozialen Inhalts beträgt 34,8%, 47,8%, 55,8% und 65,7% (Staatssekretariat für Bildung und Kultur, *Pratiques culturelles des Français,* Paris 1974, Band II, S. 28 f.). Derselben Logik gemäß erklären Männer häufiger als Frauen, sich sehr für die Ergebnisse der Demoskopie zu interessieren (26% gegenüber 22%), jüngere häufiger als ältere Personen (26% der Befragten unter 49 Jahren gegenüber 13% der 50-64jährigen und 19% der über 65jährigen), höhere Führungskräfte und Angehörige freier Berufe häufiger (32%) als mittlere Führungskräfte und Angestellte (28%), selbstständige Handwerker und kleine Kaufleute (27%), Arbeiter (23%), Landwirte und Landarbeiter (17%) (SOFRES, *Sondage sur les sondages d'opinion,* November 1975). Laut einer weiteren von SOFRES im September 1976 durchgeführten Umfrage überwiegt erneut bei den höheren Führungskräften und freiberuflich Tätigen der Anteil derjenigen, die be-

Political Apathy«, in: A. W. Gouldner (ed.), *Studies in Leadership,* New York, Russel & Russel, 1965, S. 505-559; E. Kris und N. Leites, »Trends in Twentieth Century Propaganda«, in: G. Roheim (ed.), *Psychoanalysis and the Social Sciences,* New York, IUP, 1947 (insbesondere S. 400).

reit sind, mit ihrem näheren Umkreis über Parteiprogramme zu sprechen, sich bei Demonstrationen zu beteiligen, einer Partei beizutreten oder ihr für den Sieg ihrer Ideen« Geld zukommen zu lassen. Diese Regelmäßigkeiten lassen sich mit denen bei der Rekrutierung und dem Aufstieg des politischen Personals zu beobachtenden in Verbindung bringen. Tatsächlich spricht alles dafür, dass die Chancen aktiver Teilnahme an Politik und der Bekleidung wichtiger Posten in einer Partei ungleich größer sind für Männer als für Frauen und ungleich größer auch für die Eigner eines höheren Bildungskapitals. So beträgt der weibliche Anteil in der Abgeordnetenkammer kümmerliche 1,8 %, im Senat lediglich 2,5 %. In den Führungsstäben aller Parteien sind Frauen weitaus geringer vertreten als in den lokalen Vertretungen.[18] Die Frauen, die laut Wahlabsichten noch 50 % der potentiellen Wählerschaft der Sozialistischen Partei ausmachen, und 30 % der eingeschriebenen Mitglieder der Pariser Sektionen, stellten auf dem Kongress der PS in Nantes (Juni 1977) lediglich noch 1,5 % der Delegierten. Der weibliche Anteil der aktiven Mitglieder der Kommunistischen Partei, die ständig auf den Sektionskonferenzen der Pariser Föderation anwesend sind, beträgt 31 %; verantwortliche Delegierte der Partei ind 29 %, Sekretärinnen der Pariser Parteizellen schließlich noch 26 %.
Ähnlich haben auch in der UDR Arbeiter, die 31 % der Wähler und 16 % der Mitglieder dieser Partei ausmachen (17,6 % im Department Gironde) 1968 nur 2 % verantwortliche Posten und sogar nur 1 % Abgeordnetenposten inne. Stellen Arbeiter, laut Wahlabsichten, im nationalen Maßstab 36 % der sozialistischen Wählerschaft (und 21,9 % der Mitglieder im Department Gironde), so sind sie in den Pariser Sektionen eine verschwindende Minderheit (1,7 %); auf dem Kongress von Nantes waren nur 5 % aller Delegierten aus Arbeiterkreisen. Unter den gewählten Abgeordne-

18 Für die aktiven Parteimitglieder im Allgemeinen wurden hauptsächlich herangezogen: J. Lagroye, G. Lord, L. Monnier-Chazel, J. Palard, *Les militants politiques dans trois partis français, PC, PS, UDR*, Paris 1976; M. Kesselman, »Système de pouvoir et cultures politiques au sein des partis politiques français«, *Revue française de sociologie*, XIII, Okt.-Dez. 1972; für die sozialistischen Parteigänger: R. Cayrol, »Les militants du Parti socialiste, contribution a une sociologie«, *Projet*, 88, Sept.-Okt. 1974; H. Portelle, T. Dumias, »Militants socialistes à Paris«, *Projet*, 101, Januar 1976; *L'Unité*, 257, 1.-6. Juli 1977 und »Qui sont les cadres du PS?«, *Le point*, 249, 27. Juni 1977; für die Mitglieder der Kommunistischen Partei: F. Platane, F. Subileau, *Les militants communistes de la Fédération de Paris*, Paris, Fondation nationale des sciences politiques, 1975; schließlich für die Abgeordneten: R. Cayrol, J. C. Parodi, C. Ysmal, *Le deputé framçais*, Paris 1973, und M. Dogan, »Les filières de la carrière politique«, *Revue française de sociologie* VIII, 4, 1967, S. 465-492.

ten (1968) fehlten sie schließlich überhaupt. Prozentual stärker unter den Mitgliedern der PC vertreten als innerhalb der aktiven Bevölkerung (für die Gironde zum Beispiel 53,8% gegenüber 34,2%), geht ihr Anteil sowohl bei den verantwortlichen Delegierten und den Sekretären der Parteizellen (in Paris 17% gegenüber 26% in der dortigen erwerbstätigen Bevölkerung) als auch innerhalb der Abgeordnetenkammer zurück (1968 37% gegenüber 40% der erwerbstätigen Bevölkerung Frankreichs).
Bei den Politikern ist eine überdurchschnittliche Vertretung von Hochschulabsolventen festzustellen (allerdings können Personen mit geringerer Schulbildung gegebenenfalls dieses Manko durch aktive Parteiarbeit wettmachen): 1968 hatten 14% der Abgeordneten eine weiterführende, 67,5% eine Hochschule besucht. Für die Delegierten der PS auf dem Nationalkongress von Grenoble (Juni 1973) lauten die entsprechenden Zahlen 23,3% und 54,6%. Im Übrigen scheint alles darauf hinzuweisen, dass ein höheres Bildungskapital zu einer immer notwendigeren Voraussetzung für den künftigen Delegierten der Sozialistischen Partei wird: 2/3 der Abgeordneten, die zwischen 1971 und 1973 der PS beitraten, hatten ein Studium absolviert, dagegen lediglich 36,4% der Mitglieder aus der Zeit vor 1968. Der Aufstieg der Delegierten in »führende Posten« (Büros der Nationalversammlung, einschlägige Kommissionen) hängt zum einen vom Umfang des Bildungskapitals generell ab (unter den sozialistischen Delegierten haben 64% der »Führungsmannschaft« einen Hochschulabschluss, unter dem »einfachen Fußvolk« sind es nur 3%) oder aber in Parteien, wo die überwiegende Mehrheit der Abgeordneten Hochschulabsolventen sind, von der Art des Bildungskapitals (so haben »leitende Abgeordnete« des PDM und der UDR im Vergleich zu den »einfachen« Abgeordneten häufiger ein Jura- oder geisteswissenschaftliches Studium absolviert).

Es wäre mithin naiv, den sehr engen Zusammenhang zwischen Bildungskapital und Tendenz, auf rein politische Probleme zu antworten, auf nichts anderes als die ungleiche Verteilung einer spezifisch politischen Kompetenz zurückzuführen, auf den Besitz einschlägiger praktischer Kenntnisse also, die genuin politisches Handeln und genuin politische Urteile ermöglichen, wie auch und womöglich vor allem auf die Beherrschung eines ganz besonderen politischen Sprachgebrauchs. Es spricht vielmehr alles dafür, dass beide Fähigkeiten wie Bildungskapital auch variieren.[19]

19 Eines der fundamentaleren Merkmale der technokratischen Ideologie ist, dass sie dazu neigt, die rein technische Dimension der Kompetenz zu verselbststän-

Ersucht, nach eigenem Ermessen eine Reihe von Bewegungen – politische Gruppierungen und Parteien – nach Gruppen zusammenzustellen, liegen jene Testpersonen im Allgemeinen an der Spitze, die eine höhere gesellschaftliche Stellung innehaben oder über eine höhere schulische Vorbildung verfügen: Bildet die Mehrzahl der Probanden mit einem Schulabschluss unter dem Abitur höchstens vier Gruppen, kommen jene mit einem höheren Bildungsgrad auf fünf und mehr; von den Hochschulabsolventen mit einem Titel über der »Licence« ist ein Viertel in der Lage, mindestens neun Gruppen zusammenzustellen. (Entsprechendes wird von Inhabern eines CEP oder CAP nur in Ausnahmefällen erbracht, kein einziges Mal jedoch von Schulabgängern ohne Abschluss). Noch stärker variiert die Fähigkeit zu Feingliederungen, die Tendenz zur Kommentierung der Einteilungen, schließlich und vor allem auch zur Benennung und Charakterisierung der zusammengestellten Gruppen mit gesellschaftlicher Stellung, Bildungskapital und *sozialer Herkunft*.[20]

digen und aus ihr eine Zugangsvoraussetzung politischer Teilhabe zu machen. Damit verstärkt sie das Gefühl der Inkompetenz und der Ohnmacht, welches seinerseits die Notwendigkeit der Inanspruchnahme von Experten begründet oder jene weitere Art, die anderen Klassen zu unterschätzen – den Glauben an eine Kryptokratie.

20 Wir stützen uns hier auf eine geraffte statistische Analyse der Ergebnisse einer Vorstudie in Form von Tiefeninterviews (n = 130), die 1970 mit männlichen und weiblichen Probanden über 18 Jahre aus dem Pariser Raum geführt wurden (Unvollkommenheit und beschränkter Umfang der Stichprobe lassen es als geboten erscheinen, die hier festgestellten Regelmäßigkeiten als bloße Trendhinweise anzusehen, die denn auch in unserem Zusammenhang eher illustrativen als demonstrativen Charakter haben und natürlich noch verifiziert werden). In einer ersten Phase wurden den Testpersonen 15 Karten vorgelegt, jeweils mit dem Namen einer Bewegung, Gruppierung oder Partei (Action française, Centre démocratique, Convention des institutions républicaines, Gauche prolétarienne, Gaullistes de gauche, Ligue communiste, Mouvement de la Tour du Pin, Occident, Parti communiste, Progrès et démocratie moderne, Parti socialiste unifié, Radicaux, Républicains indépendants, Socialistes, Union pour la défense de la république); die Probanden wurden nun gebeten, die Karten nach Gutdünken in Gruppen zusammenzustellen (ohne ausdrückliche Bitte, ihre Zusammenstellungen zu kommentieren oder die Gruppen zu qualifizieren oder zu bezeichnen). In einer zweiten Phase wurden 24 Karten mit jeweils dem Namen eines Politikers oder Gewerkschaftlers vorgelegt (Bergeron, Chaban-Delmas, Descamps, Duclos, Duharnel, Edgar Faure, Maurice Faure, Geismar, Giscard d'Estaing, Krivine, Lecanuet, Marchais, Mendès-France, Mitterrand, Mollet, Nicoud, Philippon, Poujade, Rocard, Savary, Seguy, Servan-Schreiber, Tixier-Vignancour, Wallon – mit der Einfügung von »Philippon« war die Absicht verbunden, die Reaktionen auf einen unbekannten Namen zu testen).

Verteilung von Nicht-Antworten nach Bildungsniveau

	Primarstufe	Sekundarstufe	Hochschule
Lehrer ist ein schöner Beruf	10,5	9,8	11,4
Den Lehrern ist dafür zu danken, dass sie unter den gegenwärtigen Bedingungen ihren Beruf ausüben	11,2	8,3	4,1
Viele Lehrer üben gegenwärtig ihren Beruf nicht sehr gewissenhaft aus	35,5	26,7	17,7
Den Lehrern fehlt es an Strenge gegenüber den Jugendlichen	21,6	16,9	8,3
In Frankreich haben die Lehrer zu viel Urlaub	12,0	7,2	3,1
Die Lehrer werden nicht ausreichend bezahlt	46,4	25,9	19,2
Die Lehrer treiben zu viel Politik	32,3	17,6	12,4
Die Lehrer sind zu schlecht auf ihren Beruf vorbereitet	47,9	24,5	12,5

Insgesamt ist »Meinungslosigkeit« hier höher als auf der Ebene der alltäglichen Erfahrung, der noch die erste Frage entstammt. Das ist keineswegs ungewöhnlich, da die Fragen sich auf das Ausbildungssystem beziehen, jene Institution, die einem umso unkontrollierbarer erscheint, je geringere Bildungsvoraussetzungen man mitbringt. Innerhalb dieses Zwischenreichs von Privatem und Politischem steigt die »Meinungslosigkeit« mit wachsender Ferne der Frage zur Sphäre des Moralischen (kenntlich an Begriffen mit ethischen Konnotationen wie »verdienstvoll«, »gewissenhaft«, »streng«) und parallel dazu Nähe zur Politik. Ein Vergleich der Abweichungen in Bezug auf die beiden letzten Fragen (und insbesondere die Tatsache, dass Männer und Frauen bei der vorletzten stärker differieren – 18,5 % gegenüber 32 % – als bei der letzten – 32,5 % gegenüber 42 %) macht sichtbar, dass in diesem Fall die Tendenz zum Antworten oder zur Enthaltung oder, wenn man will, die soziale Kompetenz auf zwei – sich möglicherweise ergänzenden – Grundlagen beruht: der durch den Bildungstitel erworbenen Statuskompetenz zur Beurteilung des Bildungssystems zum einen, der *noch zusätzlich* vom Geschlecht abhängigen Statuskompetenz zur Beurteilung von Politik zum zweiten.

Tatsächlich basiert diese »Sachkompetenz« wesentlich auf sozialer Kompetenz und dem damit einhergehenden Gefühl, qua Status berechtigt und aufgerufen zu sein, diese spezifische Fähigkeit praktisch umzusetzen, folglich auch über sie zu verfügen – und dies vermit-

Die Testpersonen wurden zunächst gebeten, jeden Namen einer Gruppierung oder Partei zuzuordnen, dann mittels der Karten Gruppen zu erstellen.

Ein Kommunismus des Herzens

– Sie haben mir gesagt: »Im öffentlichen Dienst sollte das Streikrecht nicht eingeschränkt werden, da bin ich dagegen …«
– Weil das die erste Freiheit des Menschen ist; in meinen Augen ist das die einzige Lösung, die er hat, um seine Rechte, na ja, seine Forderungen zum Ausdruck zu bringen.
– Manchmal wird gesagt: »Gegen den Kommunismus muss gekämpft werden.«
– Auf keinen Fall! Weil ich selbst aktive Kommunistin bin, und ich finde, die Lehre des Kommunismus ist etwas, was für alle brauchbar ist.
– Sie haben mir auch gesagt: »Selbst wenn ich nicht aktive Kommunistin wäre, für mich jedenfalls gibt's brauchbare Sachen im Kommunismus, so wie er ist.«
– Ja, damit bin ich einverstanden. Ich hab sogar meine Mutter, die katholisch war, bekehren können. Weil, schauen Sie, im Kommunismus, wenn es gelingt, ihn zu entwickeln … Wissen Sie, für die Alten, für die Kranken, für die Kinder, für die Erziehung der Kinder und alles das, da würde es keine Probleme geben, die Kinder zu erziehen, wie es die jetzt gibt, wissen Sie.
– »Man sollte die Unterstützung der freien Schulen streichen«, können Sie dieser Meinung zustimmen?
– Ich meine, Schule sollte für alle dieselbe sein, da würde es weniger Unterschied zwischen den Schülern geben. Sie hätten vielleicht nicht die gleiche Denkart, aber, na ja, auf jeden Fall würde es nicht so viel Druck geben.
– »Es ist schade, dass Frankreich seine Kolonien verloren hat«, können Sie dem zustimmen?
– Überhaupt nicht. Es ist nicht schade. Wissen Sie, ein Volk hat das Recht, so zu leben, wie es ihm am besten erscheint. Es hat nicht zu ertragen … Die Unabhängigkeit eines Volkes, ich finde, das ist das Wichtigste für die Bevölkerung, für alle.
– Sie meinen, ein Volk hat das Recht, zu einem bestimmten Augenblick unabhängig zu sein.
– Aber sogar, ich war schon immer für die Unabhängigkeit aller Völker. Wissen Sie, Unterdrückung, da bin ich dagegen; in jeder Hinsicht.
– Es ist eine Frage der Freiheit …
– Es ist eine Frage der Freiheit. Unterdrückung, dagegen bin ich, auf jeden Fall. Wissen Sie, ich war nie für den Algerienkrieg, wirklich, sogar während des Algerienkriegs hätte ich nicht gewollt, dass meine Kinder da hingehen. Basta.
– »Man muss sich anstrengen, den Sozialismus aufzubauen«, können Sie dem zustimmen?
– Ich denke, das ist das Erste, das getan werden muss. Dass man irgendwie ein bisschen Sicherheit hat, weil, wissen Sie, was uns fehlt, das ist Sicherheit für den Augenblick. Wir leben so, wirklich, das spürt man, von allen Seiten; ich bin für den Sozialismus, und ich sag sogar, dass es an der Zeit ist, da was zu machen, ich kämpfe dafür, wissen Sie.
– Was halten Sie von dieser Meinung: »Die Ordnung muss um jeden Preis aufrechterhalten werden«?
– Nicht auf jede Art und Weise. Natürlich muss Ordnung sein, aber, na ja, es darf keine Unterdrückung geben, weder von der einen noch von der anderen

Seite. Bestimmte Repressionen, wissen Sie, wie die im Mai 68, die finde ich nicht normal. Ich war in der Zeit immer gegen die Sicherheitskräfte und sogar gegen bestimmte Sachen, die noch jetzt passieren. Dagegen bin ich, ja, ich bin gegen alle Formen von Unterdrückung, wie immer sie sich zeigen.
– Sind Sie für eine Revolution?
– Nicht für eine blutige Revolution, weil, damit bin ich nicht einverstanden. Schließlich hat man jetzt doch Freiheiten, sich auszudrücken, man müsste anders dahin kommen als mit dem bewaffneten Kampf. Ich bin nicht für den Kampf, für die blutige Revolution, ich bin für die Revolution, zum Beispiel, indem man wählen geht, ich weiß nicht, indem man sich geistig weiterentwickelt, indem man versucht, zu verstehen, was vor sich geht, und schließlich, indem man sich über alle Probleme kundig macht. Also ich, ich glaube, ich kann das erreichen ohne ... Ach, nein, ich bin nicht für die Revolution. Nein, nein, nein ...
– Sie sagten: »Die Partei sagt, dass man anders dahin kommen kann«; können Sie mir das erklären?
– Na ja, das heißt, ich weiß nicht, durch die tagtäglichen Kämpfe, indem die Massen darüber informiert werden, was sie erwartet, was sie davon haben könnten, wenn zum Beispiel die Partei die Macht übernehmen würde oder wenn man zu einer sozialistischen Macht gelangen würde. So, auf diese Weise muss man die Leute überzeugen. Natürlich, zum Beispiel, wenn man irgendwie provoziert wird, in dem Augenblick, vielleicht wird man dann gezwungen, da hinzukommen, aber schließlich, also ich denke, das sollte sich anders machen lassen können. Natürlich mit der Zeit, weil, wissen Sie, das geht nicht von heute auf morgen. Aber mit der Zeit, das sollte sich anders machen lassen können.
– Wird man soziale Gerechtigkeit durch Reformen erreichen können?
– Ah, aber die müssen tief gehen, also die Reformen, die müssen wirklich tief gehen, denn soziale Gerechtigkeit, wissen Sie, ich denke, da gibt's ne Menge auszusetzen.
(Schneiderin, Frau eines Drehers, 42 Jahre, Kommunistin)

tels der Neigung, sie sich anzueignen, die selbst wiederum abhängt von der gesellschaftlich anerkannten Fähigkeit und Notwendigkeit der Aneignung. Mit anderen Worten: Um den Zusammenhang von Bildungskapital und Geneigtheit, auf politische Fragen zu antworten, angemessen zu erklären, genügt nicht der Rückgriff auf die durch den Bildungstitel garantierte Fähigkeit zum Verstehen, zur Wiedergabe oder selbst noch zur Hervorbringung des politischen Diskurses. Hinzu kommen muss vielmehr noch das (gesellschaftlich gebilligte und geförderte) Gefühl, berechtigt zu sein, sich überhaupt mit Politik zu beschäftigen, ermächtigt zu sein, politisch zu argumentieren, über die Autorität zu verfügen, um über Politisches in politischen Begriffen zu sprechen, also eine spezifische politische Bildung einzusetzen, d. h. explizit politische Klassifikations- und Analyseprinzipien, statt von ethischen Prinzipien aus immer nur ad hoc zu antworten.[21] Der Bildungstitel unterscheidet sich in seiner Wirkung nicht grundsätzlich vom Geschlechtsstatus: In beiden Fällen ist ein qua Status gegebenes Recht auf Politik ebenso im Spiel wie einfache politische Bildung als Vorbedingung für die Ausübung dieses Rechts, mit der sich ausstattet, wer sich berechtigt fühlt, es auszuüben. Die Sachkompetenz verhält sich zur sozialen Kompetenz wie die generelle Sprechfähigkeit zum Recht auf Äußerung, ist zugleich Voraussetzung und Folge. Die Prägung durch einen Bildungsstatus oder durch Geschlechtsidentität zwingt sich dem (oder der) Betroffenen, der (oder die) aufgefordert ist, seiner (oder ihrer) gesellschaftlichen Bestimmung effektiv zu entsprechen, nicht minder auf als den anderen, die erwarten, dass er (oder sie) seine (oder ihre) Essenz realisiert. (Deutlich zeigt sich die sozialpsychologische Übersetzung dieses wechselseitigen Zusammenhanges übrigens in den Binnenbeziehungen von Paaren.) Darin liegt begründet, warum Kompetenz im Sinne einer besonderen Bildung und Kompetenz im Sinne einer qua Status zugeschriebenen Eigenschaft zueinander in einem Verhältnis von »Existenz« zu »Essenz« stehen: Nur die, denen es zusteht, sie zu besitzen, können sie sich effektiv aneignen – und nur die, die ermächtigt sind, sie zu besitzen, fühlen sich verpflichtet, sie sich anzueignen.

Ein erster Beleg für die Richtigkeit dieser Analysen kann darin gesehen werden, dass Frauen – *ceteris paribus* (und besonders im Hinblick auf Bildungskapital) – sich von Männern weniger unter dem Aspekt der strikten Sachkompetenz unterscheiden als darin, *wie sie diese zur Geltung bringen* – der Bereich der politischen Bewegung und Parteien wird von ihnen in ähnlich viele Klassen eingeteilt und diese selbst fast genauso häufig auch näher bezeichnet.[22] Sicherlich weil Politik zunächst einmal ihre ur-

21 Selbst auf die Gefahr hin, damit als »Tempelschänder« und »Nestbeschmutzer« zu erscheinen, ist darauf zu verweisen, dass im Namen des gleichen Glaubens an die durch kulturelle Kompetenz (oder, wie es zu Zeiten der Volksfront oft hieß, »Intelligenz«) verliehene Legitimität die Intellektuellen des vergangenen Jahrhunderts die Gefahren des allgemeinen Wahlrechts denunzieren oder mit Flaubert die Herrschaft der Mandarine herbeiwünschen konnten, wie die heutigen Vertreter dieser Zunft sich *kraft eigenen Wesens* ermächtigt und verpflichtet fühlen, *ihre je eigene* Meinung über die gewichtigen Probleme unserer Zeit nicht nur zu haben, sondern auch öffentlich kundzutun.

22 Die Befragten wurden gebeten, aus einer Liste von 17 Problemen die ihrer Ansicht nach politischen herauszusuchen. Im Hinblick auf den Sexualkundeun-

eigenste Domäne ist, sie zum anderen hier auch mehr »investieren«, sind den Männern im Vergleich zu den Frauen mehr Namen von Politikern bekannt, können sie diese häufiger einer Bewegung oder Partei zuordnen, kennen sie ein wenig häufiger Namen und politische Tendenz des Abgeordneten ihres Wahlkreises. Eklatant wird die Diskrepanz nur dann, wenn es darum geht, diese Kompetenz gesellschaftlich zur Geltung zu bringen: So bekunden mehr Frauen als Männer gleichen Bildungsgrads gegenüber bestimmten Fragen ihr Zaudern, ob es sich dabei um politische handelt; sie geben häufiger zu, nicht zu wissen, wer Philippon ist, während Männer ihre Unkenntnis stärker zu kaschieren suchen. Gebeten, sich selbst politisch einzuordnen, begnügen sie sich häufiger mit der Nennung einer breiteren politischen Zone, während die Männer bestrebt sind, ihren politischen Standort präzis anzugeben. Vor allem sind sie häufiger bereit, einzugestehen, dass Politik eine Sache von Experten ist. Schließlich ist unter ihnen auch der Anteil derjenigen merklich höher, die erklären, im Augenblick der Wahl in Verlegenheit zu sein, für wen sie sich entscheiden sollen. Nicht nur ist bei Frauen die Tendenz stärker ausgeprägt, ihr Vermögen der politischen Entscheidung anderen (vornehmlich ihren Ehegatten) zu übertragen; sie scheinen gegenüber den Männern auch einer lokaleren, moralischeren und gefühlsbetonteren Sicht von Politik anzuhängen. So wird auf allen Bildungsstufen etwas häufiger von Frauen als von Männern die Ansicht vertreten, dass die Hilfe für Behinderte ein politisches Problem sei; das Verhältnis kehrt sich dagegen um, wo es die Wahl zur Volksversammlung, die Kommunalwahl oder eine Spende für Vietnam politisch zu bewerten gilt.

Staatsbürgerliche Rechte

Die Klagen der um die Demokratie besorgten Politologen über die Indifferenz der »politisch demotivierten Nichtwähler« und die »Apathie« des »Marais« verdecken also, dass das Interesse an der Politik von der gesellschaftlichen Definition der tatsächlichen politischen Kompetenz abhängt, also von den gesellschaftlich garan-

terricht sagen Frauen, die eine Sekundarbildung durchlaufen haben, häufiger als Männer mit gleichem Bildungshintergrund, dass es sich um ein politisches Problem handle (im Gegensatz zu Frauen, die nur eine Primarbildung besitzen). Man beobachtet dieselben Tendenzen bei der Frage, ob die Beteiligung an einer Bewegung zur Familienplanung eine politische Aktivität sei.

tierten Chancen, tatsächlich an Politik partizipieren zu können, die unter anderem durch das subjektive Interesse an Politik vermittelt werden, das seinerseits vom praktischen Bezug auf diese Chancen bestärkt oder abgeschwächt wird. Die Neigung, das Wort zu ergreifen, und sei es in seiner rudimentärsten Form (ein Ja oder ein Nein zu formulieren oder eine vorgegebene Antwort anzukreuzen), steht in direktem Zusammenhang mit dem Gefühl, ein Recht auf Meinungsäußerung zu besitzen. Nichts könnte das besser belegen als die Zusammensetzung jener sogenannten spontanen – oder selbstselektiven – Stichprobe, die sich ergab, als nach 1968 mit Unterstützung der Presse eine »Nationale Befragung« über das Bildungswesen lanciert wurde.[23] Eine solch spontane Stichprobe erfasst in der Tat all jene, die, als *Teilnehmende*, glauben eine Antwort geben zu müssen, die sich aufgefordert fühlen, eine *autorisierte und autoritative Ansicht* zum Ausdruck zu bringen und als Sprachrohr einer legitimen pressure group, kurz gesagt, als Staatsbürger aufzutreten. Deshalb ist die Verteilung in dieser spontan mobilisierten Popu-

23 Diese Untersuchung fußt auf einer Fragebogenaktion, die auf Bitten der Association pour l'étude de l'expansion de la recherche scientifique (AEERS) in einer großen Anzahl von Tageszeitungen und Wochenzeitschriften (*L'Alsace, L'Aurore, Le Bien public, Combat, La Croix, La Dépêche du Midi, Les Ecos, L'Education nationale, L'Est républicain, L'Express, Le Figaro, France-Soir, Le Monde, Le Nouvel Observateur, La Nouvelle République du Centre Ouest, Ouest-France, Paris-Jour, Paris-Presse, Pour l'enfant vers l'homme, Le Progrès du Lyon, Le Provençal, L'Union, La Voix du Nord*) im Zeitraum zwischen dem 1. und dem 15. August 1969 durchgeführt wurde (der Umstand, dass *L'Humanité* und *Le Parisien libéré* den Fragebogen nicht veröffentlichten, hat sicher zur Unterrepräsentation der Unterschichten beigetragen). Im Einzelnen bezogen sich die 20 Fragen auf den Ablauf des Schuljahres, die Situation des Unterrichts, die Veränderungen in Inhalt und Methodik der Lehre sowie im Universitätsaufbau, auf die Ausbildung, Auswahl und Besoldung des Lehrpersonals, die Beziehungen zwischen Lehrerschaft, Eltern und Schülern wie Studenten, die Machtbefugnisse der einzelnen Gruppen, die Funktionen der Schule (Berufsvorbereitung, Vermittlung sittlicher Normen usw.), die Politik innerhalb der Bildungseinrichtungen, die Verlängerung der Schulpflicht, die Unterstützung des privaten Bildungswesens usw. Dem Fragebogen war ein allgemein gehaltener und je nach Presseorgan unterschiedlich langer Vorspann beigegeben, worin die Erhebung als »echte nationale Befragung« über ein »wesentliches Thema« dargestellt wurde, veranstaltet »mit freiwilliger Unterstützung der Presse« durch die AEERS, »einer unabhängigen und nicht gewinnorientierten Initiative«. Die statistische Auszählung und Auswertung der Befragung mit mehr als 10000 Antworten wurde am Centre de sociologie européenne durchgeführt.

lation, selbst wenn sie in keiner Weise *repräsentativ* für die Haltung der französischen Bevölkerung zum Bildungswesen insgesamt sein kann, doch vollkommen repräsentativ für jene ideologischen Kräftebeziehungen, die tatsächlich im Bereich der Bildung wirksam werden. Diese Population, in der die verschiedenen Gruppen nach Maßgabe ihres Anspruchs, auf das Ausbildungssystem einzuwirken, vertreten sind (welche wiederum von ihrer Macht über das System abhängt), ist repräsentativ für jene sich selbst legitimierende pressure group, deren Einfluss auf die Orientierungen des Ausbildungssystems unvermindert anhält, so dass die von ihr geäußerten Leitvorstellungen eine klare Voraussage für die künftige Entwicklung erlauben: Zum Beispiel wünschte sich die »große Mehrheit« – ein im vorliegenden Fall richtiger Ausdruck – das Fortbestehen der Concours für die Rekrutierung, die Einführung der Auslese, die Erhaltung der Grandes écoles, die Verstärkung des allgemein bildenden und des berufsvorbereitenden Schulwesens usw.[24] Ist die repräsentative Stichprobe also wirklich repräsentativ, wenn sie, wie hier, ein regelrechtes Artefakt erzeugt, indem sie durch eine Umfrage Meinungen zur Existenz verhilft, die sonst nicht ausgedrückt worden, oder die anders ausgedrückt, nämlich durch ständige Wortführer, völlig unterschiedlich ausgefallen wären, Meinungen, die in jedem Fall kaum Chancen hatten, sich *spontan* auszudrücken, zu *demonstrieren*, nachdem doch die Demonstration eine der Arten ist, Meinungen Geltung zu verschaffen, indem sie *die Gruppe demonstrieren, die sie mobilisieren können*? Die politische Meinung ist kein reines und rein Auskunft gebendes Urteil, das fähig wäre, sich allein durch die intrinsische Kraft seiner Wahrheit durchzusetzen, sondern ein *Leitgedanke*, der den umso größeren Anspruch beinhaltet, in die Tat umgesetzt zu werden, umso größer und mächtiger die Gruppe ist, die er durch seine ganz und gar symbolische Wirksamkeit mobilisieren kann. Anders gesagt: Weil sie notwendig eine Mobilisierungsfähigkeit und einen Existenzanspruch einschließt, ist die politische Meinung ebenso sehr durch ihren beschreibenden Gehalt definiert wie durch ihre Macht als im eigentlichen Sinn

24 Bei all den Punkten, die verglichen werden konnten (d. h. alle erwähnten Fragen mit Ausnahme derjenigen, die sich auf die Grandes écoles und die Concours bezogen und noch nie zuvor in Umfragen gestellt worden waren), ergibt sich in der selbst-selektiven Stichprobe eine ausgeprägtere Tendenz als in der repräsentativen.

politische – selbst wenn sie es sein sollte, die, wenigstens zum Teil, dieser Macht der Mobilisierung jener Gruppe zur Existenz verhilft, welche im potentiellen Zustand über sie verfügt.

Als hinge die Neigung, seinen Einfluss auf das Geschick der Institution wirken zu lassen, vom Grad effektiver eigener Einflussmöglichkeit ab, antwortet man umso eher auf eine Befragung über das Bildungssystem, je legitimierter zu einer entsprechenden Stellungnahme man sich fühlt und je direkter das eigene Interesse an dessen Funktionieren angesprochen ist.[25] In diesem Sinne entspricht die Wahrscheinlichkeit einer Antwort – größer für Männer als für Frauen (Letztere äußern sich im Übrigen eher als »Elternteil von Schülern« denn als autorisierte Wortführer der besonderen Interessen einer Gruppe oder des allgemeinen Interesses), für Pariser als für Bewohner des übrigen Frankreich – für eine bestimmte soziale Klasse in etwa deren objektiver Chance, ihre Kinder auf eine Grande Ecole zu schicken (nämlich fast null für Bauern und Arbeiter – von 10.000 genau 0,09 und 0,05; 0,7 für selbständige Handwerker und Kleinhändler, 0,9 für Angestellte, 3 für mittlere Führungskräfte, 19 für Volksschullehrer, 5 für Industrielle und Großhandelsunternehmer, 11 für höhere Führungskräfte, 22 für Ingenieure, 26 für Angehörige der freien Berufe, 110 für die Lehrer höherer Schulen und Hochschulen: Diese Zahlen wurden errechnet, indem die männliche Population jeder Gruppe von Antwortenden auf die entsprechende Gruppe innerhalb der aktiven Bevölkerung bezogen wurde); was

25 Es versteht sich von selbst, dass diese Fähigkeiten und Dispositionen verbunden sind mit anderen, für die schriftliche Antwort auf einen Fragebogen notwendigen, die mit Bildungskapital korrelieren. Aufweisbar ist dabei ein eigentümlicher Effekt der ethischen Einstellungen, so wenn der Befragte zu regelmäßiger und anhaltender Arbeit angehalten wird, wie bei Panel-Studien (so variiert die Antwortquote auf Erhebungen des Centre d'étude des support de publicité, bei denen die Probanden einen Monat lang jeden Tag und viertelstündlich die gehörten Radiosendungen aufzeichnen mussten, zum Teil wie Bildungseifer, der sich in der Schule dokumentiert: die höchsten Werte sind bei den mittleren Führungskräften und Vorarbeitern – und sekundär bei den Facharbeitern – zu beobachten, die sich bekanntlich durch häufigen Besuch von Bibliotheken, Besitz von Sammlungen usw. auszeichnen). Der Vollständigkeit halber müsste man sich im Übrigen auch nach den spezifischen Effekten der Auswahl durch die Zeitung fragen und zu bestimmen suchen, inwieweit die Tatsache, dass die Befragung den Weg über die Zeitung und nicht etwa die besuchten Bildungsanstalten oder eine Vereinigung, Gewerkschaft oder Partei nahm, auf die Struktur der Population der Antwortenden Einfluss gehabt hat (hier mag der Hinweis genügen, dass Abonnenten einer Zeitung prozentual häufiger antworteten als Gelegenheitsleser).

Schüler und Studenten betrifft, die generell häufiger antworten, wenn sie in Paris statt in der Provinz wohnen, eine höhere Vorbildung besitzen und eine höhere Bildungsanstalt besuchen – Gymnasium eher als CES oder CET, Grande Ecole eher als Universität –, so ist die Wahrscheinlichkeit des Auftretens eng mit der Herkunftsklasse verknüpft. (Sie ist, sofern es sich um Studenten handelt, zwischen zwei- und dreimal größer für den Sohn eines Industriellen, einer höheren Führungskraft oder des Angehörigen freier Berufe als für den Arbeitersohn, sie beträgt das Sechsfache bei Schülern.)

Dieses Französisch, das uns umbringt

Ich habe lange gezögert, bevor ich Ihnen geschrieben habe. Der Grund ist mein schlechtes Französisch. Und dann habe ich mir gesagt, dass Sie nur die Antworten auf die Fragen sowie die Ansicht von uns allen interessiert (…)
Und jetzt würde ich sagen, unser Französisch ist schön. Leider aber schwierig, kompliziert, denn wenn das Unterrichtsniveau in Frankreich so niedrig ist, verdanken wir das vor allem unserem Französisch. Dieses Französisch, das uns fertigmacht, das uns umbringt. Alle unsere Examen, Prüfungen sind nicht erfolgreich wegen diesem Französisch, das den Weg, die Zukunft, unsere Hoffnungen versperrt. Es sind immer die Nullen in Französisch, die uns die Tore zur Zukunft verschließen (…)
(Ehefrau eines Anstreichers, Auszug aus einem Brief an die AEERS [Association d'étude pour l'expansion de la recherche scientifique] als Antwort auf einen in der Presse veröffentlichten Fragebogen)

Die genau gleichen Trends lassen sich bei einschlägigen Befragungen zum Bildungswesen durch verschiedene Meinungsforschungsinstitute beobachten. Im Allgemeinen ist auch hier »Meinungslosigkeit« höher bei Frauen als bei Männern (im Rahmen einer Umfrage zur »loi d'orientation«, IFOP, Oktober 1968: 29,7 % gegenüber 25,7 %; anlässlich einer Umfrage über Ausleseverfahren für die Zulassung an Universitäten (IFOP, September 1969): 16,9 % gegenüber 11,2 %; diesen Zahlen stehen auf beiden Seiten 26 % gegenüber bei der Frage nach Verschiebung von Latein auf die »quatrième« (IFOP, September 1968); höher bei Befragten mit niedriger als mit höherer Bildung (im Rahmen der vorerwähnten Umfragen: 32 %, 19 %, 35 % gegenüber 15 %, 6 %, 10 %); höher schließlich auch bei Interviewten aus der Provinz als bei Parisern. Hinzu kommt eine steigende Antwortquote mit steigendem Sozialstatus. Aus alldem ist zu folgern, dass die spontane Stichprobe einen *Grenzfall* darstellt, gegen den die Gesamtmenge der Antwortenden einer repräsentativen Umfrage strebt oder, wenn man will, dass die Antworten bei einer Umfrage auf der Basis einer repräsentativen Stichprobe eine zufällige Stichprobe bilden, die zwar als solche nicht erkannt wird, tatsächlich aber Produkt derselben hier dargelegten Konstruktionsregeln ist.

Die Vertreter einer bestimmten Kategorie sind für die Gruppe insgesamt umso weniger repräsentativ, je geringer ihre Kategorie innerhalb dieser vertreten ist, wobei der ausschlaggebende Faktor der Verzerrung fast immer in der jeweiligen Beziehung zum Bildungssystem vorliegt (so verfügen hier 90,7 % der Industrie- und Großhandelsunternehmer über Abitur oder einen höheren Abschluss, in der erwerbstätigen Bevölkerung dagegen nur 11,3 %; entsprechend für die selbständigen Handwerker und kleinen Kaufleute 28,7 % gegenüber 2,8 %).[26] Folge dieser »Selbst-Selektion« ist, dass die Unterschiede zwischen den Klassen und Fraktionen (deren Repräsentationsgrad innerhalb der Mittelklassen und der herrschenden Klasse mit ihrem jeweiligen kulturellen Kapital steigt) auf ein Minimum schwinden, mithin das Ausmaß an Übereinstimmung hinsichtlich der diversen in der Umfrage angeschnittenen Probleme sicherlich größer ist als in der Grundgesamtheit.[27] Dass die Lehrerschaft

26 Je ferner eine Fraktion in ihrer Gesamtheit dem Bildungssystem steht, umso stärker rekrutiert sich anteilsmäßig der Kern der Antwortenden aus dem am Bildungssystem am stärksten interessierten Kreis dieser Fraktion, d. h. jenem, dessen Vertreter zum Zeitpunkt der Umfrage gerade das Alter erreicht haben, in dem ihre Kinder die höhere Schule oder die Hochschule besuchen: So sind innerhalb dieser selbstselektiven Stichprobe 49,7 % der Lehrer höherer Schulen und Hochschulen zwischen 35 und 54 Jahre alt (in der erwerbstätigen Bevölkerung: 38,9 %); entsprechend 69,7 % der freiberuflich Tätigen (sonst 53,5 %) und 77,1 % der Industrie- und Großhandelsunternehmer (50,7 %).

27 Die Eltern, die ihren Fragebogen an die Fédération Cornec zurückschickten (statt an die AEERS), unterscheiden sich von den übrigen zum einen durch ein niedrigeres soziales und Bildungsniveau, zum anderen durch eine höhere Rate an weiblichen Elternteilen. Das könnte darauf schließen lassen, dass die vorgängige Mobilisierung innerhalb eines Verbandes und der Zuwachs an »Autorität« aufgrund der entsprechenden Zugehörigkeit die Tendenz zu politischer Intervention verstärkt (so ließe sich wohl auch erklären, warum die spontanen und unorganisierten Beantworter des Fragebogens aus Lehrerkreisen sich erheblich von den »pädagogischen« Aktivisten unterscheiden, unter denen sich eher Frauen mit Agrégation und diplomierte männliche Personen befinden, vgl. J. M. Chapoulie und D. Merllié, *Les déterminants sociaux et scolaires des pratiques professionelles des enseignants du second degré et leurs transformations,* Paris, CES, 1974, besonders S. 120-124). Erstaunlich ist, dass die Eltern aus der Fédération Cornec, hinsichtlich des sozialen und kulturellen Kapitals weniger gut gerüstet, allgemein eine etwas geringere Neigung zeigen – obwohl doch in einem höheren Grade mobilisiert –, auf die diversen Fragen zu antworten, mit Ausnahme insbesondere der Frage nach Unterstützung des privaten Bildungswesens.

derart überrepräsentiert ist, liegt daran, dass sie eben in mehrfacher Hinsicht interessiert und legitimiert ist. Tatsächlich belegt die Rangfolge der Wahrscheinlichkeiten des Auftretens die stärkere Durchschlagskraft des Legitimitätseffekts über den des Interesses aus bloßer Zugehörigkeit: Die Wahrscheinlichkeit des Auftretens für die verschiedenen Kategorien von Unterrichtenden steigt z. B. mit der Rangstufe der Institution (bezogen auf 10.000: 19 für Volksschullehrer, 34 für Lehrer des CET, 60 für Lehrer des CEG, 199 für Gymnasiallehrer, 244 für Hochschullehrer) und innerhalb der einzelnen Anstalten mit dem jeweiligen Grad (auf Primar- und Sekundarstufe: von 58 für »maîtres rectoraux«: über 175 für Lehrer mit CAPES oder CAPET bis zu 382 für Inhaber der Agrégation; im Hochschulbereich: von 164 für »assistants du supérieur« über 204 für »maîtres assistants« bis zu 320 für »professeurs« und »maîtres de conférence«). Weisen die Sekundarstufenlehrer mit Agrégation, und darunter zumal jene, die »klassische« Fächer unterrichten (Latein, Griechisch, Französisch, Geschichte, Geographie), von allen Kategorien die stärkste Neigung auf, zu antworten, so weil sie nicht nur legitimierter sind als Volksschullehrer, sondern auch gegenüber den Hochschullehrern, die auch außerhalb der Bildungsinstitution und nicht nur in Forschung investieren können, stärker ans Unterrichtssystem *gebunden* sind. (Eine Ausnahme bilden die Professoren der traditionellen literarischen Disziplinen – Französisch, Latein, Griechisch, Geschichte –, die häufiger antworten als Professoren anderer Fächer und Fakultäten.) Mag sein, dass sie sich auch stärker als die anderen Kategorien *durch die Bildungskrise in Frage gestellt* fühlten.[28]

Dem autorisierten Machtwort der qua Status verliehenen Kompetenz, das zugleich zur praktischen Umsetzung des von ihm Proklamierten beiträgt, entspricht das Schweigen der nicht minder durch Status zugewiesenen Inkompetenz, die, als sachliches Unvermögen erfahren, zur Delegation verdammt, der als solcher *verkannten und damit anerkannten Enteignung* der Minderfähigen zugunsten der Fähigen: der Frauen zugunsten der Männer, der »Mindergebilde-

28 Dass die Lehrer der einst dominierenden Fächer Latein, Griechisch, Französisch, Geschichte mit einem sehr hohen Prozentsatz antworten (wie auch aus ihren Kreisen nach dem Mai 1968 eine Vielzahl von Büchern und Artikeln erschienen), rührt zudem daher, dass die Neubestimmung der Inhalte legitimer Kultur wie der legitimen Verfahren ihrer Vermittlung vor allem im Sekundarbereich ihre Existenz als Produzenten (oder Reproduzenten) von Produkten gefährdet, deren alleiniger Markt und einziger Daseinsgrund eben im Sekundarschulbereich und in den darauf vorbereitenden Zulassungsprüfungen liegt.

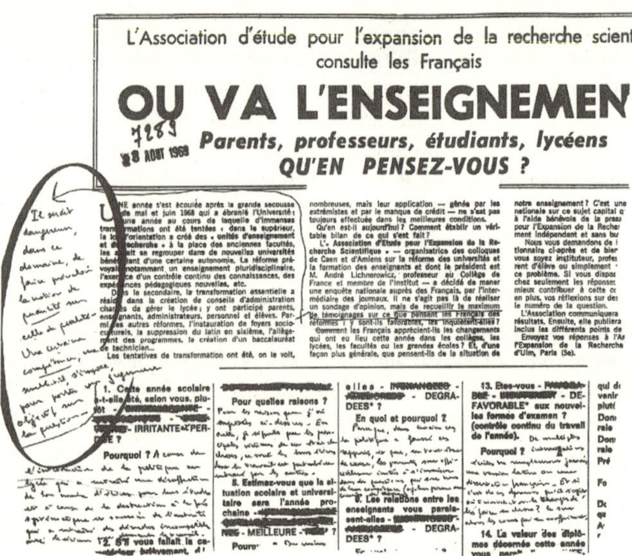
L'Association d'étude pour l'expansion de la recherche scienti
consulte les Français

OU VA L'ENSEIGNEMEN

7283

28 AOUT 1969

Parents, professeurs, étudiants, lycéens
QU'EN PENSEZ-VOUS ?

UNE année s'est écoulée après la grande secousse de mai et juin 1968 qui a ébranlé l'Université ; une année au cours de laquelle d'immenses transformations ont été tentées : dans le supérieur, la loi d'orientation a créé des « unités d'enseignement et de recherche » à la place des anciennes facultés, les a fait se regrouper dans de nouvelles universités bénéficiant d'une certaine autonomie. La réforme prévoyait notamment un enseignement pluridisciplinaire, l'exercice d'un contrôle continu des connaissances, des expériences pédagogiques nouvelles, etc.

Dans le secondaire, la transformation essentielle a résidé dans la création de conseils d'administration chargés de gérer le lycée ; y ont participé parents, enseignants, administrateurs, personnel et élèves. Parmi les autres réformes, l'instauration de foyers socio-culturels, la suppression du latin en sixième, l'allègement des programmes, la création d'un baccalauréat de technicien...

Les tentatives de transformation ont été, on le voit, nombreuses, mais leur application — gênée par les extrémistes et par le manque de crédit — ne s'est pas toujours effectuée dans les meilleures conditions.

Qu'en est-il aujourd'hui ? Comment établir un véritable bilan de ce qui s'est fait ?

L'« Association d'Etude pour l'Expansion de la Recherche Scientifique » — organisatrice des colloques de Caen et d'Amiens sur la réforme des universités et la formation des enseignants et dont le président est M. André Lichnerowicz, professeur au Collège de France et membre de l'Institut — a décidé de mener une enquête nationale auprès des Français, par l'intermédiaire des journaux. Il ne s'agit pas là de réaliser un sondage d'opinion, mais de recueillir le maximum de témoignages sur ce que pensent les Français des réformes : y sont-ils favorables, les inquiètent-elles ?

Comment les Français apprécient-ils les changements qui ont eu lieu cette année dans les collèges, les lycées, les facultés ou les grandes écoles ? Et, d'une façon plus générale, que pensent-ils de la situation de notre enseignement ? C'est une nationale sur ce sujet capital q à l'aide bénévole de la press pour l'Expansion de la Recher ment indépendant et sans bu

Nous vous demandons de tionnaire ci-après et de bien vous soyez instituteur, profes rent d'élève ou simplement ce problème. Si vous dispos chez seulement les réponses mieux contribuer à cette co en plus, vos réflexions sur des le numéro de la question.

L'Association communiquera résultats. Ensuite, elle publiera inclus les différents points de

Envoyez vos réponses à l'As l'Expansion de la Recherche d'Ulm, Paris (5e).

1. Cette année scolaire a-t-elle été, selon vous, plutôt - IRRITANTE et PERDUE ?

Pourquoi ?

12. S'il vous fallait la ca- ... brièvement, d'

Pour quelles raisons ?

5. Estimez-vous que la situation scolaire et universitaire sera l'année prochaine - MEILLEURE ?

Pourq

elles - DEGRADEES* ?

En quoi et pourquoi ?

9. Les relations entre les enseignants vous paraissent-elles - DEGRADEES* ?

13. Etes-vous - DEFAVORABLE* aux nouvelles formes d'examen ? (contrôle continu du travail de l'année).

Pourquoi ?

14. La valeur des diplômes décernés cette année vous paraît

qui d venir plut Don rale Don rale Pré Fo Dc qu Ar r

Randbemerkung zum Fragebogen der *Association d'étude pour l'expansion de la recherche scientifique*:

»Es wäre gefährlich, in diesem Bereich den Begriff der *Quantität* über den der Qualität stellen zu wollen. Eine gewisse *Kompetenz*, so scheint mir, ist zur objektiven Beurteilung dieser Fragen zwingend notwendig.

Gymnasiallehrer

ten« zugunsten der »Hochgebildeten«, der »Sprachlosen« zugunsten der »Sprachmächtigen«. Variiert die Neigung, anderen, für ihre Sachkompetenz bekannten Personen die Verantwortung für politische Angelegenheiten zu überlassen, im umgekehrten Verhältnis zum Besitz an Bildungskapital, dann deshalb, weil der Bildungstitel und die durch ihn angeblich garantierte Bildung stillschweigend – sowohl von deren Inhabern als auch von den Übrigen – als legitimer Rechtstitel auf Ausübung von Autorität angesehen wird und weil der Anteil derjenigen, die sich weigern, eine Kompetenz zu delegieren, die sie sich selbst zuschreiben, mit dem Umfang an kulturellem Kapital (und der Position in der sozialen Hierarchie) anwächst.[29]

29 Jeder Versuch, die Angehörigen der unteren Klassen zu bewegen, ihr Gesellschaftsbild (und ihre Vorstellung von Klassenteilung) zu formulieren, stößt auf jene grundlegende Barriere in Gestalt eines Ohnmachts- und Minderwertigkeitsgefühls (»Ich versteh nicht, wieso Leute wie Sie Typen wie mich

Hätte ich mehr Ahnung

Das heißt, ich würde einfach einiges besser verstehen, hätte ich mehr Ahnung. Das ist alles. Dann hätte ich mehr Ahnung, klar, nur wär das sicher nicht dasselbe. Ich geh ja nicht genug auf die Versammlungen, und (...) Y hat ganz andere Mittel, sie haben da Zeitungen, Fernsehen. »Mit gleichen Waffen«, wie das mal hieß. Na ja, man muss eben folgen, das ist immer dasselbe, man muss Zeit haben. Das ist's, mir fehlt die Zeit. Hätte ich Zeit, würde ich mich gern über alles das informieren, mich über bestimmte Sachen und so auf dem Laufenden halten. Aber ehrlich, ich habe nicht viel Zeit. Hätte ich sie, na klar, da würde ich mich drum kümmern, würde versuchen, bestimmte Sachen einfach zu kennen, dem mehr zu folgen. Das heißt, hast du erst mal Ahnung, kannst du schon mal mit gewissen Leuten mehr diskutieren. Weißt du aber nichts weiter, stehst du immer ein bisschen am Rand.
(Hausfrau)

Natürlich kann jeder x-Beliebige sich politisch betätigen, das stimmt; aber letzten Endes ist dazu doch eine gewisse Erziehung nötig. Zuerst muss man ja wohl auf die Schule gehen und tüchtig lernen.
(Städtischer Angestellter)

Auf der einen Seite jene, die zugeben, dass Politik nicht ihre Sache ist, und die in Ermangelung realer Mittel zur Ausübung der ihnen zuerkannten formalen Rechte diese abgeben. Auf der anderen Seite jene, die sich berechtigt fühlen, ihren Anspruch auf »persönliche Meinung« oder gar autorisierte, handlungsstimulierende Meinung, Monopol der Kompetenten, zu vertreten: zwei gegensätzliche, aber durchaus sich ergänzende Vorstellungen von politischer Arbeitsteilung, die auf der Ebene der Einstellungen, praktischen Handlungen und Diskurse die objektive Trennung der politischen »Machtinstanzen« zwischen den Klassen und Geschlechtern reproduzieren und darin zur Reproduktion dieser Trennung beitragen.

Der Anspruch auf eine persönliche Meinung

Nicht ohne Bissigkeit mokiert sich Nietzsche im zweiten Vortrag »Über die Zukunft unserer Bildungsanstalten« über den in der

nach ihrer Meinung fragen. Das alles wissen Sie doch besser als ich«). Auf der anderen Seite rührt der Widerwille, den manche gegenüber der Soziologie empfinden, daher, dass diese jeden x-Beliebigen befragt, statt nur den dazu ermächtigten Wortführern Gelegenheit zum Sprechen zu geben.

Schule gehuldigten Kult des »persönliche(n) Gestalten(s)«. Es würde sich in der Tat einmal lohnen und wäre sicher keine Kleinigkeit, all die institutionellen, zumal intellektuellen und schulspezifischen Mechanismen zu beschreiben, die dem *Kult und der Kultur der Person* Vorschub leisten, d. h. die Vielzahl der *persönlichen Eigenschaften,* als da sind: Exklusivität, Einmaligkeit, Originalität, wie die »persönlichen Anschauungen«, der »persönliche Stil« und, über allem stehend, die »persönliche Meinung«. Aufzuzeigen wäre dabei, wie die Reihe der Gegensätze zwischen dem Seltenen, Distinguierten, Ausgewählten, Einzigartigen, Exklusiven, Unterschiedlichen, Unersetzbaren, Unvergleichbaren, Originellen und dem Alltäglichen, Gewöhnlichen, Gemeinen, Banalen, Beliebigen, Durchschnittlichen, Gewohnten, Trivialen, einschließlich der damit verwandten Oppositionen von Glänzendem und Mattem, Feinem und Grobem, Ausgefeiltem und Unbearbeitetem, Hohem (oder Gehobenem) und Niedrigem neben der zwischen »reich« und »arm« eine weitere Grunddimension der Lexik bürgerlicher Moral und Ästhetik erstellt. Denen, die bei dem Versuch, den möglichen Beitrag des Bildungssystems zur Indoktrinierung eines Weltbildes nachzugehen, bei den direktesten und sichtbarsten ideologischen Interventionen ansetzen, wie so viele Inhaltsanalysen von Geschichtslehrbüchern oder auch, wie Untersuchungen Marburger Sozialwissenschaftler zu Grundelementen des »Geschichtsbildes«, bei der elitären Geschichtsphilosophie, die im Lehrfach Geschichte virulent ist, entgeht dennoch das Wesentliche:[30] Dass die Institution Schule als solche den Hang zum Individualismus oder Egoismus – von Haus aus Gaben des klein- und großbourgeoisen Nachwuchses – verstärkt, mittels des von ihr zur Norm erhobenen, strikt individualistischen Aufbaus der Arbeitsvorgänge, anhand der Lehrinhalte und Lehrmethoden so gut wie der Schemata, die sie in ihren Klassifikationsverfahren, welche stets noch das Originelle zugunsten des Gewöhnlichen privilegieren, zum Einsatz bringt. Im Zentrum

30 Der fraglichen Analyse kommt das Verdienst zu, den Beleg erbracht zu haben, dass die in der Schule gelehrte Geschichte mit ihrer Hervorhebung dominanter Individuen (»die großen Männer«) oder personalisierter Kollektivbegriffe eine charismatische Geschichtsphilosophie transportiert, aus der nicht nur soziale Interessen und Konflikte antagonistischer Gruppen eskamotiert sind, sondern die auch noch statt auf kritische Reflexion des Geschichtsprozesses und dessen gesellschaftliche Bedingungen auf moralische Urteile abhebt.

des Ich-Kults, in dem auch die Philosophie, häufig nichts weiter als hochmütig-erhabene Bekräftigung der Auszeichnung und Einzigartigkeit des Denkers, ihren Part spielt, stehen offenkundig die Literatur und ihre Zelebrierung gleichermaßen im Literatur-Feld wie im Bildungswesen. Die Literatur, in der, wie Gide in seinem »Journal« so schön sagt, »nur Persönliches Wert hat«, und ihre Beweihräucherung im literarischen Feld und im Bildungswesen liegen ganz augenscheinlich im Zentrum dieses Kults des Ichs, bei dem die Philosophie, oft verkürzt auf eine stolze Bekräftigung der Einzigartigkeit des Denkers (wenn man sich an Heidegger und seine sozialen Gebrauchsweisen erinnert), auch ihren Part singt. Blendet man diese permanente institutionelle Bekräftigung des jugendlichen Hangs zum Egotismus aus, dann lässt sich das Spezifische der bürgerlichen Jugend nicht verstehen. Und es bedarf wohl keiner allzu großen prophetischen Gaben zur Feststellung, dass bald auch die Psychoanalyse, die zwar allgemeine Mechanismen beschreibt, aber zugleich das Sichversenken in originäre Erfahrungen ermutigt und autorisiert, in die moderne Variante dieses Kults Eingang finden dürfte – im Gegensatz zur Soziologie, die kaum derartigen Widerstand gegen sich vereinigte, führte sie das von ihr Analysierte nicht immer wieder aufs Allgemeine und Gemeinsame zurück).

Eine sehr persönliche Meinung

Parteien interessieren mich nicht. Ich wähle keine Partei, ich wähle einen Kandidaten. Ein Kandidat ohne Etikett wäre besser.
»Sozialismus« kann ich nicht genau definieren. Das Wort wird heutzutage viel zu häufig gebraucht, will alles heißen und heißt faktisch nichts. Also ich kann Ihnen nicht sagen, wie er aufgebaut oder nicht aufgebaut werden soll, ich weiß jetzt einfach nicht mehr, was das ist. Das Wort ist zu abgedroschen. Persönlich glaube ich nicht, dass ich Parteimitglied werden könnte. Ich wäre außerstande, auf Anhieb dem gleichen Geschmack und den gleichen Neigungen anzuhängen. Dank meiner jansenistischen Herkunft und dank meines Großvaters, eines Buchhändlers, bin ich offen für alles und kann mich daher auch nicht für eine allgemeine Idee erwärmen. Das heißt, ich stimme dem zu, was in meinen Augen in verschiedenen Parteien gut ist, ich meine nicht, dass es möglich ist – und hier zählt ja die allerpersönlichste Meinung –, eine Partei zu finden, die in der Lage wäre, eine Reihe von Elementen aus diversen Lehrgebäuden, die für mich nicht unvereinbar sind, in sich zu vereinigen.
(Buchhalter)

Um den kleinbürgerlichen Anspruch auf »persönliche Meinung« umfassend zu begreifen, reicht dennoch der Verweis auf das Schulsystem oder andere Verbreitungs- und Vermittlungsorgane samt deren Verstärkereffekten nicht aus; vielmehr sind wesentlich die spezifischen gesellschaftlichen Produktionsbedingungen des Habitus heranzuziehen, zu dem jener Anspruch als eine Dimension gehört. Es lässt sich in der Tat nachweisen, dass die Einklagung des Rechts auf »persönliche Meinung« und der Argwohn gegenüber jeder Form von Delegation, zumal auf politischer Ebene, dem System von Dispositionen jener Individuen logisch eingeschrieben sind, deren gesamte Vergangenheit und Lebensentwurf auf der Hoffnung individuellen Heils gründet, auf *persönlichen* »Gaben« und »Verdiensten«, auf dem Bruch mit belastender Solidarität, ja der Aufkündigung als hinderlich empfundener Rücksichten, schließlich auf der systematischen Entscheidung, in allen Bereichen – Wohnen wie Arbeit, Freizeit wie Denken – dem Privaten, Intimen absoluten Vorrang einzuräumen gegenüber dem Öffentlichen, Kollektiven, Gemeinsamen, Beliebigen, Entlehnten.[31] Freilich haben die naiv »egoistischen« Regungen und Einstellungen der Kleinbürger nicht das Geringste mit der subtilen Selbstsucht derer gemein, die in allem die Einzigartigkeit ihrer Person zur Geltung bringen können, in all ihren Aktivitäten und Praktiken, nicht zuletzt aber in ihrem Beruf: einer *freiberuflichen Tätigkeit,* aus freiem Antrieb gewählt und aus freien Stücken verrichtet, in der sich, gleichsam durch bloße eigene Kraft, eine »Persönlichkeit« bestätigt, die auf jene anonyme, unpersönliche und austauschbare Rolle, an die sich der Kleinbürger aus reiner Daseinsangst oder doch um der Anerkennung seiner sozialen Existenz willen besonders in Konfliktsituationen mit dem Bourgeois noch klammern muss (»Vorschrift ist Vorschrift«), nicht zurückführbar ist.[32] Ebenso wenig

31 Nicht selten treten die Anforderungen individuellen Erfolgs – Besuch von Abendkursen oder Fügsamkeit gegenüber Vorgesetzten – in Konflikt mit denen kollektiven Wohls (aktive Beteiligung an Gewerkschaftsarbeit usw.), vgl. C. Grignon, »L'art et le métier. Ecole parallèle et petite bourgeoisie«, *Actes de la recherche en sciences sociales* 4, 1976, S. 21-46.

32 Hier wäre auf die breite Literatur der Fürsprecher einer »medizinischen Ordnung« zu verweisen, deren Ziel die Verteidigung der Einzigartigkeit des medizinischen Aktes ist, frei vollzogen von einem freien (und solitären) Menschen, oder an die Entrüstungsschreie zu erinnern, die die Forderung nach Anerkennung kollektiver Arbeiten bei den Verteidigern der universitären Ordnung ausgelöst hat.

hat auch die aus Misstrauen geborene Vorsicht, die den Schritt zur Delegierung eigener Zuständigkeiten und Rechte oder zum Eintritt in eine Partei hemmt, nichts mit der Selbstsicherheit derer gemein, die sich als unübertreffliches Sprachrohr einzigartiger Gedanken und Meinungen verstehen.[33] Doch bereits der summarische Verweis auf die gesellschaftlichen Bedingungen der Ausbildung jener Fordcrung nach »pcrsönlicher Meinung« wie ihrer Verwirklichung macht sichtbar, dass gegenüber dem naiven Glauben in die formale Gleichheit vor der Politik die Sicht der unteren Schichten der Bevölkerung die realistischere ist, wenn sie für die Mittellosen keine andere Alternative sieht als schlechthinnige Abdankung und damit die resignative Anerkennung der eigenen Statusinkompetenz oder völlige Delegierung, d. h. die vorbehaltlose, im theologischen Begriff der *fides implicita* so unübertroffen bezeichnete Zurückstellung des Selbst: Als stilles Vertrauen, stillschweigende Zurückstellung der eigenen Person, die mit der Wahl derjenigen, die ihre Sprecher sein sollen, zugleich ihre Sprache wählt.

Es genügt also ein flüchtiger Blick auf die von verschiedenen sozialen Klassen praktisch vertretene Philosophie der politischen Meinung und Betätigung, um Zweifel daran aufkommen zu lassen, ob die von den Politologen – zumindest stillschweigend – anerkannte Theorie der Meinungsbildung gesellschaftlich derart neutral ist, wie sie glauben. Eine politische Wahl treffen, seine Stimme abgeben

33 Dass am häufigsten höhere Führungskräfte nach eigenem Bekunden sich in Fragen politischer Information vornehmlich der Tageszeitung (in 27% der Fälle, gegenüber 24% der mittleren Führungskräfte und Angestellten, 14% der Landwirte, 11% der Arbeiter, 8% der Handwerker und Kleinhändler) oder der Wochenzeitschrift anvertrauen (19% gegenüber 7%, 4%, 6%, 5%), kann als Ausdruck des mit Ausbildungsniveau wachsenden Bestrebens angesehen werden, sich, wie es so schön heißt, *eine eigene Meinung zu bilden,* und zwar durch den Rückgriff auf das dafür geeignetste und legitimste Mittel, das sogenannte »führende Meinungsblatt«, das im Gegensatz zu den »Massenkommunikationsmitteln« Fernsehen und Radio mit ihren Allerweltsprodukten seiner bestimmten Position wegen gewählt werden kann (SOFRES, *Télévision et politique,* Mai 1976). Ein ganz ähnlich strukturierter Gegensatz mag auch darin zu erkennen sein, dass höhere Führungskräfte sich zur Realisierung ihrer Forderungen häufiger *offizieller Schritte* bei öffentlichen Stellen bedienen, Arbeiter und Angestellte mehr auf den *Streik* vertrauen, Handwerker, Kleinhändler und mittlere Führungskräfte dagegen auf die *Demonstration,* eine vor dem konkreten Anlass nicht gegebene und diesen nicht überdauernde Ad-hoc-Mobilisierung (Befragung CSE).

oder auf eine politische Frage antworten, ein eigentlich politisches *Urteil* anzunehmen, das rein politischen (und nicht etwa ethischen) Prinzipien folgt, um auf ein politisch wahrgenommenes Problem zu antworten, dies heißt unterstellen, dass die Akteure alle im selben Maße die Mittel handhaben können, um einen politischen Diskurs zu führen, also über die notwendigen Mittel verfügen, die politische Frage als solche zu erkennen, sie zu verstehen und auf sie entsprechend ihren politischen Interessen und in einer Weise antworten zu können, die mit der Gesamtheit der Wahlentscheidungen in Einklang steht, welche ausgehend von den an diese Interessen angepassten politischen Prinzipien hervorgebracht werden können. Die Meinungsumfrage, die alle Akteure unterschiedslos auffordert, eine »persönliche Meinung« zu produzieren (»Für Sie«, »Ihrer Auffassung nach«, »Was denken Sie«) oder mit den ihnen zur Verfügung stehenden Mittel, ohne jede *Anleitung*, aus mehreren bereits fertigen Meinungen zu wählen, bringt, sofern man sie zu lesen versteht, den eigentlichen Sinn jener liberalen Philosophie der Politik ans Licht, den die Politologen praktisch anerkennen, nämlich dadurch, dass sie ihre Fragen genau so stellen und die Antworten genau so auswerten.[34] Und sie legt gleichzeitig die wahren Fundamente jener ganz und gar symbolischen Wirkungen der Verschleierung und der Durchsetzung von Legitimität frei, die von einer formalen Demokratie ausgehen, wenn sie, *als zu ihrer Zeit fortschrittliche Utopie*, allen das gleiche Recht auf eine persönliche Meinung garantiert, ohne allen die Mittel an die Hand zu geben, dieses Recht auch zu realisieren.[35]

34 Wollte man die Analogie von Meinungsumfrage und Wahl unter Beweis stellen, müsste nicht nur die in die Befragung eingeflossene, sondern auch die in den Analysemethoden implizierte Philosophie (zumal die rein *additive* Logik der Statistik) analysiert werden. Sichtbar würde dann, dass Meinungsforschung ihrer eigenen Wahrheit niemals näher kommt als dann, wenn sie zwecks Prognose der Resultate einer Wahlumfrage zur Simulation eines Wahlakts anleitet.

35 Eine Sozialgeschichte des Begriffs der »persönlichen Meinung« würde zweifellos zeigen, wie diese Erfindung des 18. Jahrhunderts verknüpft ist einerseits mit dem *Rationalismus*, einem Prinzip der Demokratie, dem zufolge die Fähigkeit des »rechten Urteils«, wie Descartes sagt, also der Unterscheidung von Gut und Böse, von Wahrem und Falschem aufgrund eines inneren, spontanen und unmittelbaren Gefühls *eine universelle und universell anwendbare Fähigkeit* ist, und andererseits mit dem Gedanken einer laizistischen und obligatorischen Bildung, die als notwendig erachtet wurde, diese Fähigkeit voll zu entwickeln, um also der universelle Urteilskraft, dem allgemeinen Wahlrecht eine reale Grundlage zu verschaffen. Man sieht hier, dass die Idee der »Meinung« als Konstruktion

Ein nicht einzuordnender Professor

Können Sie sich politisch einordnen?
Hören Sie, das ist noch eine Frage, die ich nicht zu beantworten vermag. Ich könnte Ihnen allenfalls sagen, dass ich zu der und der Zeit die und die Partei gewählt habe.
Können Sie sich anders definieren?
Über diese Bewegungen da? Hören Sie, wo würden Sie denn den Gaullismus einordnen? Jetzt stelle ich einmal eine Frage. Es gibt Gaullisten, die sich links, andere, die sich rechts nennen. Einer hat es mal gesagt (Auflachen). Der hatte Mut. Wenn ich mir meinen Wahlzettel anschaue, dann habe ich in meinem Leben, seit ich wahlberechtigt bin, schon rechts, schon Mendès-France, schon ziemlich häufig de Gaulle gewählt. Stellen Sie mich also hin, wo Sie wollen. Selbst wenn man mich mit dem Messer an der Gurgel zwingen wollte, eine politische Partei zu wählen, ich würde zunächst einmal nicht wählen. Ich würde schon etwas finden, um mich nicht zu entscheiden. Nein, ich weiß nicht, aber, wenn Sie wollen, das Prinzip der politischen Parteien überhaupt befriedigt mich nicht. Ich meine, dass es ein notwendiges Übel ist, wie vieles andere auch. Aber persönlich finde ich mich nicht betroffen. Ich kann einiges ausschalten, gut. Ich bin kein Kommunist. Sicher gibt es linke, mendesistische oder linksgaullistische Bestrebungen, die sich letzten Endes irgendwo wieder treffen, die mir nicht fremd sind. Andererseits bin ich, paradoxerweise, Anhänger einer gewissen Ordnung. Ich meine, dass man in Zuständen von Unordnung nichts machen kann. In normalen Perioden natürlich. Auf der anderen Seite bin ich aber auch kein Zentrist. Wenn ich der Meinung bin, dass Partei ergriffen werden muss, dann ergreife ich auch Partei. Wie Sie sehen, ist auf Ihre Frage schwer zu antworten. Gegenwärtig wäre ich also, wenn Sie wollen, Gaullist der ersten Stunde, des Kriegsgaullismus, der ich früher war. Das ist keine politische Partei. Eher eine bestimmte Philosophie. Das beweist nicht, dass … auch innerhalb der gaullistischen Bewegung billige ich nicht alles. Deshalb bin ich auch nie Mitglied irgendeiner Partei geworden.
(Universitätsprofessor, Paris)

gegen den institutionellen Anspruch der Kirche auf das *Monopol* der legitimen Produktion von Urteilen (dem der Gedanke der Toleranz entgegensteht, also die Anerkennung aller Meinungen als gleichwertig, ohne Ansehen der Person) vor allem den Anspruch auf das Meinungsrecht der neuen *unabhängigen Kleinproduzenten* ausdrückte, der neuen »opinion makers«, der Schriftsteller, Journalisten, Intellektuellen, deren Rolle sich, parallel zur Entwicklung eines spezialisierten Produktionsfeldes und eines Marktes für neue kulturelle Produkte, dann der *Presse* und der *Parteien*, als (im Gegensatz zu Schule und Kirche) ganz und gar politische Instanzen der Meinungsproduktion herausbildete. Zu den in diese Genese eingewirkten Voraussetzungen, die im historischen Unbewussten überlebt haben, tritt eine andere. Sie besteht darin, stillschweigend Meinungsfreiheit und Handlungsfreiheit einander entgegenzusetzen und aus der Politik eine Frage des Urteilens zu machen, eine *intellektualistische* (oder theoretizistische) Verzerrung, die aber den Interessen der Intellektuellen vollendet entspricht.

Bloß die Ungleichheiten an statusmäßiger Kompetenz zu erkennen, deretwegen die gesellschaftlichen Bedingungen der Möglichkeit politischen Urteils nachdrücklich in Erinnerung zu bringen sind, reicht nicht aus; das grundlegende politische Problem, das der *Produktionsweisen* der Antwort auf eine politische Frage, wird nur verschleiert, ist einmal das intellektualistische Postulat unterschrieben, wonach jede Antwort auf eine politische Frage das Resultat eines Urteils, und zwar eines genuin politischen, sei. Faktisch kann die Antwort auf eine Frage, die der herrschenden Definition zufolge als politische zu qualifizieren wäre (etwa die nach Studentendemonstrationen oder nach der Abtreibung), auf dreierlei höchst unterschiedliche Weisen hervorgebracht werden (man könnte ebenso gut von drei *Konsumtionsweisen* der politischen Meinung sprechen). Als Produktionsprinzip können fungieren: das *Klassenethos,* eine als solche nicht konstituierte Erzeugungsformel, die auf alle Probleme des Alltags in sich objektiv kohärente und mit den praktischen Postulaten eines praktischen Verhältnisses zur Welt kompatible Antworten zu geben erlaubt; eine *systematische politische »Gesamtkonzeption«* (analog einer künstlerischen Konzeption), d. h. ein System expliziter und spezifisch politischer Prinzipien, die logischer Kontrolle und reflexivem Denken unterliegen, kurzum, eine Art politische Axiomatik (im umgangssprachlichen Sinne einer »Linie« oder eines »Programms«), die die unendlich vielen im *Algorithmus* eingeschriebenen politischen Urteile und Akte – und nur sie – zu erzeugen oder vorauszusagen erlaubt; eine *Entscheidung zweiten Grades,* also Entscheidung für eine *politische Partei*, eine Organisation, an die delegiert wird und die eine politische »Linie« in Bezug auf einen Komplex von Problemen ausgibt, zu deren Politisierung sie selbst beiträgt, und Entscheidung für Antworten, die mit dieser von der Partei festgelegten Linie übereinstimmen, oder vollkommene Delegation der Antwort an die Partei (worauf bestimmte Enthaltungen zurückzuführen sind).[36]

36 Hier mag der Hinweis genügen, dass die Entscheidung zweiten Grades sich häufig im Geschmacksbereich beobachten lässt, und zwar dann, wenn die Konsumenten eine bestimmte Vertriebs- oder Produktionseinheit (ein bestimmtes Geschäft, ein bestimmtes Theater, einen bestimmten Radiosender usw.) wählen und mit diesem Akt zugleich das dort angebotene Produktsortiment; wenn sie nicht überhaupt die Entscheidung ästhetisch geschulten Mandatsträgern über-

Konfrontiert mit einer Frage aus dem Umkreis häuslicher Moralvorstellungen wie der Sexualaufklärung, die qua Institutionalisierung im Schulunterricht zunehmend politischen Charakter gewinnt, antworten alle Kategorien, mit Ausnahme der höheren Führungskräfte, ausgehend von ihrem jeweiligen Klassenethos und mehr oder minder unabhängig von erklärten politischen Ansichten. So ist am meisten von Landarbeitern zu hören, dass gegenüber Jugendlichen entweder überhaupt nicht von Sexualität gesprochen werden oder doch Sexualerziehung erst nach dem 15. Lebensjahr erfolgen sollte, während Angestellte und mittlere Führungskräfte, in ihrer Bildungsbeflissenheit auch in diesem Bereich zur Anerkennung der herrschenden Norm verleitet (die in der Frage selbst ja anklingt), am meisten sich dafür aussprechen, sie vor dem 11. Lebensjahr zu erteilen; diese offensichtliche Diskrepanz verhindert nicht, dass die beiden Gruppen sich in Bezug auf politische Zugehörigkeit dagegen kaum nennenswert unterscheiden. Ganz im Kontrast dazu deutet alles darauf hin, dass die Antworten der höheren Führungskräfte und der Angehörigen freier Berufe untrennbar miteinander verknüpft ein zu einer gewissen pädagogischen Laxheit hintendierendes Klassenethos wie zugleich explizit politische Prinzipien zum Ausdruck bringen: 80 % der sich als links Bezeichnenden äußern die Meinung, Sexualerziehung habe vor dem 11. Lebensjahr einzusetzen, gegenüber 50 % der dem Zentrum Nahestehenden und 33 % der sich als rechts Bekennenden. Sichtbar wird daran – wie ähnlich bereits an der »reinen« ästhetischen Einstellung, die jedes ästhetische Votum zur Äußerung einer ästhetischen »Gesamtkonzeption« werden lässt –, dass die Tendenz, Alltagsentscheidungen unter Zugrundelegung genuin politischer Prinzipien zu treffen, d. h. aus der Logik einer politischen »Gesamtkonzeption« heraus und nicht aus ethischer Intuition, selbst eine Dimension des Ethos bildet, das sich in Bezug zur Sprache und zum Körper nicht minder äußert wie in dem zu den anderen Menschen und zur Welt allgemein.

Ein Bewusstwerdungsprozess

Zuerst, als ich geheiratet hab, hatte ich keine klaren Ansichten; ich kam aus der Bretagne, na ja, ich merkte zwar, dass es Probleme gibt und so, gut, ich spürte das, aber ich konnte sie nicht benennen. Ich hab einen Kommunisten geheira-

lassen – Dekorateuren, Architekten und sonstigen Verkäufern von Dienstleistungen im Ästhetiksektor –, die in ihren jeweiligen Bereichen eine ähnliche Rolle wie Parteien spielen.

tet, ohne mir darüber klar zu sein. Als ich das erste Mal Humanité-Dimanche sah, beim Heimkommen, hab ich erst mal rot gesehen. Also monatelang hab ich die Zeitung einfach nicht zur Kenntnis genommen. Und dann, Stück für Stück, musste ich anerkennen, dass sie Positionen bezog, vielleicht ein bisschen harte, aber in Wirklichkeit taugten sie was. Mein Mann war Gewerkschaftler, also hatte ich was mit einem Gewerkschaftler zu tun; und dann bekam ich 1, 2, 3 Kinder, hab dann, wie alle Welt, die Schwierigkeiten des Lebens kennengelernt, nach und nach; meine waren besonders hart, weil ich obendrein noch meine Mutter zu versorgen hatte. Mein Mann ist Arbeiter, also hab ich die Probleme der Arbeiter kennen gelernt. Und dann hab ich selbst Position bezogen, während des Algerienkrieges, ich hab erkannt, dass da Schreckliches verübt wurde, gegen das wir immer gekämpft hatten. Wir waren immer der Ansicht gewesen, dass dieser Krieg nichts taugt, und da hab ich dann wirklich den Kampf der Partei begriffen. Wissen Sie, vor allem als das bei Charonne passierte. Also da stand mir der Ekel bis hier hin, denn an dem Abend, müssen Sie wissen, hab ich meinen Mann zu Hause zurückgehalten, es hätte nicht viel gefehlt und der wäre dabei gewesen. Ich hab ihn zurückgehalten, weil er krank war. Und dann, ganz allmählich, wissen Sie, ich weiß nicht, ich kann nicht genau angeben, wie das über mich gekommen ist. Ich hab angefangen, es zu schätzen, und dann hab ich angefangen, mir zu sagen, als ich so meine Kinder heranwachsen sah, dass sie gefälligst eine anständigere Zukunft haben sollten als wir, und dann bin ich, nach und nach, einfach so eben … Und dann auch noch, wissen Sie, hab ich die aktiven Mitglieder gesehen, wie sie sich so gegeben haben, und da sie ja immer bei uns vorbeigekommen sind, hatte ich Kontakte zu ihnen, und hab's dann doch gemocht. Die hat im Grunde nichts zurückgehalten, nicht mal Müdigkeit, wissen Sie. Und dann, mein Mann ist Gewerkschaftler, also Streikender der ersten Stunde und alles, und gegen die Bewegungen da bin ich noch nie gewesen; dadurch dass ich mit ihnen in Berührung gekommen bin, hab ich gelernt, sie zu kennen, wissen Sie …

– Zu welchem Zeitpunkt sind Sie der Partei beigetreten?
– Meine Mitgliedskarte, die hab ich seit 62. Ich bin Parteimitglied geworden, als mein Mann im Sanatorium war. Er ist ins Sanatorium gegangen, nachdem er die drei Kleinen angesteckt hat, darunter meine Tochter, die in Kur kam, dann hab ich meine zwei Jungs gepflegt; damals hab ich eine sehr, sehr schwere Zeit durchgemacht, und dann hab ich trotzdem begriffen, dass irgendwas getan werden muss. Ich selbst bin ganz gut klargekommen, dass aber alle anderen nicht so gut klarkommen. Verstehen Sie? Und von da ab, allmählich, wissen Sie, hat mich das ganz schön verändert; ich war 18 Monate ganz allein, ich hab einen ganz, ganz harten Kampf geführt, denn dir wird nichts erspart, weder von ärztlicher Seite noch von finanzieller Seite, ich bin da ganz gut klargekommen, aber ich denk an die anderen. Ich meine, da gibt's doch noch viele Reformen zu machen, und dass, was Gesundheit, was die Alten angeht, das alles … Wissen Sie, was mich auch noch zu Bewusstsein gebracht hat, das war, als ich gesehen hab, wie die Alten, die Behinderten im Stich gelassen werden. Weil ich eine behinderte Mutter hatte, war ich immer wieder gezwungen, für sie aufzukom-

men, als sie operiert wurde, haben die mich 50 % der Krankenhauskosten selbst tragen lassen, und ich hatte die Krankenhauskosten zu zahlen, einfach so, und mein Mann arbeitete nicht. Sie haben mir 50 % gelassen, das heißt 70.000 Francs, und dabei hatte mein Mann seit 18 Monaten aufgehört ... Also, das sind alles diese Probleme, die mich dazu gebracht haben, wissen Sie, zu überlegen und mich zu fragen, wie's manche anstellen, da rauszukommen, ich hab ja Willenskraft, aber nicht alle haben die.

– Sie haben das Bedürfnis verspürt, sich ...

Ich bin ja nicht sehr aktiv, weil ich kann's nicht, ich wollte nie meine Kinder allein lassen, weil sie sehr empfindlich sind, nun ja, ich war der Meinung, dass meine größte Arbeit schließlich darin besteht, meine Kinder zu erziehen und dann großzuziehen, ich hab sie nie alleine gelassen. Mein Mann, der ist tatsächlich der aktivere, ich bin nicht sehr aktiv, aus dem guten Grund, weil ich meine Kinder nicht allein lassen kann. Er ist immer gegangen, ich bin zu Hause geblieben. Trotzdem nehm ich doch indirekt an allen Bewegungen teil. Und dann sag ich Ihnen eins, mich hat der alltägliche Kampf dazu geführt. Zuerst war ich auch Waise, und ich sag Ihnen, da meine Mutter behindert war, musste sie alle Arbeiten annehmen, und obendrein noch ohne bezahlt zu werden. Als ich jung war, hat mein Vater sich umgebracht, sie bekam weder Kindergeld noch sonst was, was nicht verhindert hat, dass meine Brüder im Schulwesen sind und alles, sie hat uns zur Schule gehen lassen, soweit sie konnte, wenn das auch unmenschlich war. Und ich denk mir, sehen Sie, das Leben, das ist das nicht. Und dass diese unerträglichen Verhältnisse verbessert werden müssen; weil, wissen Sie, meine Mutter ist mit 67 gestorben, sie hat 30 Kilo gewogen, das müssen Sie sich mal vorstellen. Ich finde, das ist ein zu hartes Leben, sehen Sie, in Frankreich kümmert man sich nicht genug ums Soziale, und unter dem Gesichtspunkt, da gibt's viel zu tun. Man darf nicht vergessen, dass es ältere Menschen gibt, die nichts zum Leben haben, die vor Hunger sterben, die sich umbringen, um ihren Kindern nicht auf der Tasche zu liegen. Das ist doch unmenschlich, wissen Sie. Es stimmt, ich hab noch 75.000 Francs für meine Mutter zu zahlen, und im April ist es ein Jahr her, dass sie gestorben ist. Musste das alles nach ihr zahlen. Wissen Sie, eine Erbschaft war das nicht, was ich da bekommen hab.

– Sie haben die Partei gewählt, weil ...

– Weil man auf der Seite am meisten positive Elemente findet. Schauen Sie sich die älteren Menschen in Bagneux an, wie glücklich die sind. Na ja, glücklich, das ist vielleicht zu viel gesagt, aber ja doch, man hilft ihnen. Schauen Sie, ich hab keine Probleme, ich hab meine Kleinen, in Ferienlagern, Ostern, in den großen Ferien gehen sie in Ferienlager, manchmal sogar Weihnachten, gut, ich zahl je nachdem, was in der Lohntüte ist, es gibt Mittel und Wege, die Kindern sind trotzdem glücklich; sie haben alles, sie haben Stadien, sie haben die Turnhalle, sie haben das Schwimmbad, sie haben alles, sie können sich entwickeln, für, für eine klitzekleine Summe. Verstehen Sie, das ist es.

– Sie meinen, dass auf sozialer Ebene die Partei ...

– Und das sollte auf nationaler Ebene gemacht werden. Das müsste, ja, davon bin ich überzeugt, das müsste auf nationaler Ebene gemacht werden. Aber bevor man das vielen begreiflich gemacht hat, wissen Sie, gibt's immer noch Elend; aber die meisten Leute sehen das nicht.
(Schneiderin, Frau eines Drehers, 42 Jahre, Kommunistin)

Faktisch unterscheiden sich die beiden letztgenannten Produktionsweisen von Meinung von der ersten dahingehend, dass in ihnen die eigentlichen politischen Prinzipien, die der Bildung des politischen Urteils zugrunde liegen, auf die explizite Ebene gehoben sind und von da ihren spezifischen Charakter gewinnen; dies kann durch die Institution geleistet werden, der man sich im Hinblick auf Erzeugung und Verwaltung dieser Prinzipien anvertraut (die »Programme« oder »Plattformen« einer Partei), aber auch durch den einzelnen politischen Akteur selbst, der als eigener Herr über seine Ressourcen zur Bildung politischer Fragen und Antworten, auf anscheinend so unterschiedliche Probleme wie Kampf der Lip-Arbeiter, Sexualaufklärung oder Umweltverschmutzung systematische und systematisch politische Antworten parat haben kann. In beiden Fällen stellt sich der Zusammenhang zwischen Gesellschaftsklasse und politischer Meinung nicht mehr direkt, allein über das Klassen-Unbewusste her: Sollen die politischen Ansichten angemessen begriffen, im umfassenden Sinn erklärt werden, ist auf eine genuin politische Instanz zurückzugreifen, auf die politische »Linie« oder das »politische Programm« einer Partei, die damit *de facto* mit dem Monopol zur Schaffung der Bildungsprinzipien von politischer Meinung ausgestattet ist, oder eine politische Axiomatik, von der aus sich eine genuin politische Meinung über grundsätzlich alle, auch die scheinbar unpolitischen Probleme bilden lässt. Für die übrigen, sich nicht zu einer »Gesamtkonzeption« verdichtenden und nicht durch eine Partei derart konstituierten Probleme sind die Akteure auf das Ethos verwiesen, worin sich dessen spezifische Produktionsbedingungen niederschlagen. Das gilt für den sprichwörtlichen Mann von der Straße ebenso wie für professionelle Produzenten, Intellektuelle, Soziologen, Journalisten oder Politiker: Sowohl bei der Entwicklung des »wissenschaftlichen« oder sonstigen Diskurses über die soziale Weh als auch bei der Festlegung einer politischen Linie hat das Klassenethos gewissermaßen die Unzulänglichkeiten der Axiomatik wie der Methode (oder deren unzulängliche Beherrschung) auszugleichen. Darin, in der intuitiven Wahrnehmung zweier Prinzipien der Bildung und

Entwicklung von Meinung und politischem Handeln und darüber hinaus in einem bestimmten und durchaus nicht unbegründeten Skeptizismus, was die Möglichkeit anbelangt, auf alle *praktischen* Probleme und Herausforderungen des Alltags mit Antworten aus dem Arsenal der politischen Axiomatik angemessen kontern zu können, dürfte wohl auch die Wurzel des »Ouvrierismus« der revolutionären Parteien auszumachen sein. Jedenfalls ist kein größerer Gegensatz vorstellbar als der zwischen der bewussten und gleichsam erzwungenen Systematik der politischen »Partei« und dem systematischen Charakter »an sich« der praktischen Handlungen und Urteile, die sich unbewussten Prinzipien des Ethos verdanken; oder auch zwischen dem minimalen und zugleich fundamentalen Bewusstsein, das nötig ist, um die Gestaltung der Bildungsprinzipien von politischer Meinung einer Partei zu überantworten, und dem systematischen Bewusstsein, das jede Situation als politische begründen und eine von genuin politischen Prinzipien geleitete politische Lösung vorgeben lässt. Bleibt politisches Bewusstsein ohne entsprechende Einstellungen unwirklich und unbestimmt, so bleiben Einstellungen ohne Bewusstsein sich selber undurchsichtig und damit stets dem Abgleiten in falsches Erkennen ausgesetzt.[37]

Wenn die streiken, dann haben sie es auch wirklich nötig. Die Leute streiken nicht aus purer Lust und Laune.
(Hausfrau)

Auf diese Opposition von erstem und zweitem Prinzip, von je eigener, persönlicher Urteils- und Meinungsbildung und solcher qua Prokura, greifen die Verfechter der herrschenden Ordnung immer dann zurück, wenn sie, wie im Fall des Streiks, die »demokratische«

37 Unter allen Intellektuellen hat sicher Sartre am »authentischsten« den Gegensatz zwischen der abstrakten Irrealität des als Ergebnis einer bewussten Wahl stets als arbiträr erfahrenen »Engagements« und der Opakheit einer durch die jeweiligen Existenzbedingungen aufgezwungenen Wahl gespürt. Revolutionären, schreibt er, ist es immer ernst, und indem er hier Ernst mit »Ernsthaftigkeit« identifiziert, balanciert er immer, wie beim An-sich und Für-sich, zwischen der Nostalgie eines für denjenigen unmöglichen Ernstes, der keine ernsthaften Gründe hat, sich aufzulehnen, und dem Ideal einer Freiheit, das die Welt entrealisiert, indem es sie als Auflehnung beschreibt.

Wahl oder Urabstimmung von der »zentralistischen« Verlautbarung durch die Gewerkschaft abheben, derart in die organische Beziehung von Delegierenden und Delegierten gleichsam einen Keil treiben und – durch Verweis auf Wahlzelle und Isolierung – das Einzelsubjekt auf seine bloßen eigenen Kräfte reduzieren. Doch auch die Meinungsforschung verfährt wohl kaum anders, wenn sie durch Einführung eines spezifischen Modus der Meinungsbildung die kulturell und sprachlich Mittellosen zu Meinungsäußerungen nötigt, die im Gegensatz zu denen ihrer legitimierten Wortführer stehen, die für sie (im doppelten Sinn) sprechen, und auf diese Weise die Gültigkeit des Delegationsvertrags in Zweifel zieht.[38]

Zur Politik bin ich gekommen, weil ich als junges Mädchen gelitten habe, verstehen Sie?
(Städtische Angestellte, Kommunistin)

Jene Opposition wird schließlich selbst dort noch geltend gemacht, wo mit Blick auf die spezifisch politische Klientel, die jeweils auf einem der beiden Modi der Meinungsbildung mehr oder weniger ausschließlich eingeschworen ist – die der Massenparteien einerseits, die der »avantgardistischen« Miniparteien und Grüppchen, deren aktive Mitglieder nahezu ausnahmslos Politik im umfassenden konzeptuellen Sinne erfahren und erleben, andererseits –, zwei konträre Auffassungen des Verhältnisses von Partei und Basis ausgemacht werden: Eine erste, wo gewöhnlich unter Berufung auf »politischen Realismus« für ein hohes Maß an übertragener Macht und Weisungsbefugnis in

38 Genau das tut auch die Meinungsumfrage, sie installiert einen Modus der Meinungsproduktion, der die Mittellosesten zwingt, Antworten zu geben, die sich zu denen von ihren ausgewiesenen Wortführern angebotenen (und untergeschobenen) *antagonistisch* verhalten und so den Wert des Delegationsvertrags in Frage stellen. Kein Zufall also, dass die *Vollmacht* (oder Fürsorge), Voraussetzung für den Zugang zur politischen Meinung für all jene, denen das Rüstzeug zur Gestaltung einer »persönlichen Meinung« fehlt, eine mehr oder minder geschickt getarnte Zielscheibe konservativen oder »konservativ-revolutionären« Denkens darstellt (vgl. P. Bourdieu, »L'ontologie politique de Martin Heidegger«, *Actes de la recherche en sciences sociales* 5/6, 1975, S. 109-156. Das bürgerliche Phantasma der Wahlkabine ist untrennbar von der Herausbildung getrennter Sphären, denen ebenso abstrakte Akteure entsprechen, der *homo oeconomicus*, der *homo politicus* (man kennt die Debatte um das Recht der Gewerkschaften, »Politik zu machen«).

den Händen der Zentralleitung plädiert wird – eine zweite, die in Fragen politischer Meinung für Selbstbestimmung eintritt, ausgehend von einer ihr selbst undurchsichtigen Verallgemeinerung jenes besonderen Verhältnisses zur Politik, das für Individuen charakteristisch ist, die, als Kleinproduzenten von politischer Meinung im Besitze der entsprechenden Produktionsmittel, in der Tat keinen Grund haben, anderen das Recht und die Macht zur Meinungsbildung zu übertragen.[39]

So zeigen die Wähler der PSU, zu einem Großteil Angehörige »intellektueller« Berufe, durch das hohe Maß an Homogenität in ihren Antworten, dass sie in der Lage sind, nicht nur alles unter politischen Aspekten zu sehen (analog zum Ästheten, der alles zu ästhetisieren vermag), sondern auch ein System explizit kohärenter Antworten zu liefern, denen noch klarer als bei den Wählern der PC ausdrücklich politische Prinzipien als Basis dienen. So wechselt zum Beispiel das Prinzip, aus dem heraus sich

39 In der herkömmlichen Vorstellung der Beziehung von Parteiapparat und jeweiliger Basis – insbesondere der Ideologie von der unvollkommenen Vertretung, der zufolge die »politische Elite dem nicht nachkommt, was ihre gesellschaftliche Basis von ihr verlangt« oder »selbst die politische Nachfrage erzeugt, die ihr den Machtverbleib sichert – gerät aus dem Blick, dass sich diese Beziehung je nach Partei und Basis *ganz anders* gestalten kann. Die Beziehung zwischen Delegierten und ihren Mandanten hängt wesentlich von den folgenden Faktoren ab: der spezifischen Rekrutierung, Ausbildung und Beförderung der politischen Führungskräfte (wobei das Spektrum von der *Kommunistischen Partei,* die ihre Politiker gewissermaßen *aus dem Nichts heraus* erschaffen, nämlich sie nahezu ganz allein auf sich gestellt und im umfassenden Sinn ausbilden muss, vgl. G. Ansart, *De l'usine a l'Assemblée nationale,* Paris 1977, bis zu den konservativen Parteien reicht, die bloß gestandene Notabeln mit entsprechender Vorbildung und anderweitiger fester Stellung in ihr Parteigefüge einzugliedern brauchen); von den sozialen Merkmalen der Basis (und da besonders dem allgemeinen Bildungsniveau und den Formen politischen Denkens, die darin zum Tragen kommen); der spezifischen Gestaltung des politischen Diskurses oder, was auf dasselbe hinausläuft, der spezifischen Organisation der Gruppen, in denen der Diskurs entwickelt wird und zirkuliert, etc. Weil er sich nicht auf eine Analyse dieses Prozesses stützt, kann der Diskurs über die Frage nur ein mehr oder weniger universalisierter Ausdruck der spezifischen Erwartungen von Intellektuellen sein: Als eigenständige Diskursproduzenten suchen die Intellektuellen gegenüber jenen Instanzen, die wie Kirche und Partei das Monopol auf die legitime Produktion symbolischer Güter geltend machen, das Recht auf Selbstbestimmung in Meinungsfragen einzuklagen. In diesem Sinne stellt die Ökologie-Bewegung mit ihrer Weigerung, sich »als Eigentümer« ihrer Wählerstimmen aufzuführen, ein Privileg aller Apparate, die Wirklichkeit gewordene Utopie der Intellektuellen-Partei dar.

Meinungsbildung bei Wählern der Kommunistischen Partei vollzieht, je nach Gelände, das heißt, je nachdem, ob sie über ein praktisches wie theoretisches, durch Erfahrung wie politisches Lernen erworbenes Wissen darüber verfügen, »was man denken muss« (was in Bezug auf Auseinandersetzungen im Bereich der Produktionsbeziehungen generell zutrifft), oder ob sie vielmehr den aus ihrem besonderen Ethos genährten Einstellungen folgen und damit zwangsläufig als Hüter einer überholten bürgerlichen Moral auftreten. Von daher ist es auch ein Leichtes, bei aktiven Parteimitgliedern, ja selbst Parteiführern die Widersprüche oder Unstimmigkeiten der auf der Grundlage dieser beiden Prinzipien gefällten Antworten bloßzustellen, insbesondere das Auseinanderklaffen zwischen ihren auf politischer Ebene bekundeten revolutionären Einstellungen und ihrem im »ethischen« Bereich sich offenbarenden Konservatismus, der in bestimmten Situationen tatsächlich auch effektiv konservativen Praktiken zugrunde liegen kann. Demgegenüber zeichnen sich die Wähler der PSU gegenüber allen anderen durch ihr hohes Maß an Befähigung aus, auch dort noch genuin politische Prinzipien geltend zu machen, wo andere bereits tendenziell auf solche des Ethos »regrediert« sind – was besser verständlich wird, wenn man sich daran erinnert, dass die Neigung, auf alles explizit politische Prinzipien anzuwenden, eine Dimension des Ethos ist und dass die Zugehörigkeit zu einer Partei (»Partei der Intellektuellen«) nie überhaupt keinen Einfluss haben kann, nachdem sie doch selbst der Effekt einer »Partei« ist.

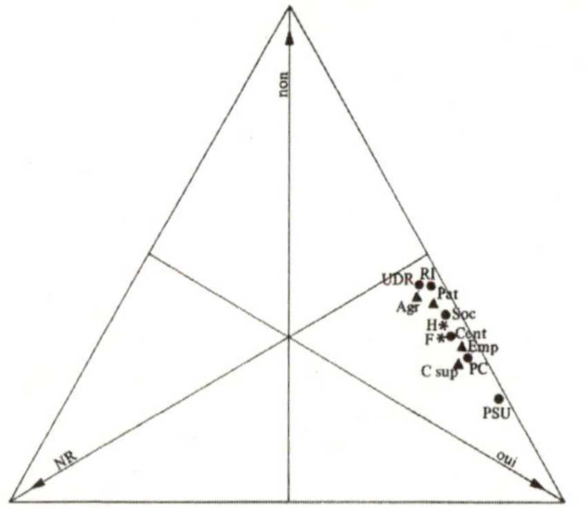

Meinen Sie, dass man 18-jährige Mädchen die Filme anschauen lassen soll, die sie sehen wollen?
(IFOP, März 1971)

Agr = Landwirte.
Ouv = Arbeiter.
Csup = Höhere Führungskräfte.
Pat = Unternehmer.
F = Frauen.
H = Männer.

Wie anhand des Schaubildes illustriert wird, nehmen die Wähler der PSU immer dann eine exponierte Stellung ein, wenn es darum geht, politische

Prinzipien auf Gebieten anzuwenden, wo gewöhnlich ethisch fundierte Wahrnehmung vorherrscht. So sind es 53% unter ihnen, die das Urteil missbilligen: »Lehrern fehlt es an Strenge gegenüber den Jugendlichen«, gegenüber 33% bei den Wählern der PC, 28% bei den Sozialisten, 22,5% bei der UDR, 20% bei den Unabhängigen Republikanern. Aus ihren Reihen wird auch am häufigsten Widerspruch laut gegen Aussagen wie: »In Frankreich haben die Lehrer zu viel Urlaub« oder »Die Lehrer treiben zu viel Politik« (IFOP, März 1970).

Die *fides implicita* ist ganz offensichtlich eine »Entscheidung« des Ethos, die sich weniger an Parolen und »Ideen« hält, die sie transportieren, sondern vielmehr an die Menschen, die sie verkörpern, oder besser an die Nuancen der körperlichen Hexis, der Beziehung zur Sprache, des Gebarens und der Haltung, in denen sich die tiefgehenden Dispositionen des Habitus zeigen. Die Intuition des Habitus, welche sämtliche Alltagsbeziehungen steuert, ist auch Grundlage vieler solcher Affinitäten, die, in der Sprache von Sympathie und Antipathie erlebt und ausgedrückt, eine bestimmende Rolle in den Beziehungen zwischen den weitgehend politischer Produktionsmittel beraubten Akteuren und ihren Wortführern spielen. Weil sie nicht immer über die Mittel zur Kontrolle der inneren Kohärenz des Diskurses verfügen, weil sie diesen Diskurs nicht auf die eigene Erfahrung beziehen können, sie oft weit entfernt von der Abstraktion ist, in der sie die politische Sprache ausdrückt, versuchen die am stärksten Enteigneten über die Entzifferung jener kaum wahrnehmbaren Zeichen, durch die sich der Ethos zeigt, den Diskurs zu kontrollieren, Hinweise, die für sich genommen schon ausreichen, ganz unabhängig vom Diskurs: Von all den Wundern, die dem Fernsehen zugeschrieben werden, ist das wohl am wenigstens merkliche und ohne jeden Zweifel entscheidendste die Tatsache, dass es dieser praktischen Kritik eine unendlich viel breitere Grundlage liefert als etwa die Zeitung, das Radio oder selbst Wahlversammlungen – einer Kritik, die auf der Wahrnehmung von Widersprüchen zwischen der Rede und dem Habitus derjenigen beruht, die sie äußern. Und so rührte der (relative) Erfolg von Jacques Duclos beim ersten Durchgang der Präsidentschaftswahlen im Jahr 1969 sicher zu einem Teil daher, dass seine körperliche Hexis, eine Mischung aus volkstümlicher Biederkeit und fast kleinbürgerlichem Rigorismus, und auch sein

Tonfall und seine ganze Sprache – in solchen Situationen ebenso wichtig wie der informative Gehalt, weil es hier um Anhaltspunkte der *Aufrichtigkeit* als Grundvoraussetzung der *fides* geht – im Hinblick auf den Ethos nahezu perfekt jenes soziale Einzugsgebiet der »Klientel« darstellte, welche die Kommunistische Partei zu erreichen versuchte.[40] Jedes politische Urteil, noch das vermeintlich aufgeklärteste, beinhaltet ein nicht aufzuhebendes Moment von *fides implicita,* das der Logik politischer Entscheidung immanent ist, d. h. der Wahl von *Wortführern* und *Bevollmächtigten* im Sinne der Entscheidung für bestimmte Ideen, Überzeugungen, Entwürfe, Programme, Pläne, die, da *inkarniert* in *Persönlichkeiten,* in ihrer Wirklichkeit und Glaubwürdigkeit eben auch von der Wirklichkeit und Glaubwürdigkeit dieser »Persönlichkeiten« abhängen. Die Unsicherheit in Bezug auf das Objekt des Urteils – Person wie Idee – ist der Logik des Politischen konstitutiv; und diese, unabhängig vom jeweiligen Regime, begründet, dass die Formulierung politischer Probleme und Lösungen wie deren Durchsetzung

40 Wenn Lipset also in seiner Studie über Studenten und Politik auf das Fehlen jedes Zusammenhangs zwischen Beruf der Eltern und politischer Position der Studenten schließt, die festgestellten Abweichungen dabei Faktoren wie Universitätstyp und Studienfach zuschreibt, vergisst er nicht nur die bereits andernorts belegte Tatsache, dass die zu einem bestimmten Zeitpunkt konstatierbaren Unterschiede in Bezug auf die Stellung innerhalb der Universität die auf die Hochschulebene transponierten Unterschiede sozialer Herkunft darstellen – ein Befund, der selbst auf die Aspirationen zutrifft, insofern sich in der Ausrichtung auf ein Fach diejenigen niederschlagen, die Individuen einer bestimmten sozialen Herkunft mit einem bestimmten Grad an schulischem Erfolg zugänglich sind; er ist auch und zumal dadurch, dass er es offensichtlich an einer adäquaten Befragung hat fehlen lassen, die ihm Hinweise auf die spezifische Modalität der jeweiligen Praxis wie der politischen Urteile hätte an die Hand geben können, zur Gleichsetzung von Positionen gezwungen, die sich ihrem politischen Gehalt nach decken, gleichwohl aber radikal konträre Einstellungen widerspiegeln können, wie etwa kleinbürgerliche Seriosität und bürgerlichen Dilettantismus (vgl. S. M. Lipset, »Students and Politics in Comparative Perspective«, *Daedalus,* Winter 1968, S. 1-20: Aus der Feststellung einer Beziehung von politischer Meinung und Studienfachwahl leitet Lipset hier ab, dass »die politischen Einstellungen der Studenten die Wahl ihrer zukünftigen Karriere beeinflussen«, S. 14, ohne zu sehen, dass sich in der Studienfachwahl und den politischen Einstellungen ein und dasselbe System von Dispositionen ausdrückt; für eine fundierte Kritik der Analyse einer Erhebung bei französischen Studenten siehe auch Y. Delsaut, »Les opinions politiques dans le système des attitudes, les étudiants en lettres et la politique«, *Revue française de sociologie* XI, 1, 1970, S. 3-33.

notwendig anderen anvertraut wird, wobei die Wahl derartiger Bevollmächtigter immer, sei es aufgrund des von ihnen vertretenen (objektivierten) *Programms* als eines Katalogs vorformulierter Wertungen und öffentlich angekündigter Maßnahmen (der Logik des *Eids* folgend), sei es wegen ihrer »Persönlichkeit« erfolgt, d. h. ihres Habitus als eines *inkorporierten Programms* (durchaus im Sinne der Informatik verstanden), eines Prinzips der Erzeugung von Wertungen und Handlungen (die »politischen Maßnahmen«), die zum Zeitpunkt der Wahl weder vom Wähler noch vom Kandidaten *expressis verbis* formuliert sind.[41] Keine politische »Entscheidung«, die nicht die Persönlichkeit des Bürgen und in eins damit das von diesem Verbürgte berücksichtigte. Wenn sich die *fides implicita* besonders deutlich im Fall der Beziehung zwischen dem einfachen Volk und ihren Parteien zu erkennen gibt, dann deshalb, weil in einer politischen Absicht, die aus Explikation entsteht, alles in der Ordnung des Expliziten angesiedelt ist: Die Parteigänger des Wandels sind per definitionem gezwungen, ihre häretischen Intentionen und damit den Bruch der Doxa, jener gewohnheitsmäßigen Verwurzelung mit der alltäglichen Ordnung des Ungefragten und Selbstverständlichen in aller Öffentlichkeit und in konkreter Gestalt eines Programms auszuweisen, gezwungen auch, dafür eine bewusste und ausdrückliche, also im echten Sinn *häretische*

41 Der Delegierte, ausgestattet mit Macht und Redemacht, bringt die bereits vorformulierten Meinungen seiner Mandanten zum Ausdruck (er »hält sich« an ein Programm, eine Art expliziten Delegationsvertrag) und zugleich – damit eher im Sinne des inkorporierten denn des objektivierten Programms handelnd oder im Sinne seiner spezifischen, mit seiner Stellung innerhalb des Kräftefeldes der Ideologieproduktion verknüpften Interessen – deren noch nicht artikulierte, implizite und potentielle Ansichten, die durch ihn somit allererst Existenz gewinnen; und er kann schließlich auch das aus seinem Status als anerkannter Wortführer abgeleitete Sprachmonopol derart missbrauchen und den Urhebern seines Mandats durch einen Akt nicht nachprüfbarer, also legitimer Usurpation Erwartungen, Absichten und Forderungen unterschieben, in denen sich diese nicht wiedererkennen (und die, bei Gelegenheit, die einer Avantgarde wie einer Arrièregarde der betreffenden Gruppe insgesamt sein können). Kurzum: Darin, dass der Delegierte Garant des Programms im Sinne nicht allein des *opus operatum* einer Gesamtheit bereits formulierter Aussagen, sondern auch des *modus operandi* und damit einer Gesamtheit generativer Prinzipien von noch nicht ausformulierten Aussagen ist (die »Linie«), liegt ohne Zweifel begründet, warum – um hier eine Formel Durkheims aufzugreifen – nicht alles im politischen Delegationsvertrag vertraglicher Natur ist.

Zustimmung einzufordern. Die dagegen, denen nichts weiter am Herzen liegt als die Wahrung der herrschenden Ordnung, können sich einer derartigen Explikationsarbeit entheben und sich damit begnügen, in Gestalt ihrer eigenen Person, Distinktion, Eleganz, Kultur und Prädikate (Adelstitel, Diplome etc.), die Bürgschaften eines Leib gewordenen Programms der Sicherung des Status quo zu stellen.[42]

Persönliche Eingebung

– Was ziehen Sie bei der Wahl eines Abgeordneten in Betracht?
– In erster Linie die Partei. Dann nicht etwa Redlichkeit, sondern die Art und Weise, wie einer sich durchsetzt. Ich persönlich zieh den vor, der eher ein bisschen grob vorgeht, auf die Gefahr hin, anzuecken und weniger gut abzuschneiden als der weiche Typ. Ich zieh den vor, der kein Blatt vor den Mund nimmt. Zum Beispiel jetzt, an der Spitze der Partei, da zieh ich Jacques Duclos Georges Marchais vor. Weil ich meine, dass Jacques Duclos, wenn der was sagen will, dann sagt er das auch unverblümt. Georges Marchais auch, aber doch ein wenig feiner, mehr so durch die Blume.
(Arbeiter, Kommunist)

Die Radikalen sind ... waren zumindest mal vorher ... jetzt hab ich keine Ahnung, wie die sind, obwohl Servan-Schreiber sie zu verjüngen versucht, aber das war, mal hart gesagt, immer schon eine Partei von alten Trotteln, mit einer Menge Freimaurern, glaub ich, und mit nicht sehr festen Überzeugungen. Also ich finde, dass das keine besonders ehrliche Partei ist.
(Sekretär)

Zurückstellung des Selbst

Ich vertrau denen, hab denen immer vertraut. Die haben immer gemacht, was sie gesagt haben, deshalb hab ich sie auch immer gewählt.
(Städtischer Angestellter, Kommunist)

42 Eben weil die Parteien des Wandels zur Explikation gezwungen sind, unterliegen die Verfechter der Veränderung auch stärker dem Widerspruch zwischen dem von ihren Wortführern offen propagierten und jenem anderen, impliziten Programm, das sich über deren Habitus preisgibt; dies gilt umso mehr, als diejenigen, die – aufgrund der verschleierten Voraussetzungen zum Erwerb politischer Kompetenz (nicht zuletzt Ausbildung) – über das Monopol auf Produktion oder Weiterentwicklung des expliziten Programms verfügen, aus gesellschaftlichen Verhältnissen stammen, die sich aller Wahrscheinlichkeit nach von denen ihrer Mandanten unterscheiden.

Im Großen und Ganzen mach ich immer alles gern, besonders für die Partei. So sieht's aus. Ich hab immer gemacht, was die gesagt hat. Das sag ich Ihnen offen, es gab Sachen, die mir nicht gefallen haben, dann hab ich offen gesagt: das gefällt mir nicht. Kurzum, insgesamt find ich da kein Problem. Ich find sehr gut, was die machen.
(Hausfrau, Kommunistin)

Zuerst mal folge ich dem Rat der Partei. Dann merk ich's mir und am Ende wähl ich nach den schon eingeholten Direktiven der Partei.
(Schreiner, Kommunist)

Viele wählen, weil gewählt werden muss. Nicht ich. Das ist nicht mein Fall. Ich wähle, weil ich sicher bin, was ich wähle. Ich gehöre einer Partei an und ich wähle für meine eigenen Ideen.
(Schreibkraft, Kommunistin)

Ich mein, dass ich persönlich Vertrauen hab und dass die im Zentralkomitee, wenn sie über die Kandidatur von dem und jenem diskutieren, schon ihre Argumente haben, die ich nicht hab. Der und der scheint mir geeignet als Kandidat, vielleicht sogar besser als der offizielle, aber es gibt da Kleinigkeiten, von denen ich keine Ahnung hab, aber die da oben. Wenn die also den statt einen anderen gewählt haben, dann gab's dafür gute Gründe.
(Schlosser, Kommunist)

Sinnverlust und Sinnentstellung

Die fundamentale Zwiespältigkeit der politischen Wahl ist nur ein Grund, warum jeder soziale Akteur, selbst noch der politisch bewussteste, in der Praxis und nicht zuletzt auch dann, wenn die Situation, auf die er zu reagieren hat, in geringerem Maße politischen Charakter trägt, auf mehr als nur einen Modus der Meinungsbildung zurückgreift.[43] Die zwei genuin politischen Modi, Übertra-

43 Häufiger als andere Gruppen bekennen sich Angehörige intellektueller Berufe (Lehrer, Forscher, Künstler) als »Anhänger revolutionärer Aktionen«, Gegner von »Autoritarismus« und als Verfechter »internationaler Klassensolidarität«; häufiger als Arbeiter meinen sie, dass die »Krise vom Mai 1968 für das allgemeine Interesse der Bevölkerung von Nutzen (war)«, ebenso oft wie diese bekunden sie, dass »Streikposten berechtigt« sind, dass »die Volksfront eine gute Erfahrung« war, dass sie »Sozialismus« dem »Liberalismus« vorziehen, dass »alles besser liefe, wäre der Staat im Besitz der wichtigen Schlüsselindustrien«. Zuweilen verrät sich dennoch in ihren Antworten die Diskrepanz zwischen Ethos und Diskurs: Häufiger als Arbeiter bekennen sie, dass ihr »Vertrauen in die Gewerkschaften« seit dem Mai 1968 geschwunden sei oder dass das bedeu-

gung der Vollmacht und eigenständige Meinungsbildung, treten – ceteris paribus – umso häufiger auf, je eindeutiger das gestellte Problem als ein politisches anerkannt ist. Im Zusammenhang mit Problemen rein politischer Natur treten sie im Weiteren auch dann häufiger auf, je stärker das politische Bewusstsein entwickelt ist. Sie hängen mithin von der Gesamtheit der Faktoren ab (Geschlecht, Bildungsgrad, soziale Klasse etc.), die der Neigung, auf spezifisch politische Fragen zu antworten, bedingend zugrunde liegen (im Gegensatz zur Neigung, sich zu enthalten).[44] Dies bedeutet, dass der Zusammenhang von sozialer Klasse und politischen Ansichten sich selbst je nach sozialer Klasse ändert, genauer, je nach der in dieser am häufigsten anzutreffenden Art der Meinungsbildung: Die

tendste Charakteristikum eines Menschen in seiner Persönlichkeit liege (wogegen Arbeiter häufiger die Klasse nennen), oder auch, dass der »wirtschaftliche Fortschritt der Mehrheit Nutzen gebracht hat« (während die Arbeiter eher der Ansicht sind, dass nur eine Minderheit davon profitiert hat). (Diese Analyse basiert auf Ergebnissen einer Erhebung, die nach 1968 bei 3288 Personen, darunter 176 Vertretern intellektueller Berufe, durchgeführt wurde – vorgestellt von Mattei Dogan anlässlich eines Round-Table-Gesprächs der französischen Vereinigung der politischen Wissenschaften über »Die Arbeiter und die Politik in Westeuropa«). Es könnte durchaus sein, dass ihr Hang zu einer Art Über-Kohärenz im Politischen, der die Intellektuellen an alle Probleme mit einer politisch getönten Brille herantreten und in sämtlichen Dimensionen des Lebens den totalen Zusammenhang aller getroffenen Stellungnahmen nachspüren lässt, gerade der fundamentalen Diskrepanz zwischen Ethos und Diskurs geschuldet ist, der sie umso stärker ausgesetzt sind, als sie dominierten Fraktionen der herrschenden Klasse entstammen und nicht den dominanten.

44 Die Fähigkeit, gleich welches Problem als politisches zu erkennen, steigt sehr stark mit dem Bildungskapital: So wächst der Prozentsatz derjenigen, die alle oder fast alle vorgelegten Probleme als politische *erkennen,* regelmäßig mit steigendem Bildungsgrad, ist bei den Befragten ohne Abschluss sehr gering, um bei den Abiturienten und Hochschulabsolventen einen Anteil von zwei Dritteln zu erreichen. (Eben weil es sich im vorliegenden Fall um »Probleme« handelt, sind die bildungsspezifischen Abweichungen auch stärker ausgeprägt als etwa dort, wo es um die Fähigkeit der Identifizierung politischer *Handlungen* geht.) Wie zu erwarten, werden die bildungsbedingten Abstände zwischen den Befragten immer größer, je *(relativ) später* das gestellte Problem innerhalb der politischen Debatten *aufgetreten ist* – wie Befreiung der Frau, Umweltschutz, Sexualaufklärung – oder je stärker dessen Diskussionsrahmen auf das Feld der Ideologieproduktion beschränkt bleibt, wie der Streit um die Abschaffung des Fachs Latein in der Oberschule. Aber auch in Bezug auf die Fähigkeit, Probleme wie Arbeitslosigkeit, Mitbestimmung im Betrieb, Lohnerhöhung, Preisentwicklung von Fleisch als politische auszumachen, lassen sich erhebliche Unterschiede feststellen (Umfrage des Centre de sociologie européenne).

Wahrscheinlichkeit, auf eine politische Frage eine politische Antwort zu geben, nimmt mit wachsendem sozialen Status zu – sowie steigendem Einkommen und höherem Schulabschluss. So besteht, bezogen auf ein typisch politisches Problem wie die internationalen Beziehungen, zu dem man entweder eine politische Meinung hat oder gar keine, eine sehr hohe Korrelation zwischen sozialer Klasse (wie natürlich auch Geschlecht und Bildungsniveau) und dem Vermögen, sich überhaupt zu einer »Meinung« Zugang zu verschaffen, ablesbar an der Rate der Enthaltungen (nämlich Landwirte 37,7 %, Arbeiter 38,6 %, Kleinunternehmer 30,9 %, Angestellte und mittlere Führungskräfte 25,0 %, höhere Führungskräfte und Angehörige freier Berufe 16,1 %); eine sehr enge Korrelation besteht zwischen erklärter politischer Mitgliedschaft und eigentlicher politischer Orientierung der geäußerten Meinungen (bezogen auf positive Statements zur Außenpolitik der Regierung: Kommunistische Partei 48,7 %, Sozialisten 47,7 %, Radikale Partei 41,2 %, Zentristen 52,3 %, Unabhängige Republikaner 56,8 %, UDR 76,3 %, IFOP 1966). Sehr deutlich erweist sich dieser Befund am nachstehenden Diagramm: Wie meistens bei außenpolitischen Fragen, verteilen sich die verschiedenen Klassen und Klassenfraktionen auf der Achse der Enthaltung, die Präferenzen für eine bestimmte Partei dagegen auf der Achse der Zufriedenheitsgrade.

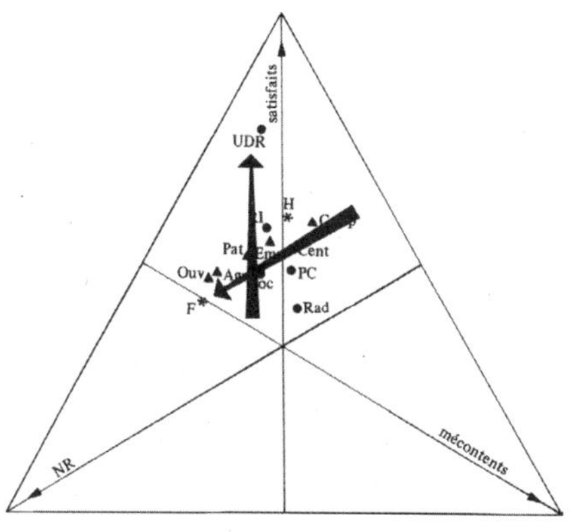

Sind Sie mit der Außenpolitik der Regierung zufrieden oder unzufrieden? (IFOP, 1966)

Agr = Landwirte.
Ouv = Arbeiter.
Csup = Höhere Führungskräfte.
Pat = Unternehmer.
F = Frauen.
H = Männer.

Aus der ungleichen Verteilung der Produktionsmittel einer »persönlichen Meinung« in den verschiedenen Klassen folgt, dass die Wahrscheinlichkeit, eine *begründete persönliche Meinung* zu entwickeln, also eine angemessene Explikation der eigenen Interessen (das, was man gemeinhin »Bewusstwerdung« nennt) und tatsächlich politisches Handeln (im Gegensatz zum einfachen Aufruhr, einem Aufstand oder Unruhen, die immer mehr oder weniger blind für sich selbst sind), also wirklich und bewusst den eigenen Interessen entsprechend, umso geringer ausfällt, desto nachteiliger die Stellung innerhalb der Produktionsverhältnisse und gleichzeitig innerhalb der Produktionsverhältnisse »persönlicher Meinung« ist, einer alleine produzierten Meinung, ohne zu borgen oder »abzuschreiben«, die eines Produzenten, der auf seine eigenen Produktionskapazitäten beschränkt ist (all das, was die *Wahlkabine* realisiert und symbolisiert). Mit anderen Worten: Die auf den Zustand isolierter Individuen reduzierten Akteure sind – je weitgehender ökonomisch und kulturell enteignet, desto stärker – dem *Allodoxia-Effekt* ausgesetzt, der den Käufer von Meinungen (wie den Käufer jedweden anderen Gutes) veranlasst, eine Meinung für eine andere zu halten, seine »persönliche Meinung« in einer bereits bestehenden Meinung wiederzuerkennen, die nicht seine eigene ist, wie wenn man auf der Straße eine Person mit einer anderen verwechselt,[45] oder dem *Effekt der Sinnentstellung* durch die Antwort, die noch systematischer und noch unkenntlicher, fast automatisch aus der Diskrepanz zwischen der Fähigkeit, überhaupt eine – zustimmende oder ablehnende – Antwort, und der Fähigkeit, die entsprechende Frage stellen zu können, oder wenigstens doch die eigentlich politische Bedeutung der Frage, die ihr von ihren Urhebern (innerhalb des Produktionsfeldes der genuinen politischen Problematiken) beigelegt wird, zu *erkennen* (und anzuerkennen). Dies bedeutet, dass die Quote der Enthaltungen kein exaktes Maß für die politische Enteignung hergibt und die am stärksten Enteigneten sogar des Sinns ihrer Antwort förmlich beraubt sein können – sei es, dass sie auf eine Frage antworten, die sich ihnen bis dahin nicht stellte, die sie sich nicht stellten (dies der *Effekt der Durchsetzung einer Problematik*), und sich so besonders stark der Allodoxia aussetzen, sei es, dass sie nicht auf die gestellte Frage antworten, sondern auf eine andere, die sie erst mit der ihnen zur Verfügung stehenden Produktionsmöglichkeit formulieren mussten, dabei aber eine andere Produktionsweise

45 Über den Allodoxia-Effekt auf ästhetischem Gebiet vgl. insbesondere P. Bourdieu, »Le marché des biens symboliques«, *L'année sociologique* 22, 1973, S. 49-126.

anwenden als jene, welche die Frage gleichzeitig offiziell und real erfordert, und sich so dem Effekt der Sinnverkehrung ausliefern.[46] Um den angesprochenen Durchsetzungseffekt – und die daraus resultierende Wirkung der Allodoxia – kenntlich zu machen, mag ein Beispiel genügen: die Frage nach dem Einfluss der »Wirtschaft« auf die Politik. Fast beiläufig werden dabei zwei recht häufige *rhetorische Verfahren* sichtbar: zum einen die stillschweigende Durchsetzung von Voraussetzungen – im vorliegenden Fall »in allen Ländern«, eine scheinbar harmlose Formel, mit der doch die ganze konservative Geschichtsphilosophie des Überall-und-ewig-Gleichen unter der Hand eingeführt wird; zum zweiten der Effekt der falschen Symmetrie, mit dem unter dem Anschein, allen Antworten gleiche Chancen einzuräumen, einer im höchsten Maße unwahrscheinlichen, quasi absurden Antwort zum Dasein verholfen wird. Diesen beiden müsste wohl noch der Neutralisierungs- und Euphemisierungseffekt hinzugerechnet werden, der jeden »undezenten« Ausdruck der Empörung oder der Auflehnung im Keim zu ersticken hat.[47]

46 Eines der schwierigsten Probleme jeder statistischen Analyse von Antworten auf einen Fragebogen ist, zu erkennen, auf welche Probleme die Leute eigentlich geantwortet, wie sie das Problem definiert haben (und das nur auf der Grundlage eben der Gesamtheit der Fragen und einer Unterstellung ihrer Systematizität). Auf dem Gebiet der Politik allerdings verschärft sich diese Schwierigkeit aufgrund der Tatsache, dass die symbolischen Gewaltstreiche ganz wesentlich in einer Transformation der Problemdefinition bestehen (zu diesem Punkt vgl. R.H. Turner und L.M. Killian, *Collective Behavior*, Englewood Cliffs, Prentice Hall, 1957, S. 226-228). Der Sinnentstellungseffekt kann allein schon dadurch entstehen, dass die Formulierungen einer Befragung *bei der Codierung in die Sprache der Politikwissenschaft rückübersetzt werden*, Formulierungen, in denen sich das Problem zeigt, zu dem sie tatsächlich Stellung genommen haben, die Arbeit an der Frage, um sich den Produktionsmodus für ihre Beantwortung anzueignen. So kann man in einer Umfrage zu den ökonomischen Praktiken derselben Kategorie Ausdruckweisen derselben Praxis zuordnen, die ein völlig unterschiedliches Vokabular verwenden (zum Beispiel »Rationalisierung der Budget-Entscheidung« und »Verschwendung verhindern«) – und mit dem Vokabular die essentielle Differenz, die statistischen Unterschiede zwischen den Klassen zum Verschwinden bringen.

47 Die betreffende Frage hat im Übrigen selbst nur die Funktion, kraft Verschleierung durch einen weiteren Symmetrieeffekt eine zweite zur herrschenden Problematik gehörende Frage »durchzubringen«, die auf den Einfluss der Gewerkschaften anspielt: »Und der Einfluss der Gewerkschaften: Ist der Ihrer Meinung nach zu groß, gerade richtig, zu gering?«

»In allen Ländern übt die Wirtschaft einen bestimmten Einfluss auf das politische Leben aus. Ist Ihrer Meinung nach dieser Einfluss in Frankreich zu groß – gerade richtig – zu klein?«

	zu groß	gerade richtig	zu klein	keine Angabe
Landwirte	28	13	3	**56**
Arbeiter, Dienstpersonal	34	19	**14**	33
Kleinkaufleute, Selbst. Handwerker	39	23	7	31
Mittlere Führungskräfte, Angestellte	44	25	11	20
Höhere Führungskräfte, Freie Berufe, Unternehmer aus Industrie und Handel	**55**	21	8	16

(SOFRES, *La politique et l'argent,* November 1971)

Wie zu ersehen, wächst der Prozentsatz derjenigen, die den Einfluss der »Wirtschaft« als zu hoch einschätzen, mit steigendem Sozialstatus (und wohl auch, wie zu vermuten ist, obwohl entsprechende Angaben nicht zur Verfügung stehen, mit steigendem Bildungsgrad), d. h. im genau *umgekehrten Verhältnis* zum Anteil der Enthaltung. Sichtbar wird weiter, dass nur 34 % der Arbeiter den Einfluss der »Wirtschaft« als zu »stark« bewerten, wohingegen 52 % sich in Meinungslosigkeit oder eine neutrale Position flüchten, ein nicht unerheblicher Teil (14 %) diesen Einfluss sogar als zu gering »bewertet«.

Die Rückübersetzung, häufige Ursache von Missverständnissen und Sinnentstellungen, zu der die Befragten ohne entsprechende Vorbildung greifen müssen, um eine längere und komplizierte Frage in Bezug auf ein »politologisches« Problem in eine für sie verständliche Sprache zu bringen, wird auch in jenem anderen Fall erkennbar, wo ihnen keine andere Alternative bleibt als die Enthaltung oder aber entsprechend ihrem Image von Mitterrand zu antworten.[48]

48 Hier sollte auch nicht der Neutralisierungseffekt unterschlagen werden, der sich über so unmerkliche stilistische Feinheiten wie das »Monsieur« (Herr) vor Mitterrand oder den Gebrauch eines derart akademischen Verbs wie »propa-

»Herr Mitterrand propagiert eine neue Form von Sozialismus, den ›Sozialismus des Möglichen‹. Damit sind Reformen gemeint, die die Lage Frankreichs innerhalb des Gemeinsamen Marktes und die internationale Konkurrenz berücksichtigen. Ist Ihrer Meinung nach diese neue Form von Sozialismus anwendbar?«

	ja	nein	kA
Männer	37	35	28
Frauen	24	24	52
Landwirte	16	33	51
Arbeiter	32	30	38
Selbst. Handwerker, Kleinkaufleute	26	31	43
Angestellte, Mittlere Führungskräfte	37	31	32
Freie Berufe, Höhere Führungskräfte	40	32	28
Kommunistische Partei	45	34	21
Nichtkommunistische Linke	48	22	30
UDR	19	37	44
Demokratisches Zentrum (Lecanuet)	29	35	36
Zentrum PDM (Duhamel)	31	28	41
Unabhängige Republikaner	20	42	38
Parteilos und Wahlenthaltungen	18	19	63

(SOFRES, *Le socialisme du possible,* Juni 1971)

Es darf wohl als bewiesen gelten, dass die am wenigsten vorgebildeten Individuen *im Rahmen der Umfragesituation* in ihren Reaktionen durchweg Durchsetzungseffekten unterworfen sind, welche in letzter Instanz sich alle darauf zurückführen lassen, dass jene zwischen Antwortvorgaben zu wählen haben, deren Sinn sich überhaupt nur im Kontext einer *politischen Problematik* erschließt. Letztlich stellt diese Problematik selbst nur das Feld der Ideologieproduktion als solches dar, d. h. den Gesamtbereich der objektiven Beziehungen – die automatisch sich in *Stellungnahmen* niederschlagen, deren inhaltliche Bestimmung sich danach richtet, von wo aus sie abgegeben werden – zwischen den umkämpften Positionen der Einzelakteure und Institutionen, die um das Monopol auf Hervorbringung und

gieren« vollzieht (der Ausdruck »Sozialismus des Möglichen« gehört im Übrigen selbst noch zum Register der hohen Politik).

Durchsetzung der legitimen Repräsentation der Sozialwelt wie des auf sie bezogenen legitimen Handelns konkurrieren. Nur der vermag sich diese Problematik vollkommen zu eigen zu machen, der aktiv *an deren Hervorbringung* beteiligt ist, der eine Position innehat, die zählt bzw. mit der die anderen zu rechnen haben, oder besser: dessen Position durch ihre bloße Existenz die übrigen verändert, indem sie deren Inhaber zwingt, ihre Stellungnahmen zu überdenken (hier genügt der Hinweis auf die strukturellen Auswirkungen, die mit dem Auftreten des Linksradikalismus als Leitvorstellung innerhalb des Feldes der Ideologieproduktion ausgelöst wurden). Nicht anders als die philosophischen oder religiösen »Probleme« haben auch die politischen stets nur in der Relation zwischen mindestens zwei antagonistischen Gruppen und durch sie Bestand. Was besagt, dass die *Laien,* da außerstande, aktiv am eigentlichen politischen Spiel teilzunehmen, das damit *de facto* den *Vollprofis* – den Berufspolitikern, Parteifunktionären, politischen Journalisten und Berufsideologen – überlassen ist, kaum je Aussichten hätten, aus dem Fundus der vorgefertigten Meinungen die ihnen gemäßen und »passenden« herauszufinden, trügen die angebotenen Produkte nicht immer auch ihr *Warenzeichen,* Markierung und Garantiesiegel gleichermaßen. Die *politische Bezugnahme* auf eine Autoritätsinstanz (die Enzyklika des Papstes, der Beschluss des Zentralkomitees einer Partei, ein bestimmter kanonisierter Autor etc.), diese Art Etikett, ermöglicht dem Laien dadurch, dass sie in aller Deutlichkeit die Position innerhalb des Feldes der Ideologieproduktion, die faktisch in jeder autorisierten Stellungnahme zum Ausdruck kommt, bekanntmacht, »sich darin zurechtzufinden«, die *Stellung* wiederzufinden, die *einzunehmen* ist, sei es unter Zugrundelegung der Übertragung der Vollmacht, die er öffentlich oder stillschweigend zugunsten der Inhaber einer bestimmten Position innerhalb jenes Feldes vornimmt, sei es aufgrund seiner praktischen Beherrschung der Homologie zwischen politischem Feld (d. h. dem der gewöhnlichen oder außergewöhnlichen, kaschierten oder offenen, individuellen oder kollektiven, spontanen oder organisierten Klassenkämpfe), auf dem er sich praktisch einzuordnen und zu orientieren weiß, und dem Feld der Ideologieproduktion, das die Struktur des politischen Feldes gemäß seiner eigenen Logik reproduziert.[49]

49 Einmal mehr drängt sich hier die Analogie zum Kunstmarkt auf: Was wäre der »Geschmack« als einverleibtes Klassifikationssystem einmal ohne die ge-

Der Labelling-Effekt

Besonders zur Wahlzeit, dann wenn sie im Fernsehen auftreten, klar, da kann man sich informieren und wirklich was über die Partei rausfinden und so. Aber sonst, nur so zwischen zwei ... Das heißt, es gibt ja schon solche, die sich gut ausdrücken und so, da klappt's dann auch. Trotzdem, wenn er vorher sagt, zu welcher Partei er gehört, also da passt man ja dann mehr auf ...
(Hausfrau)

Nicht alle Akteure verfügen im selben Maß über ein inkorporiertes Klassifikationssystem, das nötig ist, um sofort den richtigen *Wert* einer Stellungnahme einschätzen zu können, also die eigene Stellung im System der Stellungnahmen und der Akteure, die sie produzieren. Deshalb ließen sich sämtliche Abweichungen der Akteure gegenüber der »Meinung« einer von ihnen ausdrücklich anerkannten politischen Autorität, Partei, Gewerkschaft oder Kirche (etwa wenn Wähler der Kommunisten angeben, dass die Gewerkschaften zu politisiert sind) als *gewollte Abweichungen*, also wie Dementis der Repräsentativität der gewählten Wortführer nur behandeln, wenn man alle vorgebrachten Ansichten – auf die Gefahr hin, den »liberalen« Glauben an die »persönliche Meinung« zu beschädigen – einer Prüfung im Hinblick auf die Angabe der sie autorisierenden Autorität unterziehen würde. Die Intuitionen des Klassenhabitus sind nicht unfehlbar. Jene, die das Risiko eingehen, ihre statusmäßige Kompetenz zu bekräftigen (nämlich meist die Männer), ohne über die notwendigen gedanklichen und sprachlichen Mittel zu verfügen, um ihre Erfahrung der sozialen Welt und die praktischen Intuitionen ihres Habitus auf das Niveau des Diskurses zu heben, machen sich in gewisser Weise zu Komplizen einer Mystifikation, deren Opfer sie sind.

Wenn auch richtig ist, dass man einem systematischen politischen Diskurs nur ausnahmsweise beim Arbeiter begegnet, wenn er isoliert wie in einer Meinungsumfrage betrachtet wird, dann ist doch nicht richtig,

genständlichen Bezugspunkte und Bewertungsskalen und nicht zuletzt ohne jene Hinweise auf die Position im Produktionsfeld, als da sind Ausstellungs- und Publikationsorte usw. (vgl. P. Bourdieu, »La production de la croyance: contribution à une économie des biens symboliques«, *Actes de la recherche en sciences sociales* 13, 1977, S. 3-43), mit denen sich ausmachen lässt, was Flaubert als »schicke Meinung« apostrophierte.

dass sich seine politische Erfahrung, selbst in isoliertem Zustand, als eine *tabula rasa* beschreiben lässt, die offen für alle »Einflüsse« wäre: Manipulation ist hier nur in gewissen Grenzen möglich, weil man einer Argumentation widerstehen kann, ohne diesen Widerstand selbst artikulieren oder, noch weniger, die Prinzipien dieses Widerstands systematisch formulieren zu können.[50] Außerdem beinhalten die Dispositionen des Klassenhabitus immer die Möglichkeit der politischen Bewusstwerdung und steuern in jedem Fall die Praxis jenseits des Diskurses, selbst wenn ihnen die expliziten Stellungnahmen widersprechen. Diese Bewusstwerdung ist keine plötzliche, reine und einzigartige Eingebung, sondern die progressive Entdeckung dessen, was der Klassenhabitus in seinem praktischen Zustand enthält, die Aneignung seiner selbst durch sich selbst, die in kohärenter Erklärung und adäquater Sprache sich vollziehende Wiedererlangung all dessen, was, unbewusst und unbeherrscht, der Sinnentstellung und Mystifikation preisgegeben war.[51]

Der sinnentstellende Effekt stellt sich immer dann nahezu unausweichlich ein, wenn die Frage zwei unterschiedliche Lesarten impliziert und der Laie sie nur zu beantworten vermag, wenn er sie zuvor von der politischen Ebene, auf der sie von ihren professionellen Urhebern (und zugleich künftigen Kommentatoren oder Analytikern ihrer Resultate) angesiedelt werden, auf seine Alltagserfah-

50 Die populäre Sprache verfügt über ihre eigenen Mittel, wenn auch nicht die der Analyse, aber man trifft hier manchmal eine Entsprechung dessen an, eine Wendung oder ein Bild, wie folgendes, das sich gegen eine Politik der Beteiligung der Arbeiter an den Unternehmensgewinnen richtet: »Gib mir deine Uhr, dann sag ich dir die Zeit«. (Auch die politische Kritik findet, wenn sie sich nicht durch die Zwänge der politologischen Schicklichkeit neutralisieren lässt, bisweilen zur Logik des populären Diskurses zurück, etwa mit der Wendung »Jacke wie Hose«).

51 Das bedeutet, dass in dieser Hinsicht die Beziehung zwischen Herrschenden und Beherrschten alles andere als symmetrisch ist: Während den beherrschten Klassen ein politisches Bewusstsein eigen sein muss, um eine Politik zu haben, weil die Verkennung ihrer Interessen sie einem System ausliefert, dessen ganze Logik gegen ihre Interessen steht, können sich die Herrschenden damit begnügen, es seinen Gang gehen zu lassen und sich sogar bis zu einem gewissen Punkt darüber bewusst zu sein. (Manchmal handeln sie ihren Interessen entsprechend selbst dann, wenn sie diese bloßstellen.) Daher die Tatsache, dass die konservativen Parteien, zumindest in Frankreich, eigentlich gar nicht von Anhängern sprechen können und, wie jene, die sie unterstützen, für eine Politik des Apolitismus stehen.

rung zurückbindet, auf jene Ebene, wo die unbewussten Schemata des Ethos unmittelbar zur Anwendung kommen. Dazu kommt es natürlich, wenn ein Problem zwar durch und für eine politische Gruppierung und damit für das Feld der Ideologieproduktion insgesamt bereits politischen Charakter gewonnen hat, nicht jedoch für jene, deren aus ihrem Status erwachsende Inkompetenz ihnen den Einblick in die Produktionslogik der Problematik verwehrt, die aus diesem Grunde das Problem nur als eine Frage der »praktischen« Erfahrung auffassen können, welche denn auch eine praktische, will heißen ethische Antwort erfordert. Unter diesen Umständen ist es mehr als wahrscheinlich, dass die politisch unzulänglich Vorgebildeten sich im Lager der Verteidiger der moralischen und gesellschaftlichen Ordnung wiederfinden, als noch konservativer als die bewusst Konservativen. Tatsächlich wächst ja die Neigung zu Liberalismus und Freizügigkeit, zumindest wenn man einmal im Bereich der privaten Moral verbleibt, mit steigender sozialer Position (was die wohlbekannten Thesen über den »Autoritarismus« der unteren Klassen zu bestätigen scheint), und dies ohne Zweifel aufgrund des damit gegebenen höheren Bildungsniveaus.[52] Steht freilich einmal nicht mehr bloß die moralische, vielmehr die gesellschaftliche Ordnung zur Diskussion, kehrt sich diese Beziehung ihrer Tendenz nach um.[53]

52 Für eine klassische Darstellung dieser Thesen vgl. S. M. Lipset, »Democracy and Working Class Authoritarism«, *American Sociological Review* XXIV, 4, 1959, S. 482-501.

53 Ähnliche Vorzeichenwechsel sieht man zwischen den Stellungnahmen leitender Angestellter und der Arbeiter bei im engeren Sinn politischen Problemen: So können die höheren Führungskräfte sich gegenüber den ausländischen Arbeitern weitaus »liberaler« zeigen als die unmittelbar von der Konkurrenz betroffenen Arbeiter: Viel häufiger als diese erklären sie, dass »Frankreich zu wenig (unternimmt), um die ausländischen Arbeiter unterzubringen (67 % gegenüber 48 %); »um ihnen eine Ausbildung zu verschaffen« (52 % gegenüber 36 %) oder »um sie gastfreundlich zu empfangen« (45 % gegenüber 33 %). Werden jedoch einmal die Maßnahmen näher in Augenschein genommen, die für sie selbst folgenreich sein könnten, nimmt sich ihr »Liberalismus« schon weniger markant aus: 41 % der höheren Führungskräfte und der Angehörigen freier Berufe meint, dass »Frankreich zu wenig (unternimmt), um die ausländischen Arbeiter angemessen zu entlohnen«, gegenüber 43 % bei den Arbeitern und 51 % bei den Angestellten und mittleren Führungskräften; 48 % urteilen, das »Frankreich seine Hilfe für die unterentwickelten Länder drosseln oder einstellen (sollte)« – gegenüber 31 % der Arbeiter und 35 % der Angestellten und mittleren Führungskräfte (SOFRES, *La France, l'Algérie et le Tiers-Monde*, Februar 1971).

Um über die Feststellung hinauszugelangen, dass die Arbeiter, obwohl »progressiv« auf bestimmten Gebieten, in anderen Bereichen und insbesondere bei allem, was die häusliche Moral angeht, »alten«, gar »archaischen« Modellen anzuhängen scheinen, wäre – auch hier durch ganz konkrete Analysen – zu bestimmen, inwieweit die vom jeweiligen Betrieb auferlegten Arbeitsbedingungen und, genauer, die Formen insbesondere der zeitlichen *Disziplinierung* durch ihre bloße Existenz und fern jeder ideologischen Indoktrination,[54] tief reichende Dispositionen in allen Bereichen der Praxis und namentlich dem Familienleben aufzwingen. Präziser noch wäre der Gesamtbereich der praktischen Vermittlungen zu analysieren, über die sich die enge Bindung an eine *geordnete Welt*, in erster Linie an eine geordnete häusliche Welt, d.h. *unterworfen der durch die Welt der Arbeit auferlegten Ordnung*,[55] den Industriearbeitern gegenüber durchsetzt, wäre der Frage nachzugehen, wie die Fabrikordnung – mit zugleich zeitlicher, moralischer und sozialer Dimension – in die Sphäre selbst noch des sogenannten »Privatlebens« dringt, bis in die Denk- und Ausdrucksschemata hinein, mit denen es in Begriffe und Worte gefasst wird und die, wie bereits gesehen, auch außerhalb dieser besonderen Sphäre Anwendung finden. Zu fragen wäre schließlich, ob die Familie – dieser angebliche Hort der Sicherheit, Autonomie und Stabilität – nicht einen Ort darstellt, der mit dem Gedächtnis an die vergangenen Kämpfe und mit all dem, was die spezifische *Klassenehre* ausmacht (wozu

54 Es versteht sich von selbst, dass sich »politische Erziehung« nicht, wie die daran Interessierten nahezu immer möchten, auf die bewusste (oder sogar unbewusste) Vermittlung von direkt mit der Sphäre der »Politik« im herkömmlichen Wortsinn verbundenen Vorstellung reduziert werden darf. Die Bedingungen für die Ausbildung der Einstellungen, die politischer Praxis und politischer Beurteilung zugrunde liegen, auf die eigentliche politische Sozialisation zu verkürzen oder, schlimmer noch, auf den institutionalisierten Aspekt derselben, nämlich staatsbürgerlichen Unterricht, wäre mindestens genauso absurd, wie wenn man die gesellschaftlichen Produktionsbedingungen des Geschmacks, ebenfalls eine politische Einstellung, auf die rein künstlerische Entwicklung und Ausbildung reduzieren wollte.

55 Zu diesem Punkt vgl. den Artikel von Danielle Bleitrach und Alain Chenu (*La Pensée* 193, Mai/Juni 1977, S. 3-30), die zum Beispiel sehr schön zeigen, wie das (subjektive und objektive) Festhalten an der Arbeitsteilung der Geschlechter und insbesondere die Anwesenheit der Frau im Haus, die Unterordnung ihrer Zeiteinteilung und Tätigkeiten unter die des Ehemanns, durch bestimmte Arbeitsbedingungen erzwungen werden.

ebenfalls ein bestimmter Männlichkeitskult gehört), die obersten Abwehrkräfte zentriert, zugleich aber auch den schwächsten Punkt bildet (symbolisiert und verkörpert in der Frau, von ihrem Status her »apolitisch« und zuständig für den Konsumbereich), durch den bis zum innersten Kern der Praktiken und bis in die Tiefen des Unbewussten die Herrschaftskräfte eindringen.[56]

Ordnung oder Unordnung?

– Warum sollten Ihrer Meinung nach die privaten Großunternehmen verstaatlicht werden?
– Na ja, weil ich meine, dass die größten Mittel eher dem Staat zustehen als privaten Einzelnen, die ja eh schon sehr verfressen sind (...). Das wäre eine Wohltat für die ganze Nation, für die ganze Arbeiterklasse.
– Stimmen Sie der Meinung zu oder nicht zu: Gegen den Kommunismus muss gekämpft werden?
– Das ist die einzige Partei, die die Arbeiterklasse verteidigt, es gibt keine andere.
– Können Sie mir etwas mehr dazu ausführen, warum Sie denen nicht zustimmen, die sagen, man muss gegen den Kommunismus kämpfen?
– Also, ich gehör ja schon seit Langem der Seite da an, nicht wahr. Ich erzähl Ihnen mal eine Geschichte: Als ich das ersten Mal Humanité gelesen hab, hab ich mich versteckt, ich schämte mich, weil alle so auf den Kommunismus eingeschlagen haben, das hat mich dazu gebracht, diese Zeitung zu kaufen, und da meine Eltern, mein Schwiegervater den Figaro und anderes lasen, bin ich zu ihnen gegangen und hab mich versteckt. Und eines Tages hab ich sie meinem Schwiegervater gezeigt, und er hat auch angefangen zu begreifen; aber am Anfang steigst du da nicht alleine ein, das ist zu schwierig. Wenn du von Kameraden mitgezogen wirst, die sich mit dir unterhalten, die dir sagen: komm doch mit, dann geht's. Aber ich bin da ganz allein hingegangen; und ich hab mich geschämt, dass ich sie las, ich hab sie versteckt (...). Zwischen 20 und 25 hatte ich nicht viel Politik im Kopf, aber ich hatte schon einen leichten Hang dahin, wo ich gelandet bin; das war die Zeit, zwischen 20 und 25, wo du glücklich warst, du hast das Lebensnotwendige verdient, Fernseher war keiner da, dies und das war nicht da, aber du warst zufrieden. Und dann, ab 25, da sind mir zum ersten Mal Zweifel gekommen, und genau von dem Zeitpunkt an hab ich auch Humanité gekauft und sie heimlich gelesen. Und seitdem ist es so geblieben.
– Stimmen Sie der Meinung zu oder nicht: Es ist schade, dass Frankreich alle seine Kolonien verloren hat?
– Das heißt, dass ... natürlich, Frankreich hat seine Kolonien gebraucht, aber jetzt haben alle Völker das Recht und das Bedürfnis, sich selbst zu lenken. Und

56 Was auch daran hindert, die genuin politischen Effekte der Durchsetzung einer neuen herrschenden Moral wahrzunehmen, zu der so viele Proselyten mit lautersten Absichten beitragen – in der Überzeugung, dass dem Glück des Volkes am besten gedient sei, wenn man es nach dem eigenen Bilde formt.

da denke ich, dass wir wie England es erreichen müssen, nach und nach alle unsere Kolonien aufzugeben, wobei wir ihnen helfen, natürlich, um ihnen zu helfen, sich zu entwickeln und danach freie Völker zu werden.
– Es gibt Leute, die sagen: »Man muss sich bemühen, den Sozialismus aufzubauen.« Stimmen Sie dieser Meinung zu oder nicht?
– Ah, ich stimme dem vollkommen zu, da es übrigens der Kommunismus ist, der als Erster … er hat den Sozialismus geschaffen … nicht die, die behaupten, dass sie Sozialisten sind, das sind keine Sozialisten. Die sind nicht in dem Stadium, in dem die Kommunisten den Sozialismus vorhersagen; die da sind auf dem richtigen Weg.
– Wie sehen denn die Kommunisten den Sozialismus vorher, können Sie …?
– Na ja, in kleinen Etappen wird er eintreten … weiß nicht, wie soll ich's Ihnen sagen, wie mich erklären, ich hab nicht lange die Schulbank gedrückt. Den Sozialismus schaffen, das geht nicht von heute auf morgen, er muss erprobt werden, er muss Gutes tun, er muss der Arbeiterklasse helfen, die wird dann allmählich begreifen, dass das der richtige Weg ist.
– Die Aufrechterhaltung der Ordnung um jeden Preis: Stimmen Sie dieser Meinung zu oder nicht?
– Ordnung, das ist die Pflicht der Regierung; ich meine nicht mit den Brutalitäten manchmal, die über ihre Mittel hinausgehen, und anderes mehr, aber die Regierung muss doch frei über die Aufrechterhaltung der Ordnung bestimmen.
– Aber meinen Sie, dass sie sie um jeden Preis aufrechterhalten soll, das heißt unter allen Umständen?
– Na ja; das Gesetz, das verbietet zu töten, auf öffentlichen Straßen das Gewehr zu benutzen, das ist ganz wichtig. Ordnung muss sein, was soll denn werden, wenn ein Staat keine Ordnung hat.
– Und stimmen Sie der folgenden Meinung zu oder nicht: »Die Volksmassen müssen die Staatsmacht durch eine Revolution an sich reißen.«
– Na ja, es ist nicht unbedingt notwendig, dass sie die Macht durch eine Revolution an sich reißen, das können sie sehr gut auch demokratisch erreichen. Nur, wenn man sich die Umstände so anschaut und was sich so tut, vielleicht wird die Arbeiterklasse gezwungen sein, zu härteren Mitteln zu greifen; da sie durch Wahlen oder Freundschaften, wenn Sie darüber gehen wollen, das nicht erreichen wird.
– Und Sie meinen also, dass es eines Tages auf jeden Fall mal notwendig sein wird …
– Ah, dazu wird's kommen müssen. Man vermeidet ja schon, mit Gewalt da hinzukommen, man sucht nach Mitteln, ich sag Ihnen, das muss demokratisch heißen, aber es geht nicht, es werden einem Prügel zwischen die Beine geschmissen; schauen Sie sich doch mal die Regierung an, schauen Sie sich Pompidou an, der mit 37% der Stimmen zum Präsidenten gewählt worden ist, das ist ein Skandal, er ist niemals zum Präsidenten der Republik gewählt worden.
– Sie meinen also, dass es auf jeden Fall zu einer Revolution kommen muss?
– Es wird ja versucht, den Bruch so zu vermeiden, aber wenn man gezwungen ist, dann wird man wohl da durch.

– Stimmen Sie der Meinung zu oder nicht: »Durch eine Reihe von Reformen wird soziale Gerechtigkeit verwirklicht«?
– Das hat nichts mit der Revolution zu tun, von der wir gerade gesprochen haben, glaube ich nicht. Nur eben, wenn diese Revolution eintreten würde und man die Macht übernehmen würde, erst dann würde man Reformen durchführen, aber vorher, das ist schwierig, ich glaube, damit muss angefangen werden. Man müsste damit anfangen. (…) Es ist schon so viel versucht worden; wissen Sie, ich, also seit 1933, seit ich die Entwicklung da verfolge, sind Sachen gemacht worden; 36 sind schöne Sachen gemacht worden. Man hatte angefangen, Reformen zu machen. Aber seitdem haben sie uns das Gewonnene wieder genommen. Sie haben uns zwar nicht alles, aber doch vieles genommen, was wir errungen hatten. Denn damals, 1936, war die Revolution nahe. Deshalb haben sie uns in einigem nachgegeben, die hatten Angst, wissen Sie!
Aber wir waren schön in Gruppen aufgeteilt, sie haben uns daran gehindert, weiterzugehen. Erinnern Sie sich an 36? Wohl nicht so, oder? Also damals, da war Streik, Bäcker, Apotheker, alles war zu, nicht wahr. Das hat übrigens vier Tage gedauert. Am 5. Tag, als die Regierung nichts davon hören wollte, hat sie sich gesagt, gut, die werden sie zumachen. Damals, da hat Renault angefangen. Die bei Renault haben gesagt, wie brauchen keine Bosse, um zu arbeiten. Sie haben die Lichter wieder angemacht, haben die Fabrik wieder in Gang gebracht, und da sind sie alle wieder gekommen. »Das gehört uns, das gehört uns.« Da haben wir angefangen, miteinander zu reden. (…) Das heißt, wir haben die Volksfront gebildet. Da gab's Kommunisten, Radikale, es gab Léon Blum, Maurice Thorez, und eben alle, und die waren in der Regierung. Sie waren alle, Léon Blum war Präsident der Republik, also das war fast eine kleine Revolution, die da losging. Und es gab keinen Verletzten noch sonst was; alles lief ruhig ab. Nach und nach haben sie dann gesagt, gut, ihr bekommt bezahlten Urlaub, gut, euer Lohn wird erhöht, und gerade da, da hatte Thorez gesagt, die Sozialisten wollten weitermachen, wollten noch weiter gehen, aber wir waren noch nicht reif dafür, zu den Gewehren zu greifen. Genau da hat Thorez gesagt, und das ist ihm lange vorgehalten worden: »Man muss wissen, wann man einen Streik abbricht. Denn das da wird sich in eine kleine Revolution verkehren, für die niemand vorbereitet war (…).« Ach! Man hatte nichts! Man hatte keine Waffen, man hatte nichts. Und dann war die Arbeiterklasse auch nicht begeistert, zu kämpfen, sehen Sie. Es gab noch, wie soll ich es sagen, es gab noch zu viel Wohlbefinden in der Arbeiterklasse, denn erst wenn sie verhungern, gelingt es ihnen, was Besseres zu machen. Alle Revolutionen fangen da an (zeigt auf seinen Bauch). Und noch was andres gibt's, was ich den Frauen in allen diesen Kämpfen vorgeworfen habe, die wir gemacht haben, natürlich gab's da die Kinder, die zu Hause nichts zu essen hatten, wenn der Vater eine oder zwei Wochen streikte, und da war's dann die Frau, die zu ihrem Mann sagte: »Geh arbeiten, wir haben kein Geld.« Da war also Krieg zu Hause, und der Mann fing wieder an zu arbeiten, während sein Streik noch nicht zu Ende war. Die Frauen haben da viel Böses angerichtet. Und das war vor 36, es gab kein Kindergeld, man hatte nichts, zu Hause gab's nichts; also war zu Hause Stunk, verstehen Sie? Und der Mann, um seine Ruhe zu haben, nun ja, er hat wieder angefangen zu arbeiten, und oft hat er nicht mal bekommen, was er

wollte. Oft, oft. Ich erzähle Ihnen das alles (...) Als der Krieg 45 zu Ende war, waren die Patrioten entschlossen, weiterzumachen, die Revolution zu machen; die in den Wäldern gekämpft hatten, alle Widerstandskämpfer, alle waren sie entschlossen. Damals wollten die Thorez wiederkommen lassen, der in Russland war. Ich hab zu den Kameraden gesagt: Den Thorez, den kriegen wir auf jeden Fall. De Gaulle hat den Vorschlag gemacht: Gebt eure Waffen her, ich geb euch Thorez. Da hat man einen großen Fehler gemacht, das Volk war dermaßen aufgebracht, die Jungs, die hatten zusehen müssen, wie ihre Kameraden in den Lagern und überall umgebracht worden waren, die waren bereit, zu kämpfen. Man hätte viel weiter gehen müssen, hätte zur Abgeordnetenkammer gehen müssen, versuchen müssen, eine Volksfront aufzubauen, etwas auf die Beine zu stellen, auf jeden Fall hätte man danach Thorez bekommen; und das da war ein Fehler der Kommunistischen Partei. Alle Jungs entwaffnen, um einen Mann zu bekommen. Natürlich, Thorez, das war ein Mann. Aber, mal im Ernst, wenn Thorez weg ist, gibt's einen anderen. Niemand ist unersetzbar. Denn die Jungs da, die drei oder vier Jahre lang gekämpft hatten, die hatten zusehen müssen, wie alle ihre Kameraden getötet wurden, na, die waren da auch noch bereit, sich selbst töten zu lassen, nur um weiter zu gehen. Da ist ein großer, großer Fehler gemacht worden. Ich hab das sogar Jacques Duclos geschrieben, aber der hat mir natürlich nicht geantwortet. Um dahin zu kommen, die Macht zu übernehmen, musst du die Revolution erreichen. Lenin hat uns 1924 gezeigt, dass es unmöglich ist, in einer kapitalistischen Regierung Kommunisten durchzusetzen. Man kann sich nicht entwickeln, solange die Regierung kapitalistisch ist. Also muss die Macht übernommen werden, will man den Kommunismus weiter entwickeln und den Sozialismus erreichen. Aber in diesem Augenblick ist man auch viel zu demokratisch; man gibt in vielem nach, man hat nicht mehr die Gewalt wie vor einigen Jahren. Gewalt, damit will ich nicht sagen, alles zu zerschlagen, aber man ist bei Streiks viel zu schlaff, man zögert, Entscheidungen zu treffen. Und ich sage Ihnen was, ich glaube, das liegt daran, dass die Arbeiterklasse nicht unglücklich genug ist.
(Schreiner, 67 Jahre, Kommunist)

Diese Hinweise sollten zumindest genügen, um die Naivität derjenigen aufzuzeigen, die das Problem des »sozialen Wandels« gerne trennen wollen, indem sie dem »Neuen« und der »Innovation« einen *Ort* im sozialen Raum zuweisen, zu weit oben für die einen, zu weit unten für die anderen, immer anderswo, dort, wo man all die »neuen«, »marginalen«, »ausgeschlossenen« Gruppen all jener findet, deren vordringlichstes Bestreben darin besteht, um jeden Preis das »Neue« in den Diskurs einzuschleusen.[57] Allerdings – und kaum in der Hoffnung, dieser Topik damit ein Ende setzen zu kön-

57 Für ein etwas älteres, allerdings klassisches Exposé dieses Problems vgl. S. Graham, »Class and Conservatism in the Adoption of Innovation«, *Human Relations* IX, 1, 1956, S. 91-100.

nen – mag man hier nur darauf hinweisen, dass die globale Charakterisierung einer Klasse als »konservativ« oder »fortschrittlich« (ohne übrigens zu präzisieren, in welcher Hinsicht) das Wesentliche verschwinden lässt, nämlich das Feld der Kämpfe als System objektiver Relationen, in dem sich die Stellungen und Stellungnahmen *relational* definieren und das auch die Kämpfe bestimmt, die es zu verändern suchen: Nur in Bezugnahme auf den Spielraum, der sie festlegt und den sie als solchen und mehr oder weniger vollständig bewahren oder verändern wollen, und nicht in Bezug auf irgendeinen – notwendig sozial situierten – ethischen Maßstab lassen sich jene individuellen oder kollektiven Strategien verstehen, die, spontan oder organisiert, ihn bewahren, verändern, verändern, um ihn zu bewahren, oder sogar bewahren wollen, um ihn zu verändern.

Moralische und politische Ordnung

Noch in der Sprache der aktiven Parteimitglieder oder politisch bewussteren Arbeiter verrät sich die Dichotomie zweier Bildungsprinzipien des Diskurses in verändertem Tonfall und Stil beim Wechsel der Bereiche, ja selbst noch innerhalb desselben Diskurses, in der fortwährenden Spannung zweier Ausdrucksweisen: Zum einen die fertigen Formeln, vorgestanzte kleine Wort- und Gedankenblöcke, den Äußerungen damit den Anstrich begrifflicher Allgemeinheit vermittelnd, zugleich aber auch den Geruch angelernter Lektion und die für Schulaufsätze so charakteristische Art der Unwirklichkeit (ein Eisenbahner kann von »unterprivilegierten Schichten« sprechen und ein Teenager sich über die »Jugend von heute« auslassen), die Begriffe aus dem gehobenen politischen Wortschatz (»Mandatsträger«, »Lohn-Leitsätze« etc.), mit denen kenntlich gemacht werden soll, bisweilen auch um den Preis sprachlicher Schnitzer und Hohlheiten (»das steht quer zu den In-

---

Wie haben das die Unternehmer genannt? Das Jahr 1 des Jahrhunderts der Arbeiter, ein solches Ding, und darüber sollte man gefälligst auch noch glücklich sein …
(Bauarbeiter)

---

teressen lohnabhängiger Massen«), dass man durchaus imstande ist, sich einer quasi schulischen Prüfung zu stellen, und zugleich seinen Status als Mann wie die Klassenehre zu verteidigen versteht, kurzum, dass man sich von keinem einen Bären aufbinden lässt, dass man »sich schon zu wehren weiß«, »dass sie nur mal kommen sollen, diese Politiker mit ihrem ewigen Geschwafel«. Zum anderen, geschieden durch abrupten Tonwechsel, die konkrete Bezugnahme auf die unmittelbare Erfahrung in ihrer Einzigartigkeit, die der Rede ihre je spezifische Wirklichkeit, Dichte und Authentizität verleiht und zugleich damit doch auch deren Verallgemeinerung, Voraussetzung der Mobilisierung, tendenziell unterbindet.[58]

Bereits beim Sprechen bemerkbar, zeigen sich diese Effekte noch ausgeprägter in geschriebener Sprache. Unter den Arbeitern, die auf die Umfrage der AEERS geantwortet haben und für ihre Gruppe im höchsten Grade überrepräsentiert sind, d. h. sich in vielfacher Hinsicht vom Durchschnitt abheben (sie besitzen häufiger Schulabschlüsse, ihre Kinder besuchen häufiger Gymnasien, Privatanstalten oder Hochschulen, sie wohnen häufiger im Großraum Paris und lesen häufiger Pariser Zeitungen), lässt sich jener Mechaniker etwa des Langen und Breiten in der ersten Person Plural über »Frankreichs Mission gegenüber der Welt« aus, stimmt jener Bergarbeiter sein »armes Frankreich, von aller Welt missachtet« an, legt jener Monotypist in einer Sprache, die beispielhaft von der immensen Anstrengung zeugt, in Ton, Emphase und Pathos dem offiziellen politischen Diskurs nachzueifern, seine Vision eines Bildungssystems dar, das »die Heraufkunft eines materiellen Fortschritts für alle« garantieren soll. Doch einmal abgesehen von derartigen Generalisierungen, die zumindest eine gewisse Vertrautheit mit dem gewerkschaftlichen und politischen Diskurs über das Bildungswesen belegen, wenn auch meistens verkürzt auf Schlüsselbegriffe und Parolen (»Scheinreform«, »Köder«, »Aufhebung der Arbeitslosigkeit« – Schlosser; »Integration der lebendigen Kräfte des Landes«, »Konzertierung«, »unkontrollierte Steuerung«, »unterprivilegierte Schichten«– Eisenbahner), sind die

58 Um über die spezifischen Formen dieses Diskurses, der in vollkommenem Gegensatz steht zur Homogenität der »reinen« Produkte des Ethos wie der politischen Programmatik, umfassend Aufschluss zu geben, müssten – nach Art der Bachelardschen Beschreibung »epistemologischer Profile« – die »politischen Profile« nachgezeichnet werden, die Diskurse und Praktiken bilden, welche von unterschiedlichen Prinzipien aus und in unterschiedlichen Situationen, d. h. auf Gebieten erzeugt werden, auf denen politische Prägung und genuin politische Kontrolle sich ungleich auswirken.

Antworten doch in der Regel äußerst unzusammenhängend: man hat den Eindruck, als ob die Antwortenden gewissermaßen diese Gelegenheit beim Schopf ergriffen hätten, um einige ganz persönliche Beschwerden ohne unmittelbaren Bezug zu den gestellten Fragen loszuwerden. Manchmal hat die Antwort auch keinen anderen Zweck als »höheren Orts mal bekanntzumachen, was eigentlich passiert«, insbesondere auf die mangelhafte Gesinnung der Lehrer hinzuweisen, so wenn ein Landwirt auf alle Fragen immer *dieselbe* Antwort gibt (»die Lehrer tun ihre Pflicht nicht, sie denken nur an Ferien«), so wenn ein anderer bei allen seinen Kommentaren immer wieder auf die Vergeudung von Arbeitsstunden zurückkommt und eine dritte (Stenotypistin, ihr Mann Karosseriebauer) die eine Hälfte der Fragen überhaupt nicht beantwortet, die andere mit einem stereotypen »die Leute haben kein Berufsgewissen mehr, es wird nur noch von Freizeit gesprochen«).

Zum Teil sicherlich deshalb, weil sie bei den politisch unzulänglich Vorgebildeten fortgesetzt mit derartigen *Interferenzeffekten* und dem durch Sinnverlust und Ohnmachtsgefühlen provozierten Hang zum Selbstausschluss konfrontiert ist, ist die Bildungsaktion der politischen und gewerkschaftlichen Organisationen in ihrem Bemühen, jenen den Willen zu einer Meinung einzuschärfen und ihnen zugleich das Rüstzeug zur eigenen Meinungsbildung an die Hand zu geben, selbst wieder hin- und hergerissen zwischen dem Formalismus allgemeiner Statements zu Wirtschaft und Gesellschaft und der direkten Bezugnahme auf unmittelbare Erfahrung – ohne doch auch zu der ebenso vom Produzenten wie sicherlich auch vom Rezipienten nicht zu leistenden Analyse vorzudringen, worin der besondere Fall auf seine letzten Grundlagen in der politischen Ökonomie zurückgeführt wäre.[59]

Eine geborgte Sprache

Sehr geehrte Herren,

die Novität, als welche sich die vorliegende Kontaktaufnahme erweist, ist für alle von Nutzen; es müsste versucht werden, Letztere weiter auszubilden, Teamgeist sollte stärker entwickelt werden.

59 Was diese Organisationen von den übrigen Bildungseinrichtungen unterscheidet, ist der Umstand, dass das pädagogische Handeln sich hier innerhalb ein und derselben Primärgruppe vollzieht und durch Akteure, die derselben Gruppe angehören, nämlich aktive Mitglieder.

Theorie hat gegenwärtig stärker der Technik zu weichen, audiovisuelle Methoden sind maximal zu fördern, Betriebsbesichtigungen sind wünschenswert, Politisierung nur unter der Bedingung, dass sie in weitestgehende Koordinierung mündet, damit auf diese Weise Stabilität die Oberhand gewinnt.
Erwachsenenbildung und zumal Weiterbildung werden unabdingbar, die Grundausbildung ist nicht mehr ausreichend, die Kontrolle der Kenntnisse und praktisches Wissen sollten sozialen Fortschritt ermöglichen können. Fortschritt ist zu suchen, unter Ausschluss aller Tendenzen, eine weitgehende Umstellung auf Berufsorientierung muss vollzogen werden, Ausbildung und Intelligenz sind zwei grundverschiedene Sachen, ein integrer Leiter oder Chef kann noch in jungen Jahren gefunden werden, ein Organisationstalent ist schnell entdeckt ...
(Monotypist, Auszug eines Antwortbriefes auf den von
der Presse publizierten Fragebogen der AEERS)

Muss die konkrete Situation beachtet, auf sie notwendig eingegangen werden, um überhaupt Vertrauen zu erwecken, so ist gleichwohl über den in Partikularität verstrickenden, folglich *isolierenden* Einzelfall hinauszugehen, da nur auf diese Weise eine kollektive Mobilisierung um *gemeinsame Probleme* möglich wird. Diese Dialektik von Allgemeinem und Besonderem, Kernstück einer jeden Politik und zumal jeden Versuchs der *Politisierung,* heißt für die einen, die es mit der etablierten Ordnung halten, notwendig, ihre besonderen Interessen als allgemeine zu setzen, für die anderen, das Besondere ihrer Lage in seiner Allgemeinheit zu erfassen. In der politischen Praxis, deren vielschichtiger Charakter von der Demoskopie vermittels der verschiedenartigen von ihr angeschnittenen Themenbereiche erschlossen wird, gibt es keine säuberliche Trennung von Besonderem und Allgemeinem – von privaten, vornehmlich den moralisch-sittlichen Intimbereich berührenden Fragen (Kindererziehung, Sexualität, Familienautorität, Teilung der Arbeit zwischen den Geschlechtern etc.), die für bestimmte avantgardistische Gruppierungen durchaus schon Objekte politischer Kämpfe darstellen können, gleitet man unmerklich über zu Fragen, die zwar immer noch Erziehung und Sexualität betreffen, dadurch aber, dass sie z. B. die Schule als Institution berühren, auf einer höheren und abstrakteren Ebene angesiedelt und damit auch bereits praktischen Erfahrungen stärker entfremdet sind (Probleme zum Beispiel der Didaktik, der Einstellung, Ausbildung und Bezahlung der Lehrer, der Einführung von Sexualkundeunterricht, der Politik im Gymnasium oder der Studentendemonstrationen etc.), bis hin schließlich zu solchen Fragen, die in der Tradition politischer und

Es ist immer die Persönlichkeit[1]

Der Sympathisant, wenn du willst, na ja, da gab's bestimmte Fragen, die sich stellten und die keine Antwort bekommen haben. Genauso wie der Junge, der Aktivist, wenn du willst, der sich dieselben Fragen stellte, aber der diskutierte mit anderen Aktivisten über wirklich handfeste Sachen und die kamen dann zur richtigen Position. Der Sympathisant dagegen konnte die nicht haben, weil er auf exklusiv spielte. Der konnte das Problem noch so sehr hin und her drehen, der kam doch immer nur zu dem Schluss: es ist immer die Persönlichkeit. Also wenn der mal die Persönlichkeit weglassen würde, wenn der nur mal die Tatsachen nehmen würde, na, dann käme der zu dem gleichen Punkt, zu dem die Partei gekommen ist, und würde sagen: Das da ist doch nicht tragbar. Genau das fehlt aber viel bei den Sympathisanten, und ich könnte fast sagen, zu oft hat's viel davon, das hindert die auch, der Partei beizutreten, weil die mit der einen oder anderen Entscheidung nicht einverstanden sind und ohne dass sie die gewünschten Erklärungen bekommen haben. Hätten sie die bekommen, na, dann würden sie sagen: Ja nun, ich bin völlig einverstanden damit, also was mach ich dann noch draußen?
(Arbeiter bei Renault, Kommunist)

1 Gerade aufgrund seiner Unklarheit hat dieser Text das Verdienst, uns daran zu erinnern, dass eine Befragung zur Politik, die etwas anderes sein will als eine Meinungsumfrage, voraussetzt, dass man in der Lage ist, sich in ein anderes politisches Denken und eine andere politische Sprache hineinzuversetzen.

gewerkschaftlicher Kämpfe schon politischen Charakter gewonnen haben, Fragen zum Streik, zum Verhältnis von Arbeitern und Unternehmern, zur Rolle der Gewerkschaften etc.

Politik, das ist für mich Kampf. Und dafür braucht man viele. 'ne ganze Masse.
(Hausfrau, Kommunistin)

Der sinnentstellende Effekt kommt immer dann am nachdrücklichsten zur Wirkung, wenn die politisch und damit weithin auch ökonomisch und kulturell Unterprivilegierten in politisch noch unentschiedenen Situationen und ganz besonders in Krisensituationen, in denen die bislang herrschenden Orientierungspunkte und Denkmuster infrage gestellt sind (im vorliegenden Fall kurz nach dem Mai 1968), auf für sie noch unzureichend bestimmte politische Probleme jene Wahrnehmungs- und Beurteilungsschemata anwenden, die auf ihren Autoritarismus schließen lassen und sie auf diese Weise die Reihen der herkömmlichen Verfechter der herrschenden Ordnung verstärken: Die Statistik zeigt, dass diese Einfärbung des politischen durch das moralische Urteil, die tendenziell ins Lager der Ordnung führt, bei sonst gleichen Merkmalen praktisch in gleicher Art variiert wie die Neigung, angesichts politischer Fragen zu kapitulieren, und dass sie sich – bei den Frauen eindeutig stärker als bei den Männern – immer häufiger antreffen lässt, je mehr man in höhere Altersgruppen kommt, in kleinere Gemeinden (besonders auf dem Land) oder je tiefer in die Hierarchie der Bildungsniveaus oder der sozialen Positionen – mit Ausnahme der Arbeiter, die stärker »politisiert« sind als Landwirte und kleine Handwerker und Kaufleute. Dieses Unvermögen oder diese Weigerung, Politik als solche zu denken und ihr spezifische Kategorien des Verstehens zuzurechnen, erklären, dass der *Fundamentalismus*, der – mit seiner Sorge um die unbedingte Aufrechterhaltung der Ordnung, der häuslichen Moral wie der Gesellschaft – seine Wurzeln in der *moralischen Entrüstung* über den Niedergang der Sitten hat (die oft nichts anderes ist als der verallgemeinerte Ausdruck einer Revolte und des Ressentiments gegen den Niedergang der eigenen sozialen Position), mit einem *Rigorismus* zusammengehen kann (der nicht immer frei von Ressentiment ist), welcher oft revolutionäre Dispositionen begleitet – fast wie der aufgeklärte Konservatismus, der Veränderungen immer bereit ist zu akzeptieren oder sich sogar für sie zu engagieren, wenn sie Bereiche erfassen, die nicht an den Grundfesten der sozialen Ordnung liegen, wie ganz offensichtlich die Sexualmoral oder Fragen der Symbolik von Autorität und Hierarchie, der sich der Rechten wie der Linken öffnen kann, der Arrièregarde und der Avantgarde, den Kontrasten, die es braucht, um sich als wahrhafte Avantgarde zu bestätigen. Herrscht zwischen jeweils eingenommener Stellung im sozialen Raum und politischen Stellungnahmen keine so einfache und direkte Beziehung wie auf anderen Gebieten, dann nicht nur deshalb, weil die Wahrnehmung der sozialen Welt und zumal der eigenen *Zukunft* in ihr generell durch den individuellen wie kollektiven Werdegang, vermittelt über Erfahrungen des Aufstiegs oder des Abstiegs, determiniert ist.[60] Auch deshalb hat die Sorge um

60 Zum Verständnis der politischen Meinungen und Praktiken älterer Menschen sind nicht nur die *Auswirkungen der Pensionierung* erklärend heranzuziehen, d. h. neben den Folgen des Rückzugs aus dem Berufsmilieu und der Verminderung der sozialen Beziehungen auch die Abnahme kollektiven Drucks und kollektiver Unterstützung. Berücksichtigt werden müssen zudem und vor al-

Ein Streik muss politisch sein. Weil ein Streik, der einfach nur finanzielle Forderungen stellt, das ist ganz selten. Weil automatisch, zum Beispiel mein Patron, wenn der uns zufriedenstellen will, braucht's nur wenig. Aber sobald's ein bisschen zu viel ist, na dann muss er sich an den Arbeitgeberverband wenden. Und so geht's weiter die Leiter hoch, na und dann landet man bei der Regierung. (Arbeiter)

die moralische Ordnung umso mehr Chancen, die Wahrnehmung der politischen Welt einzufärben, je schwächer die soziale Kompetenz ausfällt. Wie man bei Fragen, die zwischen Moral und Politik angesiedelt sind, sehr gut erkennen kann, ist dieses Umkippen von moralischer Entrüstung in politischen Fundamentalismus, von Ressentiment in politische Auflehnung nicht allein bei Individuen oder Klassen anzutreffen, deren Position in der sozialen Struktur sie für eine moralische Wahrnehmung der sozialen Welt prädisponiert, wie etwa das absteigende Kleinbürgertum. Die Infizierung des Politischen durch das Moralische spart auch die Mitglieder der Volksklassen nicht aus, die mehr als alle anderen jener Produktionsmittel für politische Meinungen entbehren, wie sie die Schule zur Verfügung stellt, und vor allem diejenigen unter ihnen, die aufgrund ihres Geschlechts – Frauen –, aufgrund ihres Alters – die älteren Menschen –, aufgrund ihres Wohnsitzes – die Landbewohner – und, damit gekoppelt, aufgrund ihres Arbeitsmilieus – die Arbeiter in Kleinbetrieben – am wenigsten »politisiert«, politisch am geringsten ausgebildet und abgestützt, folglich auch weniger geneigt und vorbereitet sind, Probleme und Situationen, mit denen sie konfrontiert werden, mit politischen Kategorien zu erfassen und zu beurteilen, und deshalb auch eher zu einer generellen Ablehnung aller »Politik« und aller »Politiker« gleich welcher Couleur neigen, die sie in Wahlverdrossenheit oder Konservatismus treibt.

lem die *Auswirkungen des sozialen Abstiegs*, die umso schärfer und umso brutaler sind, je benachteiligter die Zugehörigkeitsklasse ist. Ohne Zweifel lassen sie sich analog den Auswirkungen einer sinkenden sozialen Laufbahn auf die betroffenen Individuen und Gruppen begreifen.

Politische Ordnung und moralische Ordnung

Politische Ordnung	Landwirte	Handwerker Kleinkaufleute	Arbeiter	Angestellte Mittlere Führungskräfte	Höhere Führungskräfte Freie Berufe
Streiks bringen den Arbeitern mehr Schaden als Nutzen (SOFRES 1970)	**58**	57	35	33	42
Bei Betriebsstreiks sollten die Arbeitswilligen weiter arbeiten dürfen (SOFRES 1970)	74	62	41	61	**82**
Unternehmer und Arbeiter haben dieselben Interessen, sie sollten sich über das Interesse aller verständigen und zusammenarbeiten (SOFRES, 1970)	72	**87**	53	60	80
sprechen sich für eine bestimmte Beschränkung des Streikrechts im öffentlichen Sektor aus (SOFRES, 1970)	**60**	54	51	50	57
hielten es für wünschenswert, wenn die Rolle der Gewerkschaften in Frankreich weniger stark wäre als gegenwärtig (IFOP, 1971)	16	**26**	7	14	20
missbilligen die Rolle der Gewerkschaften in Frankreich (IFOP, 1971)	24	30	19	26	**33**
Moralische Ordnung					
Ein junges Mädchen darf erst mit 18 Jahren ausgehen (IFOP, 1959)	83	**88,5**	81,5	82	69,5
Man sollte 18-jährige Mädchen nicht die Filme anschauen lassen, die sie sehen wollen (IFOP, 1971)	**38,5**	**38,5**	31,5	29,5	28
Gemischte Schulen sind für die Erziehung der Mädchen schlecht (IFOP, 1971)	**24**	**24**	20	14,5	8,5
wären gegen die Einführung von Sexualkundeunterricht an den Schulen (IFOP, 1966)	**33**	29	19	19	19
Antibaby-Pillen sollten nur mit Genehmigung der Eltern an minderjährige Mädchen verkauft werden (IFOP, 1967)	74	70	**78**	76	62
Es ist besser, den Kindern zu sagen, was sie tun sollen, und zu vermeiden, sich ihnen gegenüber schwach zu zeigen (IFOP, 1972)	36	34	**40**	29	25

SOFRES fasst die Industrie- und Handelsunternehmer mit den oberen Führungskräften und den freien Berufen zu einer Gruppe zusammen, IFOP mit den selbständigen Handwerkern und Kleinkaufleuten. In obiger Tabelle sind die Prozentzahlen aus jeder Kategorie angegeben, die die vorgegebenen Statements positiv beantworteten (die Rate der Nicht-Antworten ist in der Regel für alle Klassen auf der Ebene der moralischen Ordnung geringer als auf der politischen Ordnung – mit Ausnahme der Fragen, die den Verkauf von Antibaby-Pillen an Minderjährige und die Einführung von Sexualkundeunterricht berühren). Die stärkste Tendenz auf jeder Zeile wurde jeweils gefettet.

Moral und Politik

Ich hab immer schon kommunistisch gewählt, weil das meiner Schätzung nach die sauberste Partei ist. Kommunisten, die Finanz- oder andere Skandale machen, das ist mir noch nie unter die Augen gekommen. Sicher gibt's da welche, denen das nach einigen Jahren nicht mehr Spaß macht und die dann ein bisschen auf die andere Seite abgleiten – die gehen dann entweder aus eigenem Antrieb oder man gibt ihnen zu verstehen, dass sie gehen sollen; jedenfalls ist das meiner Einschätzung nach die sauberste Partei und die einzige, die die Arbeiterklasse verteidigt.
(Schreiner)

Um zu ermitteln, was innerhalb der beherrschten Klassen die Trennung zwischen den Wählern und Nichtwählern festlegt, müsste man eine Reihe sekundärer Variablen einbeziehen, deren bedeutendste ohne Zweifel die soziale Herkunft ist, weil sich über sie gleichzeitig der Laufbahneffekt und der unmittelbare Zurichtungseffekt ausdrücken, der augenscheinlich mit der generationellen Verankerung in der Klasse, der Größe des Unternehmens, den eigenen Traditionen der Branche usw. variiert. Alles scheint in der Tat darauf hinzuweisen, dass wie im Fall der Religionszugehörigkeit das Prinzip politischer Anhängerschaft keine spezifisch politische »Entscheidung« ist, sondern eine Art von durch primäre Gruppen vermittelter Tradition, zuvorderst durch die Familie und ihre politischen Einstellungen, die eng mit der Dauer der Zugehörigkeit zur Arbeiterklasse zusammenhängen, aber auch durch den Kreis der Arbeitskollegen und die Nachbarschaft. In genau solchem Rahmen bildet sich eine ganz eigene Erfahrung des fundamentalen Gegensatzes zwischen »wir« und »die« (»die anderen«) heraus: Wenn dieses Verhältnis die Form eines generellen Misstrauens gegenüber allem annimmt, was anders ist (»Die vertragen sich gut auf dem Rücken der Armen«, »Das führt zu nichts, die sind alle gleich« usw.), drückt sich die Gleichgültigkeit gegenüber der Politik (»die Politik, da wird man doch blöd«, »das kommt alles von der Politik«) oder politische Enttäuschung (»Keiner will was und macht was für uns, man muss sehen, wie man zurechtkommt«) in Wahlenthaltung oder sogar einem Votum für die Rechte aus, das keinerlei grundsätzliche Zustimmung beinhaltet. Wenn es aber innerhalb dieses umfassenden, durch die Erfahrung gestützten Misstrauens gegenüber allem, was von oben und von außen kommt, Platz für Ausnahmen gibt, die auf dem praktischen Klassenethos beruhen (»Duclos, der ist nicht reich«, wie eine 65-jährige Hausangestellte sagt, die kommunistisch wählt), oder einem

»politischeren«, jedenfalls spezifischeren Urteil (»Die steht den Interessen der Arbeiter am nächsten«), so eine 35-jährige, mit einem Drucker verheiratete Frau über die KP), oder wenn das Gefühl von Verlassenheit und Ohnmacht Platz lässt für Hoffnung auf *kollektives* Handeln, dann kann sich Delegation vollziehen.

Wenn nun die eigentlich politische Denkweise ganz ungleich in den verschiedenen Klassen vertreten ist (vermittelt zweifellos über den ungleichen Zugang zum Bildungswesen), dann ist es nur natürlich, dass sie, wie die religiöse oder wissenschaftliche Denkart, einer besonderen Einübung bedarf: Sie setzt in der Tat voraus, dass man sich vom besonderen Fall loszulösen versteht, ihn zu den generellen Prinzipien hin überwindet, die einer einheitlichen und geschlossenen Unendlichkeit von anderen besonderen Fällen Sinn verleihen, denen sonst jede offensichtliche Beziehung fehlte (der Anstieg der Lebenshaltungskosten, die Kreditrestriktionen und die Waffenverkäufe nach Südafrika), oder, was auf dasselbe hinausläuft, kohärente politische Ansichten zu jedweder als Problem aufgeworfenen Situation zu entwickeln versteht. Dies bedeutet, dass erklärte politische Zugehörigkeit oder Treuepflicht nur ein Faktor wie jeder andere ist, dessen Wirkungen man also untersuchen kann wie den Einfluss des Geschlechts, des Alters oder des Berufs: Die im engeren Sinne politischen Prinzipien fungieren als gegenüber ökonomischen oder sozialen Determinanten relativ unabhängige Faktoren, die (selbst wenn die Zustimmung zu diesen Prinzipien nicht unabhängig von diesen Determinanten ist) Meinungen oder Praktiken hervorbringen können, welche den unmittelbaren persönlichen Interessen widersprechen. Und so ist es bei den Virtuosen, die aus gleich welcher Situation ein politisches Problem stiften und darauf genuin politische Prinzipien einer bewussten Axiomatik anwenden können, aber auch bei den übrigen, selbst bei den Hilflosesten, die immer in der Lage sind, zu bestimmten bestehenden Problemen, ausgehend von politischen Prinzipien, im engeren Sinne politische Meinungen zu entwickeln, die mehr oder weniger kompatibel mit jenen sind, die sie, ausgehend von Prinzipien des Ethos, im Hinblick auf unmittelbarer in ihre Praxis eingeschriebene Probleme einnehmen.

Erkennbar wird, dass noch lange nicht Schluss ist mit der Arbeitsteilung in Bezug auf Ideologieproduktion, die die einen mit dem Besitz an ihren Instrumenten zur Produktion politischer Meinungen privilegiert und den anderen nichts anderes lässt als die Alternative: gänzliche Aufgabe oder sich der Partei überantworten. Der Glaube an die Demokratie, den diese Mahnung schockieren mag, trägt dazu bei, das Monopol an der Produktion und Durchsetzung der Instrumente zur Wahrnehmung und Erfassung der sozialen Welt zu verschleiern und damit zu legitimieren. Das Feld der Ideologieproduktion produziert entsprechend der ihm eigenen Logik, das heißt zum einen Teil abhängig von den spezifischen Interessen der darin involvierten Akteure, den politischen Produkten, Problemen, Meinungen, polemischen Verfahren, unter denen die normalen Bürger »wählen« sollen – wobei die Wahrscheinlichkeit des Missverständnisses umso größer ist, je ferner sie dem Ort der Produktion stehen –, die damit auf den Status von Konsumenten reduziert sind, zumindest so lange, wie sie die legitime, das heißt herrschende und als solche verkannte Definition politischen Handelns akzeptieren.[61]

Wie scheinhaft auch immer, trägt die relative Autonomie des Feldes der Ideologieproduktion dazu bei, jene auszuschließen, die aufgrund ihrer statusmäßigen Inkompetenz dazu gebracht werden, sich selbst auszuschließen und diesen Ausschluss dadurch zu legitimieren, dass sie die politischen Fragen zu Angelegenheiten von Spezialisten erklären, über die qua Wissen und nicht Vorlieben Spezialisten zu befinden haben, schlichte *Laien* dagegen über keine andere Freiheit verfügen als die der Wahl ihrer Profis.

Ohne hier in andernorts entwickelte Analysen[62] einzutreten, ist daran zu erinnern, wie sehr die an den politikwissenschaftlichen Instituten gelehrte sogenannte »Politikwissenschaft« zur Illusion der

61 Politische Herrschaft vollzieht sich zu einem wesentlichen Teil mittels der für die Herrschenden entscheidenden Durchsetzung dieser Definition (wie sehr gut an der Debatte über die »Rechte« der Gewerkschaften, Politik zu betreiben, sichtbar wird), das heißt einer für die Herrschenden günstigen »Spielregel« in Bezug auf Politik.

62 Zu diesen Effekten und dem Versuch, Politik zu einer ausschließlichen Domäne der »Kompetenz« zu stilisieren, siehe P. Bourdieu und L. Boltanski, »La production de l'idéologie dominante«, *Actes de la recherche en sciences sociales* 2-3, 1976, S. 3-73.

Autonomie und spezifischen Kompetenz als unbedingt erforderliches Zugangsrecht beiträgt. Als – im doppelten Sinn – Rationalisierung der im Universum der Politik praktisch geforderten und von den »Profis« der Politik auch im praktischen Zustand verfügbaren Kompetenz stellt diese falsche Wissenschaft eine Quasi-Systematisierung der »Kunst« der Praktiker dar, jenes »politischen Sinns«, der es ermöglicht, sich auf ein Publikum einzustellen, die Strategien eines Gegners vorherzusehen oder sich einer Situation anzupassen. Sie sucht diese praktische Meisterschaft dadurch zu legitimieren, dass sie ihr den Schein der Wissenschaftlichkeit verleiht, und zugleich deren Effektivität zu erhöhen, indem sie ihr rationale Techniken wie Umfragen und Public Relations zur Verfügung stellt. Statt an der Entwicklung einer objektiven Wissenschaft vom Universum der »Politik« arbeitet sie an dessen Legitimation, indem sie sich die Aufteilung des präkonstruierten Objekts und die dieser Aufteilung zugrunde liegende implizite Axiomatik zu eigen macht, nämlich die Reduktion des Feldes der Politik auf das Feld der Ideologieproduktion. Damit lässt sie alle hier aufgeworfenen Fragen verschwinden, nicht zuletzt die nach den sozialen Bedingungen der Produktion der *dauerhaften und transponierbaren Dispositionen bzw. Einstellungen*, die ihrerseits die Bedingung der Produktion und Rezeption des politischen Diskurses sind, oder, was auf dasselbe hinausläuft, die Frage nach der *Mobilisierung* als genuin politische Aktion, die, auf eine bloß punktuelle »Einflussnahme« nicht reduzierbar, sich vollzieht als *Explizitmachen* innerhalb eines *zugleich öffentlichen wie gemeinschaftlichen Diskurses* dessen, was in praktischer Verfasstheit in den Dispositionen vorlag, oder, wenn man will, als Zusammentreffen eines Ethos mit einem Logos, der imstande ist, jenen sich selbst zu enthüllen. Der Schein, den der von der mechanistischen Phantasie allzeit gesuchte »Einfluss« produziert, hintertreibt die Ahnung, dass das der Wirksamkeit des Diskurses unterliegende Prinzip in den Dispositionen derer liegen könnte, die ihr unterliegen, oder, noch subtiler, im objektiven Einklang der Dispositionen desjenigen, der die Meinung verbreitet, und desjenigen, der sie aufnimmt, der Wortführer also gleichsam von dem getragen wird, dessen Wort er trägt, und dass folglich die Wirksamkeit aller symbolischen Aktionen in Dispositiven liegen könnte, die sie nicht selber hervorgebracht haben und die sie lediglich reaktivieren oder erwecken – was so wenig auch wieder nicht ist. Deshalb zeichnet die in den Fragebögen zu *opinion makers* implizit funktionierende Theorie der Meinung die *Netzwerke der Zirkulation der Meinungen* nach, um so gemäß jener hydraulischen Phantasievorstellung, die dieser gesamten *emanistischen Philosophie* der Diffusion als Fließen zugrunde liegt, bis zu der Quelle hochzusteigen, an der jene Meinungen entspringen, das heißt bis zur »Elite« der *opinion makers*, allerdings ohne je zu fragen – die wissenschaftliche Ethik verbietet es –, was denn die Meinung der Meinungsmacher eigentlich ausmacht.[63]

Dem Feld der Ideologieproduktion eignet stets nur der Schein der Autonomie des wissenschaftlichen Felds. In den politischen Kämpfen stoßen nicht *Urteile* aufeinander, deren stärkstes notwendig auch das wahrste wäre. In den Zahlenschlachten bei Wahldebatten gibt es weder Sieger noch Besiegte, sondern Leitideen, Machtinstrumente, deren eigentliche Wirksamkeit darin beruht, dass sie als Instrumente der Erkenntnis und Konstruktion der Vorstellung von sozialer Welt funktionieren, und deren Gewicht bis in die internen Kämpfe hinein von der Stärke abhängt, die sie mobilisieren und *manifestieren* können – mittels des Zusammenschlusses der mobilisierten Gruppe, die ihre eigene Stärke noch dadurch verdoppelt, dass sie sie den anderen Gruppen und sich selbst sichtbar werden lässt. Kurzum, selbst wenn sie die Wahrheit der Wissenschaft geltend machen, liegt die Stärke der Leitideen nie wie in der Wissenschaft in ihrer Wahrheit. In letzter Instanz beruht die genuin politische Stärke der Idee in der Stärke der Gruppe, die sie mobilisieren kann; umgekehrt können die Profis in diesem Kampf zwischen Profis, der letztlich von Laien entschieden wird, es nicht bei der reinen und bloßen Affirmation einer Stärke bewenden lassen, in deren Besitz sie sich nur bringen können, wenn es ihnen gelingt, überzeugend darzulegen, dass sie im Besitz der Wahrheit sind. Deshalb oszilliert die Welt der Politik auch ständig zwischen zwei Kriterien der Bestätigung: Wissenschaft und Plebiszit.[64]

63 Mögen diese Analysen auch reduktionistisch anmuten, so machen sie doch nichts anderes, als die grundlegendsten Thesen der dem Anschein nach »avanciertesten«, beispielsweise in Yale oder Columbia produzierten »politikwissenschaftlichen« Werke ihrer technologischen Apparatur zu entkleiden und auf ihren krudesten Ausdruck zurückzuführen (vgl. etwa C. Kadushin, »Power, influence and social circles: A new methodology für studying opinion makers«, *American Sociological Review* XXXIII, 1968, S. 685-699).

64 Diese Ambiguität beherrscht die Meinungsumfrage: Diese ist immer und untrennbar eine Aufforderung sowohl zum Expertenurteil – absurd insofern, als

Auf der Ebene der für eine »Aktionslinie« für eine ganze Gruppe Verantwortlichen ebenso wie auf der des isolierten Einzelnen ist das politische Urteil, die Aufforderung, auf eine politische Frage zu antworten, ein performatives Urteil.[65] Ihm eignet die Wahrheit des Wunsches und hängt somit von der Macht oder Autorität dessen ab, der es ausspricht. Was im Mund des einen eine »unverantwortliche Rede«, ist, erscheint in dem des anderen, dessen »Wünsche Befehle sind«, als eine vernünftige Voraussage. An sich ist der politische Diskurs nie ganz falsch; wahr ist er in dem und nur in dem Maße, wie der ihn (im Namen einer Gruppe) Führende imstande ist, ihn geschichtlich wahr werden zu lassen, ihn in die Geschichte eintreten zu lassen, was zugleich von seiner Fähigkeit abhängt, realistisch – eingedenk seiner aktuellen und potentiellen Kräfte – die Erfolgschancen einzuschätzen, mit denen er handelnd in die Tat umgesetzt werden kann, und von seiner Befähigung, die dazu nötigen Kräfte zu mobilisieren, indem es ihm gelingt, Vertrauen in seine eigene Wahrhaftigkeit, also in die Wahrheit seiner Ideen einzuflößen. Im Unterschied zu stärker autonomen Feldern bezieht jeder in diesem Feld seine Stärke aus der Kraft, die er außerhalb des Feldes mobilisieren kann, so dass die diskursive Stärke, die er auf die anderen Diskursproduzenten des Feldes ausübt, weniger von seinen eigenen intrinsischen Eigenschaften abhängt als von der mobilisierenden Kraft auf seine Klientel, das heißt zumindest teilweise vom Grad seiner *Anerkennung* durch eine zahlenmäßig große und mächtige Gruppe, die sich in ihm wiedererkennt und deren Interessen er (in mehr oder minder unkenntlicher Form) zum Ausdruck bringt. Obgleich dem Diskurs – und zumal dem kritischen Diskurs, der *die Doxa in Zweifel zieht* – nicht alle ihm eigene symbolische Wirksamkeit abzusprechen ist, bleibt doch unbenommen, dass die Kräfteverhältnisse innerhalb des Feldes – wovon der den

sie von Experten an Laien gestellt wird und von Meinung dann keine Rede mehr ist, wenn es eine einzige von Spezialisten hervorgebrachte legitime Antwort gibt, wobei die dargebotenen Wahlentscheidungen fiktiv werden und wie in einem Test lediglich von Wissen oder Nichtwissen zeugen – als auch zum Bekenntnis des politischen Aktivisten – ebenfalls absurd in den meisten Fällen, nämlich wenn die Frage sich an Nicht-Aktivisten richtet.

65 Was in der Politik auch die Häufigkeit von logisch undefinierbaren Äußerungen erklärt, die wie in der Magie das (gegenwärtige oder zukünftige) Sein formulieren und durch den Akt der Formulierung zu dessen Existenz beitragen (»Wir sind die erste Partei Frankreichs«, »Wir gewinnen die Wahlen«).

Avantgarden zugebilligte Status zeugt – von der Stärke abhängen, die die Kontrahenten darin einbringen können und die sie wiederum darin einbringen als Wortführer und Bevollmächtigte, in deren Person sich die gesamte Stärke und Wahrheit einer Gruppe verdichten und symbolisieren.

Wird davon ausgegangen, dass auf dem Markt der politischen Meinungen die Nachfrage weitgehend durch das Angebot hervorgebracht wird, lässt sich nur durch eine regelrechte Analyse der Logik des Feldes der Ideologieproduktion die Verteilung der Meinungen zwischen den Klassen angemessen erklären. Natürlich hängt das Angebot an fix und fertigen Meinungen in jedem historischen Moment zum einen von den Kämpfen ab, in denen von Zeit zu Zeit die Klientel als Schiedsrichter fungiert und deren Austragungsstätte das gesamte Feld der Ideologieproduktion darstellt, mit den verschiedenen Parteien als Opponenten, die nach Art der Meinungsblätter gezwungen sind, zwei formal und inhaltlich unterschiedliche Kämpfe gleichzeitig zu führen: Den einen gegen ihre unmittelbaren Nachbarn im Raum des Ideologischen, wobei jede ihre eigene Stärke, das heißt die ihrer Ideen, nur erhöhen kann durch Erweiterung des Umfangs der Gruppe, die sie mit ihren Ideen mobilisiert; den anderen gegen ihre gemeinsamen Gegner; zum anderen von den Kämpfen, in denen Klientel und aktive Parteimitglieder ebenfalls als Schiedsrichter fungieren, deren Austragungsort jede einzelne Partei ist und in denen die rivalisierenden Fraktionen sich mit den Ideen gegenübertreten, die am besten ihre Interessen voranbringen und zugleich ihren Ideen und Überzeugungen dadurch Kraft verleihen, dass sie einen gewichtigeren Teil der aktuellen oder potentiellen Klientel der Partei anziehen. Da in breitem Maße der Logik von Angebot und Nachfrage unterworfen, reproduziert das Feld der Ideologieproduktion in der Struktur der es definierenden Positionen und Oppositionen die Struktur des Feldes der sozialen Klassen. Auch wenn sie auf aktive Minderheiten bauen, müssen die politischen Parteien doch daran arbeiten, ihre Stellung auf dem Markt zu verbessern, und zwar indem sie ihre Basis erweitern und durch *Konzessionen* die Klientel der konkurrierenden (also ideologisch am nächsten stehenden) Parteien an sich zu ziehen versuchen, potentielle Mitglieder, deren Interessen nicht unbedingt mit denen ihres *Kernpublikums* übereinstimmen müssen, dem ältesten, sichersten, spezifischsten, auch dem am längsten in einem Apparat verankerten, in dem sich »Fortkommen« zumindest auch zu einem großen Teil der Dauer der Zugehörigkeit verdankt. Kurzum, die politische Partei, eine Institution, deren besondere Stärke wie bei der Kirche vom Umfang der Klientel abhängt, die sie mobilisieren kann, ist zwangsläufig Austragungsort eines Kampfes zwischen jenen, deren Dispositionen und spezifische Interessen innerhalb dieses Konkurrenzfeldes sie zur Verteidigung der Unterscheidungsmerkmale der Institution, ihrer Linie, ihres Markenzeichens antreiben, und jenen anderen, die aufgrund ihrer Dispositionen und spezifischen Interessen umgekehrt dazu gebracht werden, größtmögliche Ausweitung der Klientel und des Einflusses zu suchen, um den Preis von Geschäften und Konzessionen oder, konkreter, einer methodischen *Verwischung* alles dessen, was an den Stellungnahmen nach den herrschenden Taxonomien noch zu »markiert« ist. Will sie sich nicht selbst zerstören, auf den Status einer Sekte, einer Kleingruppe ohne Basis, also ohne Stärke, zurückfallen, darf die politische Partei sich nicht, anders als die künstlerische oder literarische Gruppe, der Logik der Distinktion überlassen. Diese ist zwar bis zu einem bestimmten Punkt zwingend, darf aber nicht, wie bei bestimmten avantgardistischen Parteien, die die Logik des intellektuellen Feldes in das politische Feld einführen, bis zum äußersten Ende getrieben werden.

Doch die Laien greifen nicht nur anhand der unaufhörlichen Transaktionen und Konzessionen ein, die sie den Profis durch ihre Strategien isolierter Konsumenten, den von Hirschman glänzend beschriebenen Auswanderung (*exit*) und Widerspruch (*voice*), aufzwingen. Nichts wäre falscher, als das Feld der Ideologieproduktion als einen Zentralort zu denken, aus dem kraft einfacher Diffusion Anweisungen und Losungen, Probleme und aufgenötigte Antworten hervorgehen würden. Entsprechend der ihm eigenen Logik reproduziert das Feld der Ideologieproduktion das politische Feld als Feld von Kämpfen zwischen den Gruppen und Klassen: Auch wenn sie in einigen Aspekten Monopol derer sein kann, die daran teilhaben, ist die durch seine bloße Existenz produzierte Problematik nie völlig autonom gegenüber der vom politischen Feld durch die in ihm herrschenden Konflikte produzierten Problematik. Wie nahezu vollkommen aus dem Feld der Ideologieproduktion sie auch ausgeschlossen sein mögen, anhand der »Probleme, die sie stellen«, wie es so schön heißt, aufgrund ihrer bloßen Existenz und auch und natürlich aufgrund ihrer spontanen und insbesondere organisierten Kämpfe greifen die unteren Klassen in die Definition der politischen Probleme und in deren Transformation ein. Davon bleibt unberührt, dass der Beitrag des politischen Feldes zur Ausarbeitung der Problematik, das heißt das Formulieren, die Umsetzung in und durch den Diskurs, also die Arbeit der Professionellen, die damit zur Verschiebung der Grenze zwischen dem Sagbaren und dem Unsagbaren beitragen, zu den hinreichenden Bedingungen wirklichen kollektiven politischen Handelns gehört, das die Mobilisierung und rationale Ausrichtung der potentiellen Kräfte voraussetzt. Zwar ist Politik natürlich nicht ausschließlich auf dem Boden der Meinung, das heißt des Diskurses, angesiedelt, wie es die herrschende Definition von politischer Auseinandersetzung suggeriert, doch können politische Auseinandersetzungen, sollen sie nicht bloßes Strohfeuer bleiben, gleichwohl nicht auf den politischen Diskurs verzichten: Er allein ist imstande, der Gruppe das Bewusstsein der gemeinsamen Ziele zu vermitteln, durch die und für die sie mobilisiert werden kann.

Bildung und Politik

Eine der Schwierigkeiten in der Kommunikation zwischen dem Soziologen und seinen Lesern hängt damit zusammen, dass diese mit einem Produkt konfrontiert werden, von dem sie sicher oft gar nicht wissen, wie es produziert wurde. Nun gehört aber die Kenntnis der Produktionsbedingungen des Produkts ganz strikt zu den Bedingungen einer rationalen Vermittlung des Ergebnisses der sozialwissenschaftlichen Forschung. Die Leser haben es mit einem fertigen Produkt zu tun, das ihnen in einer Ordnung übergeben wird, die nicht die des Forschungsprozesses ist (insofern nämlich, als es sich tendenziell einer deduktiven Ordnung annähert, was oft zu dem Verdacht führt, der Soziologe habe seine Theorie fix und fertig produziert und danach erst ein paar empirische Belege zusammengesucht, mit denen sie sich illustrieren lässt). Das fertige Produkt, das *opus operatum*, verbirgt den *modus operandi*. Was zwischen der Wissenschaft und den Nicht-Spezialisten oder auch zwischen der einen Wissenschaft und den Spezialisten aus den anderen Wissenschaften zirkuliert (ich denke zum Beispiel an die Sprachwissenschaft zu dem Zeitpunkt, als sie die Sozialwissenschaften beherrschte), was von den großen Zelebrierungsorganen verbreitet wird, das sind bestenfalls Resultate, niemals aber Abläufe und Verfahren. Die Wissenschaft lässt sich nie in die Töpfe gucken. Natürlich kann ich hier keinen Dokumentarfilm über den Forschungsprozess zeigen, der mich zu dem geführt hat, was ich Ihnen erzählen will. Aber was ich versuchen möchte, ist ein Film, der zwar ein bisschen gerafft und zusammengeschnitten ist, aber dabei doch der Absicht folgt, Ihnen eine Vorstellung davon zu vermitteln, wie man als Soziologe arbeitet.

Nach dem Mai 68 habe ich mich – in der Absicht, die Konflikte zu untersuchen, die sich im und um das Bildungssystem abspielten – an die Auswertung aller Umfragen zum Bildungssystem gemacht, die von Meinungsforschungsinstituten durchgeführt worden waren, und mir parallel dazu die Ergebnisse einer weiteren Umfrage angesehen, die über die Presse gelaufen war und nach Vorstellungen für eine Veränderung des Bildungssystems fragte. Die interessanteste Information, die bei dieser Umfrage herauskam, war die Struktur der Population der Befragten, ihrer Verteilung nach sozialer Klasse, Bildungsniveau, Geschlecht, Alter usw.: Zum Beispiel entsprach für die verschiedenen Klassen die Wahrscheinlichkeit, dass auf diese Umfrage geantwortet würde, ziemlich genau ihren jeweiligen Zugangschancen zur Hochschulbildung. Da man sich die Antwort auf einen solchen Fragebogen nach der Logik einer Petition denken muss, war die Zufallsstichprobe derer, die geantwortet hatten, nichts anderes als eine *pressure group* von Leuten, die sich zum Antworten legitimiert fühlten, weil sie dem Bildungssystem gegenüber sozusagen anspruchsberechtigt waren. Statistisch gesehen war diese Population nicht repräsentativ, für die Interessengruppen aber, die die spätere Entwicklung des Bildungssystems *de facto* bestimmen sollten, war sie sehr repräsentativ. Ließ man also die Informationen beiseite, die bei dieser Umfrage über das Bildungssystem, die Kräfteverhältnisse zwischen den sozialen Gruppen, die Anspruch auf die Steuerung seiner Umgestaltung erhoben, usw. herauskamen, dann konnte man sich auf die distinktiven Merkmale der Leute konzentrieren, die geantwortet hatten und die, da sie sich ja aufgrund ihrer besonderen Beziehung zum Gegenstand der Befragung zum Antworten entschlossen hatten, vor allem das eine sagten: Das Bildungssystem ist interessant für mich, und ich bin interessant für das Bildungssystem, also muss man auf mich hören.

Aufgrund dieser Logik erschienen mir nun die »Nicht-Antworten«, die für solche Umfragen das sind, was bei Wahlen die Enthaltungen sind, also als Phänomen scheinbar so normal, dass man nach seinem Sinn gar nicht erst fragt, in neuem Licht. Das Phänomen der Enthaltungen gehört zu jenen Dingen, die jeder kennt und von denen alle reden und die die »Politologen« die dabei einen rein *normativen* Standpunkt einnehmen, rituell als Stolperstein für das gute Funktionieren der Demokratie beklagen und die doch keiner wirklich ernst nimmt. Bedenkt man aber, was aus einer Analyse der Struktur einer Zufallsstichprobe (mit unterschiedlichen Variablen) zu lernen ist, sieht man sofort, dass bei einer repräsentativen Stichprobe in den Nicht-Antworten (deren Anteil bei manchen Fragen größer sein kann als der Anteil der Antworten, womit sich die Frage nach deren statistischer Repräsentativität stellt) eine ganz wichtige Information steckt, die man zum Verschwinden bringt, wenn man die Prozentsätze um diese Nicht-Antworten »bereinigt« und neu berechnet.

Für jede Gruppe, die mit einem Problem konfrontiert wird, gibt es eine charakteristische Wahrscheinlichkeit, dass sie überhaupt eine Meinung hat, und, wenn sie eine hat, eine *bedingte Wahrscheinlichkeit,* das heißt eine Wahrscheinlichkeit zweiter Ordnung, völlig nachgeordnet, sekundär, dass sie eine positive oder negative Meinung hat. Bedenkt man, was bei der Analyse der Zufallsstichprobe der Leute herausgekommen war, die auf die Umfrage zum Bildungssystem geantwortet hatten, dann kann man in der charakteristischen Antwortwahrscheinlichkeit einer sozialen Gruppe oder Kategorie (der Männer zum Beispiel im Verhältnis zu den Frauen, der Städter im Verhältnis zu den Provinzlern) ein Maß für ihr »Gefühl« sehen, dass sie zum Antworten sowohl berechtigt als auch imstande ist, dass sie also ein legitimer Respondent ist und ein Wörtchen mitzureden hat. Der Mechanismus, nach dem Meinung zum Ausdruck gebracht wird, angefangen mit der Stimmabgabe bei den Wahlen, ist ein verschleierter Zensus.

Aber zunächst einmal war nach den Faktoren zu fragen, die die befragten Personen dazu bestimmt hatten, zu antworten oder »sich zu enthalten« (und weniger dazu, sich zwischen der einen und der anderen Antwort zu entscheiden). Die Variationen, die beim Anteil der Enthaltungen festzustellen waren, konnten mit zwei Dingen zusammenhängen: mit den Merkmalen der Befragten oder mit den Merkmalen der Frage. Nimmt man aufgrund eines Befunds, der eigentlich eine Objektkonstruktion ist, die Nicht-Antworten, die Enthaltungen, das Schweigen ernst, sieht man sofort, dass die wichtigste Information über eine soziale Gruppe, die bei einer Umfrage herauskommen kann, nicht die Verteilung von Ja- und Neinstimmen, Pro und Contra ist, sondern der Anteil der Nicht-Antworten, das heißt die für diese Gruppe bestehende Wahrscheinlichkeit, *dass sie eine Meinung hat.* Bei den Meinungsumfragen (die genau der gleichen Logik folgen wie die Wahlen) verfügt man in Gestalt der Nicht-Antworten, jeweils aufgeschlüsselt nach Variablen wie Geschlecht, Bildungsniveau, Beruf, Problemstellung usw., über die nötigen Informationen für eine Bestimmung der für diese Wahrscheinlichkeit ausschlaggebenden Faktoren. Auf diese Weise stellt man fest, dass sich Frauen häufiger enthalten als Männer und dass, um es kurz zu machen, die Diskrepanz zwischen Männern und Frauen umso größer ist, je politischer im üblichen Sinne die Fragen sind, das heißt, je mehr sie eine spezifische Bildung, z. B.

die Geschichte des politischen Feldes (etwa die Kenntnis der Namen von Politikern von gestern oder heute), oder eine typische Experten-Problematik ansprechen (etwa Verfassungsprobleme oder Probleme der Außenpolitik, als Grenzfall etwa folgende Frage, bei der der Anteil der Nicht-Antworten enorm hoch ist: Glauben Sie, dass es einen Zusammenhang zwischen dem Vietnam-Krieg und dem Sieben-Tage-Krieg gibt?). Am entgegengesetzten Ende hat man Moralprobleme (etwa: Sollen Mädchen unter 18 die Pille nehmen usw.), bei denen die Unterschiede zwischen Frauen und Männern verschwinden. Bei einer zweiten sehr signifikanten Variation korrelieren die Anteile der Nicht-Antworten außerdem sehr stark mit dem Bildungsniveau: Je höher man in der sozialen Hierarchie geht, desto geringer wird, bei sonst gleichbleibenden Umständen, der Anteil der Nicht-Antworten. Und eine dritte, mit der vorhergehenden partiell deckungsgleiche Korrelation: Die Anteile der Nicht-Antworten korrelieren hoch mit der sozialen Klasse (oder der sozioprofessionellen Kategorie, das ist hier egal); sie korrelieren außerdem hoch mit dem Gegensatz Paris – Provinz. Kurz, im Großen und Ganzen variiert der Anteil der Nicht-Antworten direkt proportional zu der Position in den verschiedenen Hierarchien.

Das sieht so aus, als wäre die Wahrscheinlichkeit, dass sich jemand enthält, umso größer, je politischer die Frage und je politisch inkompetenter er selbst ist. Aber das ist reine Tautologie. In Wirklichkeit muss man sich fragen, was es eigentlich heißt, kompetent zu sein. Warum haben Frauen weniger Sachkompetenz als Männer? Die Spontansoziologie hätte hier sofort zig Erklärungen parat: Sie haben weniger Zeit, sie machen die Hausarbeit, es interessiert sie weniger. Aber warum interessiert es sie weniger? Weil sie weniger kompetent sind, aber diesmal nicht im sachlichen, sondern im *rechtlichen* Sinne: weniger zuständig. Kompetent sein heißt das Recht und die Pflicht haben, sich mit etwas zu befassen. Anders gesagt, das wirkliche Gesetz, das hinter diesen scheinbar nichtssagenden Korrelationen steckt, ist das Gesetz, dass politische Kompetenz, Sachkompetenz, wie alle Kompetenzen eine soziale Kompetenz ist. Das bedeutet nicht, dass es keine Sachkompetenz gäbe, aber es heißt, dass die Neigung, das zu erwerben, was man Sachkompetenz nennt, umso größer ist, je mehr soziale Kompetenz man hat, das heißt, je mehr man sozial als würdig und also als verpflichtet anerkannt ist, diese Kompetenz zu erwerben.

Dieser Zirkel, der immer noch wie eine bloße Tautologie aussieht, ist die Form *par excellence* des sozialen Handelns im eigentlichen Sinne, das darin besteht, Unterschiede zu produzieren, wo es keine gab. Die soziale Magie kann Menschen dadurch verändern, dass sie ihnen sagt, sie seien anders; das geschieht bei den »concours«, den diversen Zulassungsprüfungen (bei denen der 300. noch jemand ist, der 301. aber bereits gar nichts mehr); mit anderen Worten, die soziale Welt bildet Unterschiede dadurch, dass sie sie benennt. (Die Religion, die sich laut Durkheim über die Grenzziehung zwischen dem Sakralen und dem Profanen definiert, ist nur ein Sonderfall aller Akte der Setzung von *Grenzen,* durch die für Realitäten, die »in der Realität« nur durch unendlich kleine, manchmal gar nicht fassbare Unterschiede voneinander getrennt sind, Unterschiede der *Natur* eingeführt werden.) Männer haben mehr Sachkompetenz, weil die Politik in ihre Kompetenz fällt. Der Unterschied zwischen Männern und Frauen, den wir als selbstverständlich hinnehmen, weil er sich in allen Formen der Praxis wiederfindet, beruht auf einem sozialen Gewaltakt, auf einer Kompetenzzuschreibung. Die Arbeitsteilung zwischen den Geschlechtern weist dem Mann die Politik zu, wie sie ihm das Draußen, die Öffentlichkeit, die bezahlte Arbeit außer Haus usw. zuweist, die Frau jedoch auf das Drinnen festlegt, auf die unsichtbare Arbeit im Verborgenen, auf die Psychologie, das Gefühl, das Lesen von Romanen usw. Natürlich sind die Dinge in Wirklichkeit nicht ganz so einfach, und der Unterschied zwischen den Geschlechtern variiert je nach Klasse und Klassenfraktion, wobei die jedem Geschlecht zufallenden Merkmale jedesmal neu spezifiziert werden. Geht man etwa in dem zwei- (in Wirklichkeit drei-) dimensionalen Raum, den ich in *Die feinen Unterschiede* konstruiert habe, von unten nach oben und nach links, in Richtung jener Fraktionen der herrschenden Klasse, die am reichsten an kulturellem Kapital und am ärmsten an ökonomischem Kapital sind, das heißt zu den Intellektuellen, verschwindet tendenziell der Unterschied zwischen den Geschlechtern: Bei den Lehrern zum Beispiel gibt es ungefähr gleich viel Frauen wie Männer, die *Le Monde* lesen. Geht man dagegen in diesem Raum nach oben und nach rechts, zur traditionellen Bourgeoisie, nimmt der Unterschied zwar auch ab, aber sehr viel weniger stark. Und alle Belege sprechen dafür, dass die Frauen aufseiten des intellektuellen Pols, denen die politische Kompetenz sozial zuerkannt wird, in Sachen Politik Dispositionen und Kompetenzen haben, die sich unendlich viel weniger von denen der entsprechenden Männer unterscheiden als von denen der Frauen anderer Klassenfraktionen oder anderer Klassen.

Man kann also davon ausgehen, dass diejenigen Sachkompetenz haben, die sozial als kompetent ausgewiesen sind, und dass es genügt, jemanden sozial als kompetent auszuweisen, um ihm die Neigung vorzugeben, jene Sachkompetenz zu erwerben, auf der wiederum seine soziale Kompetenz beruht. Diese Hypothese gilt auch für die Effekte des Bildungskapitals. Hier nun muss ich etwas weiter ausholen. Bei allen Umfragen ist eine sehr hohe Korrelation zwischen dem nach Schulabschlüssen gemessenen Bildungskapital und den Kompetenzen in Bereichen zu beobachten, die im Schulsystem überhaupt nicht oder nur dem Anschein nach gelehrt werden, wie etwa Musik, Kunstgeschichte usw. Auf die direkte Erklärung durch das Erlernte kann man hier nicht zurückgreifen. Tatsächlich gehört zu den am besten verborgenen, den geheimsten Effekten des Schulsystems das, was ich den Effekt der Statuszuschreibung nenne, den Effekt des »noblesse oblige«, mit dem das Schulsystem über den Zuteilungseffekt ständig spielt (steckt man jemanden in eine »noble« Klasse, heutzutage also die mathematisch-naturwissenschaftlichen Zweige, fordert man ihn damit auf, nobel zu sein, auf der Höhe der Klasse, die man ihm zuweist). Und nach der gleichen Logik wirken auch die Schulabschlüsse, vor allem natürlich die mit dem höchsten Prestige: Sie weisen ihre Träger Klassen zu, in denen sie aufgefordert sind, »Klasse« zu haben. Die Tatsache, dass jemand schulisch – also sozial – als kompetent ausgewiesen ist, »impliziert« zum Beispiel die Lektüre von *Le Monde,* den Besuch von Museen, den Kauf einer Stereoanlage und natürlich auch das, was uns hier interessiert, nämlich den Erwerb von politischer Kompetenz. Man hat es hier mit einem weiteren Effekt jener Art magischer Macht zu tun, die Menschen dadurch anders macht, dass sie *mit Autorität* sagt, sie seien anders, *distinguiert*; oder besser gesagt, durch die Eigenlogik von Institutionen wie dem Adel oder der Schule, die die Menschen anders machen und dauerhafte Unterschiede bei ihnen produzieren, die äußerlich und von der Person ablösbar sein können wie Rangabzeichen, aber auch Teil der Person selbst werden können: eine bestimmte Sprechweise, ein Akzent oder das, was man *Distinguiertheit* nennt. Kurz, wo man naiv sagen könnte, dass die Leute umso mehr politische Bildung, politische Kompetenz haben, je mehr Schulbildung sie haben, muss man meiner Meinung nach sagen, dass diejenigen, die sozial als kompetent, also als zur Politik berechtigt und verpflichtet ausgewiesen sind, auch bessere Chancen haben, das zu werden, was sie sind bzw. was man ihnen sagt, dass sie sind, nämlich politisch kompetent.

Ein Mechanismus wie der eben beschriebene bewirkt, dass sich bestimmte Leute selbst aus dem politischen Spiel ausschalten (so wie sie sich aus dem Schulsystem ausschalten, indem sie sagen, es interessiere sie nicht); und dass diejenigen, die sich *spontan* ausschalten, so ziemlich dieselben sind, die auch von den Herrschenden, wenn sie die Macht dazu hätten, ausgeschaltet würden. (Bekanntlich wurden in der Vergangenheit die Leute, die kein Wörtchen mitzureden hatten, weil sie keine Eigentums-, Bildungs- oder Adelstitel besaßen, durch das Zensus-Wahlrecht rechtlich ausgeschaltet.) Aber das Zensus-System, das wir erleben, ist verborgen, und das ist ein entscheidender Unterschied. Diese Leute, die sich ausschalten, tun das größtenteils deswegen, weil sie sich die Kompetenz für Politik nicht zuerkennen. Die soziale Darstellung der ihnen sozial zugeschriebenen Kompetenz wird (insbesondere durch das Schulsystem, das ein Hauptakteur der Kompetenzzuschreibung geworden ist) zur unbewussten Disposition, zum Geschmack. Diejenigen, die sich ausschalten, arbeiten gewissermaßen an ihrer eigenen Ausschaltung mit, die von denen, die ihr zum Opfer fallen, stillschweigend als legitim anerkannt wird.

Somit hängt die Wahrscheinlichkeit, dass jemand auf eine objektiv politische (und aufgrund derselben Variablen, die für die Antwortwahrscheinlichkeit bestimmend sind, sehr unterschiedlich als politische wahrgenommene) Frage antwortet, von genau demselben Variablenkomplex ab wie dem, der über den Zugang zur Bildung entscheidet. Anders gesagt, die Chancen, dass jemand eine politische Meinung produziert, sind ungefähr so verteilt wie die Chancen, dass jemand ins Museum geht. Wir haben aber auch gesehen, dass die Faktoren, die eine Differenzierung der Chancen bewirken, dass jemand auf eine Frage welcher Art auch immer überhaupt antwortet, umso stärker zum Tragen kommen, je politischer die Sprache ist, in der die Fragen formuliert sind, das heißt, man verstehe mich nicht falsch, je mehr diese Sprache die Sprache der »Politischen Wissenschaft« ist. Mit anderen Worten, der Unterschied zwischen den Männern und den Frauen und vor allem zwischen den mehr und den weniger Gebildeten ist besonders groß, wenn es um Fragen im Stile der »Sciences-Po« oder der ENA geht (etwa: Sollte Ihrer Meinung nach die Entwicklungshilfe mit dem Bruttosozialprodukt steigen?).

Was heißt das nun? Um eine Antwort auf die Frage: »Sind die Freunde meiner Freunde auch meine Freunde?« zu produzieren, kann ich, wie Pierre Greco bemerkt, entweder an meine konkreten Freunde denken (Sind die Sowieso wirklich die Freunde der Sowieso oder nicht?) oder das logische Kalkül zu Hilfe nehmen, was Ihnen sicher ganz leicht fällt. (Dies ist die Art zu antworten, die im Schulsystem verlangt wird: Man antwortet, ohne sich viel dabei zu denken.) Man sieht, dass diese beiden Arten des Antwortens mit zwei unterschiedlichen Verhältnissen zur Sprache, zu den Wörtern, zur Welt, zu den anderen Menschen verbunden sind. Die »im eigentlichen Sinne politischen« Fragen sind solche, auf die man in Form des logischen Kalküls antworten muss. Es sind Fragen, die »reine« Haltung erfordern, die, die das Schulsystem verlangt, die, die der Schulgebrauch der Sprache verlangt. Platon sagt einmal: »Sprechen heißt seine Meinung sagen.« In der Definition der Meinung sind Implikate enthalten, die wir vergessen, weil wir Produkte eines Systems sind, in dem man reden muss (oft um wirklich zu reden, oft um nichts zu sagen), wenn man überleben will. Die Meinung, wie ich sie bis jetzt implizit definiert habe, ist eine in Worten ausgedrückte/in Worten ausdrückbare Meinung, produziert als Antwort auf eine explizit in Worten ausgedrückte Frage, und zwar in einer Form, bei der die Antwort ein neutralisiertes/neutralisierendes Verhältnis zur Sprache voraussetzt. Um auf eine politikwissenschaftliche Frage des gerade erwähnten Stils zu antworten (Gibt es einen Zusammenhang zwischen dem Sieben-Tage-Krieg usw.), muss man eine ähnliche Haltung haben, wie sie auch zum Aufsatzschreiben nötig ist, eine Disposition also, die auch bei einer Menge anderer Verhaltensweisen vorausgesetzt ist, etwa wenn man ein Bild betrachtet und sich für die Form interessiert, für die Komposition, statt nur für die dargestellte Sache. Was bedeutet, dass es vor einer Meinung, die als ausgesprochenes Wort definiert wird und als Wort, das eben dieses neutralisierende/neutralisierte Verhältnis zum Objekt voraussetzt, dieselbe Art Ungleichheiten geben kann wie vor dem Kunstwerk, ohne dass man deshalb schließen dürfte, dass diejenigen, die keine Meinung äußern können – im Sinne von sprechen –, gar nichts von dem hätten, was ich zwar nicht eine politische Meinung nennen kann, da Meinung Diskurs voraussetzt, aber einen politischen Sinn nennen möchte.

Zum Beispiel können sich manche Leute, die zum Problem der sozialen Klassen befragt werden, als gänzlich unfähig erweisen, eine Frage nach der Existenz von sozialen Klassen oder auch nach ihrer eigenen Position im sozialen Raum zu beantworten (also: Gehören Sie zu den unteren, mittleren oder oberen Klassen?), und dennoch einen vollkommen unfehlbaren Klassensinn haben: Zwar können sie ihre Position nicht thematisieren oder objektivieren, aber ihr ganzes Verhalten gegenüber dem Interviewer wird durch einen Sinn für die soziale Distanz bestimmt, der ihnen genau sagt, wo sie stehen und wo der Interviewer steht und in welchem sozialen Verhältnis sie zueinander stehen. Hier ein Beispiel, das mir gerade einfällt: Ein amerikanischer Soziologe hat festgestellt, dass die Wahrscheinlichkeit, dass man mit jemandem über Politik redet, umso größer ist, je näher einem die politischen Meinungen dieser Person sind. Was tun nun die Leute, um herauszubekommen, ob die, mit denen sie gleich sprechen werden, dieselben politischen Meinungen haben wie sie? Das ist ein schönes Beispiel für den praktischen sozialen Sinn. Es gibt wunderbare Analysen von Goffman zu den Begegnungen zwischen Unbekannten und der ganzen Arbeit, die die Leute leisten, um zu diagnostizieren, was man sagen kann und was nicht, wie weit man gehen kann usw. Ist man sich unsicher, kann man immer noch vom Wetter reden, das ist immer noch das am wenigsten konfliktträchtige Thema, das es gibt. Der Soziologe hat es mit Leuten zu tun, die das, was er herausbekommen will, besser wissen als er, aber im Modus der Praxis: Ob Arbeitgeber oder Sub-Proletarier, er muss Dinge explizit machen, die die Leute ganz genau wissen, aber in einem anderen Modus, das heißt, ohne sie wirklich zu wissen. Auch die Aussagen der Leute über das, was sie tun und was sie wissen, sind da oft sehr wenig hilfreich. Der Sinn für die politische Orientierung kann die praktisch-politischen Entscheidungen bestimmen, ohne zum Diskurs zu gelangen, und wird durch Situationen, in denen auf der Ebene des Diskurses geantwortet werden müsste, nur aus der Fassung gebracht, aus dem Sattel geworfen. (Daher kommt es auch, dass die Meinungsumfragen außer bei Wahlen sehr wenig zur Prognose taugen, denn sie können nichts erfassen, was sich nicht sprachlich konstituiert.) Was auch besagt, dass diejenigen, die sich enthalten, nicht antworten oder ein wenig auf gut Glück antworten (allem Anschein nach ist die Wahrscheinlichkeit, dass es sich bei der Entscheidung für eine vorgegebene Antwortmöglichkeit um eine Zufallsentscheidung handelt, umso größer, je größer bei derselben Befragtengruppe der Anteil der Nicht-Antworten ist), keineswegs, wie man meinen könnte, für jedes beliebige Handeln disponibel sind. (Das wäre eine weitere Intellektuellen-Illusion.) Sie sind auf das reduziert, was die Theologen des Mittelalters mit einem wunderbaren Wort die *fides implicita* nannten, den unausgesprochenen Glauben, den Glauben, der noch vor dem Diskurs ist, reduziert auf den praktisch-sozialen Sinn. Wie treffen sie ihre Entscheidungen? Die Klassen, die das größte Defizit an Meinungsfähigkeit haben und auf die *fides implicita* reduziert sind, treffen Entscheidungen zweiten Grades. Fragt man sie: Gibt es Ihrer Ansicht nach eine Beziehung zwischen diesem und jenem?, dann wissen sie das nicht, aber sie delegieren die Mühe, ihre Entscheidungen für sie zu treffen, an eine von ihnen gewählte Instanz. Das ist ein sehr wichtiger sozialer Tatbestand. Alle Kirchen lieben die *fides implicita.* Die Idee der *fides implicita* beinhaltet die Idee der Selbstübereignung.

Man kann die Politik in Analogie zu einem Marktphänomen beschreiben, nämlich zu Angebot und Nachfrage: Eine Zunft von Polit-Profis, definiert als Inhaber des *De-facto-Monopols* auf die Produktion von Diskursen, die als politisch anerkannt sind, produziert ein Ensemble von Diskursen, die Leuten mit politischem Geschmack angeboten werden, das heißt Leuten mit sehr ungleich entwickelten Fähigkeiten, zwischen den angebotenen Diskursen zu unterscheiden. Diese Diskurse werden rezipiert, verstanden, wahrgenommen, sortiert, gewählt, akzeptiert in Abhängigkeit von der Sachkompetenz oder, genauer gesagt, in Abhängigkeit von einem Klassifizierungssystem, dessen Trennschärfe oder Feineinstellung von jenen Variablen abhängig ist, die die soziale Kompetenz bestimmen. Man verbaut sich das Verständnis des eigentlichen symbolischen Effekts der angebotenen Produkte, wenn man sie sich so vorstellt, als wären sie direkt durch die Nachfrage geweckt oder aufgrund einer Art direkten Kompromisses und bewusster Aushandlung mit dem Publikum zustande gekommen. Wenn man einem Journalisten nachsagt, er sei ein klerikaler Speichellecker oder ein Kapitalistenknecht, stellt man die Hypothese auf, dass er sich bewusst um Anpassung an die Erwartungen seines Publikums bemüht und darauf aus ist, sie direkt zu befriedigen. In Wirklichkeit zeigt die Analyse der Universen der kulturellen Produktion, ob Theater- und Filmkritiker, ob politische Journalisten, ob intellektuelles oder religiöses Feld, dass die Produzenten nicht – oder jedenfalls sehr viel weniger, als man meint – im Hinblick auf ihr Publikum produzieren, sondern vielmehr im Hinblick auf ihre Konkurrenten. Aber auch das ist noch zu zweckrational formuliert und könnte zu der Annahme verleiten, sie schrieben im bewussten Bemühen um den Unterschied. Tatsächlich produzieren sie viel stärker in Abhängigkeit von der Position, die sie in einem bestimmten Raum der Konkurrenz einnehmen. Man kann zum Beispiel zeigen, dass in diesem Konkurrenzraum die Parteien wie die Zeitungen ständig dem Druck zweier antagonistischer Tendenzen ausgesetzt sind, von denen die eine sie die Unterschiede betonen lässt, und sei es künstlich, um unterscheidbar und für Leute mit einem bestimmten Klassifizierungssystem (z.B. in bestimmten Parteien) wahrnehmbar zu sein, während die andere sie treibt, ihre Basis zu verbreitern, indem sie die Unterschiede als nicht vorhanden erklären.

Aufseiten der Produktion also gibt es einen Konkurrenzraum, der seine eigene Logik und Geschichte hat (seinen eigenen Congrès de Tours zum Beispiel), und das ist sehr wichtig, weil man in der Politik wie in der Kunst die neuesten Strategien nicht verstehen kann, wenn man die – in Bezug auf die Allgemeingeschichte relativ autonome – Geschichte des Felds nicht kennt. Auf der anderen Seite, der Seite der Konsumtion, gibt es einen Raum von Kunden, die dann die angebotenen Produkte nach ihren jeweils aufgrund verschiedener Variablen abweichenden Wahrnehmungs- und Bewertungskategorien wahrnehmen und bewerten. Der Stand der Distribution der politischen Meinungen zu einem gegebenen Zeitpunkt ist somit das Aufeinandertreffen zweier relativ unabhängiger Geschichten: das Aufeinandertreffen eines Angebots, das entwickelt wurde nicht aufgrund der Nachfrage, sondern aufgrund der für einen politischen Raum mit eigener Geschichte charakteristischen Zwänge, und einer Nachfrage, die zwar das Produkt aller Einzelgeschichten ist, in denen sich die politischen Dispositionen herausgebildet haben, aber dennoch eine homologe Struktur hat.

Ich möchte rasch noch einmal auf einen Punkt zurückkommen, auf den ich nur kurz eingegangen bin und der deshalb Verwirrung stiften könnte, nämlich das Problem des Verhältnisses der Parteien, insbesondere der Kommunistischen Partei, zur *fides implicita*. Alles deutet darauf hin, dass eine Partei mit einer Position im relativ autonomen Raum der Meinungsproduktion sozusagen umso freiere Hand hat, und eine umso autonomere Geschichte, je größer in ihrer Anhängerschaft der Anteil derer ist, die sich in dem der *fides implicita* vorbehaltenen Sektor des Konsumentenraums befinden. Je stärker unterprivilegiert eine soziale Gruppe ist (man kann den äußersten Fall nehmen, das heißt ungelernte Arbeiterinnen – ohnehin die Mehrheit in dieser Kategorie – in der Provinz, ohne Schulbildung und ohne jede Statuskompetenz, und damit zugleich auch fast ohne jede Sachkompetenz), desto eher befindet sie sich gegenüber ihrer Partei, der Partei ihrer Wahl, im Zustand der absoluten Selbstübereignung. Daraus folgt – da es sich um eine Partei mit einer Position im relativ autonomen Raum der Parteien handelt –, dass diese Partei umso mehr Freiheit bei der Festlegung ihrer Strategien hat und diese umso vollständiger in Abhängigkeit von den Notwendigkeiten der Konkurrenz mit den anderen Parteien bestimmen kann, je größer in ihrer Anhängerschaft der Anteil derer ist, die ihr ein für allemal einen Blankoscheck gegeben haben (die jüngsten Ereignisse belegen das auch empirisch ziemlich eindeutig, so dass ich hier auf weitere Argumente verzichten kann). Dies also wäre bei den Untersuchungen zum Phänomen der Bürokratisierung revolutionärer Parteien zu berücksichtigen, ob nun der Kommunistischen Partei Frankreichs oder der Sowjetunion. (Natürlich wäre auch die spezifische Logik der *Delegation* zu berücksichtigen, nämlich die tendenzielle Enteignung derjenigen, die sich der Partei nicht vollständig überantwortet haben, zugunsten der Profis, der »Hauptamtlichen«). Was bedeutet, dass die ehernen Gesetze der Oligarchien, die Tendenz der Macht nämlich, auch der revolutionären, sich in den Händen einiger weniger zu konzentrieren – eine Tendenz, die von den Neo-Machiavellianern als unvermeidliches Schicksal der politischen Bürokratien ausgegeben wird –, durch dieses auf der *fides implicita* begründete Verhältnis ungeheuer begünstigt wird.

Deshalb muss ich zum Schluss auch noch kurz auf das Problem der Bedingungen eingehen, unter denen der praktisch-politische Sinn explizit wird. Labov hat gezeigt, dass es bei den Arbeitern in den Vereinigten Staaten einen starken Widerstand gegen die Akkulturation der Aussprache gibt, weil sie, wie er sagt, ihren Klassenakzent unbewusst mit ihrer Männlichkeit identifizieren. Als hätte sich ihr Klassensinn irgendwo hinten in der Kehle festgesetzt, als wäre eine bestimmte gutturale und angeblich männliche Sprechweise eine – völlig unbewusste – Verweigerung der herrschenden Diktion, eine Verteidigung der Identität der Arbeiterklasse, die auch in einer bestimmten Art Schulterbewegung usw. stecken kann. (Dies dürfte auch bei Delegiertenwahlen eine sehr große Rolle spielen: Delegierte der Gewerkschaft CGT haben eine besondere Art Haltung und Benehmen, und bekanntlich spielen im Verhältnis zwischen Linksradikalen und Kommunisten körperliche Merkmale wie lange oder kurze Haare, Kleidungsstil usw. eine sehr große Rolle.) Es gibt also einen ganz tief im Körper steckenden Klassensinn, ein Verhältnis zum Körper, das ein Verhältnis zur Klasse ist, und dann erst gibt es das, was man Bewusstsein und Entstehung von Bewusstsein nennt. Das ist einer der beliebtesten Tummelplätze für populistische Phantasiegebilde. Von Anfang an, schon bei Marx selber, wurde das Problem der Entstehung von Bewusstsein immer mehr oder weniger so gestellt, als wäre es ein erkenntnistheoretisches Problem. Ich denke, was ich heute abend vorgetragen habe, kann helfen, dieses Problem ein klein wenig realitätsgerechter zu formulieren, nämlich in Gestalt des Problems des Übergangs jener tiefinnerlichen körperlichen Dispositionen, in denen die Klasse gelebt wird, ohne als solche thematisiert zu werden, in – verbale oder nicht-verbale – Ausdrucksformen (etwa eine Demonstration). Es wäre eine Analyse für sich, einmal zu untersuchen, auf welche Weisen eine Gruppe sich als Gruppe konstituiert; ihre Identität begründet, sich selbst symbolisiert; von einer Arbeiterpopulation zu einer Arbeiterbewegung oder Arbeiterklasse wird. Dieser Übergang, der die *Repräsentation* im Sinne von Delegation, aber auch im Sinne von Bühne und Darstellung voraussetzt, ist eine hochkomplizierte Alchimie, bei der der besondere Effekt des sprachlichen Angebots, des Angebots bereits bestehender Diskurse und kollektiver Handlungsmodelle (wie Demonstration, Streik usw.), eine große Rolle spielt. Bei Meinungsumfragen wird das ganz deutlich. Wenn die Unterprivilegierten zwischen mehreren »vorgegebenen« Antworten zu wählen haben, können sie immer eine dieser vorformulierten Antworten ankreuzen (so dass dann das Wesentliche niemandem mehr auffällt, dass sie nämlich zur Formulierung dieser Antwort nicht unbedingt imstande gewesen wären, vor allem nicht in der vorgegebenen Terminologie). Wenn sie über Indizien verfügen, anhand deren sie die »richtige« Antwort erkennen können, oder über Anleitungen, die sie zu ihr hinführen, können sie auch die Antwort ankreuzen, die ihren erklärten politischen Überzeugungen am meisten entspricht. Wenn nicht, bleibt ihnen nur das, was ich die *Allodoxie* nenne, das heißt der Tatbestand, dass man eine Meinung für eine andere hält, wie man eine Person von weitem für eine andere halten kann (auf anderen Gebieten führt so etwas dazu, dass man einen Golden Delicious für einen Apfel hält, Skai für Leder oder Walzer von Strauss für klassische Musik). Sie riskieren ständig, sich über die Qualität des Produkts zu täuschen, weil sie mit Klassensinn wählen, wo Klassenbewusstsein nötig wäre. Man kann einen Politiker wegen seiner (sympathischen) »Visage« wählen, wo man ihn eigentlich seiner Worte wegen wählen sollte. Der *Allodoxie-Effekt* hängt zum Teil damit zusammen, dass die Meinungsproduzenten unbewusst den Klassenhabitus manipulieren, nämlich durch Mitteilungen, die von Klassenkörper zu Klassenkörper gehen, ohne das Bewusstsein zu erreichen, beim Sender so wenig wie beim Empfänger: So kann es passieren, dass man gewissermaßen von Klassenkehle zu Klassenkehle spricht. Alles, was ich hier vortrage, ist natürlich problematisch und längst nicht das letzte Wort in dieser Sache: Ich möchte nur zeigen, dass diese Probleme gewöhnlich zu abstrakt und zu simpel zugleich gestellt werden.

Auf jeden Fall aber, und das ist nun wirklich mein letztes Wort: Nur wenn man Dinge ernst nimmt, die so offensichtlich sind, dass sie als *unbedeutend* gelten, jene banalen Dinge, die von den meisten Leuten, die von Berufs wegen über die soziale Welt reden oder nachdenken, keines Blickes gewürdigt werden, nur dann kann man theoretische Modelle konstruieren, die zugleich allgemein und doch nicht »leer« sind, so wie das Modell, das ich hier entwickelt habe, um die Produktion und Konsumtion von politischen Meinungen zu erklären, und das genauso für die anderen kulturellen Güter gilt.

Die Doxosophen

> Darum sage ich, das Vorstellen (*doxazein*) ist ein Reden (*legein*) und die Vorstellung (*doxa*) ist eine gesprochene Rede (*logon eirèmenon*).
>
> Platon, *Theaitetos*, 190a

»Oft wird gesagt, dass Staatsangelegenheiten ziemlich kompliziert sind und man Spezialist sein muss, um sie zu verstehen. Stimmen Sie dieser Ansicht völlig zu, eher nicht zu oder überhaupt nicht zu? Stimme völlig zu: 37 %, stimme eher zu: 35 %, stimme eher nicht zu: 16 %, stimme überhaupt nicht zu: 10 %, keine Angabe: 2 %«.[1] Dieser kurze Dialog enthält zwar keinerlei Hinweise auf die *Gegenstände* des Verständnisses, die als würdig erachtet werden, in jenes Spiegelkabinett der unendlichen Reflexion über die immergleichen Dinge aufgenommen zu werden, wie sie die gesamte Schrifttradition beschwört. Dennoch dürfte es Kennern der Eristik nicht entgangen sein, dass die Konsequenzen der Frage erst dann völlig klar werden, wenn man alle Implikationen einer Antwort freilegt, die doch Unkenntnis dieser Implikationen voraussetzt: Eine fast allgemeine Antwort (98 %) auf eine allgemeine Frage zur politischen Kompetenz zu erhalten, heißt behaupten, dass niemand politisch derart inkompetent ist, um sich inkompetent im Hinblick auf eine Frage zu seiner Kompetenz oder Inkompetenz erklären zu können, die seine politische Kompetenz oder Inkompetenz beurteilen soll. Doch das ist nicht alles: Man kann sich nämlich fragen, ob jene, die sich, außer bei der (politischen?) Frage über ihre politische Kompetenz oder Inkompetenz (72 %), sonst fast nie für zu inkompetent halten, um auf politische Fragen zu antworten, tatsächlich die notwendige Kompetenz besitzen, um wahrzunehmen, was ihr Eingeständnis der Inkompetenz beinhaltet. Und beides in einem: Entweder es ist wahr und jede politische Befragung einschließlich der Meinungsumfragen wäre in Ermangelung von Antwortenden gegenstandslos, oder es ist falsch und die Spezialisten, die ihre Antwort erzeugen, indem sie die Frage erzeugen, die sie hervorbringt, müssten sich über die Natur und Funktion einer politischen, logischen und polito-logischen Kompetenz Rechenschaft ablegen, die ihnen die Macht verleiht, eine derart perfekte Fragestellung zu ent-

1 Auszug aus einer Umfrage der SOFRES, die unter Mitwirkung des Institut d'études politiques durchgeführt wurde.

werfen, mit der die Befragten gezwungen werden, sich selbst jede Kompetenz abzusprechen, sich ihrer zugunsten der Spezialisten zu entheben. Denn indem sie hier ausdrücklich jenes Geständnis der Inkompetenz einfordern, das ihre üblichen Fragen auch sonst unfehlbar erhält, in Gestalt von Schweigen oder erpresster Rede, verraten die Spezialisten der »politischen Wissenschaft«, durch einen typisch sokratischen Umkehrschluss, dass sie das Prinzip der Wirksamkeit dieser Fragen gar nicht kennen: Nämlich die glückliche Unbewusstheit der politisch kompetenten, aber wissenschaftlichen Inkompetenz, die den Doxosophen ausmacht, wie Platon gesagt hätte, eines Spezialisten der *doxa*, der Meinung und des Anscheins, eines scheinbaren Gelehrten und Gelehrten des Scheins, bestens geeignet, um den Anschein der Wissenschaftlichkeit auf einem Gebiet zu erwecken, in dem der Anschein immer für den Schein da ist.

Die ganze »politische Wissenschaft« hat nie aus mehr als einer bestimmten Kunst bestanden, ihre spontane Wissenschaft von der Politik der herrschenden Klasse und ihrem politischen Personal zu überantworten. Die Verweise auf kanonisierte Autoren wie Montesquieu, Pareto oder Tocqueville, der quasi-juridische Gebrauch der jüngsten Geschichte, welche die am wenigsten außeralltägliche Lektüre der Tageszeitungen lehrt und die nur dazu dient, ein Geschehen in der Logik vergangener Geschehen zu begreifen, die ostentative Neutralität von Ton, Stil und Äußerung, der gekünstelt technische Jargon des Vokabulars sind allesamt Zeichen dafür, die Politik zu einem Gegenstand gepflegter Konversation zu machen. Zugleich wird die universitäre und mondäne Abgehobenheit eines aufgeklärten Kommentators suggeriert oder, in einer Art *Objektivitätsparade,* das Bemühen des unparteiischen Beobachters deutlich gemacht, zu allen anstößigen und verrückten Extremen und Extremismen gleich weite Distanz zu wahren.[2]

2 Die »Streitgespräche« im Fernsehen sind das verwirklichte Ideal der offiziellen Vorstellung des politischen Schlagabtauschs als geregeltes Spiel: Alles ist so angelegt, dass die Symmetrie zwischen den beiden Parteien demonstriert wird, die Aufteilung des Raums, die Ritualisierung des Austauschs (Darstellung von Resultaten der Meinungsumfragen, Vorstellung der Gegner, Filmvorführung, Fragen zum Film), die Zurschaustellung der Chancengleichheit (Auslosung, gleiche Fragen, gleiche Sprechzeit usw.) Als Hauptverantwortlicher dieser politologischen Zurschaustellung von Objektivität muss der »Spielleiter« (Absolvent der »Sciences po«, Dozent der »Sciences po«, Chronist der »politischen Wissenschaften« bei *Le Monde*, politischer Journalist verschiedener Tageszeitungen und

Die »politische Wissenschaft«, wie sie am *Institut d'etudes politiques* gelehrt wird, hätte das Auftauchen moderner soziologischer Forschungstechniken nicht überleben dürfen. Aber dann würde man die Rechnung ohne ihre Befehlsabhängigkeit machen, die zusammen mit der positivistischen Fügsamkeit gegenüber den scheinbaren Fakten alle Fragen und Fragestellungen ausschließen musste, die dem politischen Anstand zuwiderlaufen, und eine Wissenschaft der öffentlichen Meinung auf eine rein antizipierende Registrierung von Stimmabgaben, Stimmabsichten und Stimmerklärungen reduziert, mithin genau auf das, was sich die öffentliche Meinung unter dieser Wissenschaft vorstellt.

Von allen Fragwürdigkeiten der »politischen Wissenschaft« ist besonders entscheidend jene, die ihre Fragen selbst hervorrufen, die aber beste Aussichten hat, übersehen zu werden, weil sie die Gestalt von Antwortverweigerungen annimmt.[3] Denn tatsächlich wächst der Anteil von befragten Personen, die eine Antwort unterlassen, weil sie sich dazu nicht in der Lage fühlen oder unschlüssig sind, und desto stärker, je mehr sich die Lebensumstände und das Bildungsniveau absenken, sobald man von Fragen, die so gestellt sind, dass sich die weniger Kompetenten, die von politischem Wissen und politischer Macht, also dem politischen Diskurs am meisten Enteigneten, mit ihren alltäglichen Interessen, die sie oft nicht als politisch wahrnehmen, wiederfinden können, zu Fragen übergeht, die in der *offiziellen* Sprache der Politik formuliert sind, der Sprache der beliebtesten Prüfungsthemen der ENA, der großen Vorlesungen der »Sciences po«, der »Grundsatzartikel« von *Monde* und *Figaro*, der politischen Wahrnehmungskategorien der üblichen

verantwortlich für Meinungsumfragen am *Institut français d'opinion publique*) in jeder Hinsicht – und sei es durch offene Ungeduld bei Verstößen seiner »Gäste« – seinen Willen bezeugen, die Regeln des politischen Anstands zu respektieren und vor allem seine obsessiven Bemühungen um Neutralität (»Monsieur Chirac, nachdem Sie bisher begonnen hatten, wird Monsieur Marchais in der zweiten Hälfte beginnen, *damit Gleichheit herrscht*«. »Ich mache *sie beide* darauf aufmerksam, dass wir schon die Hälfte der Zeit überschritten haben und *sie beide* noch eine Anzahl von Fragen zu beantworten haben…«).

3 Die Existenz von Antwortverweigerungen, deren Häufigkeit sich nicht zufällig nach Art der gestellten Fragen und nach Gruppen von Befragten unterschiedlich verteilt, bleibt völlig unbemerkt, zumindest wird sie nicht wie bei Wahlen als jene »Apathie« wahrgenommen, deren Prinzip und Heilmittel die Wissenschaft nur finden kann, wenn sie die besonderen Eigenschaften der »Apathischen« untersucht.

Produzenten und Konsumenten dieser Art von Diskurs. Diese vollkommen zirkuläre Zirkulation der Schemen und Themen des legitimen politischen Diskurses, eines herrschenden Diskurses, der sich als solcher verbirgt, und das Gefühl der unmittelbaren Evidenz, das sich jedes Mal beobachten lässt, wenn die objektiven Strukturen völlig mit den verinnerlichten Strukturen zusammenfallen, tragen dazu bei, den »politischen« Diskurs,[4] und die implizite Definition der Politik als Diskurs, unter Protektion der Meinungsumfrage zu stellen, weil hier die unmittelbare Zustimmung zu einer sozialen Welt vorausgesetzt ist, die als natürliche Welt wahrgenommen wird, und so eine »natürliche Einstellung« beschreibt, oder, wenn man will, die *doxa*, die unterschwellig die *para-doxalsten* politischen Meinungen antreibt.

Diese Definition der Politik als (einer spezifischen Art von) Diskurs, die in der für die Meinungsumfrage konstitutiven Absicht enthalten ist, Meinungen ausdrücken zu lassen und Urteile über schon ausgedrückte Meinungen, und die nie explizit formuliert ist, weil sie sich von selbst zu verstehen scheint, schließt faktisch diejenigen aus, die nicht über die Mittel dieser Art von Sprache verfügen, das heißt, genauer, mit der Sprache und dem, was sie ausdrückt, jene quasi-theoretische Beziehung unterhalten, die Bedingung für Produktion und Rezeption eines Diskurses von »allgemeinem Interesse« zu Fragen des »allgemeinen Interesses« ist.[5] Indem man die epistemologische Neutralität einer Befragung mit der ethischen Neutralität ihrer Formulierung gleichsetzt, vergisst man, dass Fragen, die in den meisten Fällen scheinbar nichts anderes als ein »Ja« oder ein »Nein« erfordern, sich tatsächlich durch ein stillschweigendes Privileg an Einzelne und Gruppen richten, die sich

4 Im Weiteren ist das Wort politisch immer dann in Anführungszeichen gesetzt, wenn es seiner herrschenden Definition konform, also politologisch verwendet wird.

5 Also die Definition, die der Leiter der Sendung »Auge in Auge« von einer wunschgemäßen politischen Debatte gibt: »Es ist gar nicht mehr nötig zu sagen, dass dies eine politische Debatte ist. Ich glaube, wenn Sie einverstanden sind, ich werde anfangen, indem ich Sie *einen nach dem anderen* frage, zunächst Monsieur Habib Deloncle, weil wir mit ihm beginnen, Ihre *Gesamtposition* zu definieren, Ihre *Gesamtinterpretation* des Problems, und dann werden Sie Beispiele aus diesen Bereichen vorstellen, zunächst zur Bildung *im weiten Sinn* und danach zu den Nachrichten, auch *im weiten Sinn* und danach, natürlich, können Sie schließen.«

weniger durch eine besondere Art der politischen Meinung als vielmehr durch die Fähigkeit auszeichnen, »politisch« auf eine »politische« Frage zu antworten: Die politologische Befragung erfordert einen Befragten, der nicht nur in der Lage ist, »spezielle« Begriffe der politischen Sprache zu entschlüsseln und zu handhaben, sondern sich auf ein quasi-abstraktes Niveau zu begeben, auf dem für gewöhnlich der politische Diskurs angesiedelt ist, durch die Syntax seiner Äußerungen wie durch die impliziten Referenzen, die er beinhaltet. Der, genauer gesagt, in der Lage ist, die »politische« Frage zu *erkennen* und *anzuerkennen*, sie als solche auszumachen und sich verpflichtet zu fühlen, sie zu beantworten und »politisch« zu beantworten, also im Einklang mit den Normen des *politischen Anstands*, mit Worten – und nicht etwa mit Schlägen – und politisch gesitteten Worten, nicht in jenen groben politischen Worten, diesem politisch ungehobelten Gerede, das auf Veranstaltungen und öffentlichen Versammlungen notfalls laut wird, aber, als vulgär abgestempelt, an all den neutralen, im eigentlichen Sinne politischen, weil politisch neutralisierten Orten ausgeschlossen wird, welche die politikwissenschaftlichen Institute aufzusuchen lehren.

Jede Frage beinhaltet die implizite Aufforderung, dass derjenige, der antwortet, weiß, worüber man ihn befragt. Der Fragende und der Befragte verleihen der Frage nicht notwendig dieselbe Bedeutung und dieselbe Funktion. Die Interpretation der Antwort kann nur dann adäquat sein, wenn die der Frage inhärente Aufforderung und die Vorstellung, die sich der Befragte von der Frage und der Antwort macht, die sie verdient, nicht offengelegt werden. In diesem besonderen Fall ist die stillschweigende Frage eine Frage des Diskurses, der Explikation, mit der die Möglichkeit einer praktischen Antwort ausgeschlossen wird. Die politologische Frage verlangt unausgesprochen, wie ein autonomes Objekt behandelt zu werden, ähnlich wie bei einem Logiktest oder einer Seminararbeit, dass man ihr das ernsthafte Spiel zugesteht, wie es nur Übungen in der Schule oder Gesellschaftsspiele betreiben, und dass man ernsthaft dieses Spiel des Ernstes zu spielen bereit ist, also eine offensichtlich irreale und imaginäre Situation (»Wenn Sie eine Million hätten …«) ernst genug zu nehmen, um über sie *in abstracto*, und das heißt in gewisser Weise: über *nichts* zu sprechen. Diese Kunst der gezielten Zwecklosigkeit, des Sprechens, um nichts zu sagen, des Sprechens, um mehr als überhaupt nichts zu sagen, ist in den Volksklassen nicht unbekannt. Aber sie wird in Situationen erworben und eingesetzt, in denen sie eine primäre soziale Funktion ausübt, nämlich um die Existenz und Einheit der Gruppe in und durch die Kommunikation zu bestätigen und zu festigen. Im Gegensatz dazu erwerben die Mitglieder der privilegierten Klassen genau in jenen neutralen und neutralisierenden Situationen des Bildungsuniversums eine Disposition des Erörterns, die es erlaubt, ohne jede direkte Bezugnahme auf irgendeine praktische Situation zu sprechen, *trotz allem* zu sprechen, weil die Sprache von allen Funktionen entkleidet ist, die sie in ihren praktischen Gebrauchsweisen erfüllt.

Deshalb ruft, wie Pierre Greco bemerkt, die Frage »Sind die Freunde Ihrer Freunde auch Ihre Freunde?« Antworten hervor, die, selbst wenn sie identisch sind, von ihrem Prinzip her radikal differieren können, je nachdem, ob sie Ergebnis eines einfachen logischen Kalküls sind, das allein auf der syntaktischen Wiederholung des Gesagten selbst beruht, oder der gedanklichen Bezugnahme auf den konkreten Freundeskreis. Und genauso kann die Antwort auf typisch politologische Fragen – die sich unter anderem an ihrer Länge, ihrer syntaktischen Komplexität, an der Abstraktheit der verwendeten Begriffe erkennen lassen – bestenfalls nichts anderes ausdrücken als das Ergebnis einer Analyse der Syntax des in der Frage Ausgedrückten, die, ähnlich dem Thema einer Seminararbeit, jene Reflexion stützt, welche dann, ohne jede Bezugnahme auf die praktische Situation, zur Antwort führt. Aber wie man an dem extremen Fall sieht, bei dem gefragt wurde, ob es eine Beziehung zwischen dem Nahostkonflikt und dem Vietnamkrieg gebe, erfordert jede echt politologische Frage, dass die einzelnen Stellungnahmen von einer Handvoll explizit formulierter »politischer« Prinzipien abgeleitet sind, die es allein erlauben, stimmige und vernünftige »Optionen« des konformen Bürgers zu begründen, denen die unüberlegten und unmöglichen Leidenschaften und Triebe des folgewidrigen Interesses oder der unverantwortlichen Inkompetenz fremd bleiben. Und so misst die politologische Befragung nicht die politische Meinung, sondern die Fähigkeit, das zu produzieren, was man unter politischer Meinung versteht. Das heißt genauer, die Fähigkeit, das »Politische« als solches auszumachen (oder in bestimmten Fällen sogar zu konstruieren oder »de-konstruieren«) und im Hinblick auf Erfahrungswissen und Sprache eine neutralisierende Stellung einzunehmen, *conditio sine qua non* des angemessenen Erwerbs und Gebrauchs der »politischen« Bildung wie gleichzeitig der Rezeption eines solchen Diskurses.[6] Deshalb überrascht kaum, dass diese Disposition, die nichts anderes darstellt als die Spezifizierung einer viel allgemeineren Disposition, das Produkt eines besonderen Typs von sozialen Bedingungen ist, die ihrerseits die Bedingung für den Zugang zu anderen Bereichen der herrschenden Kultur sind. Daraus folgt, dass die Verschleierung der »Nicht-Antworten« (durch Darstellung der bereinigten Prozentsätze) alleine schon einen politischen Effekt ausübt: Eine Klasse (oder Klassenfraktion) ist in der Tat vor allem charakterisiert durch die *Wahrscheinlichkeit des ihr unterstellten Vermögens, eine »politische Meinung« über ein »politisches« Problem zu haben* (und die für bestimmte Gruppen und bestimmte Fragen unter 40% liegen kann), wobei die Wahrscheinlichkeit, diese oder jene von einem Fragebogen vorgesehene Meinung zu haben, niemals etwas anderes ist als eine *bedingte Wahrscheinlichkeit*, die jede Bedeutung verliert, sobald man sie nicht mehr als solche behandelt. Außerdem wird die Wahrscheinlichkeit, eine Meinung zu haben, systematisch überschätzt: Denn wenn man, wie es meist geschieht, eine Auswahl mehrerer Antworten aus Gründen der Vereinfachung der Erhebung und der Datenauswertung vorschlägt, also eine Stellungnahme über *etwas schon Ausgedrücktes* erfragt und dabei die *Arbeit des Ausdrückens* verschwinden lässt, unterstellt man tatsächlich stillschweigend,

6 In einem engeren Sinn – wie ihn auch die allgemeine Wahrnehmung versteht – kann die politische Kompetenz definiert werden als Fähigkeit, ein homogenes politisches Feld durch den Einsatz eines Systems von Klassifikationen (und eines um diese Klassifikationen gespannten Systems der Diskurse) zu ordnen, das es erlaubt, die Denominationen der politischen Gruppierungen (einschließlich ihrer chiffrierten Form als Kürzel) und die Namen der Politiker erinnern und wiedergeben zu können, die einen oder anderen in abstrakt gekennzeichnete und in einem politischen Raum angesiedelte Klassen zusammenzufassen, die ihn vollkommen abdecken. Wenn eine solche Kompetenz formell mit der künstlerischen Kompetenz identisch ist (abgesehen davon, dass sie ohne gelehrte Bildung im praktischen Zustand existieren kann, was im Bereich der Ästhetik nicht einmal annähernd der Fall ist, weil ihre praktische Beherrschung, die eine Vertrautheit mit Kunstwerken voraussetzt, das Monopol von Klassen ist, die auch über das Monopol des Zugangs zur Bildungskultur verfügen), so bleibt dennoch, dass die Bildungsrentabilität der politischen Kompetenz (die nicht zur echt gebildeten Definition von Kultur gehört) sehr viel niedriger ausfällt als die der künstlerischen Kompetenz.

dass der Befragte in der Lage wäre, die Vorgabe, das in der Frage Ausgedrückte, selbst zu produzieren (oder sogar zu reproduzieren), dass also das einfache *Ja* (oder sogar das *Nein*), was immer sie hervorrufen kann, schlicht nur als ein Indiz für diese Fähigkeit genommen werden kann, und das auch nur in einer sehr kleinen Zahl von Fällen. So lässt man, weil es dieses unbewusste Prinzip so will, jede Möglichkeit verschwinden, gerade solche Hinweise zu sammeln, die von einer Bedeutung gesteuert werden, mit der auch alle unmittelbar gesammelten Informationen in Einklang gebracht werden können.

Außerdem führt der Logozentrismus – eine Form, die der Klassenethnozentrismus bei den Intellektuellen logischerweise annimmt – dazu, die symbolischen Produkte eines anderen Produktionsmodus als politische, nach einem Modus der eigentlich »politischen« Produktion geschaffene Meinungen wahrzunehmen und zu zählen. Wahr ist, dass jede wissenschaftliche Befragung, eingeschlossen die ethnologische Untersuchung, obwohl sie der Meinungsumfrage in ihren Methoden diametral entgegengesetzt ist, sich der Gefahr aussetzt, einen Effekt der logischen und politischen Transmutation auszuüben, durch die bloße Tatsache, das Implizite in den Zustand des Expliziten zu bringen, ohne es zu wissen und ohne zu wissen, was dieser Vorgang alles bedeutet. Aufgrund der Tatsache, dass sie Meinungen immer nur an ihrer Oberfläche festmacht und dabei vergisst, sich nach den unterschiedlichen Produktionsmodi zu fragen, deren Produkt sie sein können, also nach den unterschiedlichen generativen Prinzipien des Diskurses oder der hier unterschiedslos als politisch behandelten Praktiken, rechnet die politologische Befragung der befragten Person den Vorgang der Meinungs*bildung* zu, das heißt jene Bewusstwerdung und Wortergreifung, die in mehr als einem Fall Folge der Befragung ist. Gleichzeitig behandelt sie die Antworten als nach den spezifischen Prinzipien der eigentlich »politischen« Disposition gebildete Meinungen, die aber das Ergebnis eines Einsatzes nichtspezifischer Schemata des Klassenethos sein können, selbst wenn sie als Antwort auf »politische« Fragen erzeugt wurden.[7] Kurz gesagt, weil sie nie mit dem phänomeni-

7 Es genügt, sich einen Bereich wie das Bildungswesen anzusehen, der sich von sehr expliziten, bei allen Klassen als politisch geltenden Problemen wie dem der Hochschulreform oder der Politisierung der Universitäten mit dann allen Zwischenstufen bis hin zu Problemen erstreckt, die nur von einer avant-

schen Bild des *opus operatum*, dem Anschein der im Worte gefassten Meinung bricht, um den *modus operandi* zu rekonstruieren, verkennt die »politische Wissenschaft« zwangsläufig, dass sich die Gesamtheit der als Meinungen behandelten Aussagen, welche die Mitglieder einer in Klassen geteilten Gesellschaft angesichts einer Gesamtheit von Problemen treffen, immer aus einem Typus der Kombination zwischen *zwei Produktionsprinzipien* ergibt, die je nach Art der Befragung und der Stellung der Produzenten in der sozialen Struktur unterschiedlich gewichtet sind. Sie kann deshalb nur die »theoretischen« und politischen Effekte (analog denen der Wählerbefragung) der homogenen und homogenisierenden Erfassung und Auswertung von Aussagen verkennen, die auf der Verkennung dieser Dualität beruhen.

Die symbolische Beherrschung einer Erfahrung, die sich im sozial als »politisch« anerkannten Diskurs ausdrückt und die Einklammerung jeder unmittelbaren und ausschließlichen Bezugnahme auf die Situation in ihrer Einzigartigkeit voraussetzt, steht jener praktischen Beherrschung diametral gegenüber, die das Alltagshandeln in allem bestimmen kann, was es an Politischem besitzt, ohne doch jemals die Ebene der Explikation oder Verbalisierung und noch viel weniger der Konzeptualisierung zu erreichen. Die *intentionale Kohärenz* von Praktiken und Diskursen, hervorgebracht von einem expliziten und explizit »politischen« Prinzip, also einem Korpus eigentlich politischer, durch Spezialisten explizit systematisierter Normen und Wissensbestände, steht überall der *objektiven Systematisiertheit* von Praktiken entgegen, die von einem impliziten Prinzip hervorgebracht sind – jenseits des »politischen« Diskurses, ausgehend von objektiv systematisierten Schemata des Denkens und Handelns, die durch einfache Vertrautheit, ohne jede explizite Anerziehung erworben und in einem präreflexiven Modus eingesetzt werden. Und ohne mechanisch an die Klassenlage angepasst

gardistischen Minderheit als politisch wahrgenommen werden (wie die Wahl der pädagogischen Methode oder die Sexualerziehung), um sich, angesichts der Variationen des Anteils der Nicht-Antworten in Abhängigkeit von behandeltem Thema und sozialer Klasse, immer wieder vor die Tatsache der unterschiedlichen Produktionsweisen politischer Meinungen gestellt zu sehen. Deshalb bleiben etwa Fragen oft unbeantwortet, wenn sie ganz allgemeine Funktionen des Bildungswesens oder seiner Beziehungen zur Politik betreffen, während sehr häufiger geantwortet wird, sobald sie sich auf das beziehen, was man pädagogische Alltagsmoral nennen könnte.

zu sein, sind ihr diese beiden Formen der *politischen Disposition* eng verbunden, über die Vermittlung grundsätzlich der materiellen Existenzbedingungen, deren vitale Dringlichkeiten sich mit ungleicher Strenge auferlegen, also ungleich einfach symbolisch »neutralisiert« werden können, und dann der Schulbildung, weil sie die Mittel zur symbolischen Beherrschung der Praxis, also der Verbalisierung und Konzeptualisierung *politischer Erfahrung* bereitstellt, dieser praktischen Meisterschaft, die im Rahmen einer durch die objektiven Beziehungen strukturierten Existenz erworben wird, wie sie konstitutiv für die Struktur der Klassenverhältnisse sind. Die populistische Neigung, den Volksklassen eine »Politik« (wie andernorts eine »Ästhetik«) zuzuschreiben, die von selbst und wie natürlich mit den Eigenschaften der herrschenden Definition von Politik ausgestattet ist, übersieht, dass die praktische Beherrschung, die sich in alltäglichen Entscheidungen ausdrückt (ob sie nun im Hinblick auf die herrschende Definition von Politik politisch sind oder nicht), ihre Grundlage nicht in den expliziten Prinzipien eines stets wachsamen und allseits sachkundigen Bewusstseins findet, sondern in den impliziten Schemata des Denkens und Handelns eines Klassenhabitus. Und das heißt, wenn man sich an die vereinfachenden oder vereinfachten Formeln der politischen Diskussion halten will: im Unbewussten der Klassen mehr als im Klassenbewusstsein. Der Klassenhabitus ist nicht der Instinkt des Pflanzenfressers, den einige darin sehen wollen. Und wenn die Mitglieder der Volksklassen häufig einen Diskurs übernehmen, der dem Sinn ihrer Praxis und ihrer objektiven Lage widerspricht, dann deshalb, weil sie, ohne die Mittel zur Hervorbringung ihres eigenen Diskurses zu haben, politisch sprechen, ohne über einen politischen Diskurs zu verfügen, oder einfach nur über einen – im doppelten Sinne – geliehenen Diskurs, abhängig von der Gnade politischer Wortführer, denen sie sich ausliefern oder die ihnen aufgezwungen werden – wie in anderen Bereichen ihren Anwälten oder Ärzten.
Die Tatsache, dass im Bereich der Ästhetik jene Instanzen fehlen, deren Mission es ist, die impliziten Prinzipien der Praxis der Volksklassen auf eine manifeste Ebene zu heben, reicht aus, um hier eine weitgehende Gleichsetzung dieser beiden Bereiche zu verbieten. Dennoch: In der politischen wie in der ästhetischen Sphäre können Praktiken und selbst Urteile in systematischer Weise geordnet sein, ohne dass je ihre Produktionsprinzipien explizit formuliert

würden – mit Ausnahme vielleicht des allerdings eher in der Sprache der Ethik als der Politik gehaltenen Prinzips der Konformität, das eine vorbehaltlose Identifikation mit Individuen oder Gruppen untersagt, deren Diskurse oder Praktiken zu offen den unbewussten Erwartungen des Klassenethos widersprechen.[8] Und wenn das so ist, dann weil das Prinzip der Strategien, die in den alltäglichen Beziehungen zwischen Mitgliedern verschiedener Klassen wirken, insbesondere die Wahrnehmung sozialer Kennzeichnungen der Klassenstellung wie Akzente, Kleidungsstile oder die körperliche *hexis*, mehr Aussicht haben, eine – wenigstens partielle – Explikation zu erfahren, und zwar eher in der Sprache der Ethik oder der Alltagspsychologie als in der Sprache der Politik, wenn es einen Austausch zwischen den Mitgliedern der *in group* gibt, der den Lehren ihrer Beziehung zur *out group* vorangeht und sie vorbereitet oder ihnen nachfolgt und sie nutzt. Ohne der Vorliebe für zweifelhafte Analogien zu huldigen, lässt sich annehmen, dass die Beziehung zwischen Befragendem und Befragtem, sobald sie zwischen Mitgliedern verschiedener Klassen stattfindet, die Natur aller durch eine Befragung gesammelten Auskünfte berühren muss, wenn sie sich um Klassenbeziehungen dreht – was, ob man es weiß oder nicht, ob man es will oder nicht, bei jeder politischen Umfrage der Fall ist. Man führt keine politische Diskussion mit dem Erstbesten und die spontane Semiologie als praktische Beherrschung der Symbolik der Klassenpositionen (von der man sofort glaubt, sie

8 Das einzige explizite oder quasi-explizite Prinzip der »ästhetischen« Praktiken und Urteile der Volksklassen, das *Konformitätsprinzip*, schreibt den »einfachen« Leuten (»Leuten wie wir« im Gegensatz zu den »Angebern«, »Wichtigtuern«, »Fatzkes« usw.) den »einfachen« Geschmack vor. Indem es die mit der verinnerlichten Vorstellung des herrschenden Standes der Dinge unvereinbaren ästhetischen Ansprüche zensiert oder für undenkbar erklärt (»das ist nichts für uns« und »so was tut man nicht«, stillschweigend gemeint ist: Leute wie wir), trägt es dazu bei, ästhetische Entscheidungen hervorzubringen (zumindest in dem Maß, wie es sie bestärkt und rechtfertigt), die gleichzeitig direkt von den objektiven Bedingungen ableitbar sind (weil sie Sparsamkeit, das Wirtschaften mit Geld, Zeit und Aufwand sichern) und vollkommen mit jener Norm übereinstimmen, die es untersagt, sich von der Gruppennorm zu unterscheiden, also »wie es sich gehört, nicht mehr« (wenn man etwa von einen Haarschnitt verlangt, dass er »sauber« sein soll). Über die impliziten Prinzipien der ästhetischen Praktiken und Urteile der Volksklassen vgl. P. Bourdieu et al., *Un art moyen, essai sur les usages sociaux de la photographie*, Paris, Ed. de Minuit, 1970, S. 116-132.

sei mit politischen Stellungnahmen verbunden) hat die Aufgabe, eine methodische Vermeidung aller »brennenden«, und das heißt an erster Stelle politischen »Themen« zu ermöglichen und den provisorischen Konsens herzustellen, der in den unerwarteten Begegnungen des täglichen Lebens sich nur dank der Allgemeinplätze und um den Preis ständiger Wachsamkeit einstellt. Es ist empirisch nachgewiesen, dass sich politische Diskussionen meist zwischen Personen gleicher Meinung entwickeln: Diese Feststellung lässt die Frage nach den Mitteln aufkommen, durch welche die Selektion der möglichen Gesprächspartner erfolgt. Es besteht kein Zweifel daran, dass die spontane Semiologie, die jene auszumachen erlaubt, mit denen man »politisch reden«, also offene Konflikte meiden kann, umso unerlässlicher ist, je geringer (wie bei der Begegnung Unbekannter) die vorherigen Kenntnisse und je größer die Kosten des tollpatschigen Geständnisses.[9] Zu allen diesen unmittelbar ersichtlichen Hürden einer »neutralen« Konversation zwischen den Mitgliedern unterschiedlicher Klassen kommt noch die nahezu völlige Heterogenität der Tropen und Topiken, die unter solchen Umständen, bei denen man »irgendwas sagen muss«, verwendet werden (wobei der gebieterische Zwang zur Kommunikation je nach Klasse sehr unterschiedlich und in den Volksklassen sicher sehr viel durchdringender ausfällt). Die Meinungsumfrage schafft dagegen eine Situation, in der der *Erstbeste* kommt und politische Fragen stellt, sogar ohne daran zu denken, die Bürgschaft eines bekannten und vertrauten Dritten beizubringen, jener Funktion, die ihm ein System der positiven Erkennungszeichen in der Kommunikation zwischen Mitgliedern derselben Klasse oder einer sehr engen und alten, auf Nachbarschaft oder Verwandtschaft beruhenden Beziehung zwischen verschiedenen Klassen zuteilt.[10]

9 Dieser Logik zufolge lässt sich annehmen, dass die extreme gegenseitige Abhängigkeit der Mitglieder einer traditionellen Dorfgemeinschaft paradoxerweise einer der Gründe für das Fehlen jeglicher politischen Diskussion und damit auch politischen Mobilisierung innerhalb der bäuerlichen Klasse ist: Politik wird deshalb fast bewusst gemieden, weil sie die vitale Einheit einer ökonomisch und sozial heterogenen, durch die Nähe des Wohnens aber dennoch sehr stark integrierten Gruppe zu zerstören in der Lage scheint.

10 Immer dann, wenn im Gegensatz zu den *naiv objektivistischen* Vorschriften, die glauben machen, dass die Distanz zwischen Befragendem und Befragtem ein Garant für Objektivität sei (wobei diese Distanz nur in ihrer geographischen Form gedacht wird und deshalb viele Meinungsforschungsinstitute ihren Mit-

Weil sie nichts anderes kennt als den Imperativ der Wahl, der formellen Gleichheit vor dem Fragebogen, verbunden mit dem technischen Imperativ der Vereinheitlichung der Erhebungsinstrumente als Bedingung der formellen Vergleichbarkeit des erfassten Materials und vor allem mit der materiellen und mentalen Automatisierung seiner Analyse, kann die »politische Wissenschaft« der Ordnung des politischen Diskurses nur die Ergebnisse der impliziten Prinzipien des Klassenhabitus anfügen. Zudem wird der politische Effekt einer Verwandlung des Impliziten ins Explizite, den die Meinungsumfrage in völliger methodologischer und politischer Unschuld ausübt, umso stärker, je mehr die Befragten der notwendigen Mittel entbehren (also je mehr man in der sozialen Hierarchie nach unten kommt), um die gestellten Fragen als »politische« wahrzunehmen, ihnen eine Antwort, und dabei eine »politische« Antwort zu geben, umso weiter sie also davon entfernt sind, den Bedingungen der Produktion eines kohärenten und homogenen Korpus von Meinungen zu genügen, die ausgehend von einem explizit bestehenden Prinzip hervorgebracht werden. Dank dieses Effektes der Homogenisierung des Heterogenen kann die »politische Wissenschaft« nach Belieben, das heißt auf Anfrage, den Anschein von Kohärenz oder Inkohärenz wecken, ob sie nun die Widersprüche zwischen den Werten einer Klasse und ihren von expliziten politischen Prinzipien logisch ableitbaren Meinungen aufdeckt, und dabei etwa die »autoritären« Einstellungen der Volksklassen ihren revolutionären Auffassungen gegenüberstellt, oder im Gegenteil die Wahrheit ihrer deklarierten oder delegierten politischen Meinungen im »Autoritarismus« ihrer pädagogischen Praktiken erkennt.

Und so bricht auch Lipset nicht mit der Unwirklichkeit der traditionellen »politischen Wissenschaft«, die nur die leere Uni-

arbeitern verbieten, Leute aus demselben Ort zu befragen), die Gesprächssituation als fast »natürlich« wahrgenommen wird, entweder unmittelbar oder durch Vermittlung eines persönlichen oder institutionellen Bürgen, stellen die Befragten spontan fest, dass sie in der förmlichen Beziehung zu einem unbekannten Interviewer nie so gesprochen haben (und tatsächlich hat die »politische Wissenschaft« seit Langem bemerkt, dass Extrempositionen bei den erhobenen Meinungen immer unterrepräsentiert sind). Aber selbst vorausgesetzt, dass sich eine solche Beziehung hätte einstellen können: Man weiß auch, dass die Antwortverweigerungen bei politischen Meinungsumfragen besonders häufig sind (und dass das nicht die Schuld der Verantwortlichen für die »Korrektur« der Stichproben in den Meinungsforschungsinstituten ist).

versalität des *homo politicus* kennt und kennen kann, wenn er aus der Lernpsychologie und vor allem der Soziologie der kulturellen Vererbung Elemente einer Beschreibung der Volksklassen entlehnt und dabei stillschweigend unterstellt, im »Autoritarismus« dieser Klassen ließe sich das Prinzip ihrer politischen Entscheidungen finden. Stattdessen verraten sich hier vielmehr die Effekte und versteckten Vorannahmen der Meinungsumfrage: Als eine Art Hegelianismus für Arme, der dazu verleitet, unausgesprochen die Einheit von »nicht-politischen« und »politischen« Verhaltensweisen zu behaupten, betreibt er ganz offen ihre Rückführung auf die Ordnung des »Politischen«, die in der »politischen Wissenschaft« diskreter, weil unbewusster vorgenommen wird, mit ihren einheitlichen und vereinheitlichenden Fragebogen und Problematiken, die sich streng auf die »politische« Ordnung beschränken.[11] Gemessen an der Elle stillschweigender, als selbstverständlich hingestellter Regeln, die doch nichts anderes sind als die Universalisierung von (in doppeltem Sinne) Interessen der höheren Klassen, werden die Praktiken und Ideologien des Volkes als *Natur* verworfen, weil sie sämtliche Antithesen zu jener politischen Bildung vereinen, wie sie in den »Sciences po« oder in Harvard erworben werden. Als synkretistisches Ergebnis des im Dienste stichhaltiger Begründung vorgenommenen Zusammenwürfelns von Eigenschaften des Subproletariats und seiner millenaristischen Sehnsucht, des Proletariats mit seinem jakobinischen Rigorismus oder des Kleinbürgertums in seinem repressiven Ressentiment, das in bestimmten Konjunkturen die Grundlage für faschistische Regime abgibt, sind die Volksklassen nach Lipset natürlicherweise autoritär: Weil der Autoritarismus

11 Und wieder verbindet sich hier jener Ethnozentrismus, der die herrschende Definition von Politik als selbstverständlich unterstellt, mit einem methodologischen Positivismus derart, dass die Möglichkeit ausgeschlossen wird, politische Kompetenz auch in ihrem praktischen Zustand wahrnehmen zu können – was den Rückgriff auf bestimmte andere Techniken voraussetzen würde, etwa einer Geschichte des politischen Alltagslebens, der Beobachtung in »Normalsituationen« und in politischen Krisenzeiten. Oder aber in jenem Substitut der gebildeten politischen Kompetenz, nämlich der mindestens nötigen Kompetenz, die (mit den bestehenden Regeln des politischen Spiels konforme) Delegation politischer Entscheidungen zu vollziehen – was die Verwendung eines explizit politischen Fragebogen voraussetzen würde, der das gesamte Feld der politischen Stellungnahmen rekonstruieren könnte, indem er sie jeweils zu den Instanzen in Beziehung setzte, die sie produzieren und legitimieren (Parteien, Kirchen usw.).

zu ihrer Natur gehört, können sie bewusst autoritären Ideologien anhängen, weil ihre Intoleranz sie zu einer vereinfachenden und manichäischen Sicht der Politik neigen lässt, können sie eine Veränderung ihrer Lage nur durch schnelle und gewaltsame Transformationen erwarten. Der »evolutionäre Millenarismus« aber, der die natürliche Krönung dieser politischen Theologie ist, macht aus der Hebung des Lebensstandards und der Bildung der Volksklassen den Motor einer universellen Bewegung hin zur amerikanischen Demokratie, hin zu einer Abschaffung des Autoritarismus und der Klassen, die seine Träger sind, kurz: hin zu einer Bourgeoisie ohne Proletariat.[12] Doch die Wahrheit dieser Ideologie ist ganz und gar in dem Argument enthalten, dass sich die Mitglieder der Volksklassen, auf dem Gebiet der Ökonomie »eher links« (*liberal and leftist*), »autoritärer« als die höheren Klassen zeigen, »wenn Liberalismus in nicht ökonomischen Begriffen gefasst wird« (wenn es also um bürgerliche Freiheiten usw. geht), sie also unfähig sind, jenes (interessierte) »Desinteresse« zu entwickeln, das jede wahre Kultur – in der Politik wie anderswo – kennzeichnet, sie jenen »Liberalismus« nicht kennen, den die so entschieden nicht-repressive neue Bourgeoisie, zumindest für sich und ihre Kinder, zum Prinzip ihrer Lebenskunst erhebt.

Tatsächlich kann die Behauptung, nach der die Volksklassen autoritär sind, den Anschein einer wissenschaftlichen Feststellung, ganz im Gegensatz zur populistischen Verblendung, nur deshalb erwecken, je mehr man den Effekt der Politisierung von Meinungen übersieht, den die uniforme Anwendung des politologischen Rasters unwissentlich ausübt, und die Differenzen der doxischen Modalität, die praktische Gewissheiten der pädagogischen oder sexuellen Moral von den bekundeten Meinungen zu »politischen« Fragen trennen. Wenn die Mitglieder der privilegierten Klassen insgesamt »moderner« im Bereich der häuslichen Moral sind und »konservativer« im Bereich der allgemein als »politisch« anerkann-

12 Diese Ideologie findet ihr Beweismittel in einer Komparatistik des großen Forschungsmanagers, der darauf bedacht ist, bei jedem seiner Zwischenaufenthalte halboffizielle Zeitschriften (wie I. de Sola Pool sagt) zu sammeln und die jüngsten Meinungen und Meinungsumfragen einheimischer Doxosophen – und weniger kontextualisierende und systematisierende Informationen, die allein die theoretischen und technischen Bedingungen der Vergleichbarkeit festlegen und so formelle Vergleiche eigentlich verbieten müssten.

ten Sphäre, also im Hinblick auf alles, was die Aufrechterhaltung der ökonomischen und politischen Ordnung und die Beziehungen zwischen den Klassen angeht (wie das Antwortverhalten zeigt, wenn es um Streik, Gewerkschaften usw. geht), so wird deutlich, dass ihr Hang zu »modernen« oder sogar »revolutionären« Stellungnahmen in umgekehrtem Verhältnis zu dem Maße stehen, in dem die fraglichen Veränderungen die Grundlage ihres Privilegs berühren.[13] Es könnte sogar sein, dass die Revolte gegen *gattungsmäßige Entfremdungen* – die einzige, von der auch die herrschende Klasse berührt wird und in der sich die Sonderinteressen bestimmter (im Aufstieg begriffener) Fraktionen oder bestimmter Kategorien der herrschenden Klasse (etwa von Frauen und Jugendlichen) ausdrücken – den Interessen dieser Klasse dienen, weil sie die Problematik in Diskussionsbereiche verschieben, die keine internen Anfechtungen nach sich ziehen, und alles, was die Fundamente ihrer Herrschaft berührt, aus dem Feld der legitimen politischen Konflikte verbannt wird.[14] Und wenn man weiß, dass sie auf der Universalisierung jener partikulären Erfahrung beruhen, die bestimmte Fraktionen der führenden Klasse als gattungsmäßige Entfremdung durchleben, dann versteht man auch, dass bestimmte verallgemeinerte Anprangerungen dieser Entfremdung, die mit der mystischen Schwärmerei für die politischen Tugenden des Proletariats zusammenfallen können, sich auch mit einem konservativen Pessimismus verbinden, dem derselbe Klassenethnozentrismus zugrunde liegt, von dem die Aburteilung der repressiven Einstellungen der Volksklassen (oder ihrer Mandatsträger) oder sogar die Verdammung ihrer exzessiven Unterwerfung unter ökonomische Interessen ausgeht.

Die »politische Wissenschaft« kann nur feststellen, dass der augenscheinliche Widerspruch zwischen den ausgehend von explizit politischen Prinzipien erzeugten Meinungen und den Einstellungen und Urteilen oder Praktiken, die sie hervorbringen, meist dann verschwindet, wenn man sich nicht mehr an die Buchstaben des Gesprochenen hält, sondern sich seiner *Modalität* zuwendet, in der

13 Die Antworten auf diese beiden Fragetypen verteilen sich in den gehobenen Klassen und in den Volksklassen in streng gegenläufiger Art und Weise.

14 Die Begrenzung des Diskussionsfeldes, des legitimen Einspruchs und der legitimen Waffen des politischen Kampfes gehören selbst zu den fundamentalen Einsätzen und Waffen des politischen Kampfes (vgl. etwa die Debatte um die Politisierung der Gewerkschaften).

sich ihr Produktionsmodus verbirgt: Das Lächeln oder das skeptische, ironische oder ohnmächtige Kopfschütteln angesichts einer wirklichkeitsfernen Frage, das Schweigen als mögliche Gesprächsverweigerung, der einfachsten Art einer Ablehnung des Diskurses, oder das Reden selbst, das, weil es sich nicht in die erwartbaren Klassifikationen des politischen Kommentars zwängen lässt, nur als ungeschickte Äußerung von »Begriffen« der Politologie erscheint, und alle anderen symbolischen Manifestationen, die die Politologie entweder nicht wahrnehmen kann oder für bedeutungslos halten muss.

Wenn man davon ausgeht, dass der »politische« Diskurs *per definitionem* die abstrakte, neutralisierende und universalisierende Sprache der höheren Klassen und ihrer politischen oder administrativen Mandatsträger übernimmt, kann jeder Versuch, die politische Kompetenz oder das Interesse für Politik zu messen, nichts anderes als ein Test der Kenntnis und Anerkenntnis der legitimen politischen Kultur sein. Die Antinomie, die die »technokratische Demokratie« umtreibt, ist nirgendwo so sichtbar wie in der Ambivalenz der Befragungsabsicht, die auf das ungleiche und ungleich verteilte Wissen eines Experten zielt, umgekehrt aber auf die »kreative Spontaneität« einer »Person«, die immer für fähig gehalten wird, dort eine »Meinung« zu entwickeln, wo der Spezialist eine »Feststellung« trifft oder ein »Urteil« fällt. Auch wenn man es aufgrund jener Ideologie, nach der die Fähigkeit des politischen Urteilens die am meisten verbreitete ist, kaum bemerken mag, unterscheiden sich die öffentlichen Meinungsumfragen prinzipiell nicht im Geringsten von den Umfragen zur »Wirtschaftslage«, beide sind eine Art von *Examen*, dem es hier darum geht, bei den Befragten die Kenntnisse und die Anerkennung des gebildeten ökonomischen Diskurses zu messen, ohne sich aber Gedanken darüber zu machen, wie man denn die im eigentlichen Sinne ökonomische Kompetenz erfassen kann, die ihre tagtäglichen ökonomischen Entscheidungen bestimmt, und ihnen gleichzeitig jene »Rationalität« zuzugestehen, die die Ökonomen in ihren Theorien behaupten. Es wäre naiv zu glauben, dass eine politische Erhebung verhältnismäßiger sein könnte als eine Erhebung zu ökonomischen Fragen, während man, um all diesen Schwierigkeiten zu entgehen, die Fragen, wie es Riesman nahelegt, nur in der jeder Klasse eigenen Sprache zu stellen hätte.

Die Politik, das ist, was sich in der Sprache der »politischen Wissenschaft« und nur in ihr sagen lässt: Das Prinzip der politischen Enteignung beruht hier in der Durchsetzung einer partikulären Definition der legitimen Politik und der legitimen Mittel des politischen Handelns, das heißt in der Durchsetzung der Sprache und einer bestimmten Sprache als einziger Art des politisch legitimen Handelns und Ausdrucks. Wenn die Beherrschung der dominanten politischen Sprache, die bewirkt, dass jede politologische Kompetenz allgemein mit politischer Kompetenz gleichgesetzt wird, dann deshalb, weil sie an der Autorität teilhart, die ihr die Zugehörigkeit zum Universum des legitimen Diskurses gewährt, dem der Wissenschaft und der Bildungskulturen, und deshalb jene, die sie benutzen, meist durch die Autorität universitärer Bürgschaften bevollmächtigt sind. Aber grundlegender noch ist die Durchsetzung der Grenzen eines Feldes des politischen Handelns, die in der Meinungsumfrage die Form der *Durchsetzung einer Problematik* annimmt, auch ein, zweifellos hoch subtiler, weil bestens kaschierter Effekt politischer Herrschaft: Die Definition der Grenze zwischen dem Legitimen und Illegitimen, die, ähnlich wie die priesterliche Abgrenzung von Heiligem und Profanem, *Profane der Politik* entstehen lässt, ist tatsächlich erster Einsatz des Konfliktes um politische Macht. Die Ideologen können ihren Beitrag zur Herrschaftsarbeit mit ihrer Durchsetzung politischer Problematiken nur leisten, weil der Zustand der Kräftebeziehungen die Durchsetzung der für die Interessen der herrschenden Klasse günstigsten Definition von Politik erlaubt, nämlich jene, die aus dem politischen Kampf eine Auseinandersetzung der Ideen und Gegenüberstellung von Diskursen macht, also einen Kampf, in dem *nur symbolische Waffen erlaubt sind*. Und auf diesem Gebiet ist die herrschende Klasse in der Tat unschlagbar, weil sich der starke Diskurs niemals nur durch die Kraft des Diskurses selbst aufzwingt, sondern die Macht der Worte und die Macht über die Worte immer andere Arten von Macht voraussetzt.

Es ist kein Zufall, dass stilistische, ethische und politische *Neutralität* die am unbedingtesten geforderte Eigenschaft jedes entpolitisierten und entpolitisierenden, politisch neutralisierenden, weil politisch neutralisierten Diskurses bleibt: Die »Politisierungswissenschaft« ist eine der wirksamsten Techniken der Entpolitisierung. Indem sie eine Frage als politisch im Universum des politologischen Diskurses stellt, nimmt die »Politische Wissenschaft« an ihr eine »Neutralisierung« vor, die sie *uneinnehmbar*, wozu sich oft eine technokratische Technisierung gesellt, die sie *uneinholbar* macht. Die Abweichungen der Nicht-Antworten nach Geschlecht, Bildungsniveau oder sozialer Klasse, also grob gesprochen nach der Wahrscheinlichkeit, über Macht zu verfügen, auf welchen Rängen der sozialen Hierarchie und in welchem Feld auch immer, sind da, um zu bezeugen, dass Kompetenz, in ihrer genauen Bedeutung als einer sozial anerkannten Eignung, eine jener Fähigkeiten ist, die man nur in dem Maß besitzt, in dem man sie durch Recht und Pflicht innehat. Genauso wie diese Abweichungen nach dem Grad der Sättigung der Frage mit Hinweisen auf die Konformität gegenüber den Normen des politologischen Diskurses da sind, um zu bezeugen, dass die »Politisierungswissenschaft« eine der Waffen im Kampf zwischen den Kräften der Entpolitisierung – hier vertreten durch die Doxosophen – und den Kräften der Politisierung ist, Kräften der Subversion der gewohnten Ordnung, und Kräften, die dieser Ordnung anhängen, selbst wenn es sich dabei um eine unvordenkliche, ihrer selbst unbewusste Zustimmung handelt, also die *doxa* oder die gewählte Zustimmung, die Verneinung der Möglichkeit einer *Häresie*, welche die *Orthodoxie* kennzeichnet, die rechte Meinung und den rechten Glauben, oder, wenn man will, den Glauben der Rechten.

Die öffentliche Meinung gibt es nicht

Zunächst einmal möchte ich klarstellen, dass es mir nicht darum geht, mechanisch-oberflächlich Kritik an den Meinungsumfragen zu üben, sondern darum, zu einer sachlichen Analyse ihres Funktionierens und ihrer Funktion zu kommen. Was voraussetzt, dass man die drei Postulate hinterfragt, die implizit in sie eingehen. Jede Meinungsumfrage setzt voraus, dass jeder Mensch eine Meinung haben kann; oder, anders gesagt, dass die Produktion einer Meinung in jedermanns Reichweite liegt. Dieses erste Postulat möchte ich bestreiten, auch wenn ich damit ein naiv-demokratisches Empfinden vor den Kopf stoße. Zweites Postulat: Es wird vorausgesetzt, dass alle Meinungen gleichwertig sind. Dass dem nicht so ist und dass das Kumulieren von Meinungen, die keineswegs dieselbe reale Macht haben, zur Produktion sinnloser Artefakte führt, lässt sich meiner Meinung nach beweisen. Drittes implizites Postulat: Mit dem simplen Tatbestand, dass allen Leuten dieselbe Frage gestellt wird, ist die Hypothese impliziert, dass es einen Konsensus über die Probleme gibt, anders gesagt, ein Einverständnis über die fragwürdigen Fragen. Diese drei Postulate implizieren meiner Meinung nach eine ganze Reihe von Verzerrungen, die sich auch dann nachweisen lassen, wenn bei der Erhebung und Auswertung der Daten alle methodologischen Voraussetzungen streng erfüllt sind.

Sehr oft werden Meinungsumfragen technisch kritisiert. Zum Beispiel wird die Repräsentativität der Stichproben in Frage gestellt. Dieser Einwand hat meiner Meinung nach beim heutigen Stand der von den Meinungsforschungsinstituten verwendeten Instrumente keine rechte Grundlage mehr. Weiterhin wird kritisiert, die Fragestellungen seien verzerrt oder vielmehr, die Fragen seien verzerrend formuliert: Das stimmt schon eher, und es kommt oft vor, dass durch die Art der Fragestellung eine bestimmte Antwort induziert wird. So werden zum Beispiel häufig – unter Verstoß gegen eine elementare Regel der Fragebogenkonstruktion, der zufolge allen möglichen Antworten »eine Chance« gegeben werden muss – bei den Fragen oder bei den vorgegebenen Antworten mögliche Optionen weggelassen oder auch ein und dieselbe Option in jeweils anderer Formulierung mehrfach aufgeführt. Es gibt alle möglichen Verzerrungen dieser Art, und es wäre interessant, einmal den sozialen Bedingungen ihres Auftretens nachzugehen. Meistens hängen sie mit den Bedingungen zusammen, unter denen diejenigen arbeiten, die die Fragebögen produzieren; vor allem aber damit, dass die von den Meinungsforschungsinstituten fabrizierten Problemstellungen von einer Nachfrage besonderer Art abhängig sind. Bei unserer Analyse einer großen landesweiten Umfrage zum Verhältnis der Franzosen zum Bildungssystem haben wir deshalb aus den Archiven einer Reihe von Meinungsforschungsinstituten sämtliche Fragen herausgesucht, die zum Bildungssystem gestellt worden waren. Dabei kam heraus, dass es seit Mai 1968 über zweihundert Fragen zum Bildungssystem gegeben hatte, gegenüber weniger als zwanzig zwischen 1960 und 1968. Das bedeutet, dass die Probleme, denen derartige Organisationen meinen nachgehen zu müssen, grundsätzlich konjunkturbedingt und abhängig von einer bestimmten Art gesellschaftlicher Nachfrage sind. Ein Meinungsforschungsinstitut kann zum Beispiel Fragen zum Bildungssystem erst dann stellen, wenn dieses ein Politikum geworden ist. Man sieht sofort den Unterschied zwischen solchen Institutionen und den großen Forschungsinstituten, die ihre Problemstellungen zwar auch nicht gerade ins Blaue hinein formulieren, aber doch in jedem Falle eine sehr viel größere Distanz zur gesellschaftlichen Nachfrage in ihrer direkten, unmittelbaren Form wahren.

Eine summarische statistische Analyse der gestellten Fragen ergab, dass sie ganz überwiegend direkt mit den politischen Fragen zusammenhingen, die die »Politiker« gerade beschäftigten. Wenn ich Sie heute Abend zum Spaß einmal bitten würde, die fünf Ihrer Meinung nach wichtigsten Fragen zum Bildungswesen auf einen Zettel zu schreiben, dann käme dabei mit Sicherheit eine ganz andere Liste heraus als die, die sich aus den bei den Meinungsumfragen tatsächlich gestellten Fragen ergibt. Sehr oft taucht zum Beispiel die Frage auf (oder Varianten dieser Frage), ob Politik in den Gymnasialunterricht gehört, während Fragen nach der Veränderung von Lehrplänen oder Lehrmethoden nur ganz selten vorkommen, genauso wie die Frage nach einer Reform der Lehrerbildung. Lauter Fragen, die – zumindest unter anderen Gesichtspunkten – sehr wichtig sind.

Probleme, die bei Meinungsumfragen vorgelegt werden, sind von politischen Interessen abhängig, und das hat einen sehr starken Einfluss sowohl auf die Bedeutung der Ergebnisse selbst als auch auf die Bedeutung, die die Veröffentlichung dieser Ergebnisse bekommt. Auf ihrem heutigen Stand ist die Meinungsumfrage ein Instrument des politischen Handelns; vielleicht besteht ihre wichtigste Funktion darin, die Illusion zu vermitteln, dass es eine öffentliche Meinung als rein additive Summierung individueller Meinungen gibt; die Vorstellung also, es gäbe so etwas wie einen Durchschnitt der Meinungen oder eine Durchschnittsmeinung. Die »öffentliche Meinung«, die auf den Titelseiten der Zeitungen in Form von Prozentzahlen zu Wort kommt (60 % der Franzosen sind dafür, dass ...), diese öffentliche Meinung ist schlicht und einfach ein *Artefakt,* das die Funktion hat zu verschleiern, dass der Meinungsstand zu einem gegebenen Zeitpunkt ein System von Macht- und Spannungsverhältnissen darstellt und dass zur Wiedergabe des Meinungsstandes nichts weniger geeignet ist als eine Prozentangabe.

Jede Machtausübung geht bekanntlich mit einem Diskurs einher, dessen Ziel die Legitimierung der Macht dessen ist, der sie ausübt; man kann sogar sagen, dass es ein Charakteristikum aller Machtverhältnisse ist, dass sich die Macht in ihnen nur in dem Maße voll entfalten kann, wie sie als Machtverhältnisse verschleiert sind. Kürzer und einfacher: Ein Politiker ist einer, der sagt: »Gott ist mit uns«, wozu das zeitgemäße Äquivalent lautet: »Die öffentliche Meinung ist mit uns.« Das ist der Grundeffekt der Meinungsumfrage: die Vorstellung zu erzeugen, dass es eine einmütige öffentliche Meinung gibt, also eine bestimmte Politik zu legitimieren und die Machtverhältnisse zu festigen, die dieser Politik zugrunde liegen oder sie möglich machen.

Da ich nun gleich zu Anfang gesagt habe, was ich eigentlich erst zum Schluss sagen wollte, will ich versuchen, kurz die Operationen zu skizzieren, mit denen dieser *Konsensuseffekt* produziert wird. Die erste Operation, die von dem Postulat ausgeht, jeder Mensch müsse eine Meinung haben, besteht darin, bei den Antworten die »Enthaltungen« unter den Tisch fallen zu lassen. Sie stellen zum Beispiel die Frage: »Sind Sie für die Regierung Pompidou?« Sie zählen 30 % »keine Angabe«, 20 % »ja«, 50 % »nein«. Jetzt können Sie sagen: Der Anteil der Leute, die gegen die Regierung Pompidou sind, ist größer als der Anteil der Leute, die für sie sind, und dann gibt es noch diesen Rest von 30 %. Sie können aber auch die Prozentzahlen um die Nicht-Antworten »bereinigen« und neu berechnen. Diese einfache Entscheidung ist eine ungeheuer wichtige theoretische Operation, die wir uns etwas genauer ansehen wollen.

Eliminiert man die Nicht-Antworten, macht man mit ihnen, was bei den Wahlen mit nicht ausgefüllten oder ungültigen Stimmzetteln gemacht wird; man zwingt also der Meinungsumfrage die implizite Philosophie der Wahlen auf. Sieht man sich die Enthaltungen einmal näher an, stellt sich heraus, dass der Prozentsatz der Enthaltungen bei Frauen allgemein höher ist als bei Männern und dass die Diskrepanz zwischen Frauen und Männern umso größer ist, je mehr die Fragen politisch im engeren Sinne sind. Und weiter: Je mehr die Fragen Wissensfragen sind, Kenntnisse voraussetzen, desto größer ist die Diskrepanz zwischen den mehr und den weniger Gebildeten. Betreffen die Fragen dagegen ethische Probleme (Beispiel: »Soll man streng zu den Kindern sein?«), variieren die Nicht-Antworten nur schwach mit dem Bildungsniveau. Und noch weiter: Je mehr eine Frage an Konflikte rührt, den Kern von Widersprüchen anspricht (etwa eine Frage zur Situation in der Tschechoslowakei bei Leuten, die die Kommunisten wählen), desto mehr Spannungen erzeugt sie bei einer bestimmten Kategorie von Leuten und desto häufiger sind bei dieser Kategorie die Nicht-Antworten. Folglich ergibt schon die einfache statistische Analyse der Enthaltungen eine Information über die Bedeutung der Frage und über die betreffende Kategorie von Befragten, wobei sich diese Kategorie ebenso sehr über die *Wahrscheinlichkeit* definiert, *dass sie überhaupt eine Meinung hat,* wie über die bedingte Wahrscheinlichkeit, dass sie eine positive oder negative Meinung hat.

Die wissenschaftliche Analyse von Meinungsumfragen zeigt, dass es praktisch kein Problem gibt, das für alle gilt; und keine Frage, die nicht abhängig von den Interessen der Leute, denen man sie stellt, uminterpretiert wird, womit das erste Gebot also wäre, sich zu fragen, auf welche Frage die verschiedenen Kategorien von Befragten eigentlich zu antworten meinten. Einer der gefährlichsten Effekte der Meinungsumfrage ist, dass sie die Menschen unter Zugzwang setzt, auf eine Frage zu antworten, die sie sich nicht gestellt haben. Das können zum Beispiel Fragen sein, bei denen es um Probleme der Moral geht – Erziehungsverhalten von Eltern, Lehrer-Schüler-Verhältnis, direktive oder nicht-direktive Pädagogik usw. –, Probleme also, die umso stärker als ethische Probleme wahrgenommen werden, je tiefer man in der sozialen Hierarchie geht, für die oberen Klassen jedoch durchaus politische Probleme sein können: Einer der Effekte der Befragung besteht darin, ethische Antworten in politische Antworten zu verwandeln, und zwar durch den einfachen Effekt der Problemvorgabe.

Tatsächlich gibt es mehrere Prinzipien, die zur Produktion einer Antwort führen können. Da gibt es zunächst das, was man – bezogen auf eine zugleich willkürliche und legitime, das heißt herrschende und als herrschende verschleierte Definition von Politik – *politische Kompetenz* nennen könnte. Diese politische Kompetenz ist nicht universell verbreitet. Sie variiert im Großen und Ganzen wie das Bildungsniveau. Mit anderen Worten, die Wahrscheinlichkeit, dass jemand eine Meinung zu all jenen Fragen hat, die politisches Wissen voraussetzen, ist ungefähr gleich der Wahrscheinlichkeit, dass jemand ins Museum geht. Man kann da ganz gewaltige Unterschiede feststellen: Wo ein Student, der in einer linken Bewegung aktiv ist, fünfzehn unterschiedliche Strömungen links von den Sozialisten ausmacht, ist für eine mittlere Führungskraft gar nichts. Auf der politischen Skala (linksextrem, links, linke Mitte, Mitte, Mitte-rechts, rechts, rechtsextrem), die die »politikwissenschaftlichen« Umfragen verwenden, als wäre sie das Selbstverständlichste von der Welt, nutzen bestimmte soziale Gruppen intensiv ein kleines Spektrum der extremen Linken; andere nur die Mitte, wieder andere die ganze Skala. Letztlich sind Wahlen die Aggregation völlig verschiedener Räume; man addiert Leute, die in Zentimetern messen, mit Leuten, die in Kilometern messen, oder besser Leute, die die Skala von 0 bis 20 nutzen, und Leute, für die es nur 9 bis 11 gibt. Die Kompetenz bemisst sich unter anderem am Feinheitsgrad der Wahrnehmung (das ist bei der ästhetischen Wahrnehmung genauso, wo manche Leute bei ein und demselben Maler fünf oder sechs Perioden unterscheiden können).

Dieser Vergleich lässt sich noch weiterführen. Bei der ästhetischen Wahrnehmung gibt es eine erste, permissive Bedingung: Die Leute müssen ein Kunstwerk als Kunstwerk auffassen; haben sie dann das Kunstwerk als Kunstwerk wahrgenommen, müssen sie über Wahrnehmungskategorien verfügen, um es zu konstruieren, zu strukturieren usw. Nehmen wir nun einmal die folgende Frage an: »Sind Sie für direktive oder nicht-direktive Erziehung?« Für bestimmte Leute kann sich das, da die Vorstellung von der Eltern-

Kind-Beziehung Teil eines systematischen Gesellschaftsbildes ist, als politische Frage darstellen; für andere ist die Frage rein moralisch. So werden bei dem Fragebogen, den wir gemacht haben und in dem wir die Leute fragen, ob es für sie mit Politik zu tun hat oder nicht, wenn man streikt, lange Haare hat, zu einem Pop-Festival geht usw., sehr große Unterschiede deutlich, die von der sozialen Klasse abhängig sind. Die erste Bedingung dafür, dass man auf eine politische Frage angemessen antworten kann, ist also die Fähigkeit, sie als politische wahrzunehmen; hat sich die Frage als politische ausgewiesen, ist die zweite Bedingung dann die Fähigkeit, politische Kategorien im eigentlichen Sinne auf sie anzuwenden, die mehr oder weniger adäquat, mehr oder weniger fein abgestuft usw. sein können. Dies sind die spezifischen Produktionsbedingungen der Meinungen, die die Meinungsumfrage mit dem ersten Postulat – dass jeder Mensch eine Meinung produzieren kann – als überall und überall gleich gegeben unterstellt.

Das zweite Prinzip, aufgrund dessen Menschen eine Meinung produzieren können, ist das, was ich das »Klassenethos« nenne (um nicht »Klassenethik« zu sagen), das heißt ein System impliziter Werte, die die Menschen von Kindheit an verinnerlicht haben und auf deren Grundlage sie Antworten auf die unterschiedlichsten Probleme generieren. Kohärenz und Logik von Meinungen, die die Leute nach einem Fußballspiel zwischen Roubaix und Valenciennes äußern, verdanken sich großenteils diesem Klassenethos. Sehr viele Antworten, die als politische Antworten angesehen werden, werden in Wirklichkeit auf Grundlage des Klassenethos produziert und können infolgedessen eine völlig andere Bedeutung bekommen, wenn sie auf dem Terrain der Politik interpretiert werden. Hier ist auf eine soziologische Tradition zu verweisen, die vor allem bei bestimmten Politik-Soziologen in den Vereinigten Staaten verbreitet ist, die ganz allgemein vom Konservativismus und Autoritarismus der unteren Klassen sprechen. Diese Thesen basieren auf dem internationalen Vergleich von Umfragen oder Wahlergebnissen, die zeigen sollen, dass die Unterklassen jedes beliebigen Landes, wenn man sie zu Problemen wie Autorität, Freiheit des Einzelnen, Pressefreiheit usw. befragt, »autoritärere« Antworten geben als die anderen Klassen; und es wird daraus global auf einen Konflikt zwischen den demokratischen Werten (bei dem Autor, an den ich hier denke, Lipset, handelt es sich um die amerikanischen demokratischen Werte) und den von den unteren Klassen verinnerlichten autoritären und repressiven Werten geschlossen. Von da aus lässt sich dann so etwas wie eine eschatologische Vision ableiten: Wir müssen Lebensstandard und Bildungsniveau anheben, denn da die Neigung zu Repression, autoritärem Verhalten usw. mit niedrigem Einkommen und niedrigem Bildungsniveau korreliert, werden wir damit gute Bürger für die amerikanische Demokratie produzieren. Meiner Ansicht nach geht es hier vielmehr darum, was die Antworten auf bestimmte Fragen eigentlich bedeuten. Nehmen wir einen Fragenkomplex wie den folgenden: Sind Sie für die Gleichheit der Geschlechter? Sind Sie für sexuelle Freiheit in der Ehe? Sind Sie für eine nichtrepressive Erziehung? Sind Sie für die neue Gesellschaft? usw. Und einen anderen Fragenkomplex, der so aussieht: Sollen die Lehrer streiken, wenn ihre Stellen bedroht sind? Sollen sich die Lehrer bei sozialen Konflikten mit den anderen Beschäftigten des öffentlichen Dienstes solidarisieren? usw. Bei diesen beiden Fragenkomplexen ergibt sich, bezogen auf die soziale Klasse, eine genau entgegengesetzte Antwortstruktur: Beim ersten Fragenkomplex, der einen bestimmten Typ der Innovation der gesellschaftlichen Verhältnissen betrifft, und zwar in der symbolischen Form der sozialen Beziehungen, bekommt man umso häufiger zustimmende Antworten, je höher man in der sozialen Hierarchie und in der Hierarchie nach dem Bildungsniveau geht; Fragen dagegen, die sich auf die realen Veränderungen der Machtverhältnisse zwischen den Klassen beziehen, führen, je höher man in der sozialen Hierarchie geht, zu umso mehr ablehnenden Antworten.

Kurz, die Aussage: »Die unteren Klassen sind repressiv« ist weder falsch noch richtig. Sie ist insoweit richtig, als sich die unteren Klassen bei einem ganzen Komplex von Problemen, die etwa die Ehemoral und die Beziehungen zwischen den Generationen oder den Geschlechtern betreffen, tendenziell sehr viel rigoristischer verhalten als die anderen Klassen. Bei den Fragen mit politischer Struktur dagegen, bei denen der Erhalt oder die Veränderung der sozialen Ordnung und nicht mehr nur der Erhalt oder die Veränderung der Formen der Beziehungen zwischen Individuen ins Spiel kommt, stehen die unteren Klassen der Innovation, das heißt einer Veränderung der sozialen Strukturen, sehr viel aufgeschlossener gegenüber. Sie sehen schon, wie manche Probleme, die – oft falsch gestellt – im Mai 68 zu Konflikten zwischen der Kommunistischen

Partei und den Linken geführt haben, ganz direkt mit dem zentralen Problem zusammenhängen, das ich heute Abend zu stellen versuche, nämlich dem Problem der Natur der Antworten, das heißt des Prinzips, aus dem heraus sie produziert werden. Der Gegensatz, den ich zwischen den beiden Fragengruppen herausgearbeitet habe, ist nämlich auf den Gegensatz zwischen zwei Prinzipien der Produktion von Meinungen zurückzuführen: einem politischen Prinzip im eigentlichen Sinne und einem ethischen Prinzip; und das Problem des Konservativismus der unteren Klassen ist das Produkt der Nichtbeachtung dieser Unterscheidung.

Der Effekt der Problemvorgabe – ein Effekt jeder Meinungsumfrage und jeder politischen Befragung (und zuallererst der Wahlen) – resultiert daraus, dass die bei einer Meinungsumfrage gestellten Fragen nicht die Fragen sind, die sich allen befragten Personen auch real stellen, und dass die Antworten nicht im Zusammenhang mit der Problematik interpretiert werden, auf die sich die Antworten der verschiedenen Gruppen von Befragten tatsächlich beziehen. Unterschiedliche soziale Klassen beherrschen also ganz unterschiedlich die *herrschende Problematik,* die sich in der Liste der seit zwei Jahren von den Meinungsforschungsinstituten gestellten Fragen widerspiegelt – jene Problematik also, die im Wesentlichen die Leute interessiert, die die Macht haben und über die Instrumente der Organisierung ihres politischen Handelns informiert werden wollen. Und diese Klassen sind auch, was wichtig ist, unterschiedlich gut imstande, eine Gegenproblematik zu produzieren. Aus Anlass einer Fernsehdiskussion zwischen Servan-Schreiber und Giscard d'Estaing hatte ein Meinungsforschungsinstitut Fragen wie diese gestellt: »Ist Schulerfolg von der Begabung, der Intelligenz, dem Fleiß, der Leistung abhängig?« Die Antworten, die daraufhin gegeben wurden, liefern in Wirklichkeit eine (ihren Produzenten nicht bewusste) Information über das Ausmaß, in dem sich die verschiedenen sozialen Klassen der Gesetze der Vererbung des kulturellen Kapitals bewusst sind: Der Glaube an den Mythos von der Begabung und vom Aufstieg durch Bildung, von der Gerechtigkeit im Schulwesen, von der gerechten Distribution von Stellen entsprechend dem Schulabschluss usw. ist bei den unteren Klassen sehr stark. Die Gegenproblematik existiert vielleicht für ein paar Intellektuelle, hat aber, obwohl die eine oder andere Partei oder Gruppierung sie aufgegriffen hat, keine soziale Macht. Die Verbreitung der wissenschaftlichen Wahrheit unterliegt den gleichen Gesetzen wie die Ideologie. Eine wissenschaftliche Aussage ist wie eine päpstliche Bulle zur Geburtenkontrolle, sie predigt nur bereits Bekehrten.

Die Vorstellung von der Objektivität einer Meinungsumfrage wird daran festgemacht, dass die Fragen ganz neutral formuliert werden, um allen Antworten eine Chance zu geben. In Wirklichkeit wäre die Meinungsumfrage sicher viel näher an der Realität, wenn sie eben gerade gegen die Regeln der »Objektivität« verstoßen und den Leuten die Möglichkeit geben würde, so Position zu beziehen, wie sie real in der realen Praxis Position beziehen, das heißt mit Bezug auf bereits formulierte Meinungen; wenn ihnen zum Beispiel statt einer Frage wie: »Manche Leute sind für die Geburtenkontrolle, andere dagegen; was ist Ihre Meinung?«, eine Reihe expliziter Stellungnahmen von sozialen Gruppen vorgelegt würde, die ein Mandat zur Meinungsbildung und -verbreitung haben, und sie somit Position zu bereits gegebenen Antworten beziehen könnten. Man spricht gewöhnlich von »Position beziehen«; es gibt Positionen, die bereits vorgesehen sind und die man *einnimmt.* Aber man nimmt sie nicht zufällig ein. Man nimmt die Position ein, für deren Einnahme man – in Abhängigkeit von der Position, die man in einem bestimmten Feld einnimmt – prädisponiert ist. Eine richtige Analyse hat zum Ziel, die Beziehungen zwischen der Struktur der einzunehmenden Positionen und der Struktur des Felds der objektiv eingenommenen Positionen aufzuklären.

Mit Meinungsumfragen ist der virtuelle Meinungsstand oder, genauer gesagt, die Meinungsbewegung unter anderem auch deshalb so schlecht zu erfassen, weil die Situation, in der die Meinungen erhoben werden, vollkommen artifiziell ist. In Situationen, in denen sich Meinung bildet, insbesondere in *Krisensituationen,* sind die Leute mit bereits gebildeten Meinungen konfrontiert, mit Meinungen, die von sozialen Gruppen getragen werden, so dass die Wahl zwischen den Meinungen ganz klar eine Wahl zwischen sozialen Gruppen ist. Dies ist das Prinzip des *Politisierungseffekts,* den die Krise produziert: Man muss zwischen Gruppen wählen, die sich politisch definieren, und immer häufiger die eigene Position im Hinblick auf explizit politische Prinzipien definieren.

Tatsächlich aber, und das scheint mir wichtig, behandelt die Meinungsumfrage die öffentliche Meinung als einfache Summe individueller Meinungen, erfasst in einer Situation, die im Grunde die der »Einzelzelle« ist, der Wahlkabine, in der ein Einzelner seine vereinzelte Meinung geheim zum Ausdruck bringt. In realen Situationen sind Meinungen Mächte und Meinungsverhältnisse Machtkonflikte zwischen sozialen Gruppen.

Noch ein weiteres Gesetz wird bei diesen Analysen sichtbar: Man hat umso mehr Meinungen zu einem Problem, je mehr dieses Problem die eigenen Interessen berührt, das heißt, je mehr man ein Interesse an diesem Problem hat. Beim Bildungssystem zum Beispiel ist der Prozentsatz der Antworten ganz eng mit dem Grad der Nähe zum Bildungssystem verbunden, und die Wahrscheinlichkeit, dass man eine Meinung hat, variiert in Abhängigkeit von der Wahrscheinlichkeit, dass man Macht über das hat, wozu man eine Meinung äußert. Die Meinung, die sich spontan als solche behauptet, ist die Meinung von Leuten, deren Meinung Gewicht hat, wie es so schön heißt. Würde ein Erziehungsminister aufgrund von Meinungsumfragen handeln (oder zumindest aufgrund einer flüchtigen Lektüre der Umfragen), dann würde er gerade nicht das tun, was er tut, wenn er wirklich als Politiker handelt, das heißt in Abhängigkeit von den Telefonanrufen, die er bekommt, den Besuchen bestimmter Gewerkschaftsvertreter, Universitätspräsidenten usw. In Wirklichkeit handelt er in Abhängigkeit von real bestehenden Meinungsmächten, die seine Wahrnehmung nur in dem Maße erreichen, wie sie Macht haben und wie sie Macht haben, weil sie mobilisiert sind.

Geht es darum vorherzusagen, wie sich die Universität in den nächsten zehn Jahren entwickeln wird, wäre dafür meiner Ansicht nach die mobilisierte Meinung die beste Basis. Die durch die Nicht-Antworten belegte Tatsache jedoch, dass die Dispositionen bestimmter Kategorien von Befragten den Status einer Meinung, also eines fertigen Diskurses mit Anspruch auf Kohärenz, Gehörtwerden, Durchsetzung usw., gar nicht erst erreichen, darf nicht zu dem Schluss verleiten, dass in Krisensituationen diejenigen, die noch keine Meinung hatten, irgendeine Meinung zufällig wählen: Ist das Problem für sie als politisches ausgewiesen (Lohnprobleme, Akkordvorgaben bei den Arbeitern), wählen sie nach Maßgabe ihrer politischen Kompetenz; geht es um ein Problem, das für sie nicht als politisches ausgewiesen ist (repressive Verhältnisse im Unternehmen) oder erst im Begriff ist, sich als solches auszuweisen, lassen sie sich von jenem tief unbewussten Dispositionensystem leiten, das ihre Entscheidungen in den unterschiedlichsten Bereichen, von der Ästhetik oder dem Sport bis zu den ökonomischen Präferenzen, bestimmt. Die traditionelle Meinungsumfrage jedoch kennt weder *pressure groups* noch virtuelle Dispositionen, die nicht unbedingt in Form eines expliziten Diskurses zum Ausdruck kommen. Deshalb ist sie auch nicht imstande, auch nur die mindeste vernünftige Vorhersage darüber zu machen, was in einer Krisensituation geschehen würde.

Nehmen wir ein Problem wie das Bildungssystem. Man kann fragen: »Was halten Sie von Edgar Faures Politik?« Eine solche Frage kommt der Frage bei den Wahlen sehr nahe, in dem Sinne, dass in dieser Sorte Nacht alle Katzen grau sind: Alle Welt ist sich im Großen und Ganzen einig, ohne zu wissen, worüber; was von der einstimmigen Verabschiedung von Faures Gesetz durch die Nationalversammlung zu halten ist, weiß man ja. Fragt man dann: »Sind Sie für die Einführung von politischem Unterricht in der Oberschule?«, ist eine klare Spaltung zu beobachten. Dasselbe passiert bei der Frage: »Sollen Lehrer streiken dürfen?« In diesem Falle wissen die Angehörigen der unteren Klassen dank einer Übertragung ihrer spezifischen Kompetenz, was sie zu antworten haben. Man kann auch noch fragen: »Sollen die Lehrpläne verändert werden? Sind Sie für ständige Leistungskontrolle? Sind Sie für eine Teilnahme von Elternvertretern an den Lehrerkonferenzen? Sind Sie für die Abschaffung des Staatsexamens?« All diese Fragen steckten hinter der Frage: »Sind Sie für Edgar Faure?«, und die Leute haben auf einen Schlag Position zu einem Problemkomplex bezogen, den ein guter Fragebogen nur mit Hilfe von mindestens sechzig Fragen abhandeln könnte, bei denen man dann Variationen in alle Richtungen zu sehen bekäme. Die Meinungen würden mal positiv, mal negativ, mal ganz stark, mal schwach und mal gar nicht von der Position in der sozialen Hierarchie abhängen. Man muss sich nur vor Augen halten, dass die Wahlen den Grenzfall einer Frage wie: »Sind Sie für Edgar Faure?« darstellen, um zu begreifen, wieso die Spezialisten für politische Soziologie schreiben können, beim Wahlverhalten sei die Beziehung zwischen sozialer Klasse und Praktiken oder Meinungen, die gewöhnlich in fast allen Bereichen der sozialen Praxis zu beobachten ist, nur schwach ausgeprägt; und wieso manche sich sogar zu dem Schluss versteigen, zwischen der sozialen Klasse und der Wahlentscheidung für rechts oder links gebe es überhaupt keine Beziehung. Wenn Sie sich vergegenwärtigen, dass Wahlen in einer einzigen synkretischen Frage Dinge zur Entscheidung stellen, die man vernünftigerweise nur in zweihundert Fragen erfassen könnte, dass die einen in Zentimetern und die anderen in Kilometern messen, dass die Strategie der Kandidaten darin besteht, Fragen falsch zu stellen und unüberbrückbare Gegensätze möglichst zu überspielen, um die noch frei flottierenden Stimmen für sich zu gewinnen, und vieles andere mehr, dann kommen Sie vielleicht zu dem Schluss, dass man die traditionelle Frage nach der Beziehung zwischen Wahlverhalten und sozialer Klasse lieber umgekehrt stellen und sich fragen sollte, wieso überhaupt noch irgendeine noch so schwache Beziehung feststellbar sein sollte; und sich nach der Funktion eines Wahlsystems fragen, das aufgrund seiner eigenen Logik ein Instrument zur Verwischung von Konflikten und Gegensätzen ist. Fest steht jedenfalls, dass einem die Untersuchung des Funktionierens von Meinungsumfragen einen Begriff davon vermitteln kann, wie dieser besondere Typ Meinungsumfrage, nämlich die Wahlen, funktioniert und welchen Effekt er produziert.

Kurz, was ich sagen wollte, ist, dass es die öffentliche Meinung nicht gibt, jedenfalls nicht in der Form, die sie bei denen bekommt, die ein Interesse an der Behauptung ihrer Existenz haben. Ich habe gesagt, dass es einerseits konstituierte Meinungen gibt, mobilisierte Meinungen, *pressure groups,* die mit Bezug auf ein explizit formuliertes System von *Interessen* mobilisiert sind; und andererseits Dispositionen, die *per definitionem* nicht Meinung sind, wenn man unter Meinung, wie ich es im Laufe dieser Analyse getan habe, etwas versteht, was sich als Diskurs mit einem gewissen Anspruch auf Kohärenz formulieren lässt. Diese Definition der Meinung ist nicht meine Meinung über die Meinung. Sie ist lediglich die explizite Formulierung der Definition, die die Meinungsumfragen anwenden, wenn sie von den Leuten verlangen, Position zu bereits formulierten Meinungen zu beziehen, und durch einfache statistische Aggregation der derart produzierten Meinungen das Artefakt »öffentliche Meinung« produzieren. Ich kann nur sagen: Die öffentliche Meinung in der Bedeutung, die sie implizit für diejenigen hat, die Meinungsumfragen machen oder ihre Ergebnisse benutzen – diese öffentliche Meinung gibt es nicht.

Meinungsforschung – Eine »Wissenschaft« ohne Wissenschaftler

Gleich zu Beginn ein Paradox: Es ist bemerkenswert, dass dieselben, die die Sozialwissenschaften und zumal die Soziologie argwöhnisch betrachten, beflissen auf Meinungsumfragen zurückgreifen, die doch häufig nur Sozialwissenschaft in rudimentärer Form sind (aus Gründen, die weniger mit der Qualität derjenigen, die mit deren Konzeption, Realisierung und Auswertung betraut sind, zu tun haben als mit den Zwängen, die sich aus den Bedingungen des Auftrags und dem Zeitdruck ergeben).

Die Meinungsumfrage kommt der landläufigen Vorstellung von Wissenschaft entgegen: Sie gibt auf die Fragen, die »alle Welt sich stellt« (alle Welt oder doch die kleine Welt derer, die Meinungsumfragen finanzieren können: Zeitungen und Zeitschriften, Politiker, Unternehmer), rasche, einfache und in Zahlen fassbare, anscheinend leicht zu verstehende und zu kommentierende Antworten. Doch hier mehr noch als in anderen Bereichen »(sind) die primären Wahrheiten die primären Irrtümer« (Bachelard), so wie die wahren Probleme der politischen Leitartikler und Kommentatoren häufig falsche Probleme sind, die die wissenschaftliche Analyse zunächst zertrümmern muss, um dann ihr wissenschaftliches Objekt zu konstruieren. Für eine solche Infragestellung der primären Fragen haben die kommerziellen Umfrageinstitute weder die Mittel noch vor allem die Zeit; und wenn sie beides hätten, dann angesichts der aktuellen Verfassung des Marktes und des Informationsstandes der Auftraggeber vermutlich kein Interesse daran. Deshalb begnügen sie sich die meiste Zeit damit, jene Probleme, die sich Ihren Klienten stellen, in konforme Antworten zu übersetzen.

Aber, so wird man fragen, ist eine Praktik, die Fragen so stellt, wie der Klient sie sich stellt, nicht die vollkommene Form der »neutralen« Wissenschaft, auf die der positivistische »gesunde Menschenverstand« sich beruft? (In Klammern ein Zusatz zur Nuancierung: Es kommt vor, dass primäre Fragen, wenn aus Kenntnis und praktischen Anliegen – wie denen der Marktforschung – erwachsen und in Bezug auf eine theoretische Problematik neu interpretiert, durchaus zu erstrangigen Informationen führen, die häufig wertvoller sind als jene, die aus den prätentiöseren Befragungen der Halbwissenschaftler hervorgehen.) Die »Wissenschaft ohne Wissenschaftler« des positivistischen Ideals realisiert im Rahmen der Beziehungen zwischen Herrschenden und Beherrschten innerhalb des Macht-Feldes, was auf einer anderen Ebene der Traum einer »Bourgeoisie ohne Proletariat« ist. Der Erfolg solcher Metaphern wie »Barometer«, »Photographie«, »Radiographie« für die empirische Erhebung, die derart als rein mechanisches Registrieren aufgefasst wird, zeugt ebenso wie die Aufträge, die die politisch Verantwortlichen aller Couleur unter Vernachlässigung der staatlich finanzierten Forschungsinstitute den Privatunternehmen zuschanzen, von der tiefsitzenden Erwartung an eine Wissenschaft auf Befehl und auf Maß, an eine Wissenschaft ohne jene Hypothesen, die gern als Präsuppositionen aufgefasst werden, und ohne jene Theorien, die bekanntermaßen keine gute Presse haben.

Worum es ersichtlich geht, das ist die Existenz einer Wissenschaft von der sozialen Welt, die in der Lage ist, ihre Autonomie gegenüber allen Machtinstanzen zu behaupten: Wie die Geschichte der visuellen Künste zeigt, mussten die Künstler jahrhundertelang kämpfen, um sich von der Auftragsarbeit zu befreien und ihre eigenen Intentionen durchzusetzen – jene, die sich in der Konkurrenz innerhalb der Welt der Künstler definierten, sind zwar zunächst im Hinblick auf die Malweise, die Ausführung, die Form, kurz alles, was im eigentlichen Sinne vom Künstler abhängt, dann auch in Bezug auf die Wahl des Gegenstandes selbst. Gleiches gilt für die Wissenschaftler, die sich mit der Welt der Physik oder Biologie beschäftigen. Die Eroberung der Autonomie ist evidentermaßen schwieriger, also auch langsamer, im Fall einer Wissenschaft von der sozialen Welt, die jedes ihrer Probleme den Pressionen der Nachfrage und den Verführungen der Auftragsarbeit abringen muss: Diese sind niemals heimtückischer als dann, wenn sie, wie es heutzutage in den Umfrageunternehmen geschieht, über die unpersönlichen Mechanismen eines sozialen Funktionsablaufs verlaufen, der keine Zeit zum Verschnaufen lässt, dazu, die gewonnenen Ergebnisse zu rekapitulieren, die Methoden und Techniken zu festigen, die Probleme neu zu definieren, indem der ersten Regung, sie zu akzeptieren, da sie in den vagen und verschwommenen Befragungen der Alltagspraxis ein unmittelbares stillschweigendes Einverständnis erfahren, nicht nachgegeben wird.

Und warum auch sollten jene, die zur Aufrechterhaltung ihres Betriebs rasch zusammengeflickte und dem Geschmack der Auftraggeber geschickt angepasste Produkte verkaufen müssen, royalistischer sein als der König Kunde? Wie könnten sie auch? Sie haben ihre gut getesteten Stichproben, ihre mobilen Umfrageteams, ihre ausgewiesenen Auswertungsprogramme. Nun müssen sie nur noch im jeweiligen Einzelfall herausfinden, was der Klient wissen will, das heißt, was er erforscht oder, besser, herausgefunden sehen möchte. Vorausgesetzt, sie finden, was sie als die Wahrheit ansehen, sollten sie sie wirklich dem Politiker, der sich um seine Wiederwahl sorgt, dem Unternehmer, dessen Geschäfte bergab gehen, dem Zeitungsredakteur, der mehr nach Sensationen als nach Informationen giert, weitergeben, sofern ihnen der Erhalt ihrer Klientel ein wenig am Herzen liegt? Und das zu einem Zeitpunkt, in dem sie mit der Konkurrenz neuer Illusionshändler zu rechnen haben, die dabei sind, bei den Verkaufsleitern und PR-Verantwortlichen Furore zu machen: Auf die althergebrachte Kunst des Kartenlegens, der Handleserei und anderer extraluzider Wahrsager zurückgreifend, sind diese Verkäufer aus der Mode gekommener wissenschaftlicher Produkte, die höchst geheimnisvoll etablierte »Lebensstile« in eine verschwommene *psychologische* und der Alltagsauffassung immer sehr nahe Sprache übersetzen (»die das Leben zu nehmen wissen«, »Abenteurer«, »die Neuland betreten«), zu Meistern in der Kunst geworden, ihren Kunden gefällige, mit dem magischen Glanz von scheinbar wissenschaftlicher Methodologie und Terminologie geschmückte Antworten anzudrehen. Wie und warum also sollten sie jene Probleme, die enttäuschen oder schockieren könnten, aufwerfen oder durchsetzen, wo es doch reicht, dass sie sich den Neigungen der Spontansoziologie überlassen – die in sich selbst zu bekämpfen die *scientific community* wohl nie aufhören wird –, um ihre Klienten zu befriedigen und Antworten auf Probleme zu produzieren, die sich nur denjenigen stellen, die ihnen den Auftrag geben, sie zu stellen, und die sich häufig den Befragten selbst so lange nicht stellten, als man sie ihnen nicht aufdrängte? Es liegt auf der Hand, dass sie kein Interesse daran haben, ihren Klienten offen zu sagen, dass ihre Fragen belanglos oder, noch schlimmer, gegenstandslos sind. Und sie müssten wohl über alle Maßen tugendhaft sein oder einen großen Glauben in die Wissenschaft besitzen, um eine Umfrage über »Das Bild der arabischen Länder« abzulehnen, wohl wissend, dass ein weniger skrupulöser Konkurrent sich allemal daransetzen würde, und dies, obwohl sie vermuten dürften, dass damit lediglich und im Übrigen recht schlecht Einstellungen gegenüber den Immigranten erfasst werden. Allerdings aber würde die Erhebung in diesem Fall wenigstens etwas messen, wenn auch nicht das, was man zu messen wähnt; es gibt andere Beispiele, in denen nichts anderes als die vom Messinstrument erzeugten Effekte gemessen werden: das kommt immer dann vor, wenn der Interviewer den Interviewten eine Problematik vorsetzt, die nicht die ihre ist – was diese nicht hindern wird, darauf zu antworten, aus Unterwürfigkeit, Gleichgültigkeit oder Angeberei, womit sie das einzige Problem von Belang eskamotieren: das der ökonomischen und kulturellen Determinanten für die Fähigkeit, das Problem als solches zu stellen, eine Fähigkeit, die im Bereich der Politik eine der grundlegenden Dimensionen der spezifischen Kompetenz definiert.

Die aus wissenschaftlicher Sicht unheilvollen Effekte, die die Zwänge des Marktes auf die Praktiken der Meinungsforschungsinstitute ausüben, wären einmal aufzulisten – nicht in naiv polemischer Absicht, sondern um ihnen entgegenzuwirken und sie auszuschalten. Ich erinnere nur – gleichsam als Versuch, damit die Erinnerung auszutreiben – an jenen Erziehungsminister, der um die 80er Jahre herum bei drei unterschiedlichen Meinungsforschungsinstituten jeweils eine schulspezifische Studie (Primar-, Sekundar- und Hochschulbereich) in Auftrag gab und damit drei nach Stichprobenverfahren und Fragenkatalog miteinander völlig unvergleichbare Untersuchungen erhielt, mit dem weiteren Resultat, dass alles das zum Verschwinden gebracht wurde, was der Vergleich hinsichtlich jeder der betreffenden Populationen hätte erbringen können. Und ich füge hinzu – damit jeder das Grauenvolle der Angelegenheit richtig zu ermessen vermag –, dass diese Erhebung in etwa das Zehnfache des Jahresbudgets eines staatlich unterstützten Universitätsinstituts gekostet hat, das, wäre es konsultiert worden, diese Fehler hätte vermeiden können und in der Lage gewesen wäre, sich bei der Erarbeitung des Fragebogens und des Untersuchungsprogramms auf einen Bestand an theoretischen und empirischen Befunden zu stützen, der privaten Meinungsforschungsinstituten aufgrund der vielfältigen Bereiche, die sie abdecken, und des Zeitdrucks, unter dem sie arbeiten und der praktisch jede Form von Kumulation unterbindet, verständlicherweise nicht zur Verfügung stehen kann.

Die Effekte der »unsichtbaren Hand« des Marktes, die sowohl bei der Auswertung als auch bei der Datenerhebung zum Tragen kommen (bekanntermaßen ist es zum Beispiel leichter, von den Kunden zu erreichen, dass sie in ihren Augen unmittelbar interessante Fragen finanzieren als solche Fragen, die zur Erklärung der Antworten notwendige Informationen liefern könnten), verbinden sich mit dem Fehlen von Personal, das, von den unmittelbaren Zwängen der Auftragsarbeit befreit, über ein gemeinsames Kapital an theoretischen und technischen Ressourcen verfügt, mit dem (und sei es durch systematische Archivierung der früheren Erhebungen) die Kumulation der Ergebnisse und Befunde gewährleistet und damit die – von den Auftraggebern ja selbst zumindest unbewusst geforderte – deskriptive Verwendung der Enquete begünstigt werden kann. Was wiederum die furchlosesten unter denen, die ich mit Platon als »Doxosophen« bezeichne, nicht daran hindert, Erklärungen anzubieten, die weit über den Rahmen der zahlenmäßig immer geringen und unscharf gemessenen Erklärungsfaktoren, über die sie verfügen, hinausgehen. An den Wahlabenden können wir sie immer wieder bestaunen, wie sie aus dem Stegreif Erklärungen und Interpretationen liefern, die allein durch das allzu evidente schlechte Gewissen der Politiker einen Anschein von Tiefe und Objektivität gewinnen. Als Beispiel möchte ich hier nur die vorgebrachten Erklärungen für den Niedergang der Kommunistischen Partei anführen: Dabei sind derart wichtige strukturelle Veränderungen wie der allgemeiner gewordene Zugang zum Sekundarschulbereich und die mit der Entwertung der Bildungstitel verknüpfte strukturelle Deklassierung nahezu unberücksichtigt geblieben – Veränderungen, von denen klar ist, dass sie sich entscheidend auf die Einstellungen gegenüber der Politik ausgewirkt haben.

Ich wollte an dieser Stelle aus Rücksicht auf die mir gebotene Gastfreundschaft die Analyse der wissenschaftlichen Grenzen der kommerziellen Forschungsinstitutionen abbrechen, als ich den Text Alain Lancelots las, der die SOFRES-Auswahl von 1984 beschließt und krönt. In dieser »Antwort« auf eine Art trübes Amalgam von Einwänden gegen die Meinungsforschung glaube ich die Absicht auszumachen, mir zu antworten, erkenne aber nicht mehr meine Einwände wieder, die – und hier dürfte das Missverständnis liegen

– Fragen der Wissenschaft berühren und nicht, wie man wähnt, der Politik (obwohl falsche Wissenschaft sich durchaus politisch auswirkt). Ich greife also zu einem letzten Beispiel, das ich zunächst vermeiden wollte, enthüllt es doch auf eine etwas krude und grausame Weise die sozialen Grenzen des Verstehens der Doxosophen. Bekanntlich stellen die Nicht-Antworten (auch: Meinungslosigkeit) Plage, Kreuz und Misere der demoskopischen Institute dar, die sie denn auch mit allen Mitteln so gering wie möglich zu halten, wenn nicht gar zu verschleiern suchen. Vom Meinungsforscher dazu verurteilt, unbemerkt zu bleiben, der sie in die Tiefen der Erhebung und in die Leitfäden für die Interviewer verdrängt hat, tauchen diese verfemten Nicht-Antworten unter der Feder des »Politologen« wieder auf, in Gestalt des Problems der »Enthaltung«, des Makels der Demokratie, oder der »Apathie«, dieser Selbstpreisgabe ans Indifferente und Undifferenzierte (»die schweigende Mehrheit«). Verständlich, dass der politologisch orientierte Meinungsforscher, der in jeder Kritik an der mit dem allgemeinen Stimmrecht identifizierten Meinungsforschung (die Analogie ist nicht einmal falsch) ein Attentat auf die Demokratie wittert, außerstande ist, die entscheidende Frage auch nur zu ahnen, vor der die Wissenschaft, die Politik und eine ihres Namens würdige Politikwissenschaft durch die Existenz dieser Nicht-Antworten gestellt ist, die je nach Geschlecht (Frauen »enthalten« sich häufiger), Stellung im sozialen Raum (man enthält sich umso mehr, je ärmer man wirtschaftlich und bildungsmäßig ist) als auch nach gestellter Frage variieren (die zur »Enthaltung« neigenden Faktoren sind umso wirksamer, je offener »politisch« die Fragen sind, das heißt, je näher sie in Buchstabe und Geist den Problemen sind, die sich die gewöhnlichen Doxosophen stellen, das heißt Meinungsforscher, Politologen, Journalisten und Politiker). Um diese einfachen, aber unter den Evidenzen der Alltagsroutine des Zeitungslesers verschleierten Wahrheiten (»die Rate an Enthaltungen erreichte 30%«) ans Licht zu fördern, musste diesem Schnitzer der Erhebung und der Demokratie, diesem Manko, diesem Lapsus, diesem Nichts (man denke an die Berechnung der Rate der »ausgeschlossenen Nicht-Antworten«) ein positiver Wert beigelegt und durch einen jener Wechsel des Vorzeichens und des Sinns, die den wissenschaftlichen Bruch mit dem Gemeinverstand kennzeichnen, entdeckt werden, dass die wichtigste Information jeder Meinungsumfrage in der Rate der Nicht-

Antworten liegt als dem Maß für die Wahrscheinlichkeit, eine für eine bestimmte Kategorie charakteristische Antwort zu geben, so dass die Verteilung der Antworten – der Ja oder Nein, der Für oder Wider –, die für eine bestimmte Kategorie, Männer oder Frauen, Reiche oder Arme, Junge oder Alte, Arbeiter oder Unternehmer, kennzeichnend ist, nur eine sekundäre, abgeleitete Bedeutung hat als *konditionelle Wahrscheinlichkeit,* die lediglich in Bezug auf die primäre, primordiale Wahrscheinlichkeit, eine Antwort zu geben, Geltung besitzt. Diese mit einer statistischen Einheit verbundene Wahrscheinlichkeit definiert die den betreffenden Akteuren sozial zugeschriebene Kompetenz im quasi juridischen Sinne des Wortes. Es ist nicht Sache der Wissenschaft, den Tatbestand der ungleichen Verteilung der politischen Kompetenz, so wie sie zu einem gegebenen Zeitpunkt sozial definiert ist, sei es zu feiern, sei es zu beklagen; ihre Aufgabe ist es, die ökonomischen und sozialen Bedingungen, die sie determinieren und die von ihr im Rahmen eines politischen Lebens, das auf der (aktiven oder passiven) Ignoranz dieser Ungleichheit begründet ist, produzierten Effekte zu analysieren.

Mir geht es hier nicht darum, mich in den Vordergrund zu spielen, sondern mich verständlich zu machen: Die Entdeckung, im wahrsten Sinne des Wortes, einer Evidenz, die sozusagen »in die Augen sprang«, war selbst nur ein Ausgangspunkt. Aufzudecken, dass die Neigung, sich zu enthalten oder aber das Wort zu *ergreifen* – »seine Meinung sagen«, heißt es bei Platon, »bedeutet zu sprechen« –, statt es stillschweigend auf Mandatsträger, die Kirche, Partei oder Gewerkschaft oder, besser, Bevollmächtigte zu übertragen, die, mit der *plena potentia agendi,* den Vollmachten ausgestattet, an Stelle der und für die mutmaßlichen Mandanten zu sprechen und zu handeln, nicht zufällig verteilt ist, das allein reichte noch nicht aus; der weitere notwendige Schritt bestand darin, den Zusammenhang herzustellen zwischen der spezifischen Neigung der ökonomisch und bildungsmäßig Mittellosen, sich bei genuin politischen Fragen zu enthalten, und der Tendenz zur Konzentration aller Macht in den Händen der Verantwortlichen, wie sie auf jene Parteien zutrifft, die, wie besonders die kommunistischen Parteien, auf die Stimmen der ökonomisch und bildungsmäßig Mittellosen gegründet sind, anders gesagt, die Freiheit, über die die leitenden Personen dieser Organisationen verfügen, die Freiheiten, die sie sich gegenüber ihren Mandanten herausnehmen können (und von denen ihre außerordentlichen Meinungsumschwünge beredt Zeugnis ablegen), beruhen grundlegend auf der bedingungslosen Selbstpreisgabe dieser Mandanten, eine Selbstpreisgabe, die ihrerseits im Gefühl gründet, politisch inkompetent, ja der Politik unwürdig zu sein – und genau das deckten die Nicht-Antworten auf. Sichtbar wird hier, dass diese Entdeckung – weit entfernt, der Voreingenommenheit zu entspringen, Demokratie nur dann anzuerkennen, wenn sie vom Volk ausgeht (wie Alain Lancelot zu verstehen gibt) – eines Zusammenhangs, den der gewöhnliche Politologe nicht wahrzunehmen vermag (unter anderem deshalb, weil seine rechte Hand, die die Meinungsumfragen »analysiert«, nicht weiß, was sein linke Hand tut, die das »politische Lehen« »analysiert«), zum Prinzip jenes Entwicklungsgesetzes führt, das die Organisationen, die sich der Verteidigung der Interessen der Beherrschten verschrieben haben, zur monopolistischen Konzentration der Macht des Protests und der Mobilisierung verurteilt – einer Machtkonzentration, die die Voraussetzungen ihrer Realisierung in den »Volksdemokratien« gefunden hat. Um jedem Missverständnis vorzubeugen, müsste ich hinzufügen, dass es durch diese im Übrigen recht banale Entdeckung möglich wird, auf einige der klassischen Analysen von Neomachiavellisten wie besonders Michels und Mosca zur Funktionsweise politischer und gewerkschaftlicher Apparate zurückzugreifen, ohne sich deren essentialistische Geschichtsphilosophie, der zufolge der Hang, sich den Führern auszuliefern, in der *Natur* der Massen liegt, zu eigen zu machen, sich vielmehr stets vor Augen zu halten, dass die Wirksamkeit der historischen Gesetze, die sie zu Naturgesetzen stilisieren, aufgehoben oder zumindest geschwächt wäre, wenn es gelänge, die ökonomischen und kulturellen Bedingungen ihres Vollzugs außer Kraft zu setzen oder zu schwächen.

Ich wünschte, mit diesem Beispiel überzeugend dargelegt zu haben, dass die »Kritik der Meinungsumfragen« – wenn es denn überhaupt eine Kritik war – sich nicht auf jenem Terrain vollzieht, dem politischen, auf dem jene sie ansetzen, die sich deren Verteidigung zur Pflicht erhoben haben, in der Hoffnung, entsprechend einer ausgewiesenen Strategie sich damit der genuin wissenschaftlichen Kritik entziehen zu können. Auch überzeugend gezeigt zu haben, dass, wenn die wissenschaftliche Kritik in diesem Fall mehr denn je die Form einer soziologischen Analyse der Institution annehmen muss, dann deshalb, weil die Grenzen der wissenschaftlichen

Praktik wie in jedem Fall, wenn auch in unterschiedlichen Graden, wesentlich in den Zwängen liegen, die auf der Institution und über diese auf den Gehirnen derer lasten, die Teil davon sind. Sie ist jedenfalls ein loyales Mittel, da sie, anders als die »Politisierungsstrategien«, die sich heimtückischerweise Argumente *ad hominem* bedienen, die Personen von Verantwortlichkeiten entlastet, die ihnen weitaus weniger, als sie selbst es glauben möchten, zukommen.

Politik, Sozialwissenschaften und Journalismus

Im Grunde hoffe ich, heute zwei verschiedenen Erwartungen entsprechen zu können. Auf der einen Seite Erwartungen, die man akademisch nennen könnte, wenn ich versuche, gewisse theoretische Instrumente vorzustellen, die, so scheint mir jedenfalls, in sehr allgemeiner Weise soziale Phänomene zu untersuchen helfen, insbesondere Phänomene der Kulturproduktion wie Literatur, Kunst, Journalismus usw. Und auf der anderen Seite politische oder zivilbürgerliche Interessen: Ich habe öfter gesagt, dass die Soziologie eine Art symbolischer Kampfsport sein könnte, der es ermöglicht, sich gegen die unterschiedlichsten Formen symbolischer Gewalt zu wehren, die auf den Bürger ausgeübt werden können, heute besonders häufig über das Feld der Medien.

Ich habe mich entschlossen, ein etwas merkwürdiges Thema zu präsentieren, das mir allerdings wissenschaftlich wie politisch bedeutsam erscheint, nämlich die Beziehung zwischen politischem, sozialwissenschaftlichem und journalistischem Feld. Es sind drei selbstständige, verhältnismäßig unabhängige soziale Universen, die aber aufeinander einwirken. Ich möchte versuchen, diese Wirkungen herauszuarbeiten, und zeigen, wie Phänomene, die wir tagtäglich vor Augen haben, wenn wir den Fernseher anschalten, wenn wir eine Zeitung lesen oder einen soziologischen Essay, wie diese Effekte, die oft mit den Mitteln der Spontansoziologie erklärt und dann einzelnen Personen zur Last gelegt werden, der Bösartigkeit von Institutionen usw., wie solche Effekte, jedenfalls meiner Auffassung nach, nur über eine Analyse jener unsichtbaren Strukturen verstanden werden können, die Felder darstellen, und in diesem besonderen Fall der besonders unsichtbaren Strukturen von Beziehungen zwischen den Feldern, die ich nun anführen werde.

Eine einfache, leichte Definition des Feldbegriffes, die allerdings, wie alle Definitionen, sehr unzureichend bleibt: Ein Feld ist ein Kräftefeld, in dem die Akteure Stellungen einnehmen, die statistisch gesehen ihre Stellungnahmen zu diesem Kräftefeld bestimmen – Stellungnahmen, die die für das Feld konstitutive Struktur der Kräfteverhältnisse bewahren oder verändern wollen. Anders gesagt ist das Feld (etwa das literarische Feld als Mikrokosmos, der Akteure und Institutionen versammelt, die mit der Produktion von Literatur beschäftigt sind) in mancher Hinsicht vergleichbar mit einem physikalischen Kräftefeld. Aber es lässt sich nicht darauf verkürzen: Es ist Ort von Aktionen und Reaktionen sozialer Akteure, die mit dauerhaften Einstellungen ausgestattet sind, Einstellungen, die auch durch die Erfahrung innerhalb dieser sozialen Felder erworben wurden. Die Akteure reagieren auf diese Kräfteverhältnisse, auf diese Strukturen, schaffen sie mit, nehmen sie wahr, machen sich eine Vorstellung davon. Und gleichzeitig werden sie nicht nur durch die im Feld vorhandenen Kräfte und die Kraft ihrer Einstellungen beherrscht, sondern sind in der Lage, auf diese Felder einzuwirken, in diesen Feldern zu handeln, auf oft vorbestimmten Wegen, aber doch mit gewissen Freiheitsgraden.

Nun habe ich darüber gleichzeitig zu viel und zu wenig gesagt, und dazu auf sehr abstrakte Art, aber mehr kann ich hier nicht tun. Der Begriff des Feldes ist also ein Forschungsinstrument, das vor allem ermöglichen soll, einen sozialen Gegenstand wissenschaftlich zu konstruieren. Um das verständlich zu machen, um den Zugang zu dem zu ermöglichen, was ich unter dem Begriff des Feldes verstehe, um nicht nur zu paraphrasieren, auch nicht nur eine Genealogie dieses Konzeptes zu erläutern, etwa, dass es von Cassirer stammt, Lewin, aber dann auch wieder nicht, um also weniger eine genealogische Übung vorzuführen, die Beziehungen gleichzeitig der Kontinuität und des Bruchs mit vergleichbaren Begriffen bei Max Weber, dem Forscher, der dem Begriff des Feldes am nächsten gekommen ist, dem dieser Begriff aber immer gefehlt hat, um hier also keine scholastischen Exerzitien über den Feldbegriff zu betreiben, möchte ich ihn an dieser Stelle arbeiten lassen, in einer Art Übung der Gegenstandskonstruktion, mit allem, was das an Unsicherem, Unvollkommenem und Unfertigem an sich haben kann. Das heißt aber: Wenn ich gewissenhaft tun wollte, was ich hier in Kürze tun kann, bräuchte es ein Jahr Lehre, vielleicht ein zweijähriges Seminar, eine ganz andere Art von Kommunikation als die an dieser Stelle mögliche, einfach schon durch die Wirkung der Struktur des Raumes, der Größe des Publikums. Ich möchte hier also versuchen, etwas Ähnliches zu tun, so gut es geht und natürlich in geraffter Form, was man in einem Forschungsseminar machen könnte, nämlich den Begriff des Feldes in Gang setzen, im Hinblick auf jenen Gegenstand, den ich nun, mithilfe des Feldbegriffs, versuchen werde zu konstruieren.

In der sozialen Welt gibt es heutzutage für das Gemeinverständnis Journalisten, Politiker, Fernsehjournalisten, die Politiker interviewen, Soziologen, die Zeitungen Interviews geben oder Politiker und Journalisten interviewen, usw. Es gibt also sichtbare, wahrnehmbare Akteure, die sich treffen, die sich streiten und die miteinander konkurrieren können. Was gewinnt man nun, wenn man diese phänomenische Sicht, diese Gesamtheit von einzelnen, durch Eigennamen bezeichneten Akteuren durch jene Räume unsichtbarer Beziehungen ersetzt, die konstitutiv sind für das, was ich Feld der Sozialwissenschaften oder juristisches Feld oder politisches Feld nenne, was also gewinnt man, wenn man die sichtbaren Akteure und die sichtbaren Interaktionen zwischen den Akteuren durch diese unsichtbaren Beziehungen ersetzt? Bei einem Wahlabend im Fernsehen zum Beispiel sind die Felder, die ich vorstellen werde – politisches Feld, Feld der Sozialwissenschaften und journalistisches Feld – alle präsent, aber sie sind es in Form von Personen. Sie werden René Raymond haben, einen zu Recht oder Unrecht bekannten Historiker, der die Ergebnisse kommentieren wird, an der Seite von Paul Amar aus dem journalistischen Feld, neben Monsieur Lancelot, Rektor der Sciences-po und Mitglied ich weiß nicht welchen Feldes, sagen wir des akademischen Feldes und des Feldes der Sozialwissenschaften, über die Meinungsforschungsinstitute, die er berät. Man könnte nun eine interaktionistische Beschreibung versuchen, also begrenzt auf die Interaktion zwischen den beteiligten Leuten, oder eine Diskursanalyse, die sich mit der verwendeten Rhetorik beschäftigt, den Verfahren, den Strategien usw. Was ich hier vorschlage, ist etwas völlig anderes: Ich stelle die Hypothese auf, dass wenn René Raymond sich an Paul Amar wendet, es nicht ein Historiker ist, der mit einem Journalisten spricht – was schon ein Anfang der Gegenstandskonstruktion ist –, sondern ein Historiker, der eine bestimmte Position im Feld der Sozialwissenschaften innehat, mit einem Journalisten, der eine bestimmte Position im journalistischen Feld besetzt, und schließlich, dass hier das journalistische Feld mit dem Feld der Sozialwissenschaften spricht. Denn die Eigenschaften der Interaktion zwischen Paul Amar und René Raymond – etwa die Tatsache, dass sich Paul Amar an René Raymond für eine abschließende Analyse wenden wird wie an einen

Schiedsrichter, der über der rein politischen Debatte steht, der das letzte Wort haben darf, der sich auf frühere Wahlen bezieht, der an Präzedenzfälle erinnert – oder zwischen Paul Amar und diesem oder jenem Politiker, der kurz zuvor das Wort ergreifen wird, drücken die Struktur der Beziehungen zwischen dem journalistischen Feld und dem Feld der Sozialwissenschaften aus. Etwa, dass die wie satzungsgemäße Objektivität, die man René Raymond zugesteht, nicht mit den intrinsischen Eigenschaften der Person René Raymond zusammenhängt, sondern mit dem Feld, dem er angehört und das, wenigstens in dieser Hinsicht, eine objektive Beziehung symbolischer Vorherrschaft gegenüber dem journalistischen Feld unterhält (welches in anderer Hinsicht ihm gegenüber symbolische Herrschaft ausüben kann, zum Beispiel jene der Beherrschung des Zugangs zur Öffentlichkeit usw.). Kurz gesagt, eine Szene im Fernsehen, gesehen mit den Instrumenten, die ich hier vorschlage, liefert eine Fülle von Merkmalen, die sich der Intuition nicht offenbaren.

Das Feld, das ich so für eine Analyse vorschlage, ist eine erweiterte Form dessen, was man als politische Welt, als politischen Mikrokosmos bezeichnet. Es kommt selten vor, dass ich Raymond Barre zitiere, schon gar nicht als soziologischen Schriftsteller, aber dieses eine Mal hat er es gut getroffen. Das Wort Mikrokosmos erinnert sehr schön an den Umstand, dass das politische Universum, mit seinen Institutionen, seinen Parteien, seinen Funktionsregeln, nach bestimmten Verfahren auswählten Akteuren, eine autonome Welt ist, ein Mikrokosmos innerhalb des sozialen Makrokosmos. Der politische Mikrokosmos ist eine Art kleines Universum, in dem die Funktionsmechanismen des großen Universums wirken, aber dennoch mit einer relativen Autonomie innerhalb dieses Universums ausgestattet, mit eigenen Gesetzen, seinem eigenen *nomos*, dem eigenen, autonomen Gesetz.

Man muss sich diese relative Autonomie klarmachen, um die Praktiken und Produkte zu verstehen, die von diesem Universum hervorgebracht werden. Denn Untersuchungen über Recht, Literatur, Kunst, Wissenschaft, Philosophie, sämtliche Kulturgüter verteilen sich traditionell auf zwei wesentliche Ansätze. Der eine, den man internalistisch nennen könnte, behauptet, dass es für das Verständnis von Recht, Literatur usw. nötig und ausreichend sei, die Texte zu lesen, ohne sich auf den Kontext beziehen zu müssen, dass der Text autonom und selbsterklärend ist, dass er also nicht zu externen, ökonomischen, geographischen usw. Faktoren in Beziehung gesetzt werden muss. Der andere, sehr viel weniger verbreitete und bestimmende Ansatz bezieht im Gegenteil die Texte auf den sozialen Kontext. Ganz allgemein wird die externalistische Lesart als Sakrileg empfunden, sie kommt schlecht weg bei der Kaste der Kommentatoren, der *lectores*, den Priestern des Kommentars, die das Monopol des legitimen Zugriffs auf den heiligen Text besitzen. Gegen diese internalistische Sicht, die in der Philosophie sehr mächtig ist (die beiden Fächer, die sich bis heute das Monopol über ihre eigene Geschichte sichern konnten, sind auf der einen Seite die Philosophie, auf der anderen das Recht), erinnere ich immer an einen sehr schönen Text von Spinoza, der im *Tractatus theologico-politicus* (ich berufe mich auf das Heilige gegen das Heilige, das ist durchaus rechtens) zu den klassischen Problemen der Exegese, aus denen die Traditionen der Hermeneutik entstanden sind, die man uns heute – Gadamer, Ricœur usw. – um die Ohren schlägt, eine Reihe von Fragen stellt: Wie könnt Ihr die heiligen Texte verstehen, die der Propheten, der Bibel, wenn Ihr nicht wisst, wer sie geschrieben hat, wann sie geschrieben wurden, wie sie geschrieben wurden, in welcher Sprache, wer den Kanon zusammengestellt hat, also den *corpus* der kanonischen Texte, der Texte, die es verdienen, als heilig angesehen zu werden. Spinoza stellt all diese Fragen im Hinblick auf die heiligen Texte der religiösen Tradition und dennoch betrachten es Philosophen, die sich auf Spinoza berufen, zumindest einige von ihnen (ich denke etwa an Macherey, der einen Kommentar zum fünften Buch der Ethik veröffentlicht, in dem er sich auf Spinoza beruft, um eine streng internalistische Lektüre des heiligen Textes zu rechtfertigen – den Text, den ich angeführt habe, hat er sicher verdrängt), immer noch als Sakrileg, an diese Texte jene Fragen zu stellen, die Spinoza gestellt hat: »Wer hat geschrieben?«, also was hat er gemacht, wie ist er erzogen worden, wo hat er gelernt, von wem ist er ausgebildet worden, gegen wen hat er geschrieben, das heißt: In welchem Feld hat er sich bewegt?

Der Begriff des Feldes hatte ursprünglich die Funktion, dieser Alternative zu entgehen, sich zu weigern, zwischen einer internen Lektüre des Textes an und für sich und einer externen Lektüre zu wählen, die den Text grob auf die Gesellschaft allgemein bezieht. Zwischen beiden gibt es, wenn man so will, ein soziales Universum, das man immer vergisst, das Universum der Produzenten, der Philosophen, Künstler, Schriftsteller. Und eben nicht nur der Schriftsteller, sondern der literarischen Institutionen, der Zeitschriften, der Universitäten usw., an denen die Schriftsteller ausgebildet werden. Von einem Feld zu sprechen heißt nämlich, einen Mikrokosmos zu benennen, der auch eine ganze soziales Welt bedeutet, von einer sozialen Welt, die von gewissen Zwängen befreit ist, die der sozialen Welt als ganzer zugrunde liegen, von einem etwas abseits gelegenen Universum, ausgestattet mit eigenen Gesetzen, seinem eigenen *nomos*, seinen eigenen Funktionsmechanismen, ohne aber völlig äußeren Gesetzen enthoben zu sein.

Eine der Fragen, die man deshalb an ein Feld stellen muss, ist die seines Grades an Autonomie. Zum Beispiel ist von den drei Feldern, die ich erwähnt habe, das journalistische Feld im Verhältnis zum Feld der Soziologie (und mehr noch zum Feld der Mathematik) durch starke Heteronomie gekennzeichnet. Es ist ein nur sehr bedingt autonomes Feld, doch diese Autonomie, wie begrenzt auch immer, bewirkt, dass man alles, was dort geschieht, nicht allein ausgehend von einem bloßen Wissen um die Welt da draußen verstehen kann: Es genügt nicht, zu verstehen, was im Journalismus passiert, wenn man weiß, wer finanziert, wer die Inserenten sind, wer die Werbekunden, wo die Zuschüsse herkommen usw. Ein Teil dessen, was in der Welt des Journalismus entsteht, lässt sich nur verstehen, wenn man diesen Mikrokosmos als solchen denkt, wenn man sich bemüht, die Wirkungen zu verstehen, die von den an diesem Mikrokosmos beteiligten Leuten aufeinander ausgeübt werden.

Nahezu dasselbe gilt für das politische Feld im engeren Sinne. Marx sagt einmal, dass eine Gleichsetzung der politischen Welt mit der Welt der Parlamente einer Art von Theater gleicht, einer theatralischen Vorstellung der sozialen Welt, des sozialen Kampfes, die nicht völlig ernsthaft ist, die entwirklicht ist, weil sich die wirklichen Einsätze, die wirklichen Kämpfe draußen abspielen. Damit benennt er eine der wichtigen Eigenschaften des politischen Feldes: Die Tatsache, dass dieses Feld, wie wenig autonom es auch sei, dennoch eine gewisse Autonomie besitzt, eine gewisse Unabhängigkeit, dass es, anders gesagt, eine Art von Spiel nach eigenen Regeln ist, und es deshalb, nochmals, für ein Verständnis der Vorgänge nicht ausreicht, die Akteure, die es spielen, als Dienstboten der Stahlproduzenten zu beschreiben, oder der Rübenbauern, wie es ganz früher einmal hieß, oder der Großunternehmen usw. Zu sagen, dass die Politiker, die Parlamentarier, die Minister zu einem Feld gehören, heißt zu sagen, dass die Einsätze, die sie handeln lassen, die Antriebe, die sie beseelen, ihre Grundlage in diesem Mikrokosmos finden und eben nicht unmittelbar aus dem Makrokosmos abgeleitet werden können. Dass, um die Stellungnahmen eines sozialistischen Abgeordneten oder eines Abgeordneten der RPR zu verstehen, es nicht genügt, sich an die üblichen Variablen zu halten, also etwa an ihre Klassenzugehörigkeit, ihre Position im sozialen Raum. Und selbst das Wissen um ihre unmittelbaren Abhängigkeiten von dieser oder jener äußeren Macht, dass sie etwa – woran man im Wahlkampf gerne erinnert – früher bei einer bestimmten Bank beschäftigt waren, das alles reicht nicht aus, um sie als von äußeren Faktoren bestimmt zu sehen, Merkmalen, die ihnen durch ihre gesellschaftliche Herkunft, ihren Beruf oder ihre direkten oder indirekten sozialen oder ökonomischen Beziehungen zukommen können. Sondern man muss auch die Positionen verstehen, die sie im politischen Spiel einnehmen, ob sie am autonomsten Pol des Feldes stehen oder am heteronomsten, in einer Partei auf der autonomeren oder der heteronomeren Seite des Feldes, und sich innerhalb einer Partei in mehr oder weniger autonomer Lage befinden.

Tatsächlich erklärt die Logik des Feldes umso mehr, je autonomer ein Feld ist. Und das politische Feld, selbst wenn es dem ständigen Druck der Nachfrage, der andauernden Kontrolle durch seine Klientel (über den Wahlmechanismus) unterworfen scheint, hat sich mittlerweile von dieser Nachfrage sehr weitgehend unabhängig gemacht, es neigt dazu, sich mehr und mehr mit sich selbst zu beschäftigen, seine eigenen Spiele (des Wettbewerbs zwischen den Parteien und innerhalb der Parteien) zu spielen. Eine Art vage Intuition dieser Selbstbezüglichkeit der Mandatsträger drückt sich heute in einem diffusen Anti-Parlamentarismus aus oder in der mehr oder weniger offenen Feindseligkeit gegenüber den Politikern, der Korruption usw. Einige Soziologen, sogenannte Neo-Machiavellisten wie Michels, ein deutscher sozialdemokratischer Theoretiker, oder Mosca, ein italienischer Theoretiker, haben die Logik – was sie das eherne Gesetz der Apparate, insbesondere der politischen Apparate nennen – nachgezeichnet, die diese Trennung und Schließung begünstigt. Sie haben gezeigt, dass selbst Parteien, die den am meisten benachteiligten Schichten eine Stimme geben sollen, schließlich autoritäre Formen der Repräsentation autorisieren, dass eine kleine Minderheit der Mandatsträger die ihnen von ihren Mandanten anvertraute soziale Energie monopolisiert. Diese Logik bewirkt, dass sich die von den Repräsentanten einer Partei demokratisch erworbene Macht in den Händen der Mandatsträger ansammelt, die sich allmählich von ihrer Basis entfernen und zuletzt wie eine Art Oligarchie verhalten, im Besitz der Macht ihrer davon enteigneten Mandanten. Das eherne Gesetz der politischen Oligarchien ist das Äquivalent der Tendenz des Priestertums, sich, wie Weber sagt, das »Monopol der Spendung oder Versagung von Heilsgütern« anzumaßen. Diese Tendenz zur Konzentration der politischen Mittel, die das Äquivalent der Konzentration des Zugangs zu den Heilsmitteln ist, lässt sich etwa an der Konzentration der Rede ablesen: Man delegiert sie an die Abgeordneten, die sie an ihre Sprecher delegieren usw. Zudem hat man heute, begünstigt durch die Medien, vier oder fünf ständig im Fernsehen präsente Wortführer, die sich eine Art von Monopol der legitimen Mittel zur Spendung von Weltsichten (eine Definition des politischen Handelns) herausnehmen.

Diese Machtanhäufung gehört zur Funktionslogik des Feldes, ihr Ursprung allerdings, und das vergessen die Neo-Machiavellisten, liegt nicht in diesem Mikrokosmos. Um nämlich mit einem derartigen Ausmaß an Enteignung in der und durch die Delegation funktionieren zu können, braucht das politische Feld, so wie wir es heute kennen, immer auch Mandanten, die diese Enteignung von politischen Produktionsmitteln in gewisser Weise hinzunehmen geneigt sind. Nun ist aber diese Neigung umso größer, und das ist wissenschaftlich belegt, je mehr es einem an kulturellem Kapital, ökonomischem Kapital usw. gebricht. Dafür gibt es eindeutige Hinweise, zum Beispiel durch eine Reihe von Untersuchungen, die ich zu den Anteilen der Nicht-Antworten bei Meinungsumfragen gemacht habe (anders als es bei den Meinungsforschungsinstituten üblich ist, die um die Nicht-Antworten bereinigte Prozentzahlen liefern und so den höchst bedeutsamen Umstand unter den Teppich kehren, dass Antwortwahrscheinlichkeiten bedingte Wahrscheinlichkeiten sind, wie die Statistiker sagen, die jene primären Wahrscheinlichkeiten voraussetzen, überhaupt antworten zu können). Der Zugang zur Möglichkeit, antworten zu können, fällt nach Ausbildungsniveau sehr unterschiedlich aus: Je höher die Bildung, desto größer ist die Fähigkeit, zu antworten, desto mehr fühlt man sich im Recht und in der Pflicht, zu antworten, desto mehr hat man die Kompetenz, zu antworten. Zudem lässt sich beobachten, dass Männer eine größere Antwortwahrscheinlichkeit als Frauen aufweisen und der Abstand umso größer ausfällt, je mehr die gestellten Fragen als offen politisch ausgemacht werden.

Und so gelten diese ehernen Gesetze umso mehr, je mittelloser die gesellschaftlichen Akteure dastehen, die Bürgerrechte bleiben rein formale, solange die Bürger keinen Zugriff auf die Mittel einer autonomen Produktion von Meinungen haben und, anders als es eine Art demokratischer, gleichzeitig aber konservativer Utopismus will, solange nicht alle Bürger gleich vor einer Meinungsbildung sind. Nicht alle Bürger haben den gleichen Zugang zu den Mitteln der Produktion dessen, was man eine Meinung nennt. Damit also die politische Welt wie bei den Neo-Machiavellisten funktioniert, wie ein Mikrokosmos, in dem die Professionellen der Politik um eigene Einsätze und Profite kämpfen, mit Interessen, die ihrer Position in diesen Kämpfen verbunden sind, müssen die Mandanten der Produktionsmittel von Meinungen beraubt sein. Und das bedeutet, dass die linken Parteien dem ehernen Gesetz der Apparate am stärksten ausgesetzt sind, weil sie, soziologisch gesehen, tendenziell die Enteigneten vertreten. Parteien, die sich eine Reform oder Revolution der sozialen Ordnung auf die Fahnen schreiben, sind aus historischen Gründen besonders anfällig für die ehernen Gesetze der Apparate: Die Vollmacht, im Namen subversiver Werte sprechen zu können, wird, eher als jene im Namen konservativer Werte, von den Mittellosen erteilt, die sich so den Parteien ausliefern und ihnen damit eine enorme Freiheit lassen, einschließlich der Freiheit, Dinge zu sagen, die im Widerspruch zu früher Gesagtem stehen, sobald sie nämlich eine Stellung erreicht haben, die ihnen in eigener Verantwortung zu sprechen erlaubt.

Einer der Vorzüge des Feldbegriffs ist, dass er erlaubt, rationale, kontrollierte Analogien zu bilden. In der theologischen Tradition hat man, um den Glauben der einfachen Leute, der Schlichten zu bezeichnen, vom »Glauben der Köhler« gesprochen, aber im Lateinischen nannte man das *fides implicita*, jenen Glauben, der nicht in den Diskurs reicht, der sich durch rituelle Praktiken ausdrückt, durch ein Verhalten, das von den Geistlichen, vor allem den fortschrittlichen, oft verurteilt wird (Kerzen anzünden usw.). Diese *fides implicita* ist für die Kirche und das priesterliche Monopol der Spendung von Heilsgütern ein Äquivalent der politischen Selbstauslieferung, von der etwa die kommunistischen Parteien in vielen historischen Situationen profitiert haben. Sie lässt den Verantwortlichen dieser Parteien eine ungeheure Freiheit, sich das Wort ihrer Mandanten anzueignen.

Das politische Feld ist also eine Art besonderes Spiel, das seine spezifischen Einsätze selbst bestimmt und sich im äußersten Fall fast wie das Feld der Dichter oder der Mathematiker verhalten kann, nahezu völlig autonom. Um zu verstehen, was in der zeitgenössischen Poesie vor sich geht, kann man natürlich auch Kenntnisse der Vorgänge in der politischen in Anschlag bringen, aber diese externen Lesarten sind ganz offensichtlich höchst reduktionistisch. Es gibt eine Arbeit von Faure über die französische Musik des 19. Jahrhunderts, der die Musik Faurés direkt mit den Streiks von Fourmies und anderen sozialen Dramen der damaligen Zeit in Verbindung bringt und dort eine Form von *escapism* erkennen will, wie die Angelsachsen sagen, also den Versuch, die furchtbaren sozialen Zustände zu verdrängen, die Streiks zu vergessen, die Volksaufstände usw. Diese Lesarten sind offenkundig lächerlich, richtig ist, dass sich für sehr fortgeschrittene, hoch autonome literarische oder künstlerische Felder eine direkte Bezugnahme auf äußere Ereignisse, einen Krieg, eine Seuche, eine ökonomischen Krise usw. als augenscheinlich unfruchtbar erweisen muss und dass man sich Zustände des politischen Feldes vorstellen könnte, in denen das ähnlich wäre – mit kulturell, ökonomisch usw. scharf deprivierten Bevölkerungen, die deshalb auch über keinerlei Produktionsmittel politischer Meinungen verfügen, und mit politischen Mikrokosmen, die dann wie *in vitro* funktionieren, genau wie die Welt der Dichter, und für deren Verständnis es dann genügte, die Einsätze zu kennen, die in diesem Universum zur Geltung kommen. Man versteht das sofort, wenn man an den Kongress der Sozialistischen Partei in Rennes denkt. Dieser Fall zeigt sehr gut, dass es für ein Verständnis der Strömungen, der Tendenzen, der Fraktionen oder Faktionen innerhalb eines hoch autonomen politischen Raums ausreicht, die relativen Positionen im Mikrokosmos der betreffenden Akteure zu kennen, und man sich nicht auf die Streiks von Fourmies beziehen muss, um die Konflikte zwischen den symbolistischen und realistischen Dichtern zu begreifen. Innerhalb des Feldes werden hier die Differenzen hervorgebracht, was aber nicht heißen soll, dass es rein personelle Differenzen wären: Es sind Differenzen, die einen sozialen Ursprung haben, der allerdings nicht dort liegt, wo man ihn vermutet, nämlich im sozialen Raum als ganzem, sondern vielmehr im Innern des politischen Mikrokosmos. Ich habe das Beispiel des Kongresses von Rennes angeführt, aber man kann dafür genauso gut die Beziehung von Balladur und Chirac nehmen.

Dies waren Beispiele aus Unterfeldern des politischen Feldes, aber an allgemeineren Beispielen ließe sich zeigen, dass ein sehr bedeutender Teil der Vorgänge im politischen Feld (nämlich genau das, was die populistische Intuition spürt) seine Grundlage in jenen Komplizenschaften findet, die mit der Tatsache einer Zugehörigkeit zum selben politischen Feld in Verbindung stehen. Übersetzt in die antiparlamentarische, antidemokratische Sprache, die der faschistischen Parteien, bedeutet dieses Einverständnis die Teilnahme an einer Art Falschspiel. Und in der Tat ist diese Art von Einverständnis der Beteiligung am selben Spiel inhärent. Eine der allgemeinsten Eigenschaften von Feldern, nämlich dass es Kämpfe innerhalb des Feldes um die Durchsetzung der herrschenden Sicht des Feldes gibt, beruht immer auf der Tatsache, dass die unbeugsamsten Gegner gewisse Voraussetzungen akzeptieren, die konstitutiv für das Funktionieren des Feldes sind. Um sich zu bekämpfen, muss man sich über die Grenzen der Uneinigkeit einig sein. Es gibt eine Art fundamentales Einverständnis bei den Beteiligten eines Feldes und die der Zugehörigkeit zu einem Feld innewohnenden Interessen begründen Komplizenschaften, die, wenigstens zum Teil, seinen Mitgliedern aufgrund der Konflikte, deren Grundlage sie bilden, selbst verborgen bleiben. Anders gesagt: Diese Komplizenschaften bringen Konflikte hervor, die den Effekt haben, das Prinzip dieser Konflikte selbst zu verschleiern.

Ich habe gerade eine Beschreibung des politischen Feldes versucht, ohne genauer darauf einzugehen, was es denn mit dem Feld der Sozialwissenschaften und dem journalistischen Feld gemein hat. Wenn ich diese drei Universen – man müsste noch das juristische Feld dazunehmen, aber das wäre noch komplizierter – als ähnlich behandelt habe, um ihre Beziehungen herausarbeiten zu können, dann weil sie allesamt eine Durchsetzung der legitimen Sicht der sozialen Welt anstreben, weil sie der Ort interner Kämpfe um die

Durchsetzung des vorherrschenden Prinzips der Anschauung und Einteilung der sozialen Welt sind. Wir gehen niemals ohne Brille durch die Welt, besonders nicht durch die soziale. Wir gehen durch die soziale Welt mit Wahrnehmungskategorien, Prinzipien der Anschauung und Einteilung, die selbst weitgehend Ergebnis der Verinnerlichung sozialer Strukturen sind. Wir wenden Kategorien auf die Welt an: etwa männlich/weiblich, oben/unten, außergewöhnlich/gewöhnlich, distinguiert/vulgär usw. – Adjektive, die oft als Paare funktionieren. Nimmt man ein Wörterbuch – eine sehr schöne soziologische Übung – und wählt ein Adjektiv aus (schwer oder fade), sucht die Antonyme, die Synonyme usw., so entdeckt man ein enormes Universum von Adjektiven (schwer/leicht, fade/würzig) und das ganze Universum der Wörter, die wir auf praktischer Ebene, tagtäglich verwenden, um ein Bild zu beurteilen, ein Manuskript (brillant/gewissenhaft), einen Haarschnitt, ein hübsches Mädchen, alles. Und diese Adjektive, die in Paaren funktionieren, zum Teil unabhängig voneinander, zum Teil sich überlagernd, sind Kategorien im Sinne Kants, allerdings sozial gebildete und sozial erworbene Kategorien.

Der *homo academicus* in seiner sozialwissenschaftlichen Unterart hat den Kopf voller Gegensatzpaare (Erklären und Verstehen zum Beispiel), voller impliziter Klassifikationsschemata, die wir in praktischem Zustand beherrschen, deren wir uns situativ bedienen, die wir aber nicht explizit beherrschen. Viele Geschmacksurteile stehen in gewisser Weise zwischen Adjektiv und Exklamation. Ihnen liegen meist praktische Schemata zugrunde, die es ermöglichen, die Welt zu ordnen, die aber unausgesprochen bleiben (man findet hier die *fides implicita* wieder), sehr schwer zu erklären (man denke etwa an die Erörterungen über Quantität und Qualität oder quantitative und qualitative Methoden) und dennoch zutiefst ins Denken und sogar in den Körper eingeschrieben sind: Eine amerikanische Soziologin hat eine sehr schöne Arbeit über den Gegensatz von *hard* und *soft* gemacht und dabei gezeigt, dass *hard* meist männlich ist und *soft* weiblich, und dabei der Geschlechterverteilung in den verschiedenen Fächern und Arbeitsgebieten entspricht. Diese scheinbar verschwommenen und flüssigen Gegensätze sind fundamental, wenn sie eine ganze Gesellschaft im Kopf hat und wenn sie so schließlich Wirklichkeit festlegen.

Diese praktischen, impliziten, stillschweigenden, sehr schwer auszudrückenden Schemata sind konstitutiv für die *fides implici-*

ta, die *doxa*, wie die Philosophen sagen, also das Universum stillschweigender Voraussetzungen, die wir alle als Eingeborene einer bestimmten Gesellschaft als gegeben hinnehmen. Aber es gibt auch eine wissenschaftliche *doxa*, ein System von Voraussetzungen, das der Zugehörigkeit zu einem Feld inhärent ist: Wenn wir Teil des soziologischen Feldes sind, akzeptieren wir eine ganze Reihe von wissenschaftlichen oder halbwissenschaftlichen Gegensätzen, die oft Gegensätze der sozialen Welt sind, ein wenig umgeordnet, zusammengebastelt, beschönigt. Ein Beispiel unter tausenden, der Gegensatz zwischen Individualismus und Holismus, der heute in den soziologischen Seminaren Furore macht, ist eine kaum veränderte Form des Gegensatzes zwischen Individualismus oder Liberalismus und Kollektivismus oder Totalitarismus und produziert deshalb die unfehlbarsten symbolischen Effekte.

Die Professionellen der Explikation und des Diskurses – Soziologen, Historiker, Politiker, Journalisten usw. – haben zwei Dinge gemeinsam: Auf der einen Seite arbeiten sie daran, Prinzipien der praktischen Anschauung und Einteilung explizit zu machen, auf der anderen Seite kämpfen sie, jeder in seiner Welt, um die Durchsetzung dieser Prinzipien, um ihre Anerkennung als legitime Kategorien der Konstruktion der sozialen Welt. Monsignore Lustiger sagt in einem heute früh in der *Libération* veröffentlichten Interview, dass es zwanzig Jahre brauchen wird, damit die aus Algerien stammende Franzosen als muslimische Franzosen anerkannt werden. Das ist im Grunde eine soziologische Vorhersage, von der ich allerdings nicht weiß, auf welche empirische Grundlage sie sich stützt, vielleicht sind es Bekenntnisse im Beichtstuhl. Aber diese Weissagung hat sehr schwere soziale Konsequenzen. Dies ist also ein Beispiel für den Anspruch auf legitime Handhabung von Wahrnehmungskategorien, einer symbolischen Gewalt, die auf der unterschwelligen, heimlichen Durchsetzung von Kategorien beruht, die sich mit Autorität ausstatten und so dazu bestimmt sind, Kategorien der legitimen Wahrnehmung zu werden. Genau von derselben Art wie jene, die unmerklich von Muslimen zu Islamisten, vom Islamisten zu Terroristen übergeht. Auf dieser Grundlage lässt sich Schulpolitik, eine Politik des Kopftuchs usw. betreiben. Das ist nur ein Beispiel, man kann andere nehmen, weil die Wortführer, die mit öffentlicher Redegewalt ausgestatteten Akteure, ständig dergleichen vorführen.

Die Professionen der Explikation von Kategorien der Wirklichkeitsbildung und der Durchsetzung dieser Kategorien müssen also diese Schemata zunächst in explizite Kategorien verwandeln. Der Begriff Kategorie hat eine interessante Etymologie, kommt vom griechischen Verb *kategorein*, was öffentlich anklagen bedeutet: Die Akte der Kategorisierung, auf die wir im Leben zurückgreifen, sind oft Beschimpfungen (»Du bist nur ein ...«), und Beschimpfungen, rassistische etwa, sind Kategoreme, wie Aristoteles sagt, Akte der Klassifikation, der Klassenbildung, die auf einem oft impliziten Klassifikationsprinzip beruhen, das es nicht nötig hat, seine Kriterien anzugeben, konsistent zu sein. Die erste Arbeit besteht also darin, diese Schemata zu explizieren, sie in explizite Kategorien zu verwandeln, in einen Diskurs, und möglicherweise zu systematisieren. Ein Gutteil der ideologischen Arbeit besteht darin, die impliziten Kategorien einer Klasse, einer Schicht, einer Gruppe in kohärent und systematisch erscheinende Taxonomien zu verwandeln. Ich verweise auf eine Untersuchung des philosophischen Feldes zu Zeiten Heideggers, die ich in dem Buch *L'ontologie politique de Martin Heidegger* vorgenommen habe. Dort versuchte ich zu zeigen, dass sich unter einigen zentralen philosophischen Thesen Heideggers Taxonomien des Gemeinverstandes verbergen, wie etwa der Gegensatz von einzigartig oder außergewöhnlich und gewöhnlich und alltäglich, zwischen dem authentischen, einzigartigen Subjekt usw. und dem *Man*, dem Gemeinen, dem Niedrigen usw. Diese in philosophische Gegensätze bis zur Unkenntlichkeit verwandelten Gegensätze des gewöhnlichen Klassenrassismus – distinguierte Leute, vulgäre Leute – können bei einem Philosophieprofessor völlig unbemerkt durchgehen, wenn er als gestandener Demokrat den berühmten Text Heideggers über das »Man« kommentiert, ohne sich Rechenschaft darüber abzulegen, dass es sich dabei um den mustergültigen Ausdruck eines sublimierten Rassismus handelt.

Diejenigen, die an den drei von mir genannten Feldern beteiligt sind, arbeiten also daran, implizite, praktische Bewertungsprinzipien zu explizieren, zu systematisieren, ihnen Kohärenz (oder, wie im religiösen Feld, eine Quasi-Systematik) zu verleihen. Damit kämpfen sie auch um ihre Durchsetzung, und diese Kämpfe um das Monopol der legitimen symbolischen Gewalt sind immer auch Kämpfe um das symbolische Königtum. Ich beziehe mich hier auf die Etymologie des Wortes *rex*, die Benveniste in seinem wunderschönen Buch *Le Vocabulaire des institutions indoeuropéennes* vorschlägt: *rex* gehört zur Familie von *regere*, das bedeutet bestimmen, führen. Eine der hauptsächlichen Aufgaben des Königs ist das *regere fines*, die Grenzen zu bestimmen, wie es Romulus mit seinem Pflug tat. Eine der Funktionen von Taxonomien ist zu bestimmen, wer *in* ist und wer *out*, die Staatsangehörigen hier, die Fremden dort. Eine der Dramaturgien der heutigen politischen Auseinandersetzungen ist etwa dadurch entstanden, dass sich durch das Eindringen eines neuen Spielers in das Feld, des *Front national*, das Prinzip der Teilung zwischen Staatsangehörigen und Fremden bei allen Akteuren des politischen Feldes durchsetzt, auf Kosten eines anderen Prinzips, das früher dominant erschien, des Gegensatzes zwischen Armen und Reichen (»Proletarier aller Länder vereinigt euch!«).

Nachdem ich kurz ihre gemeinsamen Einsätze benannt habe, geht es nun um die spezifische Logik der einzelnen Felder. Das politische Feld hat ganz ausdrücklich das Ziel, etwas über die soziale Welt auszusagen. In einer Diskussion zwischen zwei Politikern, die sich gegenseitig Zahlen vorhalten, soll die eigene Sicht der politischen Welt als begründet, als objektiv begründet dargestellt werden, nicht nur mit Zahlen belegt, sondern auch in der sozialen Ordnung begründet, durch die Bestätigung derer, auf die sie sich berufen können, deren Stimme sie sich aneignen. Oder anders gesagt: Was zunächst nur Spekulation ist, wird dadurch zu einem Leitgedanken, dass er fähig ist, Menschen zu mobilisieren, sie dazu zu bringen, sich das behauptete Anschauungsprinzip zu eigen zu machen. Wenn ich sage: »Morgen alle Armen zur Place de la Concorde« und die Armen kommen tatsächlich, hat sich meine Behauptung bestätigt und ich habe eine mächtige Gruppe geschaffen, die durch ihre bare Existenz die von mir formulierte Behauptung bestätigt. Das Ringen um die Zahl von Demonstranten (3 Millionen laut Demonstrationsteilnehmern, 300.000 laut Polizei) ist ein Beispiel für den symbolischen Kampf um die Durchsetzung einer Weltsicht, die ihre Bestätigung in der Tatsache findet, dass all jene, die sie übernehmen, sie bestätigen, sie ratifizieren, sie verifizieren durch den Umstand selbst, sie sich zu eigen zu machen und dementsprechend zu handeln. Die Durchsetzung einer Weltsicht ist für sich genommen schon ein Akt der Mobilisierung, der Kräftebeziehungen bestätigen oder verändern kann. Mein Begriff wird zu einem Leitbegriff durch die Macht, die er zeigt, wenn er sich als

Prinzip einer Sichtweise durchsetzt. Einem neuen Gedanken kann man nur eine Widerlegung entgegensetzen, einem Leitgedanken muss man einen anderen Leitgedanken entgegensetzen, einen, der eine Gegenmacht, eine Gegendemonstration mobilisieren kann. Politik ist ein Kampf um die Durchsetzung eines legitimen Prinzips der Anschauung und Einteilung, das als vorherrschend und als verdientermaßen vorherrschend anerkannt wird, also ausgestattet mit symbolischer Macht.

Um es noch einmal zu wiederholen: Was sind die Eigenschaften, die sich daraus ergeben, dass die politische Welt ein Feld ist? Zunächst der Umstand, dass die Grundlage der dem Plebiszit, der Bestätigung außerhalb des Feldes dargebotenen Sichtweisen sehr weitgehend im Feld selbst liegt, in der Konkurrenz zwischen den im Feld engagierten individuellen und kollektiven Akteuren. Daraus folgt zum Beispiel – und das überrascht immer wieder –, dass die schlimmsten politischen Kämpfe zwischen Parteien oder Sekten oder Tendenzen oder Strömungen oder Bewegungen stattfinden, die sich im politischen Raum besonders nahe stehen. Wenn man davon ausgeht, dass es sich im politischen Feld darum handelt, symbolische Macht zur Durchsetzung von Glauben, von anerkannten Sichtweisen zu akkumulieren, und dass, um diesen Glauben durchzusetzen, man glaubwürdig sein, man Kredit haben, Glaubenskapital angehäuft haben muss, Autorität, spezifische Autorität, eine Autorität, die sich zum Teil aus dem Effekt ergibt, den sie selbst produziert, und dass schließlich das symbolische Kapital, über welches ein Akteur im politischen Feld verfügt, auch ein distinktives, differentielles Kapital ist, wird nichts bedrohlicher für den Besitzer solchen symbolischen Kapitals als ein *alter ego*, dessen Programm fähig ist, dem Kapitalbesitzer seine Existenz streitig zu machen, die auf Differenz beruht.

In einem Feld zu existieren – in einem literarischen, einem künstlerischen Feld – bedeutet sich unterscheiden. Man könnte sagen, dass ein Intellektueller wie ein Phonem ist, das durch die Differenz zu anderen Intellektuellen besteht. In Ununterscheidbarkeit zu sinken – das Problem der Mitte des politischen Raumes – heißt seine Existenz zu verlieren, und nichts ist deshalb bedrohlicher als das Ähnliche, das einen selbst auflöst. Und das erklärt auch, dass sich die Extreme wechselseitig zur Geltung bringen, indem sie sich einander entgegensetzen. Im äußersten Fall können sie sich inhaltlich auf ihren bloßen Gegensatz beschränken (so lassen sich Zustände des literarischen Feldes beobachten, in denen kaum mehr ein anderer, fast inhaltsleerer Kontrast bleibt als der zwischen Alten und Jungen, Alteingesessenen und Neulingen).

Ich habe etwas sehr flüchtig gesagt, dass die drei betrachteten Felder denselben Einsatz hätten, die Durchsetzung der legitimen Sicht der sozialen Welt. Die Soziologen greifen nun, ob sie es wollen oder nicht, ob sie es wissen oder nicht, in dieses Spiel ein. Wenn ich mich zum Beispiel in eine regionalistische Auseinandersetzung einmische (nach Benveniste Kämpfe vom Typus *rex*, also um Grenzen zu bestimmen: Gibt es Okzitanien oder nicht?), anstatt sie zu objektivieren, wenn ich im Kampf um die Existenz oder Nichtexistenz der okzitanischen Region Stellung beziehe, glaube ich ein wissenschaftliches Urteil zu fällen, während ich tatsächlich, ob ich will oder nicht, eine politische Debatte anschneide. Ein Teil der Heteronomie der Soziologen entsteht durch die Versuchung, sich wie ein Schiedsrichter an politischen Kämpfen zu beteiligen (»Ich sage Ihnen, es gibt nicht nur drei Klassen, wie Marx behauptet hat, sondern vier«, »Ich sage Ihnen, Okzitanien ist keine echte Region, weil es für eine Region vier Kriterien braucht, hier aber nur drei erfüllt sind«, »Ich sage Ihnen, in den Vorstädten gibt es keine Islamisten, das sind assimilierte Algerier«, usw.). Und das heißt, in eine Rolle zu schlüpfen, die die Journalisten von ihnen erwarten. Ein Soziologe, der sich in einem Interview über die Existenz oder Nichtexistenz Okzitaniens auslässt, wird ein gutes Zeugnis ausgestellt bekommen, wenn er dem Journalisten, also dem Zeitungsleser sagt, was der erwartet (»Das ist ein echter Soziologe, weil er sagt, was ich für wahr halte«). Und gegen diese ratifizierende Rolle können sich die Soziologen nur mühsam wehren.

Es ist nicht Zweck der Sozialwissenschaften, in den Kampf um die Durchsetzung der herrschenden Sicht auf die soziale Welt einzugreifen. Und dennoch tun sie es in dem Maße, in dem ihre Ergebnisse unmittelbar Waffen in diesem Kampf werden. Auf der anderen Seite ist das Feld der Sozialwissenschaften, wie alle Felder, nach dem Grad der Autonomie der Institutionen und Akteure strukturiert, die an ihm beteiligt sind, sodass der epistemologische Bruch, von dem man mit Bachelard so oft spricht, ein ganz grundlegender Bruch mit der gesellschaftlichen Nachfrage ist, mit den gesellschaftlichen Erwartungen, die jede Problematik beinhaltet. Für einen

Forscher in den Humanwissenschaften ist etwa die Unterzeichnung eines Vertrages eine sehr ernste, schwierige Angelegenheit, ein epistemologischer Vorgang, der selten als solcher wahrgenommen wird. Gerade in der Soziologie beinhaltet ein staatlicher Auftrag – der ganz überwiegende Teil des Geldes, mit dem die Soziologen arbeiten, kommt vom Staat – ähnlich wie der Auftrag eines Mäzens an einen Künstler im *Quattrocento* ein Programm. Die Maler mussten Jahrhunderte kämpfen, um sich von diesem Auftragsverhältnis frei machen, ihre Autonomie durchsetzen zu können, das Recht, die Farben nach ihrem Gutdünken zu verwenden, das Recht, zumindest über die Art der Ausführung zu entscheiden, wenn man ihnen schon die Farben vorschrieb, das Recht, den Gegenstand zu wählen, das Recht, den Geldgeber darzustellen oder eben nicht, ihn kniend oder stehend zu zeigen, groß oder klein. Leider haben nicht alle Soziologen oder Historiker immer dieses Bewusstsein entwickelt wie die Maler des *Quattrocento*, sie haben noch nicht gelernt, Verträge auszuhandeln, die ihre volle Kontrolle über den Forschungsgegenstand gewährleisten, ihre ureigene Kompetenz, das, was ihre Autonomie ausmacht. Die Soziologen müssen lernen, die Freiheit zu verteidigen, den Gegenstand nach ihren Vorstellungen zu gestalten, das Forschungsprogramm selbst festzulegen. Die Mittel dazu, wie ich sie hier genannt habe, etwa der Begriff des Feldes, sind Werkzeuge nicht nur des epistemologischen, sondern auch des sozialen Bruchs.

Und das Feld des Journalismus? Weshalb erscheint es mir wichtig, darüber zu sprechen? Weil es so aussieht (und hier treffen sich der zivilgesellschaftliche und der wissenschaftliche Aspekt), als ob seit einiger Zeit das journalistische Feld als Feld – und das meint nicht die »Macht der Journalisten« – einen immer größeren Einfluss auf andere Felder gewinnt, und ganz besonders, weil es dort sich um die Produktion symbolischer Güter handelt, auf das Feld der Sozialwissenschaften (einschließlich der Philosophie) und das politische Feld. Man könnte auch das wissenschaftliche Feld insgesamt anfügen, in dem Maße nämlich, in dem der für den Wettbewerb um Zuschüsse, Forschungsverträge usw. immer unabdingbarere Bekanntheitsgrad eines Wissenschaftlers mittlerweile dazu nötigt, um eine Sichtbarkeit zu eifern, welche nur die Medien verleihen können. Wie bei den meisten Feldern, dem Feld des Theaters, dem Feld der Literatur, ist das Feld des Journalismus, das wir ja als nur sehr schwach autonom beschrieben haben, auf der Grundlage eines Gegensatzes zwischen zwei Polen strukturiert: zwischen dem reinsten, von der Macht des Staates, der Politik und der Ökonomie unabhängigsten und dem von diesen Mächten abhängigsten und kommerziellsten Kräfteschwerpunkt. Meine – allerdings schon stark belegte – Vermutung ist nun, dass dieses journalistische Feld, das selbst immer heteronomer wird, immer stärker den Zwängen der Ökonomie und der Politik unterworfen ist, der Ökonomie vor allem durch die Einschaltquote, dass dieses Feld seine Zwänge immer nachdrücklicher in anderen Feldern durchsetzt, und ganz besonders in den Feldern der Kulturproduktion, dem Feld der Sozialwissenschaften, der Philosophie, schließlich im politischen Feld.

Weshalb ist es wichtig, von einem Feld des Journalismus zu sprechen und nicht von Journalisten? Weil man dann bei einer Logik persönlicher Verantwortung haltmachen würde: Man sucht Verantwortliche (»Patrick Poivre d'Arvor hat …«) und schwankt gleichzeitig zwischen einer positiven Definition, die im Journalismus gegen jede Evidenz weiterhin eine Gegenmacht, ein Werkzeug der Kritik sieht (ohne Journalisten keine Demokratie usw.), und der umgekehrten Sicht, die den Journalismus als Schaltstation der Unterdrückung auffasst. Wenn man aber die Journalisten verantwortlich macht, das Problem in einer Logik der Verantwortlichkeit stellt, werden die von mir anfangs erwähnten sichtbaren Akteure zu Sündenböcken, während, in Begriffen des Feldes, diese sichtbaren Akteure, die nach Platons Metapher Marionetten sind, deren Fäden man finden muss, durch die Struktur des journalistischen Feldes und die Mechanismen ersetzt werden, die dort wirken.

Mein Eindruck ist nun, das journalistische Feld verliere immer mehr an Autonomie. Und es ist leicht nachzuvollziehen, weshalb: Durch die Einschaltquote als Maß für die Zuhörerschaft ist die journalistische Produktion immer stärker ökonomischen Zwängen ausgeliefert, weil die Werbekunden ihre Mittel, Finanzen, ohne die das Fernsehen nicht leben kann, dem Umfang des erreichten Publikums anpassen, den man eben anhand der Einschaltquote misst. Anders gesagt steigt über die Einschaltquote, die sich besonders massiv im abhängigsten Sektor des Journalismus, nämlich dem Fernsehen und dort in den abhängigsten Sektoren des Unterfeldes des Fernsehens bemerkbar macht, steigt also über die Einschaltquote das Gewicht der Ökonomie innerhalb des Feldes ständig an.

Aber, wie als Beweis, dass der Journalismus ein Feld ist, setzt sich das Modell des am stärksten heteronomen Bereiches des Feldes, das des Fernsehens, immer weiter im übergeordneten Feld durch, sogar in seinen »reinsten« Regionen. Man kann das an ganz einfachen Indizien sehen, nämlich dem immer größeren Raum, den das Fernsehen in den Tageszeitungen einnimmt, eingeschlossen *Le Monde*, an der Tatsache, dass die Fernsehjournalisten ein immer größeres Gewicht im Journalismus haben, bis hin zu Führungspositionen in der Presse usw. Dennoch gilt die Herrschaft des kommerziellen Pols nicht uneingeschränkt, es lässt sich vielmehr wiederum eine chiastische Struktur beobachten, die homolog jener ist, der man im Feld der Macht (mit dem Gegensatz Künstler/Bourgeois) oder im literarischen oder künstlerischen Feld (reine Kunst/kommerzielle Kunst) begegnet. Das kulturelle Kapital steht aufseiten der »reinsten« Pressejournalisten und oft stoßen sie (*Libération*, *Le Canard enchaîné* usw.) die kritische Debatten an, die das Fernsehen dann aufnimmt. Auf der anderen Seite verschärft sich die mit dem Druck der Einschaltquote, also der Werbekunden verbundene Heteronomie durch die heutige Prekarität der intellektuellen Berufe, die Tatsache der Arbeitslosigkeit, der Überproduktion an Diplomen, einer um die Felder der Kulturproduktion entstandenen kulturellen Reservearmee, entsprechend dem, was einst die industriellen Reservearmeen waren. Dieser Druck der kulturellen Reservearmee auf die Kulturproduktion begünstigt eine Politik der beruflichen Prekarisierung, einer Prekarisierung, die wiederum eine politisch oder ökonomisch kontrollierte Zensur begünstigt.

Dieses Modell der Medien ist auch insofern interessant, weil es sich ähnlich auf die Universitäten anwenden lässt. An einer Universität wie Straßburg sind, und hier müsste das genauso sein, soweit ich weiß, sechzig Prozent der Lehrkräfte in einer prekären Lage: Aushilfskräfte in Stellungen, die sich grundlegend von denen unterscheiden, wie sie noch vor dreißig Jahren üblich waren. Der Lehrkörper, in einem sehr weit gefassten Sinn, setzt sich heute aus einem sehr bedeutenden Teil von Aushilfskräften oder Lehrern an Gymnasien oder Kollegien zusammen, die zusätzliche Kurse an den Fakultäten geben, um ihrer trostlosen Situation zu entfliehen. Dasselbe Bild zeigt sich in den Medien: Ein immer größerer Teil von Kulturproduzenten befindet sich in einer prekären Lage, es sind austauschbare Aushilfskräfte usw. Und natürlich beinhaltet diese

Prekarität auch eine Form des Zwangs und der Zensur. Die Autonomie der Professoren, die Zola in der Dreyfus-Affäre gefolgt sind, hing auch damit zusammen, dass sie Beamte waren – seltsamerweise ist das Privileg in diesem Fall Bedingung für Freiheit. Und so bedeutet Prekarisierung einen Verlust an Freiheit, durch den leichter Zensur ausgeübt werden und sich die Wirkung ökonomischer Zwänge durchsetzen kann. Dasselbe ließe sich auch über den Staat sagen.

Das journalistische Feld wird also immer heteronomer, immer stärker von seinem heteronomen Pol beherrscht: *Le Monde* – ohne aus ihr eine Insel der Seligen machen zu wollen – spürt das Gewicht von TF1, des kommerziellen Kraftzentrums. Akteur in einem Feld zu sein, heißt dort Wirkungen auszuüben, und umso größere Wirkungen, je größer das spezifische Gewicht ist. Wie die einsteinsche Physik sagt: Je mehr Energie ein Körper hat, desto mehr verzerrt er den Raum um sich herum. Ein sehr mächtiger Akteur im Feld kann den gesamten Raum derart verzerren, dass er sich in Beziehung zu ihm völlig neu ordnet. Der Prozess, dem man heute beiwohnt, ist einer, bei dem sich die Kräfte der kommerziellen Heteronomie, verkörpert durch das kommerzielle Fernsehen, nach und nach und immer stärker in allen Feldern durchsetzen: Das Feld des Journalismus, das Feld des Verlagswesens werden von etwas durchdrungen, das man eine Mentalität der Einschaltquote nennen könnte. Nur dreißig Jahre ist es her, als der Publikumserfolg eines Buches noch einer Art Verdammungsurteil glich: Wie in den Heilsreligionen waren große Verkaufszahlen dem spezifischen Wertkanon des Feldes verdächtig. Heute wird ein Bobin als Schriftsteller wahrgenommen. Dasselbe beim CNRS, man bewertet den medialen oder kommerziellen Erfolg einer Arbeit. Anders gesagt: Die Verkaufswerte, gegen die alle spezifischen Freiheiten der Kulturproduktion entstanden sind (allen Mikrokosmen, einschließlich dem juristischen Feld, ist gemein, sich durch die Absetzung vom Kommerziellen entwickelt zu haben) werden in sämtlichen diesen Feldern wenn nicht vorherrschend, so doch zumindest bedrohlich.

Um zu verstehen, was im journalistischen Feld vor sich geht, muss man zuerst den Grad der Autonomie des Feldes in Rechnung stellen und innerhalb des Feldes das Ausmaß der Autonomie der Zeitung, in der ein Journalist schreibt. Dafür gibt es Indizien: Bei einer Zeitung etwa geht es darum, welcher Teil der Mittel vom

Staat, den Inserenten usw. kommt. Bei einem Journalisten werden seine Freiheitsgrade von seiner Position im journalistischen Feld abhängen, etwa von seinem Ansehen. Und so lassen sich Hinweise auf eine Autonomie erheben, von denen man annehmen kann, dass sie die Verhaltensweisen vorherzusagen ermöglichen, die die Akteure in ihrer Praxis an den Tag legen werden, auf ihre Fähigkeit, staatlichen oder ökonomischen Eingriffen zu widerstehen. Freiheit ist nicht etwas, das vom Himmel fällt. Sie besitzt Abstufungen, die von der Position abhängen, die man in den sozialen Spielen einnimmt.

Dieser immer mehr von kommerziellen Zwecken beherrschte Journalismus steigert also seinen Einfluss auf andere Felder. Besser gesagt verstärkt dieser Journalismus in jedem der Felder – dem wissenschaftlichen, juristischen, politischen usw. – tendenziell den am meisten heteronomen Bereich. Im philosophischen Feld etwa stärkt er die Neuen Philosophien, die Medienphilosophen. Indem er denjenigen aufwertet, der auf externen Märkten mehr Wert besitzt, wirkt er sich auf die internen Beziehungen innerhalb des Feldes aus.

Wie ich eingangs dargelegt habe, ist das Feld ein Kräftefeld und gleichzeitig ein Feld der Kämpfe zur Veränderung dieses Kräftefeldes. Anders gesagt: Es besteht in einem Feld Konkurrenz um die legitime Aneignung dessen, was Einsatz des Kampfes in diesem Feld ist. Und innerhalb des journalistischen Feldes besteht natürlich permanente Konkurrenz um die Aneignung von Öffentlichkeit, Publikum, aber auch um das, was Publikum zu machen verspricht, die Erstinformation, der *scoop*, die Exklusivmeldung, die distinktive Einzigartigkeit, die großen Vertragsabschlüsse usw. Eine der Paradoxien, die ich wenigstens nennen möchte, ohne sie hier genauer untersuchen zu können, ist dabei sicher, dass diese Konkurrenz, von der man immer behauptet, sie sei Bedingung der Freiheit, in den kommerziell kontrollierten Feldern der Kulturproduktion ganz im Gegenteil den Effekt hat, Uniformität zu produzieren, Zensur und sogar Konservatismus. Ein sehr einfaches Beispiel: Der Kampf zwischen den drei französischen Wochenzeitschriften *Le Nouvel Observateur*, *L'Express* und *Le Point* bewirkt, dass sie ununterscheidbar geworden sind. Vor allem weshalb? Weil ihr Konkurrenzkampf und sein obsessives Bemühen um Differenz, um Erstveröffentlichungen usw. eben dazu führt, sie nicht unterschiedlicher, sondern ähnlicher werden zu lassen. Sie stehlen sich die Leitartikler, sie stehlen sich die Themen (es reicht, wenn eine der Zeitschriften einen zweiseitigen Artikel über Deleuze macht, damit die andere vier Seiten bringt). Bisweilen dient das einer guten Sache, wie in diesem Fall, aber sehr oft funktioniert es im Dienste von Schlimmerem oder Schlimmeren. Diese Art verbissener Konkurrenz erstreckt sich von hier auf andere Felder. Ein Beispiel dafür sind die Literaturpreise, ein kleines Unterfeld der Instanzen literarischer Weihe: Es gab zwei Preise für dieselbe Person, weil der *Prix Médicis*, der nach dem *Prix Goncourt* verliehen wurde, das Datum der Verleihung vorverlegt hatte, um den Goncourts zuvorzukommen, die dann beleidigt ihren Preis demselben verliehen haben. Eine typische Auseinandersetzung der Art, wie sie im journalistischen Feld stattfand, als *Le Nouvel Observateur* und *L'Express* abwechselnd ihr Erscheinen vorgezogen haben. Ein sehr wichtiger Umstand für das Verständnis eines Feldes ist nämlich, dass die unmittelbare Beziehung Produzent – Konsument durch die Beziehung zwischen den Produzenten vermittel wird. Um ein Produkt wie *L'Express* oder *Le Nouvel Observateur* zu verstehen, hilft es nicht besonders, die Zielgruppen zu untersuchen (ein Blick auf die Statistiken zeigt, dass sie praktisch nicht zu unterscheiden sind, zumindest nicht auf der Ebene der Analysekategorien, die in den verfügbaren Statistiken verwendet werden). Denn das Wesentliche, was sich im *L'Express* und im *Le Nouvel Observateur* vollzieht, ist durch das Verhältnis von *L'Express* und *Le Nouvel Obervateur* bestimmt, und so ist es wie beim Billard. Natürlich können die Leser des *Express* für die Leser des *Nouvel Obervateur* das sein, was die Journalisten des *Express* für die Journalisten des *Nouvel Observateur* sind. Aber nicht im Mindesten, weil die Produzenten der einen oder anderen Zeitschrift sich an ihr jeweiliges Publikum anpassen würden, sondern weil hier vielmehr eine Homologie zwischen dem Mikrokosmos, dem Raum der Produktion, und dem sozialen Raum als ganzem vorhanden ist.

Es wurde hier erfreulicherweise von Bürgersinn gesprochen. Deshalb tut es mir leid, meine Ausführungen nicht in einer etwas griffigeren Art präsentiert zu haben, aber das ist sehr schwierig. Das, was ich beschrieben habe, das, worum es geht, ist ein Prozess, den niemand steuert. Natürlich spreche ich Jean Daniel nicht von Verantwortung frei, leider hat er sie, und sie ist groß. Und ich spreche auch Christine Ockrent nicht frei (noch so ein Beispiel für

Heteronomie, Ockrent, eine Gestalt aus dem Fernsehen, die Chefin des *Express* wird). Diese Leute haben alle Verantwortung und sind doch einbezogen in strukturelle Prozesse, die auf sie derartige Zwänge ausüben, dass ihre Entscheidungen völlig vorgegeben sind. Und mit diesem Prozess entsteht eine Art Bedrohung für die Autonomie aller Felder der Kulturproduktion, für alle Universen, in denen jene Dinge hervorgebracht werden, denen wir am meisten Wert beimessen: Wissenschaft, Recht, einschließlich des politischen Feldes, das trotz aller Abhängigkeiten, sosehr es auch äußeren Zwängen ausgeliefert sein mag, eine alchimistische Funktion erfüllt. Das beweist eine kleine Studie von mir, die ich in nur wenigen Worten liefere. Es handelt sich um die sogenannte Affäre um »die kleine Karine«. Diese Affäre begann im Juni in Montpellier, es gab eine kurze Notiz in der dortigen Zeitung, dann erhob der Vater Protest in der lokalen Presse, danach griff der Pate ein, dann gründeten sie eine Vereinigung, anschließend organisierten sie eine kleine Demonstration von hundert Leuten, alles ausgewälzt in den Zeitungen usw., und das alles endete mit Wiedereinführung der lebenslänglichen Haftstrafe. (Die Details dieses Vorgangs finden Sie in der Nummer der *Actes* »L'emprise du journalisme). Die Journalisten schaffen durch ihre Arbeit der Explikation, der Konstruktion von Kategorien – »Wie abscheulich, diese Verbrechen an Kindern!« usw. – eine Art von Meinungsregung, die einer Logik der unmittelbaren Demokratie folgt, allerdings im furchtbarsten Sinne des Ausdrucks, und schließlich bei der Wiedereinführung der Todesstrafe enden kann. Und wenn sich dann autonome Instanzen, die Verbände der Richter, der Anwälte einschalten, um die spezifische Logik des juristischen Feldes wiederherzustellen, ist es schon zu spät. Und dann sagt ein demagogischer Politiker, auch er der Logik der Einschaltquote unterworfen: »Natürlich brauchen wir die Sicherheitsverwahrung, damit …« Doch die kleinen Widerstandsnester der Autonomie werden durch die populistische Reaktion ausgefegt, die Basisbewegungen, die, wie die Einschaltquote, alle Anzeichen des Demokratischen für sich hat.

Die Demagogie, verkörpert in der Einschaltquote, walzt die Errungenschaften der Autonomie nieder. Es gibt hier allerdings eine Zwiespältigkeit dieser Autonomie, die mit ihren sozialen Möglichkeitsbedingungen zusammenhängt. Wie das Beispiel des Kongresses von Rennes zeigt, kann Autonomie zu einer »egoistischen« Abschließung der spezifischen Interessen der an einem Feld beteiligten Leute führen. Doch diese Schließung kann auch, wie man am Fall der kleinen Karine sieht, Bedingung für die Freiheit gegenüber der unmittelbaren Nachfrage und ihrer demagogischen Ausschlachtung sein. Mallarmé hat sich, anders als man oft denkt (in seiner Jugend hat er entsetzliche Sachen über die Masse, das Volk usw. geschrieben), sein ganzes Leben lang gefragt, wie man das, was nicht anders als durch Autonomie, das esoterische Privileg zu bewahren ist, gleichzeitig möglichst vielen vermitteln kann. Die Beziehung zwischen den Bedingungen der Produktion, der Einzigartigkeit, des Privilegs zu den Bedingungen der Diffusion kultureller Werke ist komplex. Und es gibt da Leute, ich würde gerne Soziologen sagen, die sich hier übertölpeln lassen. In seinem Buch *Éloge du grand public* – ich erwähne es, weil es für mich die Abdankung des Soziologen im Angesicht der Zwänge der Einschaltquote verkörpert – stellt Wolton das Problem folgendermaßen: »Ist es falsch, Arte zu wählen, also die esoterische Kultur der Mandarine, oder TF1?« Und dann, mit der großen liberalen Geste des Intellektuellen, der seine Privilegien in den Wind schlägt, sagt er: »Wählen wir TF1, es lebe die große Öffentlichkeit!« Und natürlich wird er sofort von allen Journalisten des TF1 beklatscht, die ihm bescheinigen, ein großer Soziologe zu sein. Um was geht es? Es geht nicht um den Gegensatz von Elitismus und Demokratie. Sondern um Autonomie und Heteronomie. Offenkundig braucht man Muße, um Mathematik betreiben zu können (bei Platon *skholè*, was auch Schule meint), man braucht Zeit, freie Zeit. Man kann keine Mathematik im TF1 betreiben, man kann auch keine Soziologie machen, man kann gar nichts tun. Man fragt, und das ist mir hundert Mal passiert: »Wollen sie zu Antenne 2 kommen, um acht Uhr, Sie haben drei Minuten, um über die Krise zu sprechen ...« Autonomie setzt ein Eintrittsrecht voraus: »Hier kommen nur Geometer rein.« Um in das Spiel der heutigen fortgeschrittenen Mathematik einsteigen zu können, muss man spezifisches Kapital der mathematischen Kultur akkumuliert haben, sonst begreift man nicht einmal die Fragestellung. Um heute Zutritt zum Feld der Soziologie zu bekommen, braucht es – was die meisten Soziologen und erst recht die Nichtsoziologen verkennen – meist ebenso viel Kapital. Nur wenn man über dieses Kapital verfügt, das jene Eintrittsschranke zu passieren erlaubt, ist Autonomie gegenüber einer stumpfsinnigen gesellschaftlichen Nachfrage möglich. Deshalb verweigert man sich, wenn man Weber und viele andere gelesen hat, einer sozialen Nachfrage der Art: »Sind Sie für TF1 oder Arte?«, nur dann ist man in der Lage zu sagen: »Das Problem ist falsch gestellt, auf diese Frage antworte ich nicht.« Dieses Eintrittsrecht zu verteidigen heißt nicht, einen Elitismus zu verteidigen, sondern die sozialen Bedingungen der Produktion von Gütern, die nur unter ganz bestimmten sozialen Bedingungen zugänglich sind. Dieses Eintrittsrecht kann eine Barriere sein, ein Schutzheiliger des Privilegs, ist aber nicht notwendig. Es gibt ein Problem des Zugangs, aber auch eines des Ausgangs: In diese Felder, diese Mikrokosmen muss man hineinkommen, aber man kann sie auch verlassen. Was tat Zola? Die berühmte Affäre Dreyfus ist die Geschichte von einem, der aus dem autonomen literarischen Feld, das endlich Autonomie erlangt hatte (wofür es Jahrhunderte brauchte), hinausgetreten ist, um zu sagen: »Im Namen der Werte der Lauterkeit, der Freiheit, der Wahrheit« usw., die des literarischen Feldes, ergreife ich, obwohl ich Schriftsteller bleibe, das Wort »und behaupte, dass …«

An die Stelle der Alternative von Wolton – TF1 oder Arte – sollte eine andere Frage treten, die der Autonomie, und die Frage nach Eintrittsrecht und Austrittspflicht. Nur so lässt sich in wirklich neuer Weise ein Problem stellen, in dem die gesamte politische Reflexion über die intellektuelle Welt enthalten ist: Wie kann man gleichzeitig die notwendigen Bedingungen für die Schaffung besonderer, besonderter kultureller Werke verteidigen, ohne uns jeder allgemeinen, jeder demokratischen Sorge zu begeben?

Im Banne des Journalismus

Es geht hier nicht um die »Macht der Journalisten« – und noch weniger um den Journalismus als »vierte Macht« –, sondern um den Einfluss, den die *Mechanismen* eines den Anforderungen des Marktes (der Leser und der Anzeigenkunden) immer stärker unterworfenen journalistischen Feldes ausüben, einen Einfluss, der sich *zunächst auf die Journalisten* (und die als Journalisten arbeitenden Intellektuellen) selbst auswirkt und anschließend, und zum Teil durch ihre Vermittlung, auf die verschiedenen Felder der Kulturproduktion, das juristische, das literarische, das künstlerische, das wissenschaftliche. Es handelt sich also darum, zu prüfen, wie tief der von diesem – selbst von den Zwängen des Marktes dominierten – Feld ausgehende strukturelle Zwang die Kräfteverhältnisse innerhalb der verschiedenen Felder modifiziert, wie weit er beeinflusst, was man dort macht und was dort geschieht, und wie in diesen auf der Erscheinungsebene sehr unterschiedlichen Welten sehr ähnliche Effekte hervorgerufen werden. Wobei keiner der beiden entgegengesetzten Fehler begangen werden soll: weder der, an ein ganz neues Phänomen zu glauben, noch der, nur das Immergleiche am Werk zu sehen.

Der Einfluss des journalistischen Feldes, und durch es der Marktlogik, auch noch auf die Felder der autonomsten Kulturproduktion hat nichts umwerfend Neues: Mit Texten von Schriftstellern des vergangenen Jahrhunderts ließe sich mühelos ein durchaus realistisches Bild der generellsten Effekte zusammenstellen, die er innerhalb dieser geschützten Welten heute hervorbringt.[1] Man sollte

1 Davon überzeugt das Werk von Jean-Marie Goulemot und Daniel Oster, *Gens de lettres. Écrivains et Bohèmes,* das überaus zahlreiche Beispiele von Beobachtungen und Bemerkungen enthält, aus denen sich jene spontane Soziologie des literarischen Milieus zusammensetzt, zu der die Autoren gelangen, ohne indes ihres Prinzips innezuwerden, vor allem nicht, wenn sie sich bemühen, ihre Gegner oder die Gesamtheit dessen zu objektivieren, was ihnen in der literarischen Welt nicht gefällt (vgl. J.-M. Goulemot und D. Oster, *Gens de lettres. Écrivains et Bohèmes,* Paris, Minerve, 1992). Aber der intuitive Sinn für Homologien kann auch zwischen den Zeilen einer Untersuchung des literarischen Feldes im 19. Jahrhundert eine Beschreibung des versteckten Funktionierens des heutigen literarischen Feldes erkennen (wie bei Philippe Murray gesche-

den spezifischen Charakter der gegenwärtigen Situation aber nicht übersehen, die über solche aus homologen Effekten hervorgehende Übereinstimmungen hinaus praktisch nie dagewesene Merkmale zeitigt: Die von der Entwicklung des Fernsehens im journalistischen Feld ausgelösten Konsequenzen, die dieses Feld in alle anderen Felder der Kulturproduktion weiterträgt, sind an Intensität und Reichweite ungleich nachhaltiger als diejenigen, die das Auftreten der industrialisierten Literatur (der Massenpresse und des Fortsetzungsromans) hervorrief und die bei den Schriftstellern zu jenen entrüsteten, empörten Reaktionen führten, aus denen Raymond Williams zufolge die modernen Definitionen von »Kultur« hervorgingen.

Das journalistische Feld erzeugt in den verschiedenen Feldern kultureller Produktion eine Menge von Effekten, die in Form wie Durchschlagskraft an seine eigene Struktur gebunden sind, das heißt an den Stellenwert der verschiedenen Presseorgane und Journalisten nach Maßgabe ihrer Autonomie gegenüber externen Kräften, denen des Leser- und denen des Anzeigenmarktes. Die Autonomie eines Presseorgans lässt sich gewiss daran messen, wie weit es von Werbung und Staatssubventionen (in Form von Anzeigen oder Geldzuweisungen) unabhängig ist, und auch an der Konzentration der Anzeigenkunden. Was die Autonomie eines einzelnen Journalisten angeht, so hängt sie zunächst einmal vom Konzentrationsgrad der Presse ab (bei Verringerung der Anzahl potentieller Arbeitgeber steigt die Unsicherheit des Arbeitsplatzes); sodann von der Position seines Periodikums im Raum der Presse, das heißt, ob näher am »intellektuellen« oder am »kommerziellen« Pol; ferner von seiner Position bei dem Presseorgan (Angestellter, freier Mitarbeiter usw.), die für die verschiedenen (vorwiegend an Bekanntheit gebundenen) ihm zur Verfügung stehenden Statusgarantien entscheidend ist, auch für seine Entlohnung (ein Faktor, der für die sanften Formen von Öffentlichkeitsarbeit weniger zugänglich machen kann und unabhängiger von bloß dem Broterwerb dienenden, bestellten Arbeiten – ein Einfallstor für externe Auftraggeber); schließlich seine Fähigkeit zur autonomen Erzeugung von Information (Journalisten aus den Bereichen Populärwissenschaft oder Wirtschaft zum Beispiel arbeiten unter besonders heteronomen Bedingungen). Klar ist, dass verschiedene Institutionen, und

hen, »Des règles de l'art aux coulisses de sa misère«, *Art Press,* 186, Juni 1993, S. 55-67).

besonders die der Regierungen, nicht nur ökonomischen Druck einsetzen, sondern auch alle möglichen anderen Pressionen, die ihr Monopol an legitimer Information – durch *offizielle Quellen* vor allem – zulässt; dieses Monopol liefert zunächst den Regierungs- und Verwaltungsbehörden, der Polizei zum Beispiel, aber auch den juristischen, wissenschaftlichen usw. Einrichtungen Waffen für den Kampf mit den Journalisten, einen Kampf, bei dem sie versuchen, Informationen oder Übermittler von Informationen zu manipulieren, während die Presse ihrerseits versucht, die Besitzer von Informationen zu manipulieren, um sich in deren Besitz zu bringen und sich die exklusive Verfügung darüber zu sichern. Wobei die außerordentliche symbolische Macht nicht vergessen werden sollte, die darin besteht, dass die obersten staatlichen Behörden in der Lage sind, durch ihre Aktionen, ihre Entscheidungen und ihre Interventionen im journalistischen Feld (Interviews, Pressekonferenzen usw.) die *Tagesordnung* und die Hierarchie von Ereignissen zu bestimmen, denen sich die Presse nicht entziehen kann.

Einige Eigenschaften des journalistischen Feldes

Will man verstehen, auf welche Weise das journalistische Feld dazu beiträgt, in allen Feldern das »Kommerzielle« zuungunsten des »Reinen« zu stärken, die den Versuchungen durch ökonomische und politische Mächte zugänglichsten Produzenten gegenüber denjenigen, die den Grundsätzen und Werten ihres »Metiers« am stärksten verhaftet sind, dann muss man sowohl davon ausgehen, dass es homolog zu den anderen Feldern strukturiert ist, als auch davon, dass das »Kommerzielle« hier einen viel größeren Stellenwert einnimmt.

Das journalistische Feld hat sich als solches im 19. Jahrhundert um folgenden Gegensatz herum konstituiert: Auf der einen Seite Zeitungen, die vor allem »Neuigkeiten« boten, vorzugsweise »sensationelle«, oder besser: »Sensationen auslösende«; auf der anderen Seite Zeitungen, die Analysen und »Kommentare« boten und darauf achteten, ihren Unterschied von den ersteren durch Betonung der Werte der »Objektivität« hervorzuheben.[2] Zwei Logiken und

2 Im amerikanischen Journalismus tauchte der Gedanke der »Objektivität« als Ergebnis der Bemühung um ihre Respektabilität besorgter Zeitungen auf, die

zwei Legitimationsprinzipien treten einander hier gegenüber: Die Anerkennung, die den am vollständigsten den internen »Werten« oder Grundsätzen Verpflichteten durch ihresgleichen zuteilwird, und die Anerkennung durch die Menge, wie sie sich in der Anzahl von verkauften Eintrittskarten, von Lesern, Hörern oder Zuschauern, also von Verkaufszahlen *(best-sellers),* und im finanziellen Gewinn niederschlägt, wobei die Sanktion durch das Publikum hier unlösbar mit dem Verdikt des Marktes verbunden ist.

Wie das literarische Feld oder das künstlerische ist daher auch das journalistische Feld der Ort einer spezifischen, durchaus kulturellen Logik, die sich den Journalisten durch Zwänge und wechselseitige Kontrollen aufnötigt und deren Respektierung (bisweilen als Berufsethos bezeichnet) die Reputation beruflicher Ehrbarkeit einbringt. Allerdings gibt es über Zitate aus erschienenen Artikeln hinaus – Verweise, deren Wert und Bedeutung ganz von der Position der Zitierenden und der Zitierten im Felde abhängen – wenig an einigermaßen unbestrittenen positiven Sanktionen; und die negativen – gegenüber denen zum Beispiel, die vergessen, ihre Quellen anzugeben – sind nahezu inexistent, so dass journalistische Quellen, zumal wenn es sich um ein weniger wichtiges Organ handelt, fast nur zitiert werden, um sich einer Formalität zu entledigen.

Aber ähnlich wie das politische und das ökonomische Feld und viel stärker als das wissenschaftliche, künstlerische oder literarische oder auch das juristische Feld ist das journalistische Feld über die direkte Sanktion durch die Kunden oder die indirekte durch die Einschaltquote permanent dem Verdikt des Marktes unterworfen (selbst dann, wenn staatliche Subvention eine gewisse Unabhängigkeit von unmittelbaren Marktzwängen gewährleisten kann). Und

Information von der schlichten Erzählung in der populären Presse zu unterscheiden (vgl. M. Schudson, *Discovering the news,* New York, Basic Books, 1978). In Frankreich hat der Gegensatz zwischen dem literarischen Feld zugewandten, um ihren Stil bemühten Journalisten und denen, die dem politischen Feld nahestanden, zu diesem Differenzierungsprozess und zur Erfindung eines eigenen »Metiers« (und der Gestalt des Reporters) beigetragen (vgl. T. Ferenczi, *L'invention du journalisme en France: naissance de la presse moderne à la fin du XIXe siecle,* Paris, Plon, 1993). Zu der Form, die dieser Gegensatz im Feld der französischen Presse annimmt, und zur Beziehung zwischen den unterschiedlichen Kategorien von Lektüren und Lesern vgl. P. Bourdieu, *Die feinen Unterschiede. Kritik der gesellschaftlichen Urteilskraft,* Frankfurt, Suhrkamp, 1982, S. 693-707.

die Journalisten neigen wohl umso stärker dazu, das »Kriterium Einschaltquote« in ihrer Produktion (»einfach darstellen«, »sich kurz fassen« usw.) oder in der Bewertung von Produkten und sogar Produzenten (»kommt gut an«, »verkauft sich gut« usw.) zu berücksichtigen, je höher ihre Position ist (Programmdirektor, Chefredakteur usw.) und je unmittelbarer vom Markt abhängig ihr Medium (ein kommerzieller Fernsehsender im Vergleich zu einem kulturellen usw.), während die jüngsten und am wenigsten etablierten Journalisten hingegen am meisten dazu neigen, den sei's realistischeren, sei's zynischeren Anforderungen der »alten Hasen« Grundsätze und Werte des »Metiers« entgegenzuhalten.[3]

In der spezifischen Logik eines auf die Produktion des leichtverderblichen Produkts *Neuigkeiten* ausgerichteten Feldes tendiert die Konkurrenz um den Kunden dazu, die Form einer Konkurrenz um das Allerneueste (den *Scoop)* anzunehmen – und dies natürlich umso mehr, je mehr wir uns dem kommerziellen Pol nähern. Der Markt übt seinen Druck nur über den Feldeffekt aus, und viele *Scoops,* die als Trümpfe bei der Eroberung der Kundschaft gesucht und geschätzt sind, bleiben Lesern oder Zuschauern tatsächlich verborgen und werden überhaupt nur von den Konkurrenten wahrgenommen (da die Journalisten die Einzigen sind, die sämtliche Zeitungen lesen ...). In der Struktur und den Mechanismen des Feldes verankert, erfordert und begünstigt die Konkurrenz um den Zeitvorsprung Akteure, deren berufliche Einstellung sie dazu prädisponiert, alle journalistische Praxis unter das Gebot der Geschwindigkeit (oder Übereilung) und der permanenten Innovation zu stellen[4] – Dispositionen, die die Zeitgebundenheit der

3 Wie im literarischen Feld, so stellt auch hier die Rangfolge nach dem externen Kriterium, dem des Verkaufserfolgs, ungefähr die Umkehrung der Rangfolge dar, die sich bei Anwendung des internen Kriteriums ergibt, des journalistisch »Seriösen«. Und die Komplexität der aus dieser chiastischen Struktur (die auch die des literarischen, künstlerischen oder juristischen Feldes ist) sich ergebenden Verteilung wird dadurch noch verdoppelt, dass sich innerhalb jedes Presseorgans, jedes Rundfunk- oder Fernsehprogramms, die selbst alle wie Unter-Felder funktionieren, der Gegensatz zwischen einem »kulturellen« und einem »kommerziellen« Pol als Organisationsprinzip herausstellt, so dass man mit einer Serie ineinander verschachtelter Strukturen (des Typs a:b:b1:b2) zu tun hat.

4 Über den oft willkürlich verhängten Zeitdruck wirkt sich die *strukturelle Zensur* auf die Äußerungen von Studiogästen im Fernsehen praktisch unerkannt aus.

journalistischen Praxis selbst unaufhörlich verstärken. Diese Praxis verpflichtet nämlich dazu, ständig von der Hand in den Mund zu leben und zu denken und eine Nachricht auf ihre Aktualität hin zu bewerten (der »Aufmacher« bei den Fernsehnachrichten), und begünstigt damit eine Art permanenter Amnesie, die Kehrseite der Begeisterung für das Neue, und auch eine Neigung dazu, die Beurteilung von Produzenten und Produkten nach dem Gegensatzschema »neu überholt« vorzunehmen.[5]

Ein anderer, völlig paradoxer, der Ausübung kollektiver oder individueller Autonomie entgegenstehender Effekt des Feldes: Die Konkurrenz verleitet dazu, die Tätigkeit der Konkurrenten permanent zu überwachen (was bis zu gegenseitigem Ausspionieren gehen kann), um ihr Scheitern zu nutzen, ihre Fehler zu vermeiden, ihre Erfolge zu konterkarieren, wobei versucht wird, die Instrumente zu entlehnen, von denen *angenommen* wird, dass sie zum Erfolg führten: Themen von Sondernummern, die zu übernehmen man sich verpflichtet fühlt, von anderen besprochene Bücher, »über die man sprechen muss«, Interviewpartner, die man einzuladen hat, Gegenstände, über die zu berichten ist, weil andere sie entdeckt haben, und sogar Journalisten, die man sich streitig macht, nicht nur, um sie wirklich zu haben, sondern ebenso sehr, damit die Konkurrenz sie nicht bekommt. Auf diesem Gebiet wie auf anderen tendiert Konkurrenz – die keineswegs automatisch Originalität und Abwechslung hervorbringt – oft zur *Uniformisierung* des Angebots, wovon sich leicht überzeugen kann, wer den Inhalt der großen Wochenzeitschriften oder der an ein breites Publikum gerichteten Radio- oder Fernsehsendungen miteinander vergleicht. Dieser Wirkungsmechanismus führt aber auch dazu, der Gesamtheit des Feldes unmerklich die »Entscheidungen« der den Verdikten des Marktes am unmittelbarsten und vollständigsten unterworfenen Medien, etwa des Fernsehens, aufzunötigen, was dazu beiträgt, die ganze Produktion auf die Bewahrung etablierter Werte

5 Wenn die Behauptung »das ist überholt« heute so oft und weit über die Grenzen des journalistischen Feldes hinaus alles kritische Argumentieren ersetzen kann, so auch deshalb, weil eilige Nachrücker ein ganz natürliches Interesse an der Geltung dieses Bewertungsprinzips haben, das dem zuletzt Gekommenen, das heißt dem Jüngsten, einen unbestreitbaren Vorteil einräumt und, da es in etwa auf das nahezu leere Gegensatzpaar vorher – nachher hinausläuft, ihnen die Mühe abnimmt, ihre Fähigkeiten erst einmal unter Beweis zu stellen.

auszurichten, wie zum Beispiel deutlich wird, wenn die periodisch erscheinenden Empfehlungslisten, über die Medienintellektuelle versuchen, ihre Sicht des Feldes (und die Anerkennung von ihresgleichen – in Erwartung einer Gegenleistung …) durchzusetzen, fast immer Autoren hochverderblicher Kulturprodukte, die sich dank solcher Unterstützung ein paar Wochen lang in den Bestsellerlisten halten, neben anerkannten Schriftstellern aufführen, die als »Klassiker« geeignet sind, den guten Geschmack derer zu bestätigen, die sie ausgewählt haben, und überdies selbst zu den Longsellern zählen. Womit gesagt ist, dass die Mechanismen, denen das journalistische Feld unterliegt, und die Effekte, die sie in anderen Feldern auslösen, in ihrer Intensität und Richtung durch die *Struktur* bestimmt sind, die es kennzeichnet, mögen sich jene Effekte auch fast immer nur durch das Handeln Einzelner vollziehen.

Die Intrusionseffekte

Die Ausstrahlungskraft des journalistischen Feldes stärkt tendenziell in jedem Feld die Akteure und Institutionen, die dem Pol am nächsten stehen, der dem Effekt der Menge und des Marktes am stärksten unterworfen ist; und dieser Effekt wirkt sich umso nachhaltiger aus, je direkter die entsprechenden Felder strukturell dieser Logik gehorchen und das journalistische Feld, von dem er seinen Ausgang nimmt, selbst wiederum zyklisch externen Zwängen ausgesetzt ist, die es strukturell stärker affizieren als andere Felder kultureller Produktion. Heute ist zum Beispiel festzustellen, dass interne Sanktionen ihre symbolische Macht tendenziell verlieren und die »seriösen« Journalisten und Presseorgane ihre Aura einbüßen und genötigt sind, der von dem kommerziellen Fernsehen eingeführten Logik des Marktes und des Marketing und dem neuen Prinzip der Legitimierung durch die Anzahl und die »Medientauglichkeit« Konzessionen zu machen, wodurch bestimmten (kulturellen oder auch politischen) Produkten oder bestimmten »Produzenten« der scheinbar demokratische Ersatz für spezifische, von speziellen Feldern ausgehende Sanktionen verliehen wird. Manche »Analysen« des Fernsehens verdankten ihren Erfolg bei Journalisten, und zwar vor allem bei den dem Einschaltquoteneffekt ergebensten, dem Umstand, dass sie der kommerziellen Logik eine *demokratische Le-*

gitimität verliehen, indem sie sich damit begnügten, ein Problem *kultureller* Produktion und Verbreitung als ein solches der Politik, und also plebiszitärer Entscheidung, zu formulieren.[6]

So tendiert der zunehmende Einfluss eines der direkten oder indirekten Herrschaft der kommerziellen Logik immer stärker ausgesetzten journalistischen Feldes dazu, die Autonomie der verschiedenen Felder kultureller Produktion zu bedrohen, indem er innerhalb eines jeden die Akteure oder Unternehmen stärkt, die am ehesten der Versuchung »externer« Gewinne nachgeben, weil sie über weniger spezifisches (wissenschaftliches, literarisches usw.) Kapital verfügen und der spezifischen Gewinne, die ihnen das Feld sofort oder in mehr oder weniger ferner Zukunft gewährt, weniger sicher sind.

Das journalistische Feld gewinnt in den Feldern kultureller (vor allem philosophischer und sozialwissenschaftlicher) Produktion hauptsächlich durch den Eingriff kultureller Produzenten an Boden, die zwischen dem journalistischen Feld und den spezialisierten (literarischen, philosophischen usw.) Feldern zu situieren sind – wo genau, ist schwer zu sagen. Diese »Medienintellektuellen«,[7] die sich ihrer Doppelzugehörigkeit bedienen, um den spezifischen Anforderungen beider Welten aus dem Weg zu gehen und in jede ihren in der anderen mehr oder weniger wohlerworbenen Status einzubringen, sind in der Lage, zweierlei Effekte hervorzurufen: zum einen die Einführung neuer Formen kultureller Produktion irgendwo auf halbem Wege zwischen den esoterisch-universitären und den exoterisch-journalistischen Erzeugnissen; zum anderen die Durchsetzung anderer Bewertungsprinzipien kultureller Produk-

6 Es reicht dazu aus, Probleme eines Journalisten (wie die Wahl zwischen TF1 und Arte) in einer journalistisch klingenden Sprache zu formulieren: »Kultur und Fernsehen: zwischen Kohabitation und Apartheid« (D. Wolton, *Éloge du grand public,* Paris, Flammarion, 1990, S. 16). Es mag erlaubt sein, im Vorbeigehen darauf hinzuweisen, wie unumgänglich notwendig der Bruch mit den Vorformulierungen und Voraussetzungen der gewöhnlichen Sprache, und insbesondere der journalistischen, ist, wenn der Gegenstand wissenschaftlich adäquat konstruiert werden soll. So viel zur Rechtfertigung der möglicherweise schwierigen, ja schwerfälligen Züge des vorliegenden Textes.

7 Innerhalb dieser nicht scharf zu fassenden Kategorie wären diejenigen gesondert aufzuführen, die einer mit der »Industrialisierung« der kulturellen Produktion aufgekommenen Tradition folgend einen journalistischen Beruf ausüben, um *Existenz-* und nicht um Machtmittel zu erwerben, zumal nicht, um in den spezialisierten Feldern Kontroll- oder Sanktionsfunktionen auszuüben (Schdanow-Effekt).

te dadurch, dass sie, die »Medienintellektuellen«, den Sanktionen des Marktes namentlich durch ihre kritischen Urteile einen Schein intellektueller Autorität verleihen und somit die spontane Neigung bestimmter Verbraucherkategorien zur *Allodoxia* verstärken, was den Einfluss der Einschaltquoten und Bestsellerlisten auf die Rezeption kultureller Produkte und, indirekt und auf Dauer gesehen, auch auf deren Produktion zu verstärken tendiert und die Entscheidungen (von Verlegern zum Beispiel) auf weniger anspruchsvolle, besser verkäufliche Produkte lenkt.

Und sie können mit der Unterstützung all derer rechnen, die, Objektivität mit einer Art allseitiger Verträglichkeit und eklektischer Neutralität gegenüber allen Beteiligten in eins setzend, Erzeugnisse mittlerer Kultur für Avantgardewerke halten oder die künstlerische Avantgarde (und nicht nur die künstlerische) im Namen des gesunden Menschenverstands kritisieren;[8] Letztere wiederum dürfen auf die Zustimmung oder das heimliche Einverständnis all der Konsumenten zählen, die wie sie aufgrund ihrer Entfernung von den »kulturellen Brennpunkten« und ihrer interessierten Neigung, die Grenzen ihrer Aneignungsfähigkeit nicht wahrzunehmen, zur *Allodoxia* neigen – einer Logik der *self deception* folgend, die von Lesern populärwissenschaftlicher Magazine häufig so formuliert wird: »Dies ist eine wissenschaftliche Zeitschrift von sehr hohem Niveau und jedermann zugänglich.«

So können Errungenschaften in Gefahr geraten, die von der Autonomie des Feldes und seiner Fähigkeit zum Widerstand gegenüber Ansprüchen der Außenwelt ermöglicht wurden – Ansprüchen, wie sie heute von der Einschaltquote symbolisiert werden und gegen die sich schon die Schriftsteller des vergangenen Jahrhunderts ausdrücklich verwahrten, wenn sie sich über die Vorstellung empörten, die Kunst (und dasselbe ließe sich von der Wissenschaft sagen) könnte dem Verdikt des allgemeinen Stimmrechts ausgeliefert werden. Zwei Strategien können gegen diese Gefahr verfolgt werden, und sie werden je nach den Feldern und ihrem Grad an Autonomie verschieden häufig eingesetzt: die Grenzen des Feldes deutlich markieren und sie gegenüber dem drohenden Eindringen

8 Viele neuere Proteste gegen die moderne Kunst unterscheiden sich allenfalls durch die Prätention ihrer Motive von Verdikten, wie sie sich aus einem Plebiszit über Avantgardekunst – oder, was auf dasselbe hinausläuft, aus Meinungsumfragen – ermitteln ließen.

journalistischer Denk- und Verhaltensweisen wiederherstellen und befestigen oder aber (nach dem von Zola inaugurierten Modell) den Elfenbeinturm verlassen, um draußen die Werte zur Geltung zu bringen, die innerhalb seiner gewonnen wurden, und sich in den spezialisierten Feldern und außerhalb ihrer, bis hin zum journalistischen Feld, aller verfügbaren Mittel in der Absicht zu bedienen, den von der Autonomie möglich gemachten Ergebnissen und Entdeckungen andernorts Geltung zu verschaffen.

Um zu einem aufgeklärten wissenschaftlichen Urteil zu gelangen, bedarf es ökonomischer und kultureller Voraussetzungen, und man wird vom allgemeinen Stimmrecht (oder der Meinungsumfrage) nicht erwarten können, über Probleme der Wissenschaft zu entscheiden, obwohl man es manchmal indirekt und unbewusst tut, wenn man nicht die eigentlichen Voraussetzungen wissenschaftlicher Produktion außer Kraft setzen will, das heißt die Barriere, die den Zugang zur Wissenschaft (oder zur Kunst) gegen das zerstörerische Eindringen externer, also ungeeigneter und deplatzierter Produktions- und Evaluationsprinzipien schützt. Daraus folgt jedoch nicht, dass die Barriere nicht *in entgegengesetzter Richtung* überschritten werden kann und es schlechthin unmöglich wäre, an der demokratischen Weitergabe durch Autonomie ermöglichter Ergebnisse zu arbeiten. Dies allerdings unter der Voraussetzung, dass man sich darüber im Klaren ist, dass jeder Versuch, die höchst raren Errungenschaften wissenschaftlichen oder künstlerischen Experimentierens zu popularisieren, die Infragestellung des *Monopols der Verbreitungsinstrumente* dieser (wissenschaftlichen oder künstlerischen) Information voraussetzt, welches das journalistische Feld faktisch innehat, und auch die Kritik an der Darstellung der Erwartungen der Mehrheit der Menschen – einer Darstellung, wie sie die kommerzielle Demagogie derer hervorbringt, welche über die Mittel verfügen, sich zwischen die kulturellen Produzenten (unter die in diesem Fall die Politiker gezählt werden können) und die große Masse der Konsumenten zu drängen.

Der Abstand zwischen professionellen Produzenten (oder ihren Produkten) und einfachen Konsumenten (Lesern, Hörern, Zuschauern, auch Wählern), der in der Autonomie der spezialisierten Felder seine Grundlage hat, ist je nach Feld mehr oder weniger groß, mehr oder weniger schwer zu überwinden und unter dem Gesichtspunkt des Prinzips Demokratie mehr oder weniger inakzeptabel. Und entgegen dem Anschein ist er auch in der Politik zu bemerken, zu deren erklärten Grundsätzen er in Gegensatz steht. Obwohl die Akteure des journalistischen und des politischen Feldes miteinander konkurrieren und sich ständig bekämpfen und das journalistische Feld in gewisser Weise in das politische einbezogen ist, innerhalb dessen es sehr starke Effekte ausübt, haben beide Felder doch dies gemeinsam, sehr direkt von der Sanktion des Marktes und des Plebiszits betroffen zu sein. Daraus folgt, dass der Einfluss des journalistischen Feldes bei den im politischen Feld Agierenden die Tendenzen verstärkt, sich dem Druck der manchmal unreflektierten und von Leidenschaft gesteuerten, oft von der Presse überhaupt erst zu politischen Losungen umgeformten Erwartungen und Ansprüchen der Menge zu beugen.

Wenn der Journalismus sich nicht der Freiheiten und der Macht der Kritik bedient, die seine Autonomie ihm erlaubt, agiert er, und vor allem sein (kommerzieller) Ableger, das Fernsehen, wie die Meinungsumfrage, mit der er selbst zu rechnen hat. Die Umfrage als Instrument rational gesteuerter Demagogie bewirkt zwar tendenziell einen verstärkten Selbstbezug des politischen Feldes. Sie stellt aber auch eine unmittelbare, *unvermittelte* Beziehung zu den Wählern her, eine Beziehung, die alle gesellschaftlich mit der Erarbeitung und Vertretung einmal gebildeter Meinungen beauftragten individuellen oder kollektiven Akteure (wie Parteien und Gewerkschaften) aus dem Spiel drängt; alle Mandatsträger und alle politischen Repräsentanten verlieren ihren gemeinsamen Anspruch (den einst auch große Zeitungsherausgeber erhoben) auf das Monopol zur legitimen Äußerung der öffentlichen Meinung und gleichzeitig damit auf ihre Befähigung, bei der kritischen (und manchmal, wie in den gesetzgebenden Körperschaften, kollektiven) Herausarbeitung der wirklichen oder unterstellten Meinungen ihrer Auftraggeber mitzuwirken.

All dies bewirkt, dass der unaufhörlich zunehmende Einfluss eines selbst einem wachsenden Einfluss der kommerziellen Logik unterliegenden journalistischen Feldes auf ein der ständigen Versuchung zur Demagogie (und ganz besonders dann, wenn die Umfrage sie in rationaler Version praktizierbar macht) ausgesetztes politisches Feld dazu beiträgt, die Autonomie dieses politischen Feldes zu schwächen und mit ihr zugleich die den (politischen oder sonstigen) Repräsentanten zuerkannte Befugnis, sich auf ihre Kompetenz als *Experten* oder auf ihre Autorität als *Hüter kollektiver Werte* zu berufen.

Unvermeidlich drängt sich abschließend der Fall der Juristen auf, die nur um den Preis einer »frommen Heuchelei« immer noch glauben können, dass ihre Verdikte nicht auf äußeren, namentlich ökonomischen Zwängen beruhen, sondern in transzendenten Normen gründen, zu deren Hütern sie bestellt sind. Das Feld der Rechtsprechung ist nicht, was es zu sein glaubt, nämlich ein von allen Kompromissen mit den politischen oder wirtschaftlichen Notwendigkeiten befreites Universum. Dass es ihm aber gelingt, als solches anerkannt zu werden, trägt zur Produktion vollkommen realer sozialer Effekte bei, und zwar zunächst einmal bei denen, deren Beruf es ist, Recht zu sprechen. Was aber wird aus den Juristen, diesen mehr oder weniger aufrechten Inkarnationen der kollektiven Heuchelei, wenn einmal allgemein bekannt wird, dass sie, weit davon entfernt, transzendentalen und universellen Werten zu gehorchen, ganz wie alle anderen gesellschaftlichen Akteure Zwängen ausgeliefert sind – Zwängen wie denen, die ohne jeden Respekt vor Prozeduren oder Hierarchien der Druck ökonomischer Notwendigkeiten oder die Versuchung durch journalistische Erfolge ausübt?

Kleines normatives Postskriptum

Die verborgenen Zwänge enthüllen, die auf den Journalisten lasten und die sie ihrerseits an alle kulturellen Produzenten weitergeben, heißt nicht – muss es eigens betont werden? – Verantwortliche anprangern, mit dem Finger auf Schuldige zeigen.[9] Es heißt, den einen wie den anderen eine Chance geben, sich durch Bewusstwerdung von dem Bann zu lösen, der von diesen Mechanismen ausgeht, und vielleicht das Programm einer konzertierten Aktion zwi-

9 Um den Effekt des »Aufspießens« oder Karikierens zu vermeiden, der leicht entsteht, wenn aufgenommene Äußerungen oder gedruckte Texte umstandslos zitiert werden, haben wir manches Mal auf die Wiedergabe von Dokumenten verzichten müssen, die der Beweisführung noch mehr Nachdruck verliehen hätten und durch den entbanalisierenden Effekt, den die Sprengung des vertrauten Zusammenhangs auslöst, den Leser darüber hinaus an all die gleichgearteten Beispiele hätten erinnern können, die dem routinierten Blick gewöhnlich verborgen bleiben.

schen Künstlern, Schriftstellern, Wissenschaftlern und Journalisten (als Inhabern des Quasi-Monopols an den Verbreitungsmitteln) entwerfen. Nur eine solche Zusammenarbeit würde es möglich machen, effizient die Popularisierung der universellsten Forschungsergebnisse zu fördern und auch, zum Teil wenigstens, zur praktischen Universalisierung des Zugangs zum Universellen beizutragen.

Das Mysterium des *ministerium*

Vom Einzelwillen zum »Allgemeinwillen«

> Eine Menge von Menschen wird zu einer Person gemacht, wenn sie von einem Menschen oder einer Person vertreten wird und sofern dies mit der besonderen Zustimmung jedes einzelnen dieser Menge geschieht. Denn es ist die *Einheit* des Vertreters, nicht die Einheit der Vertretenen, die bewirkt, dass eine Person entsteht.
>
> Hobbes, *Leviathan*

Es kann nicht oft genug wiederholt werden, wie sehr sich die Illusion des Natürlichen und die Illusion des »Immergleichen«, von denen wir in *Le Métier de sociologue* gesprochen haben,[1] und die Amnesie der Entstehungsgeschichte, in der sie begründet liegen, einer wissenschaftlichen Bewusstwerdung der sozialen Welt in den Weg stellen. Was ist selbstverständlicher, was ist zum Beispiel offenkundiger als die Stimmabgabe bei der Wahl, die das Wörterbuch, sehr (sozio)logisch, auf *tautologische* Weise erklärt, nämlich als »seiner Meinung durch seine Stimme, seine Wahl Ausdruck zu verleihen«? Und zweifellos wird man niemals einen »politischen Philosophen« sehen, der mit jener schlichten Feierlichkeit eines Heidegger und seines »Was heißt denken?« die Frage stellt: »Was heißt wählen?« Und dennoch würden schon die Mittel des »Wesensdenkens« in diesem Fall gerade reichen, um den Schleier der Unkenntnis zu zerreißen, der verhindert, die historische Kontingenz dessen aufzudecken, was instituiert ist, *ex instituto*, und gleichzeitig die Frage der Möglichkeiten zu stellen, die durch die Geschichte und die sozialen Möglichkeitsbedingungen der in ihr erhalten gebliebenen Möglichkeiten beseitigt wurden.

Um diese Frage des Verhältnisses zwischen dem Produkt, also der Wahl, der Abstimmung als, wie es im *Robert* heißt »Akt, durch den man seinen Willen, seine Meinung erklärt, in einer Wahl, einem Beschlusses, einer Ernennung, besonders im juristischen oder politischen Bereich«, und den sozialen Bedingungen zu stellen, unter denen er nicht nur ausgedrückt, sondern auch produziert wird, genügt es, eine besonders erhellende Seite aus Durkheims *Leçons*

1 P. Bourdieu, J.-C. Chamboredon und J.-C. Passeron, *Le Métier de sociologue*, Paris: Mouton, 1968.

de sociologie zu zitieren: »Wenn also die Wahlen etwas anderes als die Individuen zum Ausdruck bringen, wenn sie ganz und gar von einem gemeinschaftlichen Geist durchdrungen sein sollen, dann darf das elementare Wahlkollegium nicht aus Personen bestehen, die nur zu diesem außergewöhnlichen Anlass zusammenkommen, die sich nicht kennen, die nicht zu einer gemeinschaftlichen Meinungsbildung beigetragen haben und nun einer nach dem anderen an die Wahlurne treten. Vielmehr muss es sich um eine kohärente und dauerhaft konstituierte Gruppe handeln, die nicht erst am Tage der Wahl zusammenkommt. Dann hat nämlich jede individuelle Meinung etwas Kollektives an sich, denn sie hat sich im Schoße der Gemeinschaft herausgebildet. Es liegt auf der Hand, dass die Berufsorganisation dieser Anforderung entspricht. Da ihre Mitglieder ständig in engem Kontakt miteinander stehen, bilden ihre Gefühle sich in der Gemeinschaft und sind Ausdruck dieser Gemeinschaft.«[2] Durkheim stellt fest, dass man eine Abstimmung nicht von den sozialen Bedingungen ihres Zustandekommens trennen kann und, genauer noch, dass Form und Inhalt politischen Handelns nicht von der Existenzweise der Gruppe zu trennen sind, in der es entstanden ist. Und so setzt er einer gelegentlich stattfindenden Versammlung von Individuen, die einer nach dem anderen, *singuli*, alleine, in die Wahlkabine treten, ohne zuvor gemeinsam an der Herausbildung ihrer Meinungen gearbeitet zu haben, eine permanente und integrierte Gruppe, einen *corps* entgegen, der in kollektiver Zusammenarbeit eine wirklich kollektive Meinung zu entwickeln in der Lage ist.

Was immer man auch über die »korporatistische« Philosophie denken mag, die er einer liberalen Philosophie der Abstimmung als freier und individueller Entscheidung gegenüberstellt: Durkheim gebührt das Verdienst, gezeigt zu haben, dass zwischen der *Art der Entstehung oder Herausbildung einer Meinung* (die es zu ändern gelte) und der *Art des Ausdrucks* dieser Meinung (die im vorliegenden Fall erhalten bleiben solle) unterschieden werden kann. Und er lädt vor allem dazu ein, jene Philosophie der Wahlpraxis explizit zu machen, die normalerweise als völlig selbstverständlich gilt. Die liberale Sicht begreift diesen elementaren Akt der Demokratie als einzelnen, sogar stummen und geheimen Akt von Individuen, »die nur zu diesem außergewöhnlichen Anlass zusammenkommen,

2 E. Durkheim, *Leçons de sociologie*, Paris: PUF, 1990, S. 138.

die sich nicht kennen, die nicht zu einer gemeinschaftlichen Meinungsbildung beigetragen haben.« Dieser zugleich öffentliche und geheime Akt wird künstlich durch die Wahlkabine erzeugt, deren Schutzvorhang vor Blicken verbirgt, also die Kontrolle durch andere aussetzt. Die durchgeführte Wahlentscheidung mit der Urne, in die der Stimmzettel gleitet, schafft die materiellen Bedingungen des unsichtbaren, unkontrollierbaren, nicht nachprüfbaren (der ganze Unterschied zur Abstimmung durch Handzeichen) Ausdrucks einer sogenannten persönlichen Meinung, die man aus verschiedenen Gründen geheim halten können will. Und indem er die Individuen an einem festgelegten Tag »einen nach dem anderen an die Wahlurne treten« lässt und gleichzeitig »für einen Moment«, für den Moment der Wahl, alle sozialen Bindungen, zwischen Mann und Frau, Vater und Sohn, Arbeitgeber und Arbeitnehmer, Pfarrer und Gemeinde, Lehrer und Schüler aussetzt, ihre Abhängigkeiten und Verpflichtungen (wie überprüft man, selbst innerhalb einer Gruppe von Bekannten oder einer Körperschaft, ob dieser oder jener seine Zusagen eingehalten hat?), reduziert er Gruppen auf eine Aneinanderreihung von Individuen, deren »Meinung« dann nichts anderes als eine statistische Aggregation von individuellen und individuell ausgedrückten Meinungen sein wird. Man denkt hier an die Utopie von Milton Friedman, der vorschlägt, Gutscheine für Bildungsleistungen auszugeben, die von konkurrierenden Institutionen angeboten werden, um die Einschätzung der Schule in den Familien zu erfassen: »Die Eltern könnten ihre Meinung über die Schulen direkt ausdrücken, indem sie ihre Kinder aus einer Schule nehmen und in eine andere Schule schicken, jedenfalls in einem ungleich größeren Umfang, als das heute möglich ist«.[3] Das hieße, einen politischen Akt wie den Kauf einer Ware oder einer Dienstleistung zu behandeln, eine religiöse oder politische Stellungnahme, einen Fernsehsender oder eine Ladenkette, also wie eine Art ökonomischen Akt. Und man kann auch das von Albert Hirschman vorgeschlagene Modell nicht unerwähnt lassen, die Verallgemeinerung der Erfahrung eines Verbrauchers angesichts eines *lemon*, eines schlechten Produkts, nämlich die Wahl zwischen *exit*, das Spiel beenden, das Geschäft zu wechseln, und *voice*, zu bleiben und zu protestieren, Kritik oder Forderungen geltend zu

3 M. Friedman, *Capitalism and Freedom*, Chicago: Chicago University Press, 1962, S. 91.

machen, was nur dann als klare Alternative erscheint, wenn man in der Logik von der individuellen Handlung verbleibt.[4]

Innerhalb dieser Logik, einer der Wahl wie auch des Marktes, ist die »kollektive« Meinung das Ergebnis einer nicht wirklich kollektiven Handlung, einer gemeinsamen Erarbeitung, wie sie Durkheim erwähnt, sondern eine rein *statistische Aggregation von individuellen Meinungen, die individuell gebildet und ausgedrückt werden.* Die Kumulation individueller Strategien und Akte ist, wie man sagen könnte, nur objektiv kollektiv. Die statistische Aggregation vollzieht sich mechanisch und das Inbezugsetzen der Meinungen erfolgt *ohne die Handelnden und unabhängig von ihrem Bewusstsein und Willen.* Die individuellen Meinungen, die in eine Form materialisierter Stimmen auf Wahlzetteln gebracht und die man wie Kiesel, Mosaiksteinchen oder Spielmünzen mechanisch zählt, werden bloß zusammengerechnet, ohne dass sonst irgendetwas mit ihnen gemacht würde. Die statistische Denkungsart kommt dem hier wie immer dann vollendet entgegen, wenn es Handlungen zu verstehen gilt, deren Notwendigkeit sich »in und durch die Anarchie individueller Handlungen« aufzwingt (wie Engels über den Markt sagt), Handlungen, die Max Weber uniform oder gleichmäßig nennt und deren Grenze das Verhalten von Leuten darstellt, die ihren Regenschirm bei einem Schauer aufspannen.[5]

Die Logik der *Aggregation*, die tief im statistischen wie auch ökonomischen Denken verankert ist, setzt Gültigkeitsbedingungen voraus, die gleichzeitig ihre Grenzen beinhalten. Sie drängt sich jedes Mal auf, wenn die Gruppen in den Zustand eines *Aggregats* gebracht sind, Gruppen von aneinandergereihten, angehäuften Elementen, die, wie zu einer bestimmten Zeit im Wartesaal eines Bahnhofs anwesende Personen, *partes extra partes* koexistieren, wie die Körnchen eines Sandhaufens, ohne miteinander in Beziehung zu stehen oder etwas gemeinsam zu tun wie eine mobilisierte Gruppe bei einer politischen oder anderen Aktion. (Die statistische Analyse individueller Meinungen durch Erhebung oder Befragung versteht die der Analyse unterzogenen Gruppen als Aggregate und trägt selbst dazu bei, sie als solche zu bilden. Die Technik der Zu-

4 A.O. Hirschman, *Exit, Voice and Loyality. Responses to Decline in Firms, Organizations and States*, Cambridge: Harvard University Press, 1970.

5 M. Weber, *Gesammelte Aufsätze zur Wissenschaftslehre*, Tübingen: Mohr, 1988, S. 454.

fallsstichprobe, die auf derselben Voraussetzung beruht, hat ohne besondere Vorsichtsmaßnahmen bei der Behandlung der so konstruierten Daten zur Folge, dass vom funktionellen Gewicht der Einheiten, die eine Zufallsstichprobe als austauschbar behandelt, völlig abstrahiert wird und dadurch Strukturen wie die des Feldes zunichtegemacht sind.) Die statistische oder aggregative Logik funktioniert nur so blendend, wenn man eine Gesamtheit von Individuen in ein Aggregat überführt, weil nicht in ihm selbst das Prinzip seiner Zusammenfassung liegt, seiner Einheit, und weil dieses Aggregat keine Macht über sich selbst hat, ist es zur Ohnmacht verurteilt oder auf rein individuellen Strategien der Subversion oder Dissidenz beschränkt, wie Sabotage, Leckage oder Bremsen im industriellen Bereich, auf den einzelnen Protest oder Widerspruch, oder das Fernbleiben bei Wahlen, Stimmenthaltung usw. In diesem Fall können die trotz allem gemeinsamen Probleme oder Erfahrungen im Zustand eines vagen geteilten Unbehagens bleiben, das sich nicht als politisch darstellt. (Um dieses Gefühl der Ohnmacht zu belegen, von dem der Einschluss in diese serielle und aggregative Logik begleitet wird, genügt es, an die verärgerten Leser der Tageszeitungen zu erinnern – was übrigens auch die bekannte Schroffheit vieler Leserbriefe erklärt – oder die enttäuschten Radiohörer oder unzufriedenen Fernsehzuschauer, die sich auf den isolierten und passiven Akt des Herumzappens beschränken müssen, einer Entsprechung der Stimmenthaltung bei den Wahlen.)

Daraus folgt, dass die Logik der Wahl, die man gemeinhin für beispielhaft demokratisch hält, die Beherrschten doppelt benachteiligt: Auf der einen Seite verfügen die Akteure nicht im selben Ausmaß über die Mittel, insbesondere kulturelles Kapital, die notwendig sind, um sich eine sogenannte persönliche Meinung zu bilden, im zweifachen Sinn von autonom und konform mit der Besonderheit der Interessen, die mit einer besonderen Position verbunden sind (was bedeutet, dass die Wahl nie jene allgemeine Wahl sein wird, die sie zu sein vorgibt, solange man nicht ihre Zugangsbedingungen verallgemeinert hat). Auf der anderen Seite begünstigt ihre der liberalen Weltsicht so kostbare atomistische Produktionsweise die Herrschenden, die sich, nachdem ihnen die Strukturen der sozialen Ordnung in die Hände spielen, auf individuelle Strategien (der Reproduktion) beschränken können, während den Beherrschten die Alternative von Rückzug (durch Stimmenthaltung) oder die Unterwerfung nur gelingt, wenn sie aus der für sie zutiefst entfremdenden Logik der individuellen Wahl ausscheren.

Doch die Lehren der historischen Erfahrung, vor allem die der sowjetischen Staaten geben keinen Anlass, sich bei der Suche nach einer möglichst wenig ungleichen Art der Meinungsbildung – die in der Lage wäre, allen die gleichen Chancen einzuräumen, ihren Interessen entsprechende Meinungen zu bilden und durchzusetzen – unbedingt jener anderen Form der in diesem Fall kollektiven Meinungsbildung und Meinungsäußerung anzuvertrauen, die auf ihrer *Delegierung* an Institutionen beruht, an Verbände, Gewerkschaften und Parteien, eigens dafür geschaffen, kollektive Forderungen, Bestrebungen und Einwände zu produzieren und zu explizieren, und die, zumindest offiziell, mit dem kollektiven Schutz der individuellen Interessen ihrer Mitglieder beauftragt sind.[6] Dank der Sozialtechnologie der Delegation, die dem Mandatsträger eine Vollmacht, die *plena potentia agendi,* sichert, kann die repräsentierte Gruppe »wie ein Mann« auftreten, der Machtlosigkeit der seriellen Atomisierung entgehen, die gesamte materielle und vor allem symbolische Macht mobilisieren, die sie im potentiellen Zustand in sich birgt. Der machtlose Protest oder die bedeutungslose Fahnenflucht des einzelnen Individuums, unterschiedliche Ausformungen der Aneinanderreihung unzusammenhängender Handlungen, der Abstimmung oder des Marktes, die nur durch die blinden und manchmal ungewollten Mechanismen der statistischen Aggregation wirksam werden, weicht einem einheitlichen und kollektiven, kohärenten und machtvollen Protest. Die Mitglieder einer so durch *stillschweigende Übereinstimmung* geeinten Gruppe, die auf einem *heimlichen Einverständnis* beruht, wie Weber sagt, einer tiefgehenden Gemeinsamkeit unausgesprochenen Leidens und Elends, das mitunter beschämend ist (wie im Fall symbolisch stigmatisierter Populationen), gelangen zu einer öffentlichen Existenz und politischen Schlagkraft durch Reden oder symbolisches Verhalten, dessen bevorzugtes Beispiel die *Demonstration* ist. Unmissverständlich formulierte Worte, die sehen und glauben machen, Losungen, nach denen gehandelt und abgestimmt wird: Das sind die einigenden Prinzipien der eigenen Lage und der Gruppe, mobilisierende Zeichen, die es ermöglichen, die eigene Lage als etwas der Gruppe

6 Vgl. dazu *Langage et pouvoir symbolique*, Paris: Seuil, 2001, insbesondere S. 213-279.

Gemeinsames darzustellen, was dazu beiträgt, diese Gruppe erst zu schaffen. Zumindest nach den Vorstellungen, die eine fortschrittliche Tradition ständig dem Mythos der »unsichtbaren Hand« entgegensetzt und die es in ebenso vielen, auch oft mythischen Varianten der rousseauschen Figur des »Gesetzgebers« gibt, der jenen »Allgemeinwillen« verkörpert und zum Ausdruck bringen kann, der nicht verkürzbar ist auf den »Willen aller«, wie man ihn durch schlichtes Zusammenzählen der einzelnen Willensbekundungen erhält.

Im Gegensatz zur persönlichen Rede, zum Aufschrei, zum Protest ist die Rede des Wortführers autorisiert, weil sie ihre Autorität der Tatsache verdankt, dass der, der sie hält, sich auf die Gruppe beruft, die ihn ermächtigt hat, in ihrem Namen zu sprechen. Wenn der Wortführer spricht, ist es eine Gruppe, die durch ihn spricht, die aber als Gruppe nur durch diese Rede existiert und durch denjenigen, der sie hält. Der Wortführer ist die Lösung des typisch durkheimschen Problems der Existenz einer Gruppe jenseits der mit den räumlichen und zeitlichen Grenzen zusammenhängenden biologischen Hindernisse, der Körperlichkeit der Individuen. Eine der Funktionen des Wortführers und der Demonstration ist die Manifestierung der Gruppe, die den Wortführer autorisiert. Und ein autorisierter Wortführer kann die Macht zeigen, durch die er autorisiert wurde, indem er an die Gruppe appelliert, aktiv zu werden, und indem sie dadurch tatsächlich handelt, er sie also dazu bringt, sich zu äußern (daher die Bedeutung, die der *Zahl* der Demonstrationen beigemessen wird). Die autorisierte Delegation ist diejenige, die eine Gruppe mobilisieren kann, die sie autorisiert hat, also die Gruppe sowohl für sich selbst zu manifestieren (und damit beiträgt, ihre Moral und ihren Glauben an sich selbst zu stützen) als auch für die anderen.

Die radikalste Infragestellung der Delegierung entsteht in Situationen, in denen der inhärente Widerspruch zur Logik ihres sozialen Funktionsprinzips zutage tritt. Denn die kollektive Handlung, die auf Delegierung beruht, ist immer von usurpatorischer Aneignung bedroht. Die Verantwortlichen für die Mobilisierung und Manifestierung der Gruppe, die durch Reden oder jede andere Form der *Repräsention*, sei es verbal oder in theatralischen Handlungen, die stillen Nöte und Leiden, die Hoffnungen und unausgesprochenen Erwartungen aus einem impliziten in einen expliziten Zustand bringen, zu einer geäußerten, veröffentlichten Meinung, in die *Öffentlichkeit* – sie verfügen über eine absolute Schöpfungsmacht, weil durch sie in gewisser Weise die Gruppe als solche existiert, indem sie ihr einen Körper geben, den ihren, einen Namen, die *Abkürzung*, fast magisches Substitut der Gruppe, nach Art des *sigillum authenticum*, des Siegels, das die Gültigkeit der feierlichen Akte der königlichen Gewalt gewährleistete, Worte, die demonstrationsfähige Losungen sind. Um diese Wirkung herbeizuführen, müssen sie eine Macht über die Gruppe besitzen, die sie von ihr selbst bekommen haben, Macht zu mobilisieren wie Macht, die Gruppe als sichtbar und wirkungsvoll zu manifestieren, das, was sie der mobilisierten Gruppe schulden, auf die sie Einfluss nehmen. Durch diese Macht, die überdies das Prinzip ihrer Wirkungskraft wiedergibt, bekräftigen und steigern sie die Delegation jener Macht, deren Ziel sie sind. Diese verkannte zirkuläre Zirkulation der Anerkennung ist Grundlage des Kapitals und der symbolischen Macht, die der Mandatsträger, das ausübende Symbol einer symbolischen Handlung zur Bekräftigung des Symbols (wie die Fahne und alle anderen Embleme der Gruppe) über die Gruppe hat, deren fleischgewordenes Substitut er ist, deren Inkarnation. Und so konzentriert sich dieses symbolische Kapital unausweichlich in seiner Person, die in und durch seine anerkannte Existenz (des Mandatsträgers, Deputierten, Präsidenten, Ministers oder Generalsekretärs) die Gruppe aus der Nichtexistenz einer bloßen Anhäufung von Menschen entreißt, wie sie durch den Gang der einzelnen Wähler in die Zurückgezogenheit der Wahlkabine symbolisiert wird.

Wenn man nun den Standpunkt desjenigen einnimmt, der kein anderes Mittel hat, als zu delegieren, sieht man, dass er nur durch eine Mittelsperson zu wirkmächtigem und legitimem, bekanntem und anerkanntem, autorisiertem und mit Autorität ausgestattetem Wort gelangen kann, wenn er sich der Gefahr aussetzt, dieses Wortes enteignet, um eine Ausdrucksform gebracht zu werden, die sein Eigenes zum Ausdruck bringt, die es gar leugnet, die Einzigartigkeit seiner Erfahrung und seiner besonderen Interessen in jener allgemeinen Rede, der *opinio communis*, tilgt, wie sie seine Mandatsträger verfassen und verlautbaren. Das sind all die Fälle, in denen die Mitglieder irgendwelcher *corporate bodies*, Aktivisten, Aktionäre, Mitglieder, besonders die jener mysteriösen Kollektive (ich erinnere gern daran, dass die Kanoniker eine Beziehung von *ministerium* und *mysterium* hergestellt haben), die eigens dafür geschaffen sind, Einspruch und Widerspruch auszuarbeiten und auszudrücken, wie Parteien oder Gewerkschaften, nun selbst vor die Alternative der Fahnenflucht oder des Einspruchs stehen, *exit* oder *voice*. Der Grund ist die Diskrepanz zwischen dem, was sie zu sagen haben (was auch in dieser Diskrepanz selbst seinen Grund haben kann), und dem, was die autorisierte Rede des Wortführers sagt. Auch sie können häufig der einen oder anderen Form der seriellen Ohnmacht – der des individuellen Austritts oder Protests, sogar der Petition, mit der Delegierte oder Wortführer, die dann wiederum von ihnen autorisiert werden, für einen Wechsel des Diskurses und der Politik zu gewinnen – nur entkommen, wenn sie eine neue Organisation bilden, die aber, als Monopolistin des legitimen Protests, der Gefahr ausgesetzt ist, neue Proteste und neue ketzerische Abspaltungen auszulösen. Derartig ist der Widerspruch der reformierten Kirche, die aus dem kollektiven Protest gegen die römisch-katholische Kirche entstanden ist und den Protest zum Prinzip einer neuen Kirche erhebt, indem sie als solche Protest nach sich zieht. Ein ähnliches Schicksal teilen auch die Sekten der politischen Welt, Grüppchen, Richtungen, Strömungen oder Abspaltungen, die, selbst Ergebnis von Abspaltungen, zu unendlicher Zellteilung verdammt sind.

Ist dieser Widerspruch unüberwindbar? Ist es möglich, die Mittel auch zu beherrschen, die nötig sind, sich aus der Ohnmacht zu befreien, die sich aus der vereinzelten Existenz erhebt, selbst aus der Anarchie der Einzelhandlungen? Wie kann eine Gruppe die Meinung unter Kontrolle bringen, die der Wortführer ausdrückt, derjenige, der im Namen der Gruppe und zu ihren Gunsten, aber auch *an ihrer Stelle* spricht, durch dessen Präsentation und Repräsentation die Gruppe existiert, der aber in gewisser Weise den Platz der Gruppe einnimmt? Die fundamentale, fast metaphysische Frage ist, zu wissen, was es heißt, für Leute zu sprechen, die nicht sprechen würden, wenn man nicht für sie spräche, die wirksam nur über kollektive Strategien verfügen können, wenn sie auf einer kollektiven Arbeit der Meinungsbildung und des Meinungsausdrucks beruhen. Man kann wirklich nur von jener mechanischen Addition der Präferenzen wegkommen, wie sie bei der Wahl durchgeführt wird, wenn man Meinungen nicht als sinnlich erfahrbare Dinge behandelt, die sich einfach zusammenrechnen lassen, sondern als

Zeichen, die durch Austausch getauscht werden können, durch Diskussion und Konfrontation, wobei das Problem nicht – wie in der liberalen Tradition – eines der Wahl, sondern einer Wahl der Art der kollektiven Konstruktion von Wahlen ist (wenn eine Gruppe, wie immer geartet sie auch sein mag, eine Meinung erzeugen soll, sollte sie wissen, dass sie sich zunächst eine Meinung über die Art und Weise bilden muss, wie eine Meinung erzeugt werden kann). Um über die mechanische Aufrechnung atomisierter Meinungen hinauszukommen, ohne in den Widerspruch des kollektiven Protests zu verfallen, um so einen entscheidenden Beitrag zur Schaffung einer wirklichen Demokratie zu leisten, muss daran gearbeitet werden, die sozialen Bedingungen zur Einsetzung eines Modus der Bildung eines tatsächlich kollektiven »Allgemeinwillens« (oder einer kollektiven Meinung) zu schaffen, also auf der Grundlage des geregelten Austauschs einer *dialektischen Konfrontation*, die eine Verständigung über die notwendigen Verständigungsmittel voraussetzt, um Einigkeit oder Uneinigkeit herzustellen, und in der Lage ist, die verständigten Inhalte zu verändern und diejenigen, die sich verständigen.

Streik und politisches Handeln

Ist der Streik nicht auch eines jener »präkonstruierten« Objekte, die sich die Forscher vorgeben lassen? Wir können uns sicher darauf verständigen, dass der Streik seinen Sinn erst dann bekommt, wenn man seine Position im Feld der Arbeitskämpfe rekonstruiert, in der objektiven Struktur der Kräfteverhältnisse, die abhängig ist von den Kämpfen zwischen den Arbeitern – mit dem Streik als schärfster Waffe – und den Arbeitgebern sowie einem dritten Akteur – der vielleicht gar keiner ist –, dem Staat.

Dann aber stößt man auf das Problem (ganz direkt mit dem Begriff Generalstreik), wie einheitlich dieses Feld eigentlich ist. Ich möchte das gern allgemeiner formulieren und beziehe mich dabei auf einen Artikel des amerikanischen Ökonomen O.W. Phelps: Im Gegensatz zur klassischen Theorie, die den Arbeitsmarkt als einen einheitlichen Komplex freier Vereinbarungen begreift, sagt Phelps, dass es nicht diesen einen Arbeitsmarkt gibt, sondern *Arbeitsmärkte* mit jeweils eigenen Strukturen, worunter er »die Gesamtheit jener Mechanismen« versteht, »die permanent auf die verschiedenen Funktionen des Beschäftigungsverhältnisses – Rekrutierung, Auswahl, Zuordnung, Entlohnung – einwirken und, da sie auf Gesetz, Vertrag, Sitte oder Landespolitik beruhen können, hauptsächlich die Funktion haben, die Rechte und Errungenschaften der Arbeitnehmer festzuhalten und die Personalbewirtschaftung und auch alles Übrige, was mit dem Beschäftigungsverhältnis zusammenhängt, zu regeln und überschaubar zu machen«. Geht nicht die historische Entwicklung in Richtung eines allmählichen Übergangs von den lokalen Arbeitsmärkten (das heißt Kampffeldern) zu einem stärker integrierten Arbeitsmarkt, auf dem sieh lokale Konflikte durchaus zu größeren Konflikten ausweiten können?

Welche Faktoren der Vereinheitlichung gibt es? Hier kann man die ökonomischen von den »politischen« Faktoren im eigentlichen Sinne unterscheiden, also vom Vorhandensein eines Mobilisierungsapparats (Gewerkschaften). Hier ist durchweg ein Zusammenhang zwischen der Vereinheitlichung der ökonomischen Mechanismen und der Vereinheitlichung des Kampffelds unterstellt worden; ebenso zwischen der Vereinheitlichung der Kampfapparate und der Vereinheitlichung des Kampffelds. Tatsächlich deutet alles darauf hin, dass die »Verstaatlichung« der Wirtschaft der Entwicklung von nationalen und in Bezug auf ihre lokale Basis immer stärker verselbständigten Apparaten – und damit der Verallgemeinerung der lokalen Konflikte – Vorschub leistet. Wie groß ist die relative Selbständigkeit der politischen Kampfapparate und inwieweit geht der Vereinheitlichungseffekt auf das vereinheitlichende Handeln dieser Apparate zurück? Lassen wir uns nicht durch die Tatsache, dass jeder Streik, der ausbricht, zum Generalstreik werden kann (wofür natürlich seine Chancen mehr oder weniger groß sind, je nachdem, ob er in einem mehr oder einem weniger strategischen – bzw. symbolischen – Sektor des ökonomischen Apparats stattfindet), zu einer Überschätzung der objektiven Einheitlichkeit dieses Felds verleiten? Es könnte durchaus sein, dass diese Einheitlichkeit sehr viel voluntaristischer und in viel größerem Maße auf die Organisationen als auf die objektive Zusammengehörigkeit zurückzuführen ist. Eines der Hauptprobleme der Zukunft könnte die Diskrepanz zwischen dem *nationalen* Charakter der Gewerkschaftsorganisationen und dem *internationalen* Charakter der Unternehmen und der Wirtschaft sein.

Aber man kann bei jedem Zustand des Felds nach dem Grad seiner Geschlossenheit fragen und beispielsweise der Frage nachgehen, ob der reale Lebensmittelpunkt der Arbeiterklasse inner- oder außerhalb des Feldes liegt: Dieses Problem stellt sich zum Beispiel bei einer Arbeiterschaft, die noch stark in der bäuerlichen Welt verwurzelt ist und in sie zurückkehrt oder ihre Einkünfte dort anlegt; oder erst recht, wie heute in Europa, bei einem Subproletariat von Ausländern. Demgegenüber kann die Arbeiterpopulation insgesamt aber auch in höchstem Maße von der Außenwelt abgeschnitten sein und *alle Interessen* im Kampffeld haben. Und auch dann lassen sich noch Variationen feststellen, je nachdem, ob der Schnitt *in dieser Generation* oder bereits *vor mehreren Generationen* vollzogen wurde.

Die Dauer der Zugehörigkeit zum Feld ist das Maß dafür, wie lange die *ouvrièrisation* oder *usinisation,* die »Verarbeiterung«, bereits dauert (sofern man sich mit diesem ein wenig barbarischen Begriff einmal anfreunden kann, der Goffmans Begriff der *asylisation* nachgebildet ist, also seiner Kennzeichnung jenes Prozesses, in dessen Verlauf sich Menschen in Gefängnissen, Kasernen und überhaupt allen »totalen Institutionen« nach und nach der Institution anpassen und sich gewissermaßen mit ihr arrangieren), jener Prozess also, in dessen Verlauf sich die Arbeiter ihren Betrieb, ihre Werkzeuge, ihre Traditionen als Arbeiter, ihre Gewerkschaften usw. zurichten und von ihnen zugerichtet werden. Bei diesem Prozess lassen sich mehrere Aspekte unterscheiden: Der erste, ganz negative, besteht im Verzicht auf die außerhalb liegenden Interessenobjekte. Diese Objekte können real sein: etwa bei Arbeitsimmigranten, die ihr Geld nach Hause schicken und sich dort Land oder Landmaschinen oder Läden kaufen; sie können imaginär sein, aber darum nicht minder wirksam: etwa bei Arbeitsimmigranten, die zwar allmählich jede reale Hoffnung auf Heimkehr verloren haben, aber gewissermaßen *im Transit* bleiben und dadurch nie völlig »verarbeitern«. Sodann können sich Arbeiter, wie immer der Stand ihrer externen Bindungen ist, mit ihrer Position im Kampffeld identifizieren und sich die mit ihr gegebenen Interessen vollständig zu eigen machen, ohne dass sich dabei ihre Grunddispositionen ändern: Wie Hobsbawm bemerkt, können Bauern, die frisch in die Fabrik gekommen sind, in die revolutionären Kämpfe eintreten, ohne etwas von ihren bäuerlichen Dispositionen zu verlieren. In einem anderen Stadium dieses Prozesses können sie sich bereits mit Grunddispositionen wiederfinden, die sich durch die objektiven Gesetze des industriellen Milieus verändert haben, sie können die Verhaltensregeln lernen – in puncto Akkordzeiten oder Solidarität zum Beispiel –, an die sie sich halten müssen, um akzeptiert zu werden, sich zu kollektiven Werten – wie der Achtung vor dem Arbeitswerkzeug – bekennen oder die kollektive Geschichte der Gruppe, ihre Traditionen und insbesondere ihre Kampftraditionen usw. zu den ihren machen. Und schließlich können sie sich in das *organisierte Arbeiteruniversum* integrieren, wobei sie auf der einen Seite verlieren, nämlich in der Ordnung jener Revolte, die man die »primäre« nennen könnte, der – oft gewalttätigen und unorganisierten – Revolte der brutal in die industrielle Welt versetzten Bauern, und auf der anderen gewinnen, nämlich in der Ordnung der sekundären, organisierten Revolte. Erweitert die gewerkschaftliche Organisierung das Spektrum der Forderungsstruktur oder verengt sie es? Das ist eine Frage, die aus dieser Logik heraus zu stellen wäre.

Tilly hat die Notwendigkeit betont, das System der miteinander kämpfenden Akteure – Arbeitgeber, Arbeiter, Staat – in seiner Gesamtheit zu betrachten. Das Problem des Verhältnisses zu den anderen Klassen ist ein sehr wichtiges Element, auf das Haimson mit seiner Beschreibung des ambivalenten Verhältnisses bestimmter Fraktionen der Arbeiterklasse zur Bourgeoisie anspielt. In diesem Zusammenhang bekäme der Gegensatz von national und international erst seinen vollen Sinn. Die objektiven Verhältnisse, die mit der Triade »Arbeitgeber – Arbeitnehmer – Staat« beschrieben werden, nehmen je nach Betriebsgröße, aber auch je nach dem sozialen Umfeld des Arbeitslebens konkret ganz unterschiedliche Formen an: Man bekommt seinen Arbeitgeber zu sehen oder nicht, man sieht seine Tochter zur Messe gehen oder nicht, man sieht, wie er lebt, oder nicht usw. Die Wohnformen sind eine der konkreten Vermittlungen zwischen der objektiven Struktur des Arbeitsmarkts und der mentalen Struktur und damit zugleich den Kampferfahrungen und überhaupt den Erfahrungen, die die Menschen machen können. Die objektiven Verhältnisse, die das Kampffeld bestimmen, werden nicht nur am Arbeitsplatz wahrgenommen, sondern bei allen möglichen konkreten *Interaktionen* (darauf beruht unter anderem der Paternalismus). Dass die Großstadt, wie Haimson meint, für die Entstehung von Bewusstsein günstiger zu sein scheint, während sie in der nur von Arbeitern bewohnten Kleinstadt nicht so schnell geht, aber radikaler ist, könnte in dieser Logik verständlich werden. Die lokal wahrnehmbare Klassenstruktur scheint eine wichtige Vermittlung zum Verständnis der Strategien der Arbeiterklasse zu sein.

Bleibt noch in jedem einzelnen Fall die Frage, wie dieses Kampffeld funktioniert. Es gibt strukturelle Invarianten, aus denen man ein ganz abstraktes »Modell« konstruieren kann, um dann die Varianten zu untersuchen. Ein erste Frage, die von Tilly gestellt wurde, ist die, ob es zwei oder drei Positionen gibt: Sind Staat und Arbeitgeber redundant? Tilly versucht zu zeigen, dass in Frankreich der Staat ein realer Akteur ist. Ist er das, oder ist er ein euphemisierter und legitimierter Ausdruck des Verhältnisses zwischen Arbeitgebern und Arbeitnehmern (das zumindest durch seinen Anschein der Realität existiert)? Das ist eine Frage, der man anhand des Vergleichs der Kämpfe der Arbeiter in Russland zwischen 1905 und 1917 und der Kämpfe in Frankreich unter der Dritten Republik nachgehen kann. (Oder man denke an Schweden: Welche besondere Form nimmt der Kampf an, wenn der Staat weitgehend in der Hand der Gewerkschaften ist?) Man müsste ein Modell für alle überhaupt möglichen Formen der Beziehungen von Staat und Arbeitgebern entwickeln (einschließlich des sowjetischen Modells), um dann die Form untersuchen zu können, die der Kampf der Arbeiter in jedem besonderen Fall annimmt.

Eine ganz grundsätzliche Frage ist noch gar nicht richtig gestellt worden: Wenn man vom Verhältnis von Staat, Arbeitgebern und Arbeitern spricht, dann ist es nicht ganz legitim, die objektive Wahrheit dieses Verhältnisses (ob nämlich Staat und Arbeitgeber voneinander abhängig sind oder nicht, ob sie Verbündete sind oder ob der Staat so etwas wie eine Schiedsrichterfunktion hat) gegen die subjektive Wahrheit vom Standpunkt der Arbeiterklasse zu stellen (Klassenbewusstsein oder falsches Bewusstsein): Die Tatsache, dass der Staat als selbständig angesehen wird (es ist »unser Staat«, »unsere Republik«), ist ein objektiver Faktor. In Frankreich – vor allem zu bestimmten Zeitpunkten und unter bestimmten Umständen – wird der Staat von der Arbeiterklasse als unabhängig angesehen, als Schiedsinstanz. Und in dem Maße, wie der Staat als Ordnungsmacht handelt (oft gegen die herrschende Klasse, die zu blind ist und sich um kurzfristiger Interessen willen selbst das Wasser abgräbt), kann er tatsächlich eine Schiedsinstanz sein oder scheinen. Mit anderen Worten: Wenn man vom Staat spricht, meint man dann seine materielle Gewalt (Militär, Polizei usw.) oder seine symbolische Gewalt, die in jener Anerkennung des Staats bestehen kann, die mit der Verkennung seiner tatsächlichen Rolle impliziert ist? Legitimität bedeutet Verkennung, und was man legitime Kampfformen nennt (Streik ist legitim, Sabotage nicht), ist eine herrschende Definition, die nicht als solche wahrgenommen wird und die die Beherrschten in dem Maße anerkennen, wie sie das Interesse verkennen, das die Herrschenden an dieser Definition haben.

Zur Beschreibung des Konfliktfeldes gehören auch Instanzen, die hier gar nicht genannt wurden, etwa die Schule, die unter anderem dazu beiträgt, eine *meritokratische Auffassung* von der Verteilung hierarchischer Positionen zu verankern, nämlich vermittelt über die Zuordnung von (Bildungs-)Titeln zu Stellen, oder das Militär, das eine entscheidende Rolle im Vorfeld der »Verarbeiterung« spielt. Vielleicht wären dem noch das Justizsystem hinzuzufügen, das den gerade erreichten Stand der Kräfteverhältnisse jeweils fixiert und damit zu ihrer Erhaltung beiträgt, die Sozialhilfeinstitutionen aller Art, die heute eine zentrale Rolle spielen, und auch alle anderen

Institutionen, die mit den sanften Formen der Gewalt betraut sind. Die von der Schule vermittelte Idee, dass die Menschen die Stellen haben, die sie aufgrund ihrer Schulbildung und ihrer *Titel* verdienen, spielt eine entscheidende Rolle bei der Durchsetzung von Hierarchien inner- und außerhalb der Arbeitswelt: Es ist keine wilde Analogie, wenn man den Bildungstitel als den Adelstitel unserer Gesellschaft ansieht; er spielt eine wesentliche Rolle im Prozess des Erlernens von Wohlverhalten in den Klassenbeziehungen. Außer dem Gesetz der tendenziellen Vereinheitlichung der Kämpfe gibt es auch noch einen Übergang von den Formen der harten Gewalt zu den Formen der sanften, symbolischen Gewalt.

Zweite Frage: Wie wird in diesem Kampf bestimmt, welches die legitimen Kampfobjekte und Kampfmittel sind, also wofür und womit zu kämpfen legitim ist? Es gibt einen Kampf um die Objekte und um die Mittel des Kampfs, den die Herrschenden gegen die Beherrschten, aber auch die Beherrschten gegeneinander führen: Es gehört zu den Vertracktheiten des Kräfteverhältnisses zwischen Herrschenden und Beherrschten, dass in diesem Kampf die Herrschenden den Kampf um die legitimen Mittel und Ziele, den die Beherrschten untereinander führen (zum Beispiel um quantitative und qualitative Forderungen oder auch ökonomischen und politischen Streik), für sich ausnutzen können. Man könnte eine eigene Sozialgeschichte der Diskussion über den legitimen Klassenkampf schreiben: Was darf man legitimerweise mit einem Arbeitgeber machen? usw. Mit der Praxis der Einsperrungen von Arbeitgebern seit Mai 68 stellte sich diese Frage neu: Warum sah man gerade in diesen gegen die Person des Arbeitgebers gerichteten Akten einen Skandal? Es stellt sich doch die Frage, ob beim Kampf nicht jede Anerkennung von Grenzen, jede Anerkennung der Illegitimität bestimmter Mittel oder Ziele die Beherrschten schwächt. Der Ökonomismus zum Beispiel ist eine Strategie der Herrschenden: Er besteht in der Behauptung, dass es nur eine legitime Forderung der Beherrschten gibt, nämlich die Lohnforderung, und sonst gar nichts. Zu diesem Punkt kann ich nur auf Tillys Ausführungen zu dem außerordentlich starken Interesse verweisen, das der französische Arbeitgeber an seiner Autorität hat, zu der Tatsache, dass er Zugeständnisse beim Lohn machen, aber sich weigern kann, die Beherrschten als vollgültige Gesprächspartner anzuerkennen, und lieber über öffentliche Aushänge usw. mit ihnen verkehrt.

Worin besteht die Definition der legitimen Forderung? Hier ist es äußerst wichtig, wie Michèle Perrot bemerkt hat, sich die *Struktur des Forderungssystems* anzusehen und, mit Tilly, die *Struktur der Kampfinstrumente.* Man kann eine Lohnforderung nicht unabhängig vom System der anderen Forderungen (Arbeitsbedingungen usw.) betrachten; ebenso wenig kann man ein Kampfinstrument wie den Streik unabhängig vom System der anderen Kampfinstrumente untersuchen, und sei es auch nur, um gegebenenfalls festzustellen, dass kein Gebrauch von ihnen gemacht wird. Denkt man in *Strukturen,* erkennt man auch die Bedeutung von Leerstellen.

So muss man wohl zu jedem Zeitpunkt der Kämpfe der Arbeiter drei Ebenen unterscheiden: auf einer ersten Ebene das, was beim Kampf ungedacht bleibt *(taken for granted,* selbstverständlich, *doxa)* – das ist einer der Effekte der »Verarbeiterung«: Verhältnisse zu schaffen, in denen bestimmte Dinge gar nicht erst diskutiert oder gefordert werden, weil sie einem gar nicht erst einfallen oder weil sie nicht »vernünftig« sind; zweitens das, was *undenkbar* ist, also explizit verworfen wird (weil es »nicht durchsetzbar« ist: die Entlassung eines Vorarbeiters, direkte Verhandlungen mit Arbeitervertretern usw.); und schließlich auf einer dritten Ebene das, was man fordern kann, das legitime Objekt von Forderungen.

Die gleichen Analysen sind auch auf die Definition der legitimen Mittel anwendbar (Streik, Sabotage, Einsperren von Führungskräften usw.). Aufgabe der Gewerkschaften ist es, die »richtige«, »korrekte« Strategie zu definieren. Was ist damit gemeint: die Strategie, die absolut am wirksamsten ist – also bei der alle Mittel erlaubt sind –, oder eben die Strategie, die in einem bestimmten sozialen Kontext mit einer bestimmten impliziten Definition von legitim und illegitim am wirksamsten, weil am »akzeptabelsten« ist? Bei der kollektiven Produktion dieser *Definition da legitimen Ziele und Mittel* – zum Beispiel welcher Streik »angemessen«, »vernünftig« oder eben wild ist – spielen die Journalisten und alle professionellen Analytiker (die Politologen) – das sind oft ein und dieselben – eine zentrale Rolle; die Unterscheidung zwischen politischem und nicht-politischem (das heißt rein ökonomischem) Streik stellt in diesem Kontext eine interessengeleitete Strategie dar, die die Wissenschaft nicht unbeschadet übernehmen kann. Es gibt eine politische Manipulation der Definition des Politischen. *Das Ob-*

jekt des Kampfs ist selber ein Kampfobjekt: Immer gibt es auch einen Kampf darum, ob der Kampf an einem bestimmten Punkt »zulässig« oder nicht zulässig ist. Unter anderem über diesen Umweg wird symbolische Gewalt in Form von sanfter, larvierter Gewalt ausgeübt. Diese *kollektiven Anstandsregeln* wären zu analysieren, das heißt der ganze Komplex der – natürlich je nach Epoche und Gesellschaft ganz unterschiedlichen – Normen, die die Beherrschten zu einem gegebenen Zeitpunkt einzuhalten haben und die die Arbeiter zwingen, sich gewissermaßen aus Anstand (etwa um die Bürger durch den Streik nicht zu behindern) – was zur Bejahung der herrschenden Definition des »zulässigen« Kampfes führt – *selber Grenzen zu setzen.* Eine systematische Erfassung all solcher Anstandsappelle wäre sicher sehr interessant. Und auch eine Untersuchung aller Mechanismen, etwa der Sprachregelungen, die in diesem Sinne funktionieren.

Dritte Frage: Von welchen Faktoren ist die Macht der jeweiligen Antagonisten abhängig? Man geht davon aus, dass ihre Strategien immer zumindest teilweise von der Stärke abhängen, über die sie in den Kräfteverhältnissen objektiv verfügen (Struktur), das heißt von der Stärke, die sie in früheren Kämpfen erworben und akkumuliert haben (Geschichte). Und zwar in dem Maße, wie diese Kräfteverhältnisse aufgrund der (theoretischen oder auf den »Erfahrungen« früherer Kämpfe beruhenden) Wahrnehmungsinstrumente der Akteure exakt wahrgenommen und beurteilt werden können.

Für die Arbeiter ist der Streik das wichtigste Kampfinstrument, denn dieser – totale (Auszug oder Streik) oder partielle (Bummelstreik usw.) – *Entzug von Arbeit* ist eine der wenigen Waffen, über die sie überhaupt verfügen: Es wäre interessant, für beide beteiligten Parteien eine Kosten-Nutzen-Rechnung der verschiedenen Formen des Arbeitsentzugs aufzustellen und sich auf diese Weise ein Instrument zu schaffen, mit dem sich die Organisation des Strategiensystems, von dem Tilly spricht, in Abhängigkeit vom Kosten-Nutzen-System analysieren lässt. Ein Beleg für diese Behauptung der Abhängigkeit der Strategien vom Stand der Kräfteverhältnisse findet sich in Gestalt der Dialektik, die Montgomery für die Anfänge des Taylorismus in den USA beschrieben hat: Die gewerkschaftliche Organisierung, die einen Machtzuwachs für die Arbeiter bedeutet, zieht einen Produktivitätsabfall nach sich – auf den die Arbeitgeber mit der Taylorisierung und einem ganzen Komplex neuartiger Führungstechniken reagieren (dem Ursprung der amerikanischen Industriesoziologie).

Eine weitere Waffe, über die die Arbeiter verfügen, ist die Körperkraft (in Verbindung mit anderen Waffen eine Komponente ihrer Kampfkraft): In dieser Logik wären die Werte von Männlichkeit und Kampf zu analysieren. (Die Verklärung der Werte der Männlichkeit und Körperkraft ist einer der Wege, über die das Militär die unteren Klassen in die Falle lockt.) Aber es gibt auch die symbolische Gewalt, und in dieser Hinsicht ist der Streik ein besonders interessantes Instrument: Er ist ein Instrument realer Gewalt, das – vermittelt über die Demonstration, die Betonung des Gruppenzusammenhalts, den kollektiven Bruch mit der normalen Ordnung, den er herbeiführt usw. – symbolische Wirkungen hat.

Für die Strategien der Arbeiter ist charakteristisch, dass sie nur als *kollektive,* also bewusste und methodische Strategien wirkungsvoll sind, und das heißt: wenn sie über eine *Organisation* vermittelt sind, deren Aufgabe die Definition der Ziele und die Organisation des Kampfs ist. Schon dadurch ließe sich erklären, warum die Lebens- und Arbeitsbedingungen der Arbeiter tendenziell die *kollektivistischen Dispositionen* begünstigen (im Gegensatz zu den individualistischen), auch ohne die gleichgerichtete Wirkung eines ganzen Ensembles weiterer Faktoren, die für ihre Lebensbedingungen konstitutiv sind: Die Risiken der Arbeitswelt und die Ungewissheit der ganzen Existenz, die zur Solidarität geradezu zwingen, die Erfahrung der (durch Dequalifizierungsstrategien noch verstärkten) Austauschbarkeit der Arbeiter und der Abhängigkeit vom Verdikt des Arbeitsmarkts, die tendenziell die (bei Handwerkern und Angehörigen der freien Berufe so stark ausgeprägte) Vorstellung vom »gerechten Preis« der Arbeit gar nicht erst aufkommen lässt. (Ein weiterer Unterschied zum Handwerker ist der, dass der Arbeiter weniger Möglichkeiten hat, sich selbst etwas vorzumachen und symbolische Gratifikationen in der Vorstellung zu finden, seine Arbeit sei eigentlich mehr wert als ihr Preis und das zwischen ihm und seinen Kunden bestehende Verhältnis sei daher kein über Geld vermitteltes Tauschverhältnis.) Das Fehlen jeglicher »Karriere-Erwartungen« (da sich lange Betriebszugehörigkeit manchmal auch negativ auswirkt) schafft außerdem einen grundlegenden Unterschied zwischen Arbeitern und Angestellten: Diese können in den individuellen Konkurrenzkampf um den Aufstieg investieren, was bei den Arbeitern (trotz der Hierarchien innerhalb der Arbeiterklasse) nur in den kollektiven Kampf investiert werden kann. Die Tatsache, dass diese ihre Stärke und ihren Wert nur kollektiv behaupten können, strukturiert ihr gesamtes Weltbild und stellt ein wichtiges Merkmal dar, das sie vom Kleinbürgertum unterscheidet. In dieser Logik wären, wie Thompson es für das vorindustrielle Zeitalter getan hat, die »Wirtschaftsmoral« der Arbeiterklasse zu analysieren und die Prinzipien zu bestimmen, nach denen die Preisbildung für die Ware Arbeitskraft erfolgt (Verhältnis von Arbeitszeit und Lohn; Lohnvergleich bei gleichwertigen Arbeiten; Verhältnis Bedürfnisse-Familie-Lohn usw.).

Daraus folgt, dass die Macht der Verkäufer von Arbeitskraft grundsätzlich von ihrer Mobilisierung und von ihrer Organisation als mobilisierter Gruppe abhängt, also zumindest teilweise von der Existenz eines (Gewerkschafts-)Apparats, der imstande ist, Ausdrucks-, Mobilisierungs-, Organisations- und Repräsentationsfunktionen zu erfüllen. Damit aber entsteht ein Problem, das die Soziologen noch gar nicht richtig reflektiert haben, nämlich das Problem der Natur von sozialen Gruppen und ihrer Aggregationsformen. Eine erste Aggregationsform ist die der *additiven* oder *rekurrenten Gruppe* (1+1+1 ...): Die herrschenden Strategien sind immer auf das Vorhandensein nicht einer Gruppe, sondern einer Addition von Individuen gerichtet (im 19. Jahrhundert wollen die Arbeitgeber immer mit einzelnen Arbeitern diskutieren, mit jedem für sich); immer wird die Meinungsumfrage oder die geheime Abstimmung gegen die offene Abstimmung oder das Delegiertenprinzip ins Feld geführt; auch die Prämien- und zahlreiche andere Entlohnungssysteme sind lauter Spaltungs-, das heißt Entpolitisierungsstrategien (das Grauen des Bürgers vor dem Kollektiv und sein Kult der Person haben unter anderem hier ihren Ursprung). Die zweite Form ist die *kollektive Mobilisierung.* Das ist die Gruppe, die physisch in ein und demselben Raum versammelt ist und ihre Macht durch ihre Zahl bekundet (daher auch der Kampf um die Zahl – die Polizei redet immer von 10.000 Demonstranten, die Gewerkschaft immer von 20.000). Schließlich gibt es die *Delegation,* das Wort eines Gewerkschaftsvertreters, das zum Beispiel für 500.000 Personen steht (wobei die erste und die zweite Form einander nicht ausschließen). Es ließe sich eine Soziologie und vergleichende Geschichte der Formen und Verfahren der Delegation schreiben (zum Beispiel wird immer betont, dass in der französischen Tradition die Generalversammlung eine Vorrangstellung hat), der Formen der Ernennung von Delegierten und der Merkmale von Delegierten (der CGT-Delegierte zum Beispiel ist eher Familienvater, untersetzt, mit Schnurrbart, seriös und respektabel, schon lange im Unternehmen beschäftigt usw.). Sodann wäre *das Wesen der Delegation* zu untersuchen: Was bedeutet es, ein Ausdrucks-, Repräsentations-, Mobilisierungs- und Organisationsvermögen an jemanden zu delegieren? Wie ist die *stellvertretend* produzierte Meinung beschaffen? Worin besteht die Delegation des Vermögens zur Meinungsbildung, die für das bürgerliche Bewusstsein mit seiner Betonung der »eigenen«, authentischen usw. Meinung – bekanntlich auch nur das verkannte Produkt der gleichen Mechanismen – so schockierend ist?

Dann: Was machen Delegierte? Erweitern oder verengen sie das Spektrum der Forderungen? Worin besteht das Ausdruckshandeln des Sprechers? Erst kommt das Unbehagen, dann die Sprache, um es auszudrücken (man kann sich das so vorstellen wie das Verhältnis des Kranken zum Arzt). Die Sprache liefert das Mittel, um das Unbehagen auszudrücken, *verengt* aber zugleich das Spektrum der Forderungen, die auf der Grundlage eines globalen Unbehagens möglich wären; sie macht das Unbehagen existent, macht seine Aneignung möglich, indem sie es objektiv werden lässt, und enteignet es zugleich (»jetzt tut mir die Leber weh, aber vorher hat's mir überall wehgetan«, »jetzt tut's mir am Lohn weh statt überall, an den Arbeitsbedingungen und überhaupt«). Der Begriff Bewusstseinsbildung kann eine Minimal- und eine Maximaldefinition bekommen: Geht es um das Bewusstsein, das nötig ist, um die Situation zu reflektieren und zum Ausdruck zu bringen (Problem der Enteignung und Wiederaneignung der Ausdrucksinstrumente), den Kampf zu organisieren und zu führen, oder bloß um das Bewusstsein, das nötig ist, um diese Funktionen an Apparate zu delegieren, die zu ihrer Erfüllung im wohlverstandenen Interesse der Delegierenden imstande sind (*fides implicita*)?

In Wirklichkeit ist diese Art der Problemstellung *typisch intellektualistisch:* Es ist die Art Problemstellung, die den Intellektuellen am natürlichsten vorkommt und ihren Interessen am meisten entspricht, da sie sie zur unentbehrlichen Vermittlungsinstanz zwischen dem Proletariat und seiner revolutionären Wahrheit macht.

In Wirklichkeit können, wie Thompson mehrfach gezeigt hat, Bewusstseinsbildung und Revolte das Ergebnis von Prozessen sein, die mit dieser Art revolutionärem Cogito, das sich die Intellektuellen vorstellen, gar nichts zu tun haben (zum Beispiel die Empörung und die Revolte, die aufflammen, wenn es zu Blutvergießen gekommen ist).

Trotzdem bleibt die Mobilisierung der Arbeiterklasse von der Existenz eines symbolischen Apparats zur Produktion von Instrumenten der Wahrnehmung und des Ausdrucks der sozialen Welt und der Arbeitskämpfe abhängig, und zwar in dem Maße, wie die herrschende Klasse unentwegt bestrebt ist, demobilisierende Wahrnehmungs- und Ausdrucksmodelle zu produzieren (zum Beispiel werden heute die Gegner im Arbeitskampf als »Sozialpartner« bezeichnet). Geht man davon aus – wie es bestimmte Texte von Marx nahelegen –, dass Sprache gleich Bewusstsein ist, dann bedeutet die Frage nach dem Klassenbewusstsein auch die Frage nach dem Wahrnehmungs- und Ausdrucksapparat, über den die Arbeiterklasse verfügt, um ihre Lage reflektieren und zur Sprache bringen zu können. Ganz wichtig wäre in dieser Logik eine vergleichende Geschichte des jeweiligen Kampfvokabulars: Welche Wörter werden benutzt (»Arbeitgeber«, »Führungskräfte«), welche Euphemismen (zum Beispiel »Sozialpartner«)? Wie werden diese Euphemismen produziert und verbreitet? (Bekannt ist zum Beispiel die Rolle der französischen Kommissionen für Wirtschaftsplanung bei dieser Euphemismenproduktion und überhaupt bei der Produktion eines kollektiven Diskurses, den sich die Beherrschten dann mehr oder weniger zu eigen machen.)

Was die *Arbeitgeber* angeht, so müssten unter anderem ihre Vorstellungen vom Arbeitskampf und den in ihn eingehenden Interessen untersucht werden (die nicht unbedingt strikt ökonomisch sind, sondern bei denen es vielleicht auch um das Bild geht, das die Unternehmer oder die »Leitenden« von ihrer Autorität und ihrer Rolle haben); ihr Verhältnis zum Staat, der in bestimmten Fällen imstande ist, ihre Interessen gegen sie selbst zu vertreten (oder zumindest die Interessen der Klasse insgesamt gegen die Nachhut dieser Klasse) usw.

Hat man das System der Faktoren bestimmt, von denen die Struktur der Kräfteverhältnisse abhängig ist, wären schließlich die Faktoren zu ermitteln, die die Wirkung dieser Faktoren stärken oder schwächen können; zum Beispiel: die Konjunktur und insbesondere die mehr oder weniger angespannte Lage auf dem Arbeitsmarkt; die politische Situation und das Ausmaß der Repression; die Erfahrungen aus früheren Kämpfen, die bei den Herrschenden die Weiterentwicklung der Manipulationsmethoden fördern, und auch die Kunst, Zugeständnisse zu machen, bei den Beherrschten die bessere Handhabung der proletarischen Kampfformen (und im Zusammenhang damit die Tendenz zur Ritualisierung von Strategien); der Grad der Homo- bzw. Heterogenität der Arbeiterklasse; die Arbeitsbedingungen usw. Erst die – in jeder historischen Situation variierende – Gesamtheit all dieser Faktoren (die im Übrigen nicht alle unabhängig sind) bestimmt den Stand der Kräfteverhältnisse und damit die Strategien zu ihrer Veränderung.

Politische Monopolisierung und symbolische Revolutionen

Am Ende eines Vortrags, den ich 1983 vor dem Verband protestantischer Studenten in Paris gehalten und in dem ich die Logik der politischen Delegierung und die dadurch implizierte Gefahr der Monopolisierung analysiert hatte, schloss ich mit den Worten, »dass die letzte politische Revolution, die Revolution gegen die politische Klerikatur und gegen die in jedem Delegationsakt potentiell enthaltene Usurpation, noch immer aussteht.«

Ich glaube, eine solche Revolution ereignete sich 1989 in den Ländern des Ostens, insbesondere in Polen, mit Solidarność, aber auch in Deutschland, mit dem Neuen Forum, oder in der Tschechoslowakei, mit der Charta 77. Diese Revolutionen, die häufig von Schriftstellern, Künstlern und Wissenschaftlern angeführt wurden, hatten die Form *par excellence* der politischen Monopolisierung im Visier, die von den leninistischen und stalinistischen *Apparatschiks* betrieben wurde unter Berufung auf Konzepte aus der marxistischen Theorie. Damit werfen sie allgemeine Probleme auf, die ich gerne verdeutlichen möchte.

Ich glaube in der Tat, dass, im Gegensatz zu dem, was die Opposition von »Totalitarismus« und »Demokratie« suggeriert, das Sowjetregime, unter dem uns hier interessierenden Blickwinkel, sich nur durch einen *graduellen* Unterschied von dem Parteienregime unterscheidet, das unter dem Namen Demokratie gepriesen wird, und in Wirklichkeit nur dessen Grenzfall darstellt. Das Sowjetregime hat im Marxismus die notwendigen konzeptuellen Instrumente gefunden, um sich das Monopol der legitimen Handhabung des politischen Diskurses und des politischen Handelns zu sichern (wenn diese Übertragung der berühmten Formulierung Max Webers hinsichtlich der Kirche gestattet ist). Ich denke an Erfindungen wie den »wissenschaftlichen Sozialismus«, den »demokratischen Zentralismus«, die »Diktatur des Proletariats« oder, *last but not least*, den »organischen Intellektuellen« als höchsten Ausdruck klerikaler Heuchelei. All diese Konzepte und das dadurch definierte Aktionsprogramm zielen darauf ab, dem die Macht monopolisierenden Mandatsträger eine zweifache – wissenschaftliche und demokratische – Legitimation zu sichern.

Der populistische Szientismus, auf den sich die Partei beruft, sichert ihr zwei konvergente Legitimationsformen: Die marxistische Doktrin als absolute Wissenschaft der sozialen Welt verleiht denjenigen, die ihre Hüter und Garanten sind, die Macht, sich an einem absoluten Standpunkt zu situieren, der gleichzeitig der Standpunkt der Wissenschaft und der Standpunkt des Proletariats ist. Eher als von Totalitarismus, ein Begriff, der nicht viel besagt, sollte man hier von Absolutismus sprechen. Mit Begriffen wie den von mir genannten stattet sich die Partei mit absoluter symbolischer, gleichzeitig epistemokratischer und demokratischer Macht aus. Die Forderung nach Wissenschaftlichkeit und die Forderung nach Repräsentativität verstärken sich gegenseitig, um eine Macht zu begründen, die im Namen des »metaphysischen Proletariats« (wie Kolakowski sagt) über das wirkliche Volk ausgeübt wird. Dank der perfekten Äquivalenzbeziehung zwischen dem Vertreter und den durch ihn Vertretenen (wie Robespierre sie kategorisch behauptet hatte: »Ich bin das Volk«) setzt sich die Monopolpartei ganz einfach an die Stelle des Volkes, das durch sie hindurch spricht und handelt. Die Delegierung an die Partei ist, wie bei Thomas von Aquin, eine *Entäußerung*: Das Volk entäußert seine ursprünglich souveräne Autorität zugunsten der *plenipotenten* Partei (d.h. ausgestattet mit der *plena potentia agendi et loquendi*), die besser als das Volk weiß und macht, was für das Volk gut ist. Das Sowjetregime vermochte (durch eine Art soziologischer Urkundenfälschung) die »Zivilgesellschaft« dem Staat, die Beherrschten den Herrschenden einzuverleiben und verwirklicht damit, in Form einer tatsächlichen Diktatur, die sich als Diktatur des Proletariats ausgibt, den Traum einer Bourgeoisie ohne Proletariat, den Marx der Bourgeoisie seiner Zeit unterstellt hatte.

Die Einzigartigkeit des Sowjetregimes liegt darin, dass es zwei Legitimationsprinzipien miteinander verknüpfte, die auch die demokratischen Regime benutzen, aber jedes für sich, nämlich Wissenschaftlichkeit und demokratische Repräsentativität, indem es sich vor allem auf eine andere metaphysische Erfindung berief, die Idee des Proletariats als universeller Klasse. Es hat die Monopolisierung des Politischen an seine äußerste Grenze getrieben, die Enteignung der Repräsentanten zugunsten der Repräsentierten, und den Tendenzen freien Lauf gelassen, die in die *Delegierung* und in die Funktionslogik auch der »demokratischsten« Parteien und der

Bürokratien mit wissenschaftlichem Anspruch eingeschrieben sind.

Damit kommen wir zu dem Aspekt, der für die jüngsten Revolten in Osteuropa spezifisch ist, die weniger der Französischen Revolution nahestehen, mit der sie aufgrund der Jahreszahl häufig verglichen wurden, als der Reformation, Luthers Kritik an der sakramentalen Rolle der Priesterschaft und der Absicht, die Kirche auf eine bloße *congregatio fidelium* zu reduzieren. In Wirklichkeit speisen sich diese Revolutionen aus einem tiefgehenden Misstrauen gegenüber den von der Französischen Revolution und den sozialen Kämpfen des 19. Jahrhunderts überkommenen Erfindungen, nämlich gegenüber Parteien und Gewerkschaften. Der allgemeine Anstieg des Bildungsniveaus ist die soziale Bedingung der Möglichkeit des praktischen Widerstands gegenüber der bedingungslosen Delegierung, der *fides implicita*, an der allen Klerikalen so gelegen ist, vor allem denjenigen, die vorgeben, die Ärmsten zu repräsentieren, eines Widerstands, der aus der in Osteuropa besonders langwährenden und schmerzhaften Erfahrung der äußersten Konsequenzen des Parteiensystems heraus entstanden war, des »ehernen Gesetzes der Oligarchien«, wie Michels sagte, der Tendenz der Mandatsträger, die mit ihrer Position und der Reproduktion dieser Position verbundenen Interessen vor den Interessen ihrer Mandanten Geltung zu verschaffen.

Die aus der Revolte gegen das Monopol der Politiker geborenen Bewegungen, wenn sie nicht zu einer politisch häufig gefährlichen Form von Apolitismus führen, sind immer instabil und fragil, wie das Beispiel Ostdeutschlands zeigt, wo man in sehr kurzer Zeit von einer hochkomplexen Bewegung des intellektuellen Protests gegen das politische Monopol zu brutalsten Formen der Parteienpolitik nach amerikanischem Vorbild überging. Dies zu einem Teil deshalb, weil die alternativen Bewegungen, sowohl im Westen wie im Osten, nicht über eine Theorie verfügen, die es ihnen erlauben würde, sich untereinander zu verständigen und sich ihrer eigentlichen Berufung entsprechend zu organisieren.

Ich kann nur eine neue Zusammenarbeit zwischen den kritischen Intellektuellen – die nicht nur der sozialen Ordnung, sondern auch sich selbst und all denen kritisch gegenüberstehen, die die soziale Ordnung verändern wollen – und den Bewegungen herbeiwünschen, die im Osten wie im Westen die soziale Welt und die Weisen, die soziale Welt zu denken und umzugestalten, verändern wollen. (Es ließe sich an eine große europäische Konvention denken, die nach dem Modell von Solidarność Intellektuelle und Alternativbewegungen, wie die Grünen, die ökologische und die feministische Bewegung, zusammenbringen würde sowie Vereinigungen und Gruppierungen, die aus dem Kampf gegen das Sowjetregime entstanden sind, wie das Neue Forum, die Charta 77 etc., mit dem Ziel einer »europäischen Koordination« dieser Bewegungen und der Gründung von Arbeitsgruppen, die die neuen Gegenstände der Politik und die Ziele und Methoden einer neuen Form politischen Handelns definieren sollen.)

Nur unter der Bedingung, dass die fundamentalen Fragen der politischen Philosophie, wie die Frage der Delegierung, neu gestellt und die utopische Funktion, die die großen politischen Philosophien der Vergangenheit auf die eine oder andere Weise erfüllt haben, in ihrer ganzen Dignität wiederhergestellt wird, kann man der illusionslosen Akzeptanz der etablierten Ordnung entgehen, wie sie durch den Zusammenbruch der großen politischen Utopien der Vergangenheit befördert wird, ohne aufs neue den politischen Mystikern und Mystifikationen auf den Leim zu gehen, mit denen die politischen Mandatsträger unweigerlich ihre Existenz rechtfertigen werden.

Es ist an der Zeit, die alte Alternative zwischen Utopismus und Soziologismus hinter sich zu lassen und soziologisch begründete Utopien zu präsentieren. Dafür müsste es den Sozialwissenschaftlern gelingen, gemeinsam die Zensur zu sprengen, die sie sich im Namen einer verkürzten Vorstellung von Wissenschaftlichkeit auferlegen zu müssen glauben. Ich habe hier nicht die Zeit, auf die Gründe einzugehen, aus denen die Sozialwissenschaftler auf die Funktion verzichtet haben, die die großen politischen Theoretiker jahrhundertelang innehatten, angefangen mit Brunetto Latini bis hin zu Rousseau, über Budé, Bodin und Machiavelli. Es ist aber bekannt, dass die Entwicklung einer wissenschaftlichen Soziologie sowohl in Europa als auch in den Vereinigten Staaten mit den im 19. Jahrhundert zutage tretenden »sozialen« Problemen und einer »sozialen« oder »sozialistischen« Politik einhergeht. Dieser Zusammenhang ist so offensichtlich, dass man lange Zeit – in manchen Kreisen sicher auch heute noch – Soziologie und Sozialismus miteinander assoziiert hat. Die Sozialwissenschaften mussten der Politik und den Politikern gegenüber erst ihre Unabhängigkeit behaupten, ihre eigenen Wertmaßstäbe durchsetzen und vor allem selbst die Probleme definieren, mit denen sie sich beschäftigen sollten, im eigentlichen Sinne *soziologische* Probleme – im Gegensatz zu »sozialen« oder »politischen« Problemen. In Frankreich erfolgte dies durch Durkheim mit seinen berühmten *Regeln der soziologischen Methode* und durch die allgemeine Reflexion über das Verhältnis von Soziologie und Sozialismus. In einem anderen Kontext entwickelte Max Weber das Konzept der »ethischen« Neutralität oder »Wertfreiheit«, die im Zentrum der soziologischen Ideologie steht. Etwas vereinfachend kann man sagen, dass die Sozialwissenschaften ihren wissenschaftlichen Status (der im Übrigen noch immer umstritten ist) mit einem gewaltigen Verzicht bezahlt haben: Durch eine Selbstzensur, die eine regelrechte Selbstverstümmelung ist – auch ich selbst habe oft genug die Versuchung des Prophetismus und der Sozialphilosophie zurückgewiesen –, machen es sich die Soziologen zur Pflicht, jeden Versuch, eine *ideale* und *globale* Vorstellung von der sozialen Welt zu präsentieren, als einen Verstoß gegen die wissenschaftliche Moral anzuprangern, der seinen Autor diskreditiert. Und es sieht ganz danach aus, als ob die immer strengere Zensur einer wissenschaftlichen Welt, die immer mehr um ihre (wirkliche oder scheinbare) Autonomie besorgt ist, die Forscher immer mehr einschränkt, die, um sich Wissenschaftler nennen zu dürfen, ihre politische Seite unterdrücken und damit die *utopische Funktion* den weniger skrupelhaften und weniger kompetenten unter ihnen überlassen müssen oder den Politikern und Journalisten. Ich glaube, dass diese die politische Überzeugung ruinierende Abdankung der Wissenschaft durch nichts gerechtfertigt und dass der Augenblick gekommen ist, wo die Wissenschaftler es sich schulden, ihre ganze Kompetenz in die Politik einzubringen, um auf Wahrheit und Vernunft gegründete Utopien durchzusetzen.

Um nicht missverstanden zu werden: Es geht nicht darum, den epistemokratischen Anspruch wiederherzustellen, der lange Zeit mit dem Marxismus assoziiert wurde und der unter dem Begriff wissenschaftlicher Sozialismus eines der Fundamente der kommunistischen Regime war. Es geht aber auch nicht darum, denjenigen recht zu geben, die sowohl im Osten wie im Westen sich beeilen, das wissenschaftliche und rationalistische Kind mit dem marxistischen Badewasser auszuschütten. Es geht darum, die Funktion zu behaupten, die immer die Funktion des Intellektuellen war, diejenige nämlich, im politischen Universum zu intervenieren – wie Zola dies getan hatte – mit der Autorität und Kompetenz, die mit der Zugehörigkeit zum autonomen Universum der Kunst, der Philosophie oder der Wissenschaft assoziiert werden. Es besteht keine Antinomie, wie gemeinhin angenommen wird, zwischen Autonomie und Engagement, zwischen Getrenntheit und Zusammenarbeit, die konfliktuös und kritisch sein kann. Im Gegensatz zum Phantasma des »organischen Intellektuellen«, der Ideologie der Kulturproduzenten des Apparats, ist der authentische Intellektuelle fähig zu einer *Zusammenarbeit in der Getrenntheit.* Denn im Unterschied zu denjenigen, die alles dem Apparat verdanken, mitunter sogar ihre vermeintliche intellektuelle Autorität (wie im Falle Stalins, der sich in die Linguistik einmischte), verdankt er nur sich selbst und seinen Werken (und nicht wie gewisse Essayisten seinen politischen Manifestationen oder journalistischen Auslassungen) seine intellektuelle Autorität und eine Kompetenz, in deren Namen er, auf eigene Rechnung und Gefahr, sich in die Politik einmischt (so wie in jüngster Zeit Chomsky oder Sacharov und viele andere vor ihnen).

Um ein letztes Missverständnis zu zerstreuen, muss ich etwas sagen, dass denjenigen, die meine Arbeiten über die intellektuelle Welt gelesen haben, bereits bekannt ist: Es versteht sich von selbst, dass der Intellektuelle wie alle anderen sozialen Akteure eigene Motivationen und Interessen hat und dass auch mit Bezug auf seine Person, für den Fall, dass er selbst nicht dazu in der Lage wäre, die kritische Wachsamkeit angesagt ist, die die Kenntnis der spezifischen Mechanismen der intellektuellen Welt gebietet. Auch die »République des Lettres« ist wie jede Republik ein Universum, in dem Kämpfe ausgetragen werden, Interessen miteinander konfrontiert sind und Herrschaft ausgeübt wird, und die »lautersten« Handlungen können von weniger lauteren Motiven eingegeben sein. So ist erwiesen, dass diejenigen, die Max Weber zur »proletaroiden Intelligenz« zählte, die kleinen Intellektuellen, die Halbgelehrten, im Laufe der Geschichte in der politischen Intervention häufig die Gelegenheit zur Revanche gefunden haben gegenüber denjenigen, die die intellektuelle Welt beherrschen. (Ich denke hier an die Arbeiten Robert Darntons über die Rolle der Bohème-Intelligenz in der Französischen Revolution oder an die zahlreichen Arbeiten, in denen die Rolle der kleinen Intellektuellen, einer geradezu »gefährlichen Klasse«, in so unterschiedlichen Bewegungen wie dem Nationalsozialismus, dem Stalinismus, insbesondere dem Schdanowismus, oder der Chinesischen Revolution analysiert wurde.) Daraus wird ersichtlich, dass eine der wichtigsten Bedingungen für eine wirkliche *Realpolitik* der Vernunft die soziologische Kritik der intellektuellen Institution ist, der verborgenen Interessen, die die politischen Akteure, als von ihren Mandanten abgeschnittene Mandatsträger, in ihre Handlungen einfließen lassen, ohne einen anderen Typ von Interessen zu vergessen, den die sogenannten freien Intellektuellen, *free lance*, in ihre Kritik der Funktionäre einfließen lassen, wie man gegenwärtig in Russland beobachten kann. Ich will nur ein Beispiel aus der Geschichte nehmen für diese – ihren eigenen Trägern verborgenen – Interessen, die nach außen hin völlig uneigennützige politische Handlungen beeinflussen können. Wie wir wissen, haben seit der Renaissance zahlreiche Autoren die *vera nobilitas* gefeiert, die die Tugend oder Weisheit und Wissenschaft verleihen. Aber diese subversive Kritik des erblichen Adels hörte meistens da auf, wo dieselben Autoren (zum Beispiel Lawrence Humphrey in *The Nobles or Of Nobility*) beobachteten, dass wie durch Zufall die neuen Tugenden bei den Adligen heller glänzten als bei den gemeinen Leuten. Das ist heute nicht anders, wenn die Besitzer von kulturellem Kapital keine Konsequenzen daraus ziehen, dass die von ihnen gepriesene »Intelligenz« häufiger bei den Sprösslingen gebildeter Familien anzutreffen ist. Dieser »Rassismus der Intelligenz« kann vielen scheinbar generösen Stellungnahmen im kulturellen und politischen Bereich zugrunde liegen, vor allem der Tendenz, universelle Tugenden zu preisen oder einzuklagen und dabei zu vergessen, dass daran gearbeitet werden sollte, die ökonomischen und sozialen Bedingungen des Zugangs zu diesen universellen Tugenden zu universalisieren. Alles in allem, und damit will ich schließen: Keiner darf von der soziologischen Kritik ausgenommen werden, auch und vor allem nicht die kritischen Intellektuellen.

Nachweise

Politik denken

Penser la politique
Actes de la Recherche en Sciences Sociales 71/72, 1988, S. 2-3.
Deutsche Erstveröffentlichung.
Übersetzt von Eva Kessler.

Beschreiben und Vorschreiben

Die Bedingungen der Möglichkeit politischer Wirkung und ihre Grenzen

Décrire et préscrire. Note sur les conditions de possibilité et les limites de l'efficacité politique
Actes de la Recherche en Sciences Sociales 36/37, 1981, S. 69-73.
Auch in Pierre Bourdieu, *Ce que parler veut dire. L'économie des échanges linguistiques*, Paris: Fayard, 1982, S. 149-161.
Zuerst deutsch in Pierre Bourdieu, *Was heißt sprechen? Zur Ökonomie des sprachlichen Tausches*, Wien: Braumüller, 2. Aufl., 2005, S. 104-114. Mit freundlicher Genehmigung.
Übersetzt von Hella Beister.

Delegation und politischer Fetischismus

La délégation et le fétichisme politique
Actes de la Recherche en Sciences Sociales 52/53, 1984, S. 49-55.
Auch in Pierre Bourdieu, *Choses dites*, Paris: Minuit, 1987, S. 185-202.
Zuerst deutsch in *Ästhetik und Kommunikation* 61/62, 1986, S.184-195.
Auch in Pierre Bourdieu, *Rede und Antwort*, Frankfurt: Suhrkamp, 1992, S. 174-192.
Übersetzt von Bernd Schwibs.

Die politische Repräsentation

Elemente einer Theorie des politischen Feldes

La représentation politique. Éléments pour une théorie du champ politique.
Actes de la Recherche en Sciences Sociales 36/37, 1981, S. 3-24.
Zuerst deutsch in *Berliner Journal für Soziologie* 1, 1991, Nr. 4, S. 489-515. Vom Autor überarbeitete Fassung in Pierre Bourdieu, *Das poli-*

tische Feld. Zur Kritik der politischen Vernunft, Konstanz: UVK, 2001, S. 67-114.
Übersetzt von Roswitha Schmid.

Das politische Feld
Le champ politique
Pierre Bourdieu, *Propos sur le champ politique*, Lyon: Presses universitaires de Lyon, 2000, S. 49-80.
Zuerst deutsch in Pierre Bourdieu, *Das politische Feld. Zur Kritik der politischen Vernunft*, Konstanz: UVK, 2001, S. 41-66.
Übersetzt von Roswitha Schmid.

Sozialer Raum und politisches Feld
Espace social et champ politique
Pierre Bourdieu, *Propos sur le champ politique*, Lyon: Presses universitaires de Lyon, 2000, S. 93-97.
Zuerst deutsch in Pierre Bourdieu, *Das politische Feld. Zur Kritik der politischen Vernunft*, Konstanz: UVK, 2001, S. 127-132.
Übersetzt von Roswitha Schmid.

Der Begriff »Volk« und sein Gebrauch
L'usage die »peuple«
Pierre Bourdieu, Choses dites, Paris: Minuit, 1087, S. 178-184.
Zuerst deutsch in Pierre Bourdieu, *Rede und Antwort*, Frankfurt: Suhrkamp, 1992, S. 167-173.
Übersetzt von Bernd Schwibs.

Politische Fragen
Questions de politique
Actes de la Recherche en Sciences Sociales 16, 1977, S. 55-89.
Teile in Pierre Bourdieu, *La distinction. Critique sociale du jugement*, Paris: Minuit, 1979, S. 463-511.
Zuerst deutsch in Pierre Bourdieu, *Die feinen Unterschiede. Kritik der gesellschaftlichen Urteilskraft*, Frankfurt: Suhrkamp, 1982, S. 620-685.
Übersetzt von Bernd Schwibs und Achim Russer.
Originaltextliche Ergänzungen übersetzt von Bernd Schwibs.

Bildung und Politik
Culture et politique
Pierre Bourdieu, *Questions de sociologie*, Paris: Minuit, 1980, S. 236-250.
Zuerst deutsch in Pierre Bourdieu, *Soziologische Fragen*, Frankfurt: Suhrkamp, 1993, S. 224-238.
Übersetzt von Hella Beister.

Die öffentliche Meinung gibt es nicht
L'opinion publique n'existe pas
Les temps modernes 29, 1973, Nr. 318, S. 1292-1309.
Auch in Pierre Bourdieu, *Questions de sociologie*, Paris: Minuit, 1980, S. 222-235.
Zuerst deutsch in Pierre Bourdieu, *Soziologische Fragen*, Frankfurt: Suhrkamp, 1993, S. 213-223.
Übersetzt von Hella Beister.

Die Doxosophen
Les doxosophes
Minuit 1, 1972, S. 26-45.
Auszugsweise in Pierre Bourdieu, *Interventions 1961-2001*, Marseille: Agone, 2002, S. 84-85 und Bourdieu, *Interventionen 1961-2001*, Bd. 1, Hamburg: VSA, 2003, S. 89-90.
Deutsche Erstveröffentlichung.
Übersetzt von Eva Kessler.

Meinungsforschung – Eine »Wissenschaft« ohne Wissenschaftler
Le sondage: une »science« sans savant
Zuerst als »Remarques à propos de la valeur scientifique et des effets politiques des enquêtes d'opinion«, *Pouvoirs. Revue Française d'Études Constitutionnelles et Politiques* 33, 1985, S. 131-139.
Auch in Pierre Bourdieu, *Choses dites*, Paris: Minuit, 1987, S. 217-224.
Zuerst deutsch in Pierre Bourdieu, *Rede und Antwort*, Frankfurt: Suhrkamp, 1992, S. 208-216.
Übersetzt von Bernd Schwibs.

Politik, Sozialwissenschaften und Journalismus
Champ politique, champ des sciences sociales, champ journalistique
Cahiers du Groupe de Recherche sur la Socialisation 15, 1996, Lyon: Université Lumière Lyon 2, S. 5-31. Leicht gekürzte Fassung.
Deutsche Erstveröffentlichung.
Übersetzt von Eva Kessler.

Im Banne des Journalismus
L'emprise du journalisme
Actes de la Recherche en Sciences Sociales 101/102, 1994, S. 3-9.
Zuerst deutsch in Pierre Bourdieu, *Über das Fernsehen*, Frankfurt: Suhrkamp, 1998, S. 103-121.
Übersetzt von Achim Russer.

Das Mysterium des *ministerium*
Le mystère du ministère
Actes de la Recherche en Sciences Sociales 140, 2001, S. 7-11.
Deutsche Erstveröffentlichung.
Übersetzt von Eva Kessler.

Streik und politisches Handeln
La grève et l'action politique
Pierre Bourdieu, *Questions de sociologie*, Paris: Minuit, 1980, S. 251-263.
Zuerst deutsch in Pierre Bourdieu, *Soziologische Fragen*, Frankfurt: Suhrkamp, 1993, S. 239-251. Mit freundlicher Genehmigung.
Übersetzt von Hella Beister und Bernd Schwibs.

Politische Monopolisierung und symbolische Revolutionen
Monopolisation politique et révolutions symboliques
Pierre Bourdieu, *Propos sur le champ politique*, Lyon: Presses universitaires de Lyon, 2000, S. 99-107.
Zuerst deutsch in Pierre Bourdieu, *Das politische Feld. Zur Kritik der politischen Vernunft*, Konstanz: UVK, 2001, S. 133-140.
Übersetzt von Roswitha Schmid.

Editorische Anmerkungen

Eine Zusammenstellung der Schriften Bourdieus zur »Politik« steht vor ähnlichen Problemen wie jeder Versuch, seine Arbeiten unter Bewältigung der schieren Masse an Publikationen thematisch halbwegs sinnvoll einzugrenzen. Beides, die enorme Produktivität des Autors und der – akademisch ausgedrückt – stark »interdisziplinäre« Charakter des Werks, stellt immer wieder vor Herausforderungen. Dazu kommt meist noch das Problem, dass Bourdieu viele seiner Schriften und Vorträge für die Veröffentlichung von Sammelbänden oder fremdsprachigen Publikationen bisweilen mehrfach überarbeitet hat, so dass eine »kritische« Edition jeden unakademisch vernünftigen Zeitrahmen ohnehin sprengen würde. Ob dieser Zwang zur Selbstbeschränkung in jedem Fall auch mit der Kunst zur Selbstbeschränkung zusammenfällt, wird letztlich das Publikum entscheiden müssen. Hier lässt sich nur die editorische Perspektive transparent machen.

Sie beruht zunächst auf der ganz grundsätzlichen Entscheidung, den eminent »politischen« Zug der bourdieuschen Soziologie nur in zwar etwas schematischer, aber doch notwendiger Abgrenzung zu den »politischen Stellungnahmen« präsentieren zu können. Die intellektuellen Wortmeldungen Bourdieus bilden eine eigene »Schriftgattung« und sind seit geraumer Zeit mit der im Jahr 2002 herausgegebenen Sammlung *Interventions, 1961-2001* bestens dokumentiert. Eine weitere, etwas problematischere Abgrenzung betrifft die hier vorgenommene Trennung der Schriften zur Politik von denen zum Staat: Bourdieus verhältnismäßig schmale »Staatssoziologie« setzt zwar werkbiographisch gut ein Jahrzehnt nach der »politischen Soziologie« ein, greift aber an entscheidenden Stellen auf Gedankenmotive zurück, die letztlich beiden Argumentationssträngen zugrunde liegen und im Kern eine Analyse der »Monopolisierung symbolischer Gewalt« vortragen, in denen immer soziale Herrschaftsverhältnisse »eingelagert« sind. Das Bindeglied dieser zwei Komplexe, Bourdieus »ideologiekritische« Studien, lässt sich vor diesem Hintergrund »thematisch« dem einen oder anderen Gegenstandsbereich zuordnen – insbesondere Bourdieus spätere Entscheidung, seine Schriften zur Sprachkritik zusammen mit den

»politischen« Arbeiten unter dem Titel *Langage et pouvoir symbolique* nochmals herauszugeben, ist ein deutlicher Hinweis auf diesen so schwer zu trennenden Zusammenhang.

Angesichts dieser Sachlage haben sowohl für die Aufteilung der »Schriften zur Politischen Ökonomie« als auch den Entschluss, die »ideologiekritischen« Arbeiten ebenfalls aufzuteilen, die große Studie *La production de l'idéologie dominante* dem »Staat«, die anderen der »Politik« zuzuschlagen, Erwägungen der Proportionalität den Ausschlag gegeben: Mit »Staat« und »Politik« gemeinsam wäre ein zu umfangreicher Band entstanden, Bourdieus »rein« theoretische Schriften zum Staat alleine hätten schon optisch die hohe Verweisungsdichte dieser »Sphäre« im bourdieuschen Universum geschmälert. Das Ergebnis dieser Überlegungen ist deshalb eine Sammlung von Schriften zum Staat, die auch den Überschneidungsbereich von bürokratischen, ökonomischen und politischen Eliten, das »Feld der Macht« mit seinen »symbolischen Monopolbildungsinstanzen« integriert, und eine Ausgabe der »reinen« politischen Soziologie mit einer darauf verweisenden Perspektivität, wie sie hier nun vorliegt.

Bourdieu hat, wie auch im Fall seiner religionssoziologischen Studien, keine Monographie zur »Politik« veröffentlicht und offenbar auch nicht angestrebt. Außerdem ist seine »Soziologie der Politik« beim ersten Hinsehen eine verhältnismäßig späte Errungenschaft der bourdieuschen Theorieproduktion. Die Studien in Algerien und dem Béarn liegen schon zwanzig Jahre zurück, die »Bildungssoziologie«, der Entwurf einer »Theorie der Praxis« sind längst im Diskurs, der Begriff des »Habitus«, das über seine Religionssoziologie vermittelte Paradigma des »Feldes« bereits in seinen Arbeiten zum »Markt symbolischer Güter« weitergereift. Gleichzeitig befindet sich Bourdieu auf einem ersten Höhepunkt seiner Ausstrahlungskraft – die »politische Soziologie« fällt in die Zeit kurz nach Veröffentlichung von *La distinction* und *Le sens pratique*, den zentralen Stellungnahmen seiner »empirischen Theorie« der sozialen Welt. Aber gerade hier zeigt sich ihr zunehmend systematischer Zug: Bourdieus Schriften und Vorträge zum »politischen Feld«, meist in der ersten Hälfte der achtziger Jahre erschienen, bündeln die Erfahrungen früherer Forschungen und Konzepte derart eigenwillig, dass dabei eine epistemologisch hoch reflektierte, sprachkritisch aufgeladene Darstellung des »Politischen« entsteht, die aber gleichzeitig einen ebenso massiv »kulturtheoretischen« wie »klassentheoretischen« Einschlag besitzt.

Das Kernstück dieser Auseinandersetzung bilden zweifellos die beiden Themenhefte »La représentation politique« der *Actes de la recherche en sciences sociales* aus dem Jahr 1981, in denen nicht nur ein breites Möglichkeitsspektrum soziologischer und historischer Analysen von Politik aufgezeigt wird, sondern auch Bourdieu selbst zwei seiner entscheidenden Einträge in diesem Bereich vornimmt: *La représentation politique*, diese »Elemente einer Theorie des politischen Feldes«, reiht an die Skizze der »Monopolmechanismen« der »politischen Vernunft« eine »Feldtheorie« der Politik, die gleichzeitig mit der klassentheoretischen Brechung ihres Verhältnisses operiert, *Décrire et préscrire* stellt diese Beziehung auf den noch fundamentaleren, historisch-praktischen »Konsens« von staatlich-politischen und sozialen Strukturen der gesellschaftlichen Wahrnehmung ein.

Mit diesem Argumentationszusammenhang ist Bourdieus »politische Soziologie« weitgehend abgesteckt. Sie entfaltet im Wesentlichen drei ständig ineinandergreifende, deshalb auch nur notdürftig thematisch kategorisierbare Gedankenmotive, deren jeweilige Ausarbeitungen hier allerdings gerade unter diesem »theoretischen« Aspekt zusammengefasst wurden. Das beginnt auf der einen Seite mit dem grundlegenden materiellen und symbolischen Enteignungsprozess, der mit der historischen Konstitution einer Sphäre des »Politischen« einhergeht, den Konsequenzen der politischen Professionalisierung und der monopolisierenden Durchsetzung einer politischen »Weltsicht«, deren Macht bis hinein in die sprachlichen Ausdrucksformen und Ausdrucksmöglichkeiten reicht – in seiner Einführung zum Themenheft »Penser la politique« der *Actes de la recherche* hat Bourdieu die sich von da aus eröffnenden Perspektiven noch einmal dargestellt, *Décrire et préscrire* ist eine Art epistemologische Gründungsschrift dazu, *La délégation et le fétichisme politique*, erschienen in einer weiteren »politischen« Nummer der *Actes*, zeigt diesen Prozess bei der Arbeit.

Auf der anderen Seite Bourdieus Theorie des »politischen Feldes«. *La représentation politique*, die für diesen Zusammenhang zentrale Schrift, schlägt nicht nur den Bogen von seiner »Entfremdungskritik« des Politischen zu den Mechanismen der politischen Sphäre selbst, sondern reiht diese, trotz aller Besonderheiten, in Bourdieus

»Theorie der symbolischer Güter«, den großen Kreis von Feldern der »Kulturproduktion« ein. Der sehr viel später gehaltene Vortrag *Le champ politique* präsentiert diesen Entwurf noch einmal an seinen wesentlichen Stellen verdichtet, *Éspace social et champ politique* setzt einen etwas anderen Schwerpunkt, versucht die strukturierte Relationalität dieses spezifischen Feldes der »Kulturproduktion« zur sozialen Struktur seiner »Konsumenten« zu benennen.

Schließlich ist hier der Verweis auf einen dritten, eindeutig »kulturtheoretischen«, und bei Bourdieu damit auch notwendig klassentheoretischen Komplex politischer Fragen gegeben. In dieser Richtung zentral ist dabei sicher die empirische Studie *Questions de politique*, die 1977 in *Actes* veröffentlicht wurde und dann erweitert unter dem Titel *Culture et politique* als ein Abschnitt von *La distinction* erscheint – anhand der Ergebnisse »politischer Fragen« von Meinungsforschungsinstituten wird hier die ganze Logik der sozialen Bedingtheit »persönlicher Meinungen«, von Klassenethos und politischen Affinitäten durchgespielt, der Vortrag »Bildung und Politik«, veröffentlicht in *Questions de sociologie*, ist eine Kurzfassung der dort gewonnenen Erkenntnisse und interpretiert die generelle politische Enteignung in ihrer Dimension als klassenspezifisch verschärften Ausschluss von den Reproduktionsmöglichkeiten des politischen Diskurses.

Stärker von der sozialen Verteilung seiner »Produktionsmöglichkeiten« her gedacht sind *Les doxosophes* und der Vortrag *L'opinion publique n'existe pas*, beide veröffentlicht schon Anfang der siebziger Jahre, in denen bereits der ganze Zuschnitt der Frageperspektive, des Verhältnisses von »politischer« und »sozialer« Artikulation aufgefächert wird. Der Beitrag *Le sondage, une »science« sans savant* bringt diesen Zusammenhang nochmals in eine wissenschaftskritische Form, beleuchtet den bewusstlosen Beitrag der »Meinungsforschung« zur Zementierung dieser ungleichen Diskursverhältnisse, der Vortrag *Champ politique, champ des sciences sociales et champ journalistique* zeigt diesen Mechanismus wieder auf der »gesellschaftskritischen« Ebene einer unbewussten Komplizenschaft des Feldes der »Meinungsproduktion«. Hier und in seinem praktisch zeitgleich erschienenen Essay *L'emprise du journalisme* wird die Grenze zur »Zeitkritik« durchlässig, ohne allerdings in politische »Stellungnahmen« umzuschlagen.

Eine letzte Abteilung von Schriften und Vorträgen variiert diese drei stark ineinandergeschobenen Motive im Hinblick auf die Möglichkeiten und Grenzen politischen Handelns. Auch hier stellt Bourdieu den »genetischen« Zusammenhang von sozialen Gruppen und Gruppenidentität gerade dort heraus, wo die Häufung ökonomischer und politischer Deprivation ganz besonders augenfällig wird, seine frühen Ausführungen zum Streik als ambivalente Form des gleichzeitig »politischen« und »ökonomischen« Kampfes um »Anerkennung«, in der eine subtile Form von »Arbeitssoziologie« anklingt, werden dann abgeschlossen von der mit dem Zusammenbruch »kommunistischer« Regime neu gestellten Frage über die Veränderbarkeit der historischen Dimension des politischen Deprivationsprozesses – Bourdieus politische Soziologie ist hier wiederum, trotz ihrer Reflexionsdichte, zeitnah und zeitgenössisch.

Die vorliegende Sammlung besitzt also eine grundsätzlich thematische Ausrichtung, obwohl die Chronologie dieser Arbeiten damit nicht immer zusammenfällt. Ein Teil der Schriften ist »genuin« an der »politischen« Welt als einer »sozialen« Welt interessiert, ein Teil eher am Verhältnis dieser beiden Welten, die in einem kollektive und historische Dimension dieses Verhältnisses, eine Art »Sozialanthropologie« der symbolischen »Übereignung«, steht dabei immer im Hintergrund – die Interessen überkreuzen sich hier und sind dabei immer auch in Bourdieus sukzessive Theorieentwicklung verstrickt. Eine thematische Gewichtung folgt diesen Perspektiven auch, um ihre Überschneidungsbereiche veranschaulichen zu können.

Die Erzwungenheiten dieser Zusammenstellung halten sich deshalb in Grenzen. Zwar hätte die Arbeit über den Begriff des »Volkes« auch anderswo ihren Platz finden können. Sie zielt aber nicht zuletzt auf einen Zusammenhang, der von den Feldern der »Kultur« aus auf »Politik« fokussiert wird. Umgekehrt ist der Anhang in *Raisons pratiques* über die »sowjetische« Variante der sozialen Schichtung und ihr Konnex mit der Verfügung über politisches Kapital ohne Zweifel vor einem »klassentheoretischen« Hintergrund zu lesen. Dasselbe gilt für *Espace social et genèse des »classes«*, obwohl hier die Entscheidung sehr viel schwerer fiel, weil gerade die handfeste politische Arbeit an der Konstruktion von Klassenbildern prominent herausgestellt wird, in den Schriften zu »Klassen und Klassifikationen« die grundlegende Intention des Textes allerdings besser aufgehoben war. Dafür schienen die beiden Arbeiten zum Journalismus, die sich zunächst auch für die Darstellung eines Aspektes der Felder der »Kulturproduktion« angeboten hätten, gerade aufgrund ihrer »politischen« Zielrichtung in dieser Sammlung besser kontextualisiert. Die kurze Arbeit *La mystère du ministère*, 2001 in den *Actes* erschienen, ist eine überarbeitete Zusammenfassung der beiden Texte zu den »Formen politischen Handelns« und der »Antinomie des kollektiven Protests«, die den im Universitätsverlag Konstanz erschienenen Band *Das politische Feld* abgeschlossen hatten – die Abweichungen sind zwar nicht ausgesprochen gravierend, die alten Fassungen, ein Vortrag von 1973 und eine Notiz in einer Sammlung zu Ehren von Albert Hirschman aus dem Jahr 1986, wurden allerdings von Bourdieu bewusst gekürzt und erweitert. Gekürzt um den Interviewteil wurde von den Herausgebern *Le champ politique*, um einen längeren Literaturhinweis und eine große Parenthese der Vortrag über das Verhältnis von politischem, sozialwissenschaftlichem und journalistischem Feld.

Zwingend erschien umgekehrt die Aufnahme der *Questions de politique* in Bourdieus »politische Schriften«. Auch wenn annähernd zwei Drittel des Textes fast identisch in *La distinction* eingegangen sind, nur einzelne Formulierungen ausgetauscht, selten Fußnoten gestrichen oder in den Text übernommen wurden, haben wir mit dieser Studie einen ganz entscheidenden Baustein der politischen Soziologie Bourdieus vor uns: Er hebt die vorausgegangenen ideologiekritischen Untersuchungen nicht nur auf ein höheres Abstraktionsniveau, sondern nimmt mit seiner umfassenden empirischen Illustration des Gegenstandes auch die Darstellungsweise der *Feinen Unterschiede* vorweg. Dass dort die Frage dann noch stärker »klassentheoretisch« erweitert wird, hier aber ein eigenes, abschließendes Kapitel über die »genuin« politischen Enteignungsprozesse vorhanden ist, hat diese editorische Entscheidung zusätzlich erleichtert.

Die Übersetzungen folgen prinzipiell der deutschen Erstveröffentlichung. Wo der Text nach der alten Rechtschreibung gestaltet war, ist eine behutsame Anpassung an die »Muss«-Regeln vorgenommen worden, zudem sind etwaige Druckfehler bereinigt. Eine bedeutsamere Entscheidung betrifft die Frage der zitierten Übersetzungen und die Anmerkungen der Übersetzer. Die Ausgabe verzichtet auf nicht im Original enthaltene, weitergehende Hinweise zu deutschsprachigen Übersetzungen Bourdieus und beschränkt sich auf die Anführung deutschsprachiger Originale der zitierten Texte. Anderssprachige Veröffentlichungen werden zwar in ihrer, wenn vorhandenen, deutschen Übersetzung im Wortlaut wiedergegeben, aber nicht gesondert aufgeführt. Aus einem ähnlichen Grund, nämlich der Vermeidung vermeintlicher Objektivität, sind auch die Anmerkungen der Übersetzer weggefallen: Begriffserläuterungen zu französischen Institutionen, Personen, historischen Ereignissen scheinen dem Leser zunächst zwar weiterzuhelfen, dämpfen aber nicht nur den massiven Abstraktionsdruck, der von Bourdieus Schriften bisweilen ausgeht, sondern umgekehrt auch den dort oft gewollten Aufruf eigener Erfahrung – man muss nicht wissen, dass die CGT eine früher den Kommunisten nahestehende und damals ausgesprochen mächtige französische Gewerkschaft war, wenn es um den Akt des Empfangs ihrer Führer im Matignon, dem Sitz des französischen Premierministers, geht, dass die UDF Partei der bürgerlich-liberalen Mitte ist und der RPR die Neo-Gaullisten »vertritt«, um die Logik des hinter den Zeichen und Kürzeln arbeitenden politischen Spiels nachempfinden zu können, dass der Kongress von Tours 1920 die Spaltung von Sozialisten und Kommunisten besiegelte oder der Kongress der Sozialistischen Partei in Rennes 1990 aufgrund seiner heillosen Gruppenstreitigkeiten berüchtigt wurde, um die vorgetragene Argumentation einleuchtend werden zu lassen. Für den daran interessierten Leser steht im abschließenden Band der Schriftenreihe neben Bibliographie und Register auch ein Glossar der wichtigsten Institutionen, Personen und historischen Daten zur Verfügung, auf die Bezug genommen wird.

Eine andere, ebenso praktische Frage der Veranschaulichung betrifft die editorisch grundsätzlich angestrebte Verwendung des ursprünglichen Bildmaterials. Sie hätte sich in diesem Fall fast erledigen müssen: Nur die Arbeit *La représentation politique* war anfangs mit visuellen Elementen ausgestattet, kommentierten Photos politischer »Szenen«, Kopien von Zeitungsausschnitten, Einschüben von Interviews. Diese für Bourdieus *Actes de la recherche en sciences sociales* typische Darstellungsweise wurde allerdings schon in der ersten deutschen Übersetzung auf den bloßen Text reduziert, die von Bourdieu selbst noch überarbeitete Grundlage für die zweite deutsche Publikation ging von diesem Stand aus. Dennoch sollte in der jetzigen Fassung eine Ahnung der durchaus »dialogischen« Form von Text und Bild vermittelt werden. Deshalb ist das gesamte frühere Bildmaterial in dieser Ausgabe wieder präsent. Für Informationen dazu danken wir Marie-Christine Rivière am *Centre de sociologie européenne* in Paris.

Für die vorliegende Edition der Schriften Bourdieus zur »Politik« hat der Suhrkamp Verlag sechs Übersetzungen aus den damals von Bourdieu konzipierten Sammelbänden *Soziologische Fragen* und *Rede und Antwort* beigesteuert, ein Text ist dem Band *Über das Fernsehen* entnommen, Teile der Studie *Politische Fragen* stammen aus *Die feinen Unterschiede*, ein weiterer Beitrag wurde aus dem vom Wilhelm Braumüller Verlag veröffentlichten Buch *Was heißt sprechen?* zur Verfügung gestellt. Die der Gesamtkonzeption zugrunde liegende Ausgabe von Schriften aus dem Universitätsverlag Konstanz, *Das politische Feld*, die wesentlich dem von Philippe Fritsch herausgegebenen Band *Propos sur le champ politique* gefolgt war, hatte damals die Romanistin Roswitha Schmid übersetzt. Sie ist im Januar 2006 bei einem Bergunfall in den Anden ums Leben gekommen. Ihr ist dieser Band gewidmet.

St. Gallen, im September 2009

Stephan Egger
Franz Schultheis

Stephan Egger

Sprechen, teilen, herrschen

Zur Dimensionierung der »Politischen Soziologie« Pierre Bourdieus

Die Soziologie ist in ihren Anfängen eine »Krisenwissenschaft« gewesen und bis heute eine »politische« Wissenschaft geblieben. Wenn ihr, wie damals Max Weber die Aufgabe umschreibt, das »konventionell Selbstverständliche« zum Problem werden müsse, dann beginnt fast zwangsläufig ihr politischer Zug dort, wo im »unvordenklich Gegebenen«, dem sie ihre Kategorien abzuringen versucht, immer sozial geordnete und symbolisch geweihte Herrschaftsverhältnisse zum Ausdruck kommen. Bourdieus Soziologie ist in dieser Hinsicht »politische« Soziologie von Anfang an, sie überschreitet in jedem der Gegenstandsbereiche, denen sie sich zuwendet, nicht nur das Alltagsdenken, sondern auch die epistemologischen Grenzen der eigenen Wissenschaft.

Seine »Politische Soziologie« macht dabei keine Ausnahme: Von den frühen Untersuchungen über die unbewusst exklusiven Voraussetzungen der politischen Meinungsumfragen und ihrer in der politischen »Delegation« verschärft wiederkehrenden Enteignungsprozesse über seine Ökonomie des »politischen Feldes«, die den demokratietheoretischen Konsens des *homo politicus* in der relativen Eigenlogik einer politischen Sphäre auflöst, bis hin zu seiner Anatomie des »Staatsadels«, mit der sich die Umrisse eines »Feldes der Macht« zu zeigen beginnen, steckt Bourdieu erkennbar mehr ab als den weiten Rahmen eines Sachgebiets – seine politische Soziologie ist gerade deshalb so eminent »politisch«, weil sie an das untrennbar gleichursprüngliche Verhältnis von sozial verfasster Macht und kollektivem Glauben erinnert, und die demgegenüber errungene Reflexivität zeigt immer wieder augenfällig, wie sehr gerade die Bildung von »Kategorien« als Ergebnis und Einsatz der Kämpfe um die geltende Deutung des Gegenstandes am Zustandekommen der über ihn geteilten Illusionen mitwirken.

Und es ist nicht zuletzt dieser scharf »epistemologische« Zug, der Bourdieus politische Soziologie eine geradezu spektakuläre Distanz zu allen Spielarten der »Politikwissenschaft« oder »Politischen Theorie« und gleichzeitig zu den Vorstellungen hinter der politischen Umgangssprache, zum historisch und sozial oktroyierten *common sense* über das aufbauen lässt, wozu »Politik« etwas sagen will, wie »Politik« zu deuten ist, was »Politik« bedeutet. Die Tatsache, dass wir es mit einem Gegenstand zu tun haben, der seit Anbeginn des modernen Staates »Politik« als »Technik« oder »Kunst« des Regierens mit einer entstehenden »Politischen Ökonomie« als »Moralwissenschaft« verbindet, der im Zuge der ökonomischen, sozialen und politischen Umwälzungen des Absolutismus dann eine eigene, »politische« Sphäre herausbildet, deren konkurrierende Sicht und Einteilung der sozialen Welt eigene, kollektive Kräfte bündeln kann, und dass in diesem Beziehungsgeflecht immer mehr jener »politisch voll erzogene Mensch« hervorgebracht wird, mit dem dann eine »Wissenschaft« von der Politik »rechnet« – diese Tatsache ist für Bourdieu zunächst nur Hintergrund einer »empirischen Ideologiekritik«, die hier ebenso sprachkritisch wie kulturtheoretisch auftritt.

Die Ordnung des Diskurses: »Politische Fragen« und das »Feld der Ideologieproduktion«

Tatsächlich nimmt Bourdieus politische Soziologie von dieser ideologiekritischen Linie ihren Ausgang. Zu Beginn der siebziger Jahre, als mit *La reproduction* die bildungssoziologischen Studien ihren vorläufigen Abschluss finden und sich auch ihr kulturtheoretischer Horizont in Untersuchungen wie *L'amour de l'art* oder *Un art moyen* abzuzeichnen begonnen hat, setzt bei Bourdieu eine Kritik der »symbolischen Ordnungen« ein, die sich theoretisch dem Konzept eines »Feldes symbolischer Güter« annähert, empirisch aber wesentliche Erscheinungsformen kultureller Praxis in ihrer klassenspezifischen Brechung und strukturellen Vermittlung in den Blick rückt, um dann schließlich mit *La distinction* ihren Höhepunkt zu erreichen.[1] Und inmitten dieser sukzessiven Verdichtungen der

1 Vgl. unter anderem »Champ intellectuel et projet créateur«, *Les temps modernes* 22, 1966, Nr. 246, 865-906, »Eléments d'une théorie sociologique de la perception artistique«, *Revue internationale des sciences sociales* 20, 1968, Nr. 4, 640-664, »Le marché des biens symboliques«, *L'année sociologique* 22, 1971, 49-126, »Les fractions de la classe dominante et les modes d'appropriation des

bourdieuschen Kultursoziologie beginnt auch jene »Seitenlinie«, mit der die Selbstverständlichkeiten des politischen Diskurses radikal in Frage gestellt werden, eine Kritik seiner »Kategorien«, des »politischen Unbewussten« – der Vortrag *L'opinion publique n'existe pas* eröffnet diese »frühe« politische Soziologie Bourdieus, ein Jahr später erscheint *Les doxosophes*, in der zweiten Nummer von *Actes de la recherche en sciences sociales* dann *La production de l'idéologie dominante*, den vorläufigen Endpunkt markiert die umfangreiche empirische Studie *Questions de politique*.[2] Wo aber nimmt diese »ideologiekritische« Linie ihren Ausgang und um welche Fragen geht es ihr?

Wenn wir auch hier den bei Bourdieu so typisch »epigenetischen« Zug der Werkentwicklung annehmen, dann lässt sich seine politische Soziologie, selbst wenn das »Thema« zweifellos eine Neuerung bedeutet, tatsächlich in einen Fragenkomplex einreihen, auf den schon Bourdieus Bildungssoziologie vorausweist. Denn bereits in *Les héritiers*, der ersten Monographie nach den Studien über Algerien, zeigen sich die Umrisse einer Theorie des Zusammenhangs von Klassenlage und »Grammatik« kultureller Praktiken, zu denen auch politische Stellungnahmen untrennbar gehören – die Frage des Verhältnisses von »politischem Geschmack« und Stellung im sozialen Raum ist hier schon in einem »System der Einstellungen« präsent.[3] Und auch die zweite wesentliche Systematik der bourdieuschen Theoriearchitektur bildet sich in dieser Zeit heraus: Mit der Konzeptualisierung einer an Max Weber entwickelten Vorstellung vom »Feld« als sozial strukturiertem und praktisch eingeleb-

œuvres d'art«, *Information sur les sciences sociales* 13, 1974, 7-31, »Le couturier et sa griffe. Contribution à une théorie de la magie«, *Actes de la recherche en sciences sociales* 1, 1975, 7-36, »Anatomie du goût«, *Actes de la recherche en sciences sociales* 5, 1976, 5-81, »La production de la croyance. Contribution à une économie des biens symboliques«, *Actes de la recherche en sciences sociales* 13, 1977, 3-43.

2 »L'opinion publique n'existe pas«, *Noroît*, 1971, Nr. 155, auch *Les temps modernes* 29, 1973, Nr. 318, 1292-1309, »Les doxosophes«, *Minuit* 1, 1972, 26-45, »La production de l'idéologie dominante«, *Actes de la recherche en sciences sociales* 2/3, 1976, 4-73, »Questions de politique«, *Actes de la recherche en sciences sociales* 16, 1977, 55-80.

3 Vgl. Bourdieu & Passeron, *Les héritiers. Les étudiants et la culture*, Paris: Minuit, 1964, 98f. und 174f, eine gesonderte Studie dazu von Yvette Delsaut, »Les opinions politiques dans le système des attitudes: les étudiants en lettres et la politique«, *Revue française de sociologie* 11, 1, 1970, 45-64.

tem Verhältnis menschlicher Handlungsbezüge, in dem materielle mit symbolischen Prozessen der Aneignung und Enteignung, Prozessen der »Herrschaft« einhergehen, mit *Genèse et structure du champ religieux* entwirft Bourdieu ein paradigmatisches Beispiel für einen Zusammenhang der Produktion und Konsumtion »kultureller« als »symbolischer« Güter, das nicht nur eine deutlich »klassenspezifische« Komponente beinhaltet, sondern auch das Spezifische an ihrer »Übersetzung« in verschiedene »Sphären« kultureller Praxis tendenziell verallgemeinert.[4]

Vor diesem Hintergrund ist nun auch Bourdieus politische Soziologie anzusiedeln. Selbst wenn seine »Elemente einer Theorie des politischen Feldes«, mit denen *La représentation politique* untertitelt wird, erst ein Jahrzehnt später erscheinen: Die aus der Frage kultureller Enteignung entstehende Frage nach »politischer« Enteignung hat Bourdieu in ihren sozialen Voraussetzungen und Konsequenzen seit Beginn der siebziger Jahre in einer Reihe von Untersuchungen unmissverständlich aufgeworfen. Die erste Arbeit dieser sukzessiven Ideologiekritik, *L'opinion politique n'existe pas*, stellt die entscheidenden Punkte der Argumentation klar heraus. Denn Bourdieu lässt in seinem Vortrag keinen Zweifel daran, dass wir es bei der »öffentlichen Meinung« mit einem schlichten »Artefakt« zu tun haben, einem legitimierenden Diskurs, der Machtverhältnisse verschleiert, der »Konsens« erzwingt über die legitime Art und Weise, von »politischen« Sachverhalten sprechen zu können. Schon damit ist ein wesentlicher Zug des politischen Feldes, seine Monopolisierung von »Öffentlichkeit«, beschrieben, die Durchsetzung legitimer »politischer« Wahrnehmungskategorien und Ausdrucksweisen, legitimer »politischer« Gegenstände und der Legitimation, über sie sprechen zu dürfen – allein dieser Horizont der Fragestellung stellt die Grenzen jeder »Politischen Wissenschaft« fundamental in Frage. Und auch dass dieser Diskurs dann in eine zweite, eine »klassentheoretische« Kritik genommen wird, verstößt gegen das gute demokratische Empfinden: Die Tatsache, dass die Wahrscheinlichkeit, über eine »politische Meinung« im »engeren Sinne« verfügen zu können, von der Verfügung über andere, kulturelle und damit soziale Möglichkeiten

4 Vgl. »Une interprétation de la théorie de la religion selon Max Weber«, *Archives européennes de sociologie* 12, 1971, 3-21, und »Genèse et structure du champ religieux«, *Revue française de sociologie* 12, 1971, 295-334.

abhängt, diese Feststellung rüttelt endgültig an den Wurzeln aller herkömmlichen »Demokratietheorie«.

Bourdieu hat seine Argumentation schon in diesem ersten Vortrag auf beiden gedanklichen Ebenen durchgespielt, im Hinblick auf einen monopolisierten Diskurs, der in seiner Selbstbezüglichkeit die Aneignung des Rechts widerspiegelt, für andere zu sprechen und handeln zu dürfen, im Hinblick aber auch auf die sozialen Bedingungen »politischer Kompetenz«, die eine Teilhabe am Diskurs voraussetzt. Dieses zweite Motiv, das Bourdieu hier in den Vordergrund rückt, ist seinerseits mehrdimensional angelegt: Seine »klassentheoretische« Linie, eine anhand von Beispielen aus der Meinungsforschung entwickelte Analyse einer Logik der »Partizipation« am politischen Ausdruck im Verhältnis zur Stellung der Befragten im sozialen Raum, der wachsenden »Enthaltungen«, des erzwungenen Schweigens der von den Produktionsmitteln einer »persönlichen Meinung« enteigneten Bevölkerungsschichten, des »Volkes« angesichts »genuin« politischer Fragen, die Tatsache also, dass also die generativen Schemata des expliziten, des legitimen Diskurses mit der Verfügung über seine Explikationsmittel, über kulturelle Verfügungsmöglichkeiten, über Bildung zusammenhängen, bildet hier nur einen Aspekt.

Der andere reicht tiefer und fällt noch radikaler aus. Denn dass der unterschwellige Klassenrassismus, mit dem das »Volk« im Gebrauch der tonangebenden Schichten einer Gesellschaft entweder als politisch »inkompetent« eingestuft oder als »natürlich« politisch verklärt wird, ist nur Teil eines herrschenden Diskurses, dessen Logik damit notwendig verschleiert wird.[5] Unter dem expliziten, dem »gebildeten« Diskurs im Universum politischer »Problematiken« liegen die impliziten Schemata eines »Klassenethos«, der als Dimension des »Klassenhabitus« Einstellungen zu jenen gesellschaftlichen Machtverhältnissen praktisch koordiniert, von denen eine soziale Lage immer begleitet ist: Der exklusive »politische« Diskurs der herrschenden Klassen, in dem diese realen Machtverhältnisse massiv sublimiert werden und der nicht zuletzt dadurch einen legitimie-

5 Vgl. Les usages du »peuple«, in Bourdieu, *Choses dites*, Paris: Minuit, 1987, 178-184. Hier ist der Anlass zwar ein Vortrag im Rahmen eines Kolloquiums über Kunstsoziologie und Kunstgeschichte, der »politische« Aspekt allerdings unverkennbar, vgl. schon »Vous avez dit polulaire?«, *Actes de la recherche ein sciences sociales* 46, 1983, 98-105.

renden, einen euphemisierenden Effekt ausübt, dieser Diskurs verschleiert ein System von Einstellungen, die selbst in solche Machtverhältnisse und die damit einhergehenden »Interessen« verstrickt sind – Bourdieu öffnet schon hier eine Perspektive, die den Bogen schlägt von einer »Soziologie der symbolischen Gewalt« bis zu jener »Kultursoziologie«, die uns dann in *La distinction* begegnet.

Präziser wird dieser Problemaufriss dann mit *Les doxosophes*, einem kurz darauf entstandenen Text, in dem Bourdieu nicht nur stärker ins Detail geht, am statistischen Material von Meinungsumfragen die soziodemographische Struktur der »Ausfallquoten« bei der Teilhabe am »genuin« politischen Diskurs illustriert, die tendenzielle Enteignung der »einfachen Leute«, der »Ungebildeten«, der Frauen, der Landbevölkerung, der Kleinstädter, sondern auch die Logik des Zusammenhangs von »politischer Meinung«, »Klassenethos« und Alltagsmoral als eine ganz praktische, jenseits des »Diskurses« liegende Einheit des Klassenhabitus herausarbeitet: Die Vermutung, dass die »liberale« Haltung der herrschenden Klassen in »moralischen« Fragen ihre »Kostenlosigkeit« einem auf ganz andere als disziplinarische Mittel zurückgreifenden Reproduktionszusammenhang verdankt, die Tatsache, dass dieser Reproduktionszusammenhang im »Volk« sehr viel deutlicher in konkreten sozialen und ökonomischen Machtverhältnissen Gestalt annimmt, dass die Arbeiterklasse in für sie greifbaren Dingen »politischer« und »linker« votiert als das politisch ordnungsliebende »liberale« Bürgertum, das alles legt den Schluss nahe, dass wir es mit völlig unterschiedlichen Koordinatensystemen dessen zu tun haben, was »persönlich« als »politisch« aufgefasst wird – die sozial geregelte Möglichkeit der Teilhabe an einem politischen Diskurs, der seinen Zusammenhang mit konkreten Machtverhältnissen verschleiert, zeigt gleichzeitig den Sublimationseffekt dieses Diskurses selbst auf, und die »Doxosophen«, die Meinungsforscher, die Produzenten einer politischen Sprache, die sich jedes konkreten Verweises auf »Herrschaft« entledigt, ratifizieren mit ihr die sozial teilende Durchsetzung des »Politischen« im Alltag.

Es ist dieser weitere Aspekt, die Frage nach den Produkten und Produktionsweisen von »Ideologie«, dem sich Bourdieu zwischenzeitlich zuwendet. Hinter seiner Argumentation der sozialen Bedingungen »politischer Kompetenz« ist immer die Frage nach den »Produktionsweisen« von »Meinungen« präsent, in der die »monopolistische Brechung« zwischen politischer Sphäre und sozialem Raum gegenwärtig wird. In *La production de l'idéologie dominante*, seiner Arbeit über die charakteristischen Merkmale des Diskurses der herrschenden Klassen und des politischen Personals, materialreich dokumentiert durch Berichte, »Thesen« und »Standpunkte« aus Spitzenbürokratie, Wissenschaft, Politik, Meinungspresse, von »Beratern« und »Experten«, deren ständig wiederkehrende Themen in einem »Wörterbuch« der ideologischen Gemeinplätze zusammengefasst werden, ist dieser »gegenstandslose Diskurs« eine Art »Generator« für die Ausformulierung einer trotz aller Differenzen durch einen gemeinsamen Habitus konzertierten »Sozialphilosophie« der herrschenden Klassenfraktionen.[6]

In den *Questions de politique* schließlich, einem langen Artikel in den *Actes de la recherche en sciences sociales*, ist dieses »Feld der Ideologieproduktion« schon fester Bestandteil der einführenden Argumentation, der Text selbst aber eine empirisch nochmals differenzierte Entfaltung des am Phänomen der Meinungsumfragen entwickelten Problemzusammenhangs, der praktischen Logik »politischer« Einstellungen sozialer Klassen und einer demgegenüber weitgehend selbstbezüglichen »Kunst« der Handhabung von Referentialität, eines Systems politischer Wahrnehmungs- und Ausdrucksweisen, die nur den »Beteiligten« zugänglich ist. Dass diese Analyse der Variationen »politischer Kompetenz« als fundamental »sozialer« Kompetenz dann unter dem Titel »Culture et politique« in *La distinction* einfließt, macht rückblickend die Umrisse eines riesigen Projektes deutlich – der geradezu klinischen Anatomie sämtlicher Erscheinungsformen sozialer Differenz und ihrer symbolischen Gewalt über die Reproduktion gesellschaftlicher Machtverhältnisse. Klar ist aber auch, dass mit seiner »Bildungssoziologie« und »Kulturtheorie«, dass mit *La distinction* nur eine, wenn auch ganz entscheidende Dimension dieses Zusammenhangs »abgear-

6 Schon einige Jahre zuvor hatte ein Forschungsbericht aus dem *Centre de sociologie européenne* das Projekt einer »Soziologie der Macht« konzipiert, in dem auch das »Produktionsfeld« der »spezifisch politischen Ideologen« seinen Platz finden sollte. Wie dauerhaft bedeutend diese Fragestellung tatsächlich gewesen ist, zeigen nicht nur die Passagen über das »neue« Bürgertum in *La distinction*, sondern vor allem auch Bourdieus große Studie *La noblesse d'État. Grandes écoles et esprit de corps*, Paris: Minuit, 1989, die mit ihrer Analyse der Strukturen und Transformationen eines »Feldes der Macht« das fast zwanzig Jahre zuvor entworfene Projekt einlöst.

beitet« werden konnte, dass spätestens hier aber die theoretischen Instrumente bereitlagen, um diese Fragen weiter zu treiben. Das Ende der *Questions de politique*, die nach ihrer Analyse der klassenspezifischen Logik politischer Einstellungen, der sozialen, kulturellen Enteignung von politischer »Kompetenz« vorausweisen auf eine verschärfte Enteignung, die Übereignung, die Delegation politischer Artikulationsmacht, eröffnet, etwas anders als *Die feinen Unterschiede* mit ihrem klassentheoretischen Ausklang, die Perspektive auf jene Mechanismen des Verhältnisses von »politischem Feld« und sozialem Raum, der nur über eine Vivisektion dieses Feldes selbst verlaufen kann.

Repräsentation und Delegation: Das »politische Feld« und die Monopolisierungen des »Politischen«

Bourdieus politische Soziologie setzt zu Beginn der siebziger Jahre ein, und wir haben gesehen, dass sie zunächst einen deutlich klassentheoretischen Zug besitzt, der sich, ausgehend von seinen bildungssoziologischen Arbeiten, immer mehr im Umfeld einer dichter werdenden »Kulturtheorie« ansiedeln lässt. Zu Anfang der achtziger Jahre verschiebt sich dann aber der »Bildausschnitt«, schwenkt von einer Analyse der Struktur und Logik eines Feldes der »Konsumtion politischer Güter« hinüber zum Feld der politischen »Produktion«, zum »politischen Feld« selbst. Mit seinem einleitenden Artikel der beiden ersten »politischen« Themenhefte der *Actes de la recherche en sciences sociales* wird diese perspektivische Verschiebung deutlich: Hier geht es ausdrücklich um »Elemente einer Theorie des politischen Feldes«.[7]

7 »La représentation politique. Éléments pour une théorie du champ politique«, *Actes de la recherche en sciences sociales* 36/37, 1981, 3-24. In derselben Nummer wird dann vor allem die Hypothese einer »totalen« Delegation der »Stimme des Volkes« in der Kommunistischen Partei verfolgt, vgl. Jeannine Verdès-Leroux, »Une institution totale auto-perpétué«, 33-63, und »Les invariants du parti communiste français«, 65-81, dazu noch eine Aufarbeitung der »Wahlverwandtschaften« zwischen sozialem und politischem Raum, vgl. Louis Pinto, »Les affinités électives«, 105-124. Die von Bourdieu begonnene Linie einer Thematisierung des Verhältnisses von Politik und Medien verfolgt Patrick Champagne weiter, mit »La manifestation. La production de l'événement politique«, *Actes de la recherche en sciences sociales* 52/53, 1984, 18-41, »Le cercle politique. Usages sociaux des sondages et nouvel espace politique«, *Actes de la*

In diesem ganz zentralen Text verwebt Bourdieu verschiedene Motive, die allesamt auf eine radikale Infragestellung nicht nur des politischen Gemeinverstandes, sondern auch jeder akademischen »Politikwissenschaft« hinauslaufen. Der entscheidende Gedanke ist dabei zweifellos die Konstruktion eines Modells, das einen ganz spezifischen Zusammenhang kollektiver Praktiken meint und in dieser »Sphäre« eine im Wesentlichen auf sich selbst bezogene Struktur und Dynamik entwickelt sieht: Bourdieus politische Soziologie dreht sich um den Begriff des »Feldes«, seiner »relativen Autonomie« und seines spezifischen »Kapitals«, um seine Dialektiken von »Position« und »Disposition«, um seine Kräfteverhältnisse und Konkurrenzkämpfe. Bourdieu begreift das politische Feld als einen »Mikrokosmos« im sozialen Makrokosmos, einen Raum, in dem sich historisch-praktisch jene »Eigenlogik« als Ergebnis der Kämpfe um ihren Bestand und ihre Veränderung, ihre Geltung und ihre Geltungsgrenzen entwickelt hat, die diesen Kämpfen ihre besondere Gestalt, dem Feld seine begrenzte Autonomie verleiht – die »Einsätze« dieses »Spiels«, die politischen »Stellungnahmen«, die ihnen gehorchen, lassen sich nicht, wie das die herkömmliche »Ideologiekritik« tut, ohne jene »praktische« Brechung auf externe, auf »soziale« Bestimmungsgründe zurückführen, sondern werden erst verstehbar, wenn man ihre Stellung innerhalb der Verstrebungen des Feldes und seiner Kräfteverhältnisse zu anderen ins Verhältnis setzt, dort, wo der »praktische Sinn« des politischen Spiels entsteht.

Es ist zu erkennen, dass Bourdieu hier auf eine Motivkette zurückgreift, die in seinen werkhistorisch entscheidenden Arbeiten zum »religiösen Feld« vorgebildet ist:[8] Genau genommen ist *La représentation politique* die erste »angewandte Feldtheorie« nach die-

recherche en sciences sociales 71/72, 1988, 71-97, »La construction médiatique des ›malaises sociaux‹«, *Actes de la recherche en sciences sociales* 90, 1991, 64-75, »La loi des grands nombres. Mesure de l'audience et représentation politique du public«, *Actes de la recherche en sciences sociales* 101/102, 1994, 10-24, »Les sondages, le vote et la démocratie«, *Actes de la recherche en sciences sociales* 109, 1995, 73-92, als eine Art Zwischenbilanz dieser Forschungen Champagne, *Faire l'opinion. Le nouveau jeu politique*, Paris: Minuit, 1990. Das »politische« Projekt am *Centre de sociologie européenne* bleibt also aktuell, auch wenn sich Bourdieu selbst etwas später wieder anderen Themen zuwendet.

8 Vgl. die beiden in Fn. 4 genannten Texte, deren deutsche Fassungen sich finden in: Bourdieu, *Religion. Schriften zur Kultursoziologie 5*, Berlin: Suhrkamp.

ser heuristischen Erfindung. Die dazwischenliegenden »feldtheoretischen« Arbeiten, insbesondere zum »Markt symbolischer Güter«, sind viel allgemeiner, eine Verallgemeinerung allerdings, die sich als ungemein fruchtbar für alles Weitere herausstellt: Bourdieu stellt hier Ähnlichkeiten in den »Feldern der Kulturproduktion« fest, die schließlich einen systematischen Zugriff auf sämtliche Erscheinungsformen kollektiver Handlungssphären erlauben. Allerdings ist schon mit dem »religiösen Feld« – einem praktischen Zusammenhang aufeinander bezogener »Kämpfe« um die Durchsetzung der legitimen Spendung von »Heilsgütern«, seinen »relativ autonomen« Kämpfen zwischen Fraktionen von »Glaubensarbeitern« um Bewahrung oder Veränderung der legitimen Prinzipien des Wahrnehmens und Einteilens der Welt, seinem durch eben jene Autonomie gebrochenen Verhältnis der »Produzenten« zu ihren »Konsumenten«, zu den »Laien«, zum »sozialen Raum« – das gesamte Spektrum der Frageperspektiven auch für alle anderen »Felder« aufgefächert.

Von diesen immer tief ineinandergreifenden Aspekten des bourdieuschen Entwurfs sind sicher zunächst drei Gedanken konstitutiv. Auf der einen Seite, dass wir es hier mit einem »praxeologisch« jeweils ganz eigenen »Universum« zu tun haben: Auch das politische Feld ist, wie das religiöse, zunächst eine »geschlossene Veranstaltung«, eine Angelegenheit der »Professionellen«, der »Berufspolitiker«, gekennzeichnet durch jene durchdringende Macht, welche die materiale Beteiligung am »politischen Spiel« zu einer »inneren« Beteiligung, zu »Interesse« auswachsen lässt, die den Glauben an seine Spielregeln, an seinen *nomos* einpflanzt, die eine regelrechte »Besetzung«, *illusio* hervorbringt – und damit auch einen »praktischen Sinn«, ein »Gespür« für das Spiel, seine Kräfteverhältnisse und seine »Einsätze«, verbunden mit einer Handhabung der auf dem Spiel stehenden »Problematiken«, der Theorien, Programme, Konzepte, eines ganzen Komplexes an spezifischem Wissen. Allein schon dieses Motiv bedeutet einen fundamentalen Bruch nicht nur mit der naiv demokratischen Vorstellung, politische Stellungnahmen richteten sich in erster Linie an den »Bürger«, sondern auch der naiv marxistischen Behauptung, im politischen Feld kämen unmittelbar und ungebrochen die Interessen von Klassen oder Klassenfraktionen zur Geltung – Bourdieu stellt unmissverständlich klar, dass es bei diesem »Spiel« ganz wesentlich um die »Eigeninteressen« der darin befangenen Mitspieler geht und dass dabei, in strategischer Abwandlung eines Satzes von Weber, der »Berufspolitiker« tatsächlich immer auch »für« die Politik lebt.

Auf der anderen Seite tritt neben diese »praxeologische« eine »strukturale« Perspektive. Sie begreift auch das politische Feld als eine Konfiguration von objektiven Beziehungen zwischen bestimmten Positionen, als ein System konkurrierender Stellungen von Akteuren und Institutionen, deren Charakteristika, zumindest in »normalen« Zeiten, die Spezifität der jeweiligen politischen Stellungnahmen maßgeblich bestimmen. Dass diese Struktur vom Umfang und der Zusammensetzung politischen »Kapitals« abhängt, von der Akkumulation symbolischen »Kredits« ebenso wie von der Machtstellung innerhalb der politischen Apparate, von der Fähigkeit, zu »mobilisieren«, potentielle Wähler und permanente Parteigänger, finanzielle und organisatorische, mediale und soziale Ressourcen, diese Feststellung ist, auch wenn sie so nahe an der Alltagswahrnehmung zu liegen scheint, alles andere als banal: Die »agonistische« Vorstellung von »Politik« wird hier einer wissenschaftlich kontrollierbaren und kontrollierten Reflexivität zugeführt, die Struktur des Feldes als System von »objektiven Abständen« konstruiert.[9]

Und auch wenn Bourdieu darauf verzichtet, das politische Produktionsfeld in seiner Struktur detaillierter zu veranschaulichen, wird doch klar, dass wir es hier mit einem relationalen System zu tun haben, das sich nicht in erster Linie nach »Parteien« richtet,

9 Bourdieu hat selbst immer wieder darauf hingewiesen, dass gerade die Sozialwissenschaften ihre Kategorien ständig den alltäglich durchgesetzten Kategorien, dem »Alltagsverstand« abzuringen haben. Hier gilt das umso mehr: Die historisch-praktische Durchsetzung der Wahrnehmung des »Politischen«, die mit einer Eroberung »relativer Autonomie« des politischen Feldes einhergeht, der Herausbildung von Institutionen der Produktion und Reproduktion des »Politischen«, ist Ergebnis der unablässigen Arbeit, sich selbst als »Kampfplatz der Ideen« darzustellen, und die immer stärkere Durchwirkung des Alltagslebens mit »politischen Fragen«, Begleiterscheinung der immer lückenloseren »Verstaatlichung« aller Lebensvollzüge, verbreitet diese Vorstellungen bis hinein in den letzten Winkel einer »Nation«. In Parteien und Parlamenten, auf sämtlichen politischen »Versammlungsplätzen« bis hinunter in jeden Gemeinderat einer Provinzstadt, in der allgegenwärtigen »Öffentlichkeit« der Zeitungen und des Fernsehens, bis in die abgelegensten Bereiche der sozialen Welt hinein reicht eine Arbeit, die Max Weber als Überlebensfrage jeder Herrschaft gesehen hat: Den Glauben an ihre Legitimität »zu erwecken und zu pflegen«.

die als Träger des politischen »Kampfes« sonst ausgemacht werden, sondern vielmehr einer chiastischen Logik folgt, die einen »herrschenden« Pol des Feldes einem »beherrschten« gegenüberstellt und die bestimmenden Fraktionen eines jeden »Unterfeldes« den nachrangigen – die »große« Politik, beherrscht von »weltlichen« Zwängen und mit »weltlicher« Macht ausgestattet und die »unbedingte«, gegen diese Versuchungen zunächst widerständige, die »reine«, »ideale« Politik »neuer« politischer Strömungen ebenso wie die Spitzen der parteipolitischen und parteiorganisatorischen Pyramide dem »Fußvolk«, den städtischen und regionalen Abgeordneten, den kleinen Parteibeamten, der »basisnahen« Politik, und es sind gerade diese unendlich vielfältigen, strukturell möglichen Konstellationen, aus denen das politische Spiel seine innere Logik, seine kollektive Energie und handlungsleitende Kraft bezieht.

Ein drittes Motiv schließlich, das Bourdieu hier aufruft, ist »struktural« und »praktisch« zugleich: Es betrifft die Vermittlung dieses begrenzt autonomen politischen Universums mit dem »sozialen Raum«, die Frage, wie sich denn nun, wenn dieses Feld wesentlich seiner eigenen Logik folgt, in ihm »gesellschaftliche« Kräfteverhältnisse widerspiegeln. Bourdieus Antwort betrifft hier mehrere Ebenen. Eine erste weist das Verhältnis der Strukturen von politischem Feld und sozialem Raum als systematisch gebrochene Homologie aus: Das Feld der »Produktion politischer Güter« liegt mit seiner Nähe zu Wirtschaft und Staat am herrschenden Pol des sozialen Raums, in einem »Feld der Macht«, befindet sich dort aber in nachgeordneter Stellung – nicht nur die gegenüber anderen gesellschaftlichen Eliten strukturell nach unten verzerrte soziale Charakteristik seiner Akteure ist dafür eindeutiger Beleg. Dann das Verhältnis der Strukturen des politischen Produktionsfeldes zum Feld der »Konsumtion« politischer »Güter«. Bourdieu hat am Ende des Abschnitts »Culture et politique« in *La distinction* die Vermutung einer diesmal mehr oder weniger strengen, »praktisch«, und das heißt habituell vermittelten Homologie zwischen dem »Angebot« politischer Parteien und den parteipolitischen Präferenzen verschiedener Klassen und Klassenfraktionen von »Konsumenten« anhand eines umfassenden empirischem Materials gezeigt: Der Gegensatz von »Rechts und »Links« innerhalb der herrschenden Klasse entspricht mehr oder weniger genau den entweder »ökonomisch« oder »kulturell« dominierenden Fraktionen des Bürgertums, eine ähnliche Verteilung liegt, geprägt auch von der »kollektiven Flugbahn«, zwischen »neuem« und »altem« Kleinbürgertum vor, während in der »kulturellen« Hemisphäre des sozialen Raums mit abnehmendem sozialen Status die »linken« Vorlieben immer deutlicher »radikal« werden, stattdessen bei den Arbeitern, im größtmöglichen Gegensatz zur »liberalen« Rechten des »ökonomischen« Bürgertums, immer »kommunistischer« – und die strikt parteipolitischen Neigungen mit zunehmendem gesellschaftlichen Status immer schwächer.[10]

Hier erreicht Bourdieu nun eine letzte Dimension dieses Verhältnisses der Strukturen von politischem Feld und sozialem Raum, die ganz eindeutig »klassentheoretisch« konzipiert ist, gleichzeitig aber zurückverweist auf jenen »autonomen« Diskurs, an dessen Beteiligungsmöglichkeiten sich die »Klassen« scheiden: Der politische Diskurs ist hier ein »gebildeter« Diskurs, er setzt eine spezifische »Kompetenz« voraus, die, ähnlich wie das Sprechen über »Kunst«, sowohl einen ganzen Komplex von »politischem Wissen« beinhaltet wie eine »geschulte« Fähigkeit, eine genuin politische »Problematik« erfassen und »erörtern« zu können, eine Ausdrucksfähigkeit, die nach Klassen eklatant ungleich verteilt ist. Und die von Bourdieu beschriebenen Konsequenzen dieser Tatsache gehören zweifellos zu den eindrücklichsten Stellen seiner politischen Soziologie. Sie macht hier nicht nur anschaulich, wie sehr die faktische Monopolisierung der politischen Arbeit durch ein *corps* von

10 Vgl. *La distinction. Critique sociale du jugement*, Paris: Minuit, 1979, 526-535. Von besonderem Interesse sind hier unter anderem die Effekte der kollektiven »Flugbahn« verschiedener Klassenfraktionen, mit denen diese Struktur dann historisch »verflüssigt« wird. Dass sich der Zustand des politischen Raums im Frankreich der siebziger Jahre seither parteipolitisch stark gewandelt hat, nicht zuletzt, weil mit dem *Front National* ein neuer »Mitspieler« ins Feld gekommen war, nimmt diesem Modell nichts von seiner Plausibilität: Wir sehen hier nur eine Aufsplitterung der parteipolitischen Affiliationen bei den ökonomisch und kulturell am stärksten enteigneten Klassenfraktionen – Anschauungsmaterial nicht nur dafür, dass sich die Polysemie politischer Botschaften einer »Klassenethik« bedienen kann, um dann neue »Problematiken« der »Ethnizität« scheinbar zu »beschreiben«, sie in Wirklichkeit aber »vorzuschreiben«, sondern auch für das politische Feld als »Kräftefeld«, in dem durch den Eintritt neuer Akteure systematische Verzerrungen in Gang gesetzt werden können, vgl. auch Bourdieu, »Champ politique, champ des sciences sociales, champ journalistique«, *Cahiers du Groupe de Recherche sur la Socialisation* 15, 1996, Lyon: Université Lumière Lyon 2, 5-31.

Professionellen jenen selbstbezüglichen Diskurs hervorbringt, der tendenziell sämtlichen »Bürgern« fremd bleiben muss, dass diese Verständnislosigkeit aber mit wachsender sozialer und kultureller Enteignung exponentiell zunimmt und diese »Entweltlichung« politischer Problematiken, die diskursive Sublimierung von Herrschaftsverhältnissen eine weitere Enteignung der politisch Enteigneten bedeutet, den Geltungsverlust einer ganz praktischen Fähigkeit, konkrete politische Fragen, die in den beherrschten Schichten eindeutiger als irgendwo »Herrschaftsfragen« sind, ausdrücken zu können, und den Geltungsverlust solcher Fragen selbst – der Zusammenhang von Sprachlosigkeit und Machtlosigkeit des »Volkes« wird hier radikal herausgestellt.

Sondern Bourdieu vertieft in *La représentation politique* auch den schon in seinen Studien zur klassentheoretischen Aussagekraft von Meinungsumfragen verfolgten Gedanken, dass dieser enge Zusammenhang von sozialer Ohnmacht und politischem Schweigen die Monopolisierung politischen Sprechens und Handelns zusätzlich verschärft. Bourdieus grundsätzliche Überlegung geht hier aus von diesem Monopolverhältnis zwischen einem politischem Produktionsfeld mit seiner Konzentration politischer Produktionsmittel und einem sozialem Raum mit seinen »Konsumenten« politischer »Produkte«, einem formal unbeschränkten Markt, der allerdings praktisch hoch selektiv, unter Bedingungen der sozial zugeeigneten politischen »Kompetenz« funktioniert. An diesem zweifachen Enteignungsvorgang setzt dann eine nun ihrerseits für die Struktur des politischen Feldes hochbedeutsame »Kasuistik« an, die den allgemeinen Konzentrationsprozess des politischen Feldes, den Aufstieg der »Apparate«, zur Struktur der Anhängerschaft, des Konsumtionsfeldes in Beziehung setzt: Während die »bürgerlichen« Parteien idealtypisch weniger straff organisiert sind und ihre Klientel mit dem bloßen Aufruf der Legitimität des Bestehenden an sich binden können, Parteien, die allein schon das Geschäft der herrschenden Klassen besorgen, weil sie ihre sozialen Reproduktionsmechanismen aus dem »politischen« Geschäft heraushalten, sind »linke« Parteien gezwungen, ihre Anhänger gegen das Bestehende zu mobilisieren, dem Ungedachten und Unausgesprochenen sozialer Herrschaftsverhältnisse zur Sprache zu verhelfen – eine Arbeit der »Repräsentation« im zweifachen Wortsinn, die dort am stärksten zur Überantwortung von Verantwortung, zur unbedingtesten

Delegation, zur Übereignung von Vertretungsmacht führt, wo die Vertretenen weitgehend von jenen kulturellen und damit sozialen Mitteln enteignet sind, durch die ihren Interessen Ausdruck verliehen werden könnte.[11]

Mit diesen »Elementen einer Theorie des politischen Feldes«, der ohne Zweifel zentralen Schrift seiner »politischen Soziologie«, ist in der Tat nahezu das gesamte Spektrum der über ein Jahrzehnt hinweg entwickelten Fragestellungen aufgefächert. Bourdieu beschreibt »Politik« ohne einen »genuinen« Begriff vom »Politischen«, innerhalb des großen Rahmens einer »Theorie der Produktion symbolischer Güter«, als ein »Feld« spezifischer kollektiver Praxis, der es um die Durchsetzung der legitimen Sicht der Sozialwelt geht, das sich aber gleichzeitig immer als Durchsetzung »politischer« Vorstellungen im Wortsinn darstellt, der Weise, die Welt mit den im politischen Feld geltenden Kategorien zu begreifen, sie als natürlich, fraglos gegebene Art des Wahrnehmens und Einteilens der sozialen Welt zu verinnerlichen, als ein »relativ autonomes« Feld, das im Verlauf eines historischen Vorgangs immer stärker eigene Regeln gebiert, die den politischen »Beruf« bestimmen, eines Vorgangs, der sich mit der zunehmenden Professionalisierung einer politischen Arbeit, die immer ausschließlicher »von« der und »für« die Produktion von »Politik« lebt, immer weiter verselbstständigt, einen »Markt« entstehen lässt, auf dem Probleme, Programme, Konzepte, Analysen, Kommentare erzeugt werden, zwischen denen die »Kon-

11 In diesem Sinn ist auch die Tatsache zu verstehen, dass sich die parteipolitischen Bindungen mit zunehmendem sozialen Status abschwächen: Hier geht »Politik« mehr oder weniger völlig in einem gebildeten Diskurs auf, der genau jene tatsächlichen Herrschaftsverhältnisse sublimiert, die nur von den Bevollmächtigten der Beherrschten zur Sprache gebracht oder von ihnen ohnmächtig hingenommen werden können – das Schweigen, die »Stimmenthaltung«, die »Wahlmüdigkeit« oder aber die völlige Enteignung der Enteigneten durch »Delegation« sind nur zwei Seiten desselben Phänomens, eines Phänomens, das auch die zwischen diesen Alternativen schwankende, im Alltag aber massiv »durchpolitisierte« Haltung der »Volksschichten« erklärt, die halb illusionäre, halb desillusionierte Vorstellung, nur »Politik« könne an ihrer Lage etwas ändern – eine Vorstellung, die in den herrschenden Schichten der intuitiven Gewissheit weicht, dass genau diese Politik die Mechanismen der Reproduktion ihrer Dominanz unangetastet lässt. Und so wird die Freiheit, sich parteipolitisch nicht festzulegen, der bürgerliche *dégoût* gegenüber dem »ungebildeten« politischen Diskurs, zu einem weiteren Hinweis auf die beherrschte Stellung des politischen Feldes im »Feld der Macht«.

sumenten« nur noch »wählen« können, und der nicht nur den Ausschluss der »Laien« aus dem politischen Geschäft verfügt, sondern diesen Ausschluss auch sozial und kulturell verschärft – politische Autonomisierung, Monopolisierung und Deprivation sind ganz wesentliche Elemente dieser Theorie des »politischen Feldes«, und die herrschaftskritische Seite dieses Ansatzes, eine Beschreibung der institutionellen und ideologischen Monopolisierungstendenzen reicht über *La dinstinction* und *La noblesse d'État* hinein bis in die »politischen« Stellungnahmen des letzten Lebensjahrzehnts.

Der entscheidende Bruch mit dem alltäglichen und »wissenschaftlichen« Politikverständnis gleichermaßen entsteht aber mit Bourdieus allgemeiner Konzeption des »Feldes« selbst, einer Heuristik, die in dieses Bild »strukturale« Koordinaten und »praxeologische« Dimensionen einzieht: Ausgehend von seiner »religiösen« Vorlage zeigt Bourdieu nun auch das »politische« Feld als einen sich in ganz konkreten, praktischen, deshalb aber nicht notwendig »intersubjektiven« Beziehungen erfüllenden Zusammenhang, einer Beteiligung am »politischen Spiel«, des »Gespürs« für seine »Einsätze« und »Abstände«, seiner inneren »Besetzung« und äußerlichen Prägekraft, der umgekehrt vermittelt ist über jene »objektiven« Strukturen des Feldes, in denen der seinerseits sozial vermittelte »politische« Habitus seine eigene Position »unvermittelt« wahrnimmt, und darüber gleichzeitig eine Homologie von Produktionsfeld und Konsumtionsfeld entsteht, der Strukturen von politischem Feld und sozialem Raum, die einer solchen Wahrnehmung Recht gibt, sich in ihr wiederfindet, und ihr damit Recht verschafft – die ungeheuer komplexe Anlage eines theoretisch derart hoch voraussetzungsreichen Modells, das bereits sprachlich nur unter Mühen zu verständigen ist, straft allein schon das politische Alltagsdenken, weniger das konkrete politische »Empfinden«, sondern vielmehr den gelehrten Diskurs über »Politik« Lügen.

Dass Bourdieu an dieser Stelle nicht weitergearbeitet, nicht empirisch veranschaulicht hat, welche Evidenzen dieses Modell im Einzelnen zu erzwingen in der Läge gewesen wäre, ist müßig zu verhandeln.[12] Erkennbar wird jedenfalls, dass sich seine Interessen

12 Stattdessen haben wir mit »Le champ politique« und »Espace social et champ politique«, erschienen in Bourdieu, *Propos sur le champ politique*, Lyon: Presses universitaires de Lyon, 2000, 49-80 und 93-97, im Vortrag verdichtete Rekapitulationen der thematischen Perspektive, in »L'emprise du journalis-

im Bereich der »Politischen Ökonomie« verschoben haben, von der symbolischen Gewalt des »politischen Feldes« zur symbolischen Gewalt des »Staates«, der »Zentralbank für symbolisches Kapital«, und seine Kritik des neoliberalen Diskurses zieht diese Linie, begonnen allerdings schon Mitte der siebziger Jahre, ideologiekritisch weiter aus. Voraussetzung dafür ist aber ein weiterer, ein letzter Baustein seiner politischen Soziologie, eine Art »Mikrophysik« der symbolischen Macht, der Delegation und Repräsentation, der Institution und Investitur, und eine »Makrophysik« der handgreiflichen Effekte des Benennens, des »Beschreibens und Vorschreibens« für die Wahrnehmung und Einteilung der sozialen Welt.

»Beschreiben und Vorschreiben«: Zur performativen Macht der politischen Arbeit

Mit *La représentation politique* hatte Bourdieu seiner »klassentheoretischen« Soziologie der Politik nun auch eine »feldtheoretische« hinzugefügt. Das Bedeutungsspektrum der beiden gleichnamigen Themenhefte der *Actes de la recherche en sciences sociales* ist damit aber nicht abgedeckt, Bourdieu geht noch weiter in die Tiefe. Zunächst wird in *Décrire et préscrire*, einer kurzen, aber prägnanten »Notiz« zur Frage nach den »Möglichkeitsbedingungen und Grenzen politischer Wirksamkeit«, die Macht der durch »Politik« geschöpften »Repräsentationen«, der Vorstellungen von sozialer Welt und ihren Teilungen und Einteilungen eingekreist, die schöpferische Macht von Kategorien, und in zwei weiteren Vorträgen verfolgt Bourdieu diese Perspektive dann in verschiedene Richtungen weiter: Eine weist mit *La délégation et le fétichisme politique* hin zu der ihrerseits hoch komplexen, fast »anthropologischen« Frage nach der Macht »öffentlicher Weihe« und der Dialektik von Macht und Ermächti-

me«, *Actes de la recherche en sciences sociales* 101/102, 1994, 3-9 und »Champ politique, champ des sciences sociales, champ journalistique«, *Cahiers du Groupe de Recherche sur la Socialisation* 15, 1996, Lyon: Université Lumière Lyon 2, 5-31 eine Ausweitung und Fokussierung des Zusammenhangs auf das Verhältnis von Politik und »Medien«, vgl. auch prominent *Sur la télévision; suivi de l'emprise du journalisme*, Paris: Liber, 1996, die hier allerdings schon Bourdieus Anschluss an seine »ideologiekritische« Linie bezeugen, wie sie dann immer stärker in den Vordergrund tritt und schließlich auch mit einem »politischen« Bourdieu der *Contre-feux* identifiziert wird.

gung, eine andere, zusammengedrängt in *Espace social et genèse de »classes«*, zurück auf die Dialektik der Beziehungen von politischem Feld und sozialem Raum, die Macht der Äußerungen und Entäußerungen, um die sich gesellschaftliche Kämpfe immer auch drehen.[13]

Und Bourdieu setzt seine Reflexionen über diese zweite Bedeutungsebene von »Repräsentation« denkbar tief an: *Décrire et préscrire* ist eigentlich im Umkreis seiner »sprachkritischen« Arbeiten zu sehen, die mit *Ce que parler veut dire* eine vorläufige Zusammenfassung gefunden hatten und denen es wesentlich um die sozialen Bedingungen des durch eine vermachtete »Ökonomie des sprachlichen Tausches« erzielten symbolischen »Mehrwerts« geht, das Verhältnis von Sprache und symbolischer Gewalt. Dass diese Effekte nicht zuletzt im politischen Feld paradigmatisch zu beobachten sind, hat Bourdieu allerdings später mit seiner Zusammenfassung der sprachkritischen und »politischen« Studien in *Langage et pouvoir symbolique* nahegelegt.[14] Dennoch gehört dieser Zug seiner politischen Soziologie unbestreitbar in eine grundlegend »epistemologische« Perspektive, die früh schon die gesamte Logik des bourdieuschen Projekts bestimmt: Den Kategorien des *common sense*, der Alltagswahrnehmung und des Alltagsdenkens ihre verkannte Bedeutung zu entwinden und ihren Beitrag zur Verschleierung von Herrschaft zu benennen – eine Aufgabe, die zum »Beruf« des Soziologen gehört.[15]

Es ist diese epistemologische Kritik, die auch Bourdieus politischer Soziologie ihren einzigartigen Charakter verleiht, und das nicht zuletzt, weil hier die Durchsetzung von Kategorien im Alltagsdenken so vollendet ist, die Macht der »Repräsentation« so stark – und die Diskrepanz zwischen politischem Anspruch und sozialer Wirklichkeit so groß. Mit *Décrire et préscrire* also zeigt Bourdieu das politische Feld als einen echten »Schauplatz« der performativen Repräsentation sozialer Welt, der Arbeit an den Ka-

13 »Décrire et préscrire«, *Actes de la recherche en sciences sociales* 38, 1981, 71-73, im Themenheft »Le travail politique« der *Actes de la recherche en sciences sociales* 52/53 aus dem Jahr 1984 dann »Espace social et genèse de ›classes‹«, 3-15, und »La délégation et le fétichisme politique«, 49-55.

14 *Ce que parler veut dire. L'économie des échanges linguistiques*, Paris: Fayard, 1982, *Langage et pouvoir symbolique*, Paris: Seuil, 2001, als englischer Vorläufer dieser Sammlung *Language and Symbolic Power*, Cambridge: Polity Press, 1991.

15 Vgl. Pierre Bourdieu, Jean-Claude Chamboredon & Jean-Claude Passeron, *Le métier de sociologue. Préalables épistémologiques*, Paris: Mouton, 1968.

tegorien ihrer Wahrnehmung und Beschreibung, ihrer Einteilung und Teilung, der gleichzeitig ein Kampfplatz um die Durchsetzung dieser Kategorien als legitime Kategorien ist, des Kampfes um die Autorität zur Autorisierung einer gesellschaftlicher Wahrheit, die damit Wirklichkeit zu beanspruchen beginnt. Mit diesem Motiv einer kollektiven Arbeit der kognitiven Konstruktion von Wirklichkeit, die allen Feldern der Produktion symbolischer Güter gemeinsam ist, im politischen Feld aber besondere Wirksamkeit entfalten kann, weil hier die symbolische Herstellung von Kollektiven, Geschlecht, Familie, Klasse, Ethnie, Region, Nation, immer auch mit der Möglichkeit autoritativer Benennung einhergeht, das »Beschreiben« zum »Vorschreiben« werden lässt, mit dieser Entschleierung eines »Theorie-Effekts«, den Bourdieu dann im Hinblick auf die Konstitution von »Klassen« in seinem Vortrag *Espace social et genèse de »classes«* durchspielt, wird nicht nur der latente Ökonomismus von »Klassenbildern« unterlaufen, sondern jeder Substantialismus im »Politischen« gesprengt.

Und dieses Motiv wird dann in zwei Richtungen weiter verfolgt. Auf der einen Seite im Hinblick auf die Möglichkeitsbedingungen politischer Wirkung. Hier argumentiert Bourdieu zunächst, dass die Möglichkeit der Politik zur Ausübung symbolischer Macht, zur Kategorisierung der sozialen Welt grundsätzlich als Bruch mit der etablierten Ordnung beginnt, der Ordnung des *common sense*, die sich natürlich und selbstverständlich gibt, als kognitive Subversion, die immer auch eine objektive Krise der bestehenden Ordnung voraussetzt – der Umwälzung bestehender Kategorien bricht eine Umwälzung der bestehenden Welt Bahn. Gleichzeitig ist die Wirksamkeit jeder politischen Sprache, die eine solche Umdeutung der sozialen Wahrnehmung vornimmt, und jeder politischen Handlung, die auf Veränderung der sozialen Welt zielt, fundamental an eine Dialektik zwischen der subversiven Sprache und den Einstellungen der Gruppe gebunden, die sie autorisiert und auf die sie sich beruft: Die bis dahin nur potentielle Objektivation der im praktischen Zustand, unbenannt und verschwommen kollektiv geteilten Sichtweisen der sozialen Welt und der Stellung in ihr kann eine Umwandlung in Zeichen der Gruppenzugehörigkeit und den damit einhergehenden Übergang von einer praktischen zu einer instituierten Gruppe umso wirksamer vollziehen, je größer die objektiven Entsprechungen zwischen den Positionen und Dispositionen der politischen Produzenten und denen der politischen Konsumenten ist, je passgenauer die spezifischen Homologien von politischem Feld und sozialem Raum – erst diese Entsprechungen geben dem »Theorie-Effekt« seine volle Wirksamkeit im beständigen Kampf zwischen »Häresie« und »Orthodoxie« um die Klassifikationen des Sozialen.

Dann aber zieht Bourdieu diesen »sprachkritischen« Ansatz mit *La délégation et le fétichisme politique* in eine andere Richtung aus, hin zu jener Dialektik von Autorität und Autorisierung, die in der »Repräsentation« die Vorstellung und Darstellung, Übereignung und Enteignung, die kategoriale mit der rituellen und institutionellen Gegenwart von Autorität verbindet. Bourdieu schließt hier an seine Untersuchungen der siebziger Jahre an, die immer wieder an die Ermächtigung der Repräsentanten und die Ohnmacht der Repräsentierten erinnern, weitet aber die Fragestellung nochmals aus: Es geht ihm nun vor allem um die Akte »sozialer Magie«, die hinter dieser und für diese Autorisierung stehen, um die »Weihe« und Verklärung des Enteigneten in seinem Aneigner, um die Zeremonien der *investitur*, um den »Kultus« der Politik, um den »politischen Fetischismus« – die radiale Gleichung mit dem religiösen Feld, die hier aufgemacht wird, ist beabsichtigt, und sie geht restlos auf, wenn Bourdieu dazu eine »Physiognomie« des politischen Personals liefert, die den ganzen Habitus der Diener diese Kultus, der *minister*, als Ausdruck einer »geliehenen« Autorität nachzeichnet, in dem die ganze Verleugnung tatsächlicher Herrschaftsbeziehungen, der Autorität über die Leihgeber zum Ausdruck kommt.[16]

Und hier schließt sich auch der Kreis der »Politischen Soziologie« Bourdieus. Von den frühen »ideologiekritischen« Arbeiten, die mit ihren durch die »Bildungssoziologie« geschulten »klassentheoretischen« Aspekten allein schon eine fundamentale Infragestellung sämtlicher demokratischen Selbstgewissheiten und Selbstvergessenheiten bedeuten, über eine vollkommen neue Darstellung von Politik, die mit ihren Konzepten des »politischen Feldes« und seiner gleichzeitig strukturalen und praxeologischen Verankerung sowohl die »marxistische« wie »positivistische« Wahrnehmung der

16 Vgl. auch »Le mystère du ministère«, *Actes de la recherche en sciences sociales* 140, 2001, 7-11, für die beispielhafte Verschränkung von »Sprachkritik« und »Institutionenkritik« die entsprechenden Arbeiten in *Langage et pouvoir symbolique*, Paris: Seuil, 2001.

politischen Welt hinter sich lässt, einer höchst subtilen Analytik und Kasuistik, die in greifbarer Reichweite zu seiner »Theorie symbolischer Güter«, seiner »Kultursoziologie« steht, bis hin zu den geradezu »anthropologischen« Skizzen, den »ethnologischen« Beobachtungen jener »politischen« als einer grundsätzlich sozialen »Alchimie« der Verklärung und Verleugnung von Herrschaft, durchmisst diese gedankliche Linie jeden möglichen Winkel der Theoretisierung einer Sphäre, die eine solche Reflexivität umso weniger zulassen kann, desto mehr ihre Legitimität von der verkennenden Verklärung dieser Alchimie der Machtergreifung abhängt – Bourdieus Herangehensweise an »Politik« ist in jeder Hinsicht »eklatant«, in unnachgiebiger Erfüllung der epistemologischen Einsicht, Politik denken zu müssen, »ohne politisch zu denken«. Dass diese »Politische Soziologie« in gewisser Weise nur eine lange »Episode« ist, dass sie später umschwenkt auf eine »Staatssoziologie«,[17] in der diese Erkenntnisse verdichtet, in der sie theoretisch und empirisch auf ein »Feld der Macht« zugeschnitten werden und umgekehrt in Arbeiten wie *La misère du monde* einmünden können, ist nur folgerichtig: Wie Bourdieus »Religionssoziologie« ist auch seine »politische« Soziologie nicht einer »thematischen« Leidenschaft geschuldet, sondern entspringt einer Perspektive, die stattdessen sämtliche Formen von Herrschaft thematisiert. Dieser »politisme généralisé«, von dem zu Recht in der Diskussion gesprochen wurde, ist eine wissenschaftliche, »epistemologische« Haltung ebenso wie eine »persönliche«.[18]

17 *La noblesse d'État. Grandes écoles et esprit de corps*, Paris: Minuit, 1989, »Esprits d'Etat. Genèse et structure du champ bureaucratique«, *Actes de la recherche en sciences sociales* 96/97, 1993, 49-62, »De la maison du roi à la raison d'Etat«, *Actes de la recherche en sciences sociales* 118, 1997, 55-68, dazu auch die Themenhefte der *Actes de la recherche en sciences sociales* »L'Histoire de l'État« (1997), »Genese de l'État moderne« (1997), »De l'État social à l'État pénal« (1998) und »Science de l'État« (2000).

18 Vgl. insbesondere Louis Pinto, *Pierre Bourdieu et la théorie du monde social*, Paris: Albin Michel, 1998, dort 175-221.

Politische Soziologie und soziologische Intervention: Bourdieus »scholarship with commitment«

Im Hinblick auf »politische« Fragen besteht in der Rezeption Bourdieus allerdings eine augenfällige Diskrepanz. Auf der einen Seite sind seine Wortmeldungen, ist sein öffentliches Engagement, das seit Beginn der neunziger Jahre in der Tat sichtbarer zu werden scheint und in der Veröffentlichung der *Contre-feux* kulminiert,[19] immer wieder Gegenstand von Debatten gewesen, die eigentümlich zwiespältig ausfallen: Eine gewisse Sympathie für den »Inhalt« der Stellungnahmen ist in den tendenziell eher »progressiven« Sozialwissenschaften unverkennbar, die Art dieses Gangs in die Öffentlichkeit wird aber als vereinfachend, eben nicht als »wissenschaftlich«, sondern »politisch« empfunden – ein Verstoß gegen den guten akademischen Ton, der selbst in diesen Kreisen Wissenschaftlichkeit mit politischer Enthaltsamkeit identifiziert. Auf der anderen Seite ist die Wahrnehmung der politischen Soziologie Bourdieus bis heute bruchstückhaft geblieben, ein Umstand, der gerade angesichts einer seit dem letzten Jahrzehnt blühenden Rezeptionskultur darauf verweist, wie sehr auch strukturelle Barrieren und hegemoniale Konstellationen, etwa der immer noch ausgesprochen orthodoxe Zuschnitt der »Politikwissenschaften« oder die disziplinäre Randständigkeit der »Politischen Soziologie« in den *humanities*, der bloßen Wahrnehmung dieser Arbeiten im Wege stehen.[20]

19 *Contre-feux. Propos pour servir à la résistance contre l'invasion néo-libérale.* Paris: Liber, 1998, *Contre-Feux 2. Pour un mouvement social européen*, Paris: Raisons d'agir, 2001.

20 Für die französische Rezeption unter anderen Daniel Gaxie, *Le cens caché. Inégalités culturelles et ségrégation politique*, Paris: Seuil, 1978, Michel Offerlé, Les partis politiques, Paris: PUF 1987, Loïc Blondiaux, *La fabrique de l'opinion. Une histoire des sondages*, Paris: Seuil, 1998, in der anglo-amerikanischen Diskussion früh Nicholas Abercrombie, Bryan Turner & Stephen Hill, *The Dominant Ideology Theses*, London: Allen & Unwin 1980, lange danach George Steinmetz (ed.), *State/Culture. New Approaches to the State after the Cultural Turn*, Ithaca: Cornell University Press, 1994, Keith Topper, »Not So Trifling Nuances: Pierre Bourdieu, Symbolic Violence, and The Perversions of Democracy«, *Constellations* 8, 2001, 30-56, oder David Swartz, »Drawing Inspiration from Bourdieu's Sociology of Symbolic Power«, *Theory and Society* 32, 5/6, 2003, 519-528, im deutschen Kontext zunächst einsam Lutz Raphael, »Klassenkämpfe und politisches Feld. Plädoyer für eine Weiterführung Bour-

Diese strukturellen Hindernisse sind auf absehbare Zeit sicher nicht zu überwinden, die »normative« Frage nach den Einmischungen Bourdieus lässt sich allerdings in einen Reflexionszusammenhang bringen, der diesem »Problem« deutlich an vermuteter Schärfe nimmt. Denn selbst wenn wir von den »praktischen« Zügen absehen, die dieses Engagement immer besessen hat, von einer durch Herkunft, Erziehung und Laufbahn tief geprägten Ethik, die im »beherrschten« und »beschädigten« Leben den Ansatz ihrer Fragen an die Welt findet, einer Ethik, die von Beginn an und konsequent »linke« Stellungnahmen herausfordert, die nicht erst die Auswirkungen der »neoliberalen Höllenmaschine« kritisiert, sondern mit der algerischen Erfahrung einsetzt, den Erlebnissen des Kolonialkrieges, die den Einmarsch sowjetischer Truppen in Afghanistan kommentiert, die französische Politik in Neu-Kaledonien bloßstellt und für die polnischen Werftarbeiter Partei ergreift, als die westliche »Linke« noch in sozialistischen Träumen befangen war, selbst wenn wir also von dieser Dimension des bourdieuschen Engagements absehen, das nun mit den *Interventions* in seiner ganzen Konsequenz, aber auch in seiner gesamten Bandbreite dokumentiert ist, die nicht nur im engeren Sinne »politische«, sondern auch Fragen der Bildung und »Kultur« einschließt,[21] ist doch in allen diesen Stellungnahmen eine unerhört reflexive Distanz zu jener Art und Weise ersichtlich, in der die »Politik« selbst, die »öffentliche Debatte«, den jeweiligen Gegenstand thematisiert – Bourdieus Einmischungen sind sich nicht nur der Gefahr bewusst, nach den im politischen Feld herrschenden Kategorien »positioniert«, sondern

dieuscher Fragestellungen in der Politischen Soziologie«, Klaus Eder (Hrsg.), *Lebensstil und kulturelle Praxis. Theoretische und empirische Beiträge zur Auseinandersetzung mit Pierre Bourdieus Klassentheorie*, Frankfurt: Suhrkamp, 71-107, sehr viel später Uwe Bittlingmayer et al. (Hrsg.), *Theorie als Kampf? Zur politischen Soziologie Pierre Bourdieus*, Opladen: Leske & Budrich, 2002, zuletzt abschnittsweise Effi Böhlke & Rainer Rilling (Hrsg.), *Bourdieu und die Linke. Politik – Ökonomie –Kultur*, Berlin: Dietz, 2007.

21 Vgl. zur Einordnung des »biographischen« Komplexes Bourdieu, *Esquisse pour une auto-analyse*, Paris: Raisons d'agir, 2004, auch Loïc Wacquant, »Pointers on Pierre Bourdieu and Democratic Politics«, *Constellations* 11, 2004, 3-15, für eine Dokumentation der seit dem Algerienkrieg permanenten Einmischungen Bourdieus der von Franck Poupeau und Thierry Discepolo zusammengestellte Band *Interventions 1961-2001. Science sociale et action politique*, Marseille: Agone, 2002.

auch »politisiert«, ungefragter Helfer im Kampf der Kategorien und um Kategorien zu werden.[22]

Es ist diese reflexive Distanz, die nun nicht allein den »erkenntnislogischen« Widerspruch entkräftet, dass sich die Wissenschaft selbst immer auch in Herrschaftszusammenhängen befindet. Denn indem Bourdieu »Politik« als einen Kampf um die Durchsetzung der legitimen Sicht der sozialen Welt und gleichzeitig um die Durchsetzung »politischer« Vorstellungen von ihr zeigt, eine begründete Verlängerung seiner Wissenschaft der »wohlbegründeten Illusionen«, stellt er auch das intime Verhältnis von Politik und Wissenschaft und den Beitrag »wissenschaftlicher« zur Durchsetzung »politischer« Kategorien auf den Prüfstand: Wenn seine politische Soziologie notwendig über die Frage verläuft, was einer sozialen Ordnung ihre Reproduktion erlaubt, die Anerkennung und damit Verkennung jener Willkürlichkeit, die ihr zugrunde liegt, kann es hier nicht nur um eine Untersuchung der praktischen Verfassung des politischen Feldes gehen, sondern dreht sich die Frage im selben Augenblick um die jenseits der »traditionellen« Zustimmung liegenden Möglichkeitsbedingungen der Unterwerfung der Beherrschten unter diese Ordnung, um die Frage, wodurch sie sich als »Ordnung der Dinge« zeigt – um »Ideologie«. Insofern ist der »politische« Bourdieu, den die Rezeption erst in den neunziger Jahre mit seiner Kritik der Phänomene eines »ökonomischen« Diskurses über Gesellschaft kennen gelernt hat, von bestechender Folgerichtigkeit – die Tatsache, dass dieser Diskurs in derart atemberaubender Weise und mit derartigen Folgen das Feld der Produktion legitimer Sichten der sozialen Welt hegemonisieren konnte, als eine Ideologie der »Krise« des Wohlfahrtsstaates, zu deren »Gelingen« sie selbst in erheblichem Maße beigetragen hat, ist ein »gemachtes«, ein Ergebnis sozialer Vorgänge, das Produkt einer ideologischen Arbeit und der Verschiebung sozialer Machtkonstel-

22 Bourdieu hat dieses Dilemma an verschiedener Stelle expliziert, am deutlichsten in seiner Einleitung eines Themenheftes der *Actes* zum Verhältnis von Wissenschaft und »Zeitfragen«, vgl. »La science et l'actualité«, *Actes de la recherche en sciences sociales* 61, 1986, 2-3. In kritischer Zitierung eines Worts von Walter Benjamin, der die »Jetzt-Zeit« begreift als »was sich unmittelbar zu erkennen gibt«, besteht Bourdieu auf einem notwendigen Bruch mit dieser Illusion: »Aktuell« ist »der Einsatz symbolischer Kämpfe, bei denen Sinn und Wert des Gegebenen auf dem Spiel steht« – genau dies rechtfertige die kritische Funktion von Wissenschaft.

lationen. Die Spuren dieser Transformationen hat Bourdieu sehr aufmerksam zurückverfolgen können.[23]

Aber diese reflexive Distanz unterläuft auch den Einwand, Bourdieus soziologische Forschungen und erst recht seine politischen Stellungnahmen versäumten es, den »normativen Standpunkt« kenntlich zu machen, von dem aus die soziale Welt in den Blick genommen wird. Denn selbst ohne die »persönlichen« Züge dieses Zugangs, der nie sein Mitgefühl für die »Mühseligen und Beladenen« verleugnen kann, ein dennoch ganz unsentimentales Verständnis für die »kleinen Leute«, ohne diesen »praktischen Standpunkt« sind es die sichtbaren, greifbaren Ergebnisse jener epistemologischen Sensibilität, die solche Fragen nicht entscheiden kann, sondern in jeder »Norm« das »Normierte« kenntlich machen will, es sind die Erträge einer Wissenschaft, die durch ihren stark empirischen Hinweis auf soziale »Verhältnisse« eine Diskrepanz von »Diskurs« und »Wirklichkeit« beschreibt, mit denen Bourdieus Soziologie oft derart sinnfällig wird und vor deren Hintergrund sich »normative« Fragen erst stellen lassen – dass die Beanspruchungen einer solchen Haltung gewaltig sind, ist damit nicht bestritten.

Außer Frage steht, dass diese Soziologie einem »kritischen«, aufklärerischen, einem libertären Denken verpflichtet ist, dass die Verbindung von Wissenschaft und Einmischung, *scholarship with commitment*, gerade aufgrund dieses undogmatischen, gleichzeitig hoch reflexiv verfahrenden und empirisch unterrichteten Blicks

23 Vgl. zum Verhältnis von ökonomischem und politischem Feld und den Bedingungen der Verbreitung ökonomischer »Lehrmeinungen« aus dem Umkreis Bourdieus nur Frédéric Lebaron, »Les fondements sociaux de la neutralité économique«, *Actes de la recherche en sciences sociales* 116/117, 1997, 69-90, *La croyance économique. Les économistes entre science et politique*, Paris: Seuil, 2000, oder Keith Dixon, *Les Évangelistes du marché*, Paris: Raisons d'agir, 1998, *Un digne héritier. Anthony Blair et le thatcherisme*, Paris: Raisons d'agir 1999, in eine ähnliche Richtung auch Frédéric Lordon, *La quadratures de la politique économique*, Paris: Albin Michel, 1997, *La politique du capital*, Paris: Odile Jacob, 2002, von Bourdieu selbst *Les structures sociales de l'économie*, Paris: Seuil, 2000, vor allem aber die große, schon klassische Arbeit *La misère du monde*, Paris: Seuil, 1993, komplementär zu lesen sicher auch die Studie von Luc Boltanski und Ève Chiapello, *Le nouvel ésprit du capitalisme*, Paris: Gallimard, 1999. Für eine knappe Darstellung dieser Zusammenhänge erneut Wacquant, »Pointers on Pierre Bourdieu and Democratic Politics«, *Constellations* 11, 2004, 3-15, auch Franck Poupeau & Thierry Disceopolo »Sholarship with Commitment: On the Political Engagement of Pierre Bourdieu, *Constellations* 11, 2004, 76-96.

eine konsequente Folge sein muss. Bourdieus »politische« Soziologie ist ein gutes Beispiel dafür: Sie sprengt das Alltagsverständnis völlig, stellt jede »politikwissenschaftliche« Gewissheit in Frage, beschreibt die Alchimie der repräsentativen Machtergreifung und ihre Verstrebungen im sozialem Raum, macht auch hier eine klassentheoretische Rechnung auf von normativem »Soll« und sozialem »Haben« und stellt dieses Bild vor den Hintergrund einer Theorie jener »symbolischen Gewalt«, von der ethische Forderungen aufgerufen werden, die sich aber praktisch allen Anforderungen entzieht – die »normative« steht hier weder der wissenschaftlichen noch der kritischen Leistung nach.

Diese »politische«, diese herrschaftskritische Haltung bildet zweifellos auch den Kern der gesamten bourdieuschen Soziologie. Dennoch ist ihr »Politik«, wie schon »Religion«, zunächst nur ein »Thema« unter anderen, steht nicht im Zentrum der Forschungsleidenschaften. Wie die »Religionssoziologie« bezeichnet die »Politische Soziologie« aber eine entscheidende Wegmarke der bourdieuschen Theorieproduktion und eine Durchgangsstelle bei der Erweiterung ihres thematischen Gefüges: Sie zieht mit ihrer Ausarbeitung des Feldbegriffs und seinem Anschluss an eine »Theorie symbolischer Güter« der ganzen Architektur der bourdieuschen Soziologie eine tragende Stütze ein, weist theoretisch auf das spätere Motiv vom »Feld der Macht« voraus, eröffnet den materialen Horizont für eine neuartig gefasste »Staatswissenschaft« und verdeutlicht die erstaunliche Wirksamkeit ihrer gleichzeitig »epistemologischen« Herangehensweise an einem Gegenstand, der sich wie kaum ein zweiter gegen diese Art von Aufklärung sträubt – Bourdieus »Politische Soziologie« ist wesentlicher Katalysator für die Entwicklung einer »Theorie der sozialen Welt«, deren Erkenntnisse alltägliche Gewissheiten erschüttern und unseren Blick auf diese Welt grundlegend verändern.

Pierre Bourdieu im Suhrkamp Verlag

NF 147/1/02.12

Rede und Antwort. Übersetzt von Bernd Schwibs. es 1547. 237 Seiten

Die Regeln der Kunst. Genese und Struktur des literarischen Feldes. Übersetzt von Bernd Schwibs und Achim Russer. stw 1539. 552 Seiten

Sozialer Sinn. Kritik der theoretischen Vernunft. Übersetzt von Günther Seib. stw 1066. 503 Seiten

Soziologische Fragen. Übersetzt von Hella Beister und Bernd Schwibs. es 1872. 256 Seiten

Zur Soziologie der symbolischen Formen. Übersetzt von Wolfgang Fietkau. stw 107. 201 Seiten

Reflexive Anthropologie. Mit Loïc J. D. Wacquant. Übersetzt von Hella Beister. stw 1793. 351 Seiten

Zu Pierre Bourdieu

Bourdieu und Luhmann. Ein Theorienvergleich. Herausgegeben von Armin Nassehi und Gerd Nollmann. stw 1696. 350 Seiten

Pierre Bourdieu: Deutsch-französische Perspektiven. Herausgegeben von Catherine Colliot-Thélène, Etienne François und Gunter Gebauer. stw 1752. 329 Seiten

Soziologie ist ein Kampfsport. Pierre Bourdieu im Portrait. Von Pierre Carles. fes 5. DVD, OmU, 140 min.

NF 147/2/02.12

Politische Theorie
im Suhrkamp Verlag
Eine Auswahl

Klaus von Beyme
- Die Kunst der Macht und die Gegenmacht der Kunst. Studien zum Spannungsverhältnis von Kunst und Politik. stw 1368. 405 Seiten
- Die politische Klasse im Parteienstaat. stw 1064. 224 Seiten
- Theorie der Politik im 20. Jahrhundert. Von der Moderne zur Postmoderne. Erweiterte Ausgabe. stw 969. 450 Seiten

Ernst-Wolfgang Böckenförde
- Recht, Staat, Freiheit. Studien zur Rechtsphilosophie, Staatstheorie und Verfassungsgeschichte. stw 914. 382 Seiten
- Staat, Nation, Europa. Studien zur Staatslehre, Verfassungstheorie und Rechtsphilosophie. stw 1419. 290 Seiten

Manfred Brocker. Geschichte des politischen Denkens. Ein Handbuch. stw 1818. 826 Seiten

Hauke Brunkhorst. Solidarität. Von der Bürgerfreundschaft zur globalen Rechtsgenossenschaft. stw 1560. 247 Seiten

Hauke Brunkhorst (Hg.). Demokratischer Experimentalismus. Politik in der komplexen Gesellschaft. stw 1369. 397 Seiten

Hauke Brunkhorst/Wolfgang R. Köhler/Matthias Lutz-Bachmann (Hg.). Recht auf Menschenrechte. Menschenrechte, Demokratie und internationale Politik. stw 1441. 352 Seiten

Hauke Brunkhorst/Peter Niesen (Hg.). Das Recht der Republik. stw 1392. 403 Seiten

NF 112/1/10.10

Judith Butler

- Antigones Verlangen: Verwandtschaft zwischen Leben und Tod. Übersetzt von Reiner Ansén. es 2187. 160 Seiten
- Gefährdetes Leben. Politische Essays. Übersetzt von Karin Wördemann. es 2393. 179 Seiten
- Haß spricht. Zur politischen Performation. es 2414. 263 Seiten
- Körper von Gewicht. Die diskursiven Grenzen des Geschlechts. Übersetzt von Karin Wördemann. es 1737. 400 Seiten
- Kritik der ethischen Gewalt. Übersetzt von Reiner Ansén. Adorno-Vorlesungen 2002. stw 1792. 180 Seiten
- Psyche der Macht. Das Subjekt der Unterwerfung. Übersetzt von Reiner Ansén. es 1744. 260 Seiten
- Das Unbehagen der Geschlechter. Übersetzt von Kathrina Menke. es 1722. 240 Seiten

Christine Chwaszcza/Wolfgang Kersting (Hg.). Politische Philosophie der internationalen Beziehungen. stw 1365. 604 Seiten

Iris Därmann. Figuren des Politischen. stw 1911. 304 Seiten

Nicole Deitelhoff. Überzeugung in der Politik. Grundzüge einer Diskurstheorie internationalen Regierens. stw 1821. 347 Seiten

Jacques Derrida

- Das andere Kap. Die vertagte Demokratie. Zwei Essays zu Europa. Übersetzt von Alexander García Düttmann. es 1769. 97 Seiten
- Schurken. Übersetzt von Horst Brühmann. 224 Seiten. Gebunden. stw 1778. 219 Seiten

Michel Foucault. Geschichte der Gouvernementalität

- Band 1: Sicherheit, Territorium, Bevölkerung. stw 1808. 600 Seiten.

NF 112/2/10.10

- Band 2: Die Geburt der Biopolitik. stw 1809. 517 Seiten

Armin Grunwald. Technik und Politikberatung. Philosophische Perspektiven. stw 1901. 403 Seiten

Hans Joas/Martin Kohli (Hg.). Der Zusammenbruch der DDR. es 1777. 325 Seiten

Matthias Kettner (Hg.). Angewandte Ethik als Politikum. stw 1458. 416 Seiten

Ekkehart Krippendorff
- Kritik der Außenpolitik. es 2139. 240 Seiten
- Staat und Krieg. Die historische Logik politischer Unvernunft. es 1305. 436 Seiten

Ernst-Joachim Lampe (Hg.). Zur Entwicklung von Rechtsbewußtsein. stw 1315. 520 Seiten

Niklas Luhmann. Die Wirtschaft der Gesellschaft. stw 1152. 356 Seiten

Ulrich Menzel/Dieter Senghaas. Europas Entwicklung und die Dritte Welt. Eine Bestandsaufnahme. es 1393. 295 Seiten

Ulrich Menzel u.a. (Hg.). Die Neue Weltwirtschaft. Entstofflichung und Entgrenzung der Ökonomie. es 1983. 336 Seiten

Julian Nida-Rümelin. Demokratie als Kooperation. stw 1430. 224 Seiten

Peter Niesen/Benjamin Herborth (Hg). Anarchie der kommunikativen Freiheit. Jürgen Habermas und die Theorie der internationalen Politik. stw 1820. 464 Seiten

NF 112/3/10.10

Claus Offe. Selbstbetrachtung aus der Ferne. Tocqueville, Weber und Adorno in den Vereinigten Staaten. Kartoniert. 144 Seiten

Bernhard Peters. Der Sinn von Öffentlichkeit. Herausgegeben von Hartmut Weßler. Mit einem Vorwort von Jürgen Habermas. stw 1836. 410 Seiten

Karl Polanyi. The Great Transformation. Politische und ökonomische Ursprünge von Gesellschaften und Wirtschaftssystemen. Übersetzt von Heinrich Jelinek. stw 260. 394 Seiten

John Rawls
- Gerechtigkeit als Fairneß. Ein Neuentwurf. stw 1804. 316 Seiten
- Geschichte der politischen Philosophie. Herausgegeben von Samuel Freeman. Aus dem Amerikanischen von Joachim Schulte. Gebunden. 671 Seiten

Hartmut Rosa. Beschleunigung. Die Veränderung der Zeitstrukturen in der Moderne. stw 1760. 537 Seiten

Dieter Senghaas
- Friedensprojekt Europa. es 1717. 226 Seiten
- Konfliktformationen im internationalen System. Weltpolitische Betrachtungen. es 1509. 230 Seiten
- Rüstung und Militarismus. es 498. 370 Seiten
- Weltwirtschaftsordnung und Enwicklungspolitik. Plädoyer für Dissoziation. es 856. 358 Seiten
- Zivilisierung wider Willen. Der Konflikt der Kulturen mit sich selbst. es 2081. 228 Seiten
- Die Zukunft Europas. Probleme der Friedensgestaltung. es 1339. 273 Seiten

Dieter Senghaas (Hg.). Frieden machen. es 2000. 592 Seiten

NF 112/4/10.10

Quentin Skinner. Freiheit und Pflicht. Thomas Hobbes' politische Theorie. Frankfurter Adorno-Vorlesungen 2005. Institut für Sozialforschung an der Johann Wolfgang Goethe-Universität, Frankfurt am Main. Aus dem Englischen von Karin Wördemann. Broschur. 141 Seiten

Gary Smith/Avishai Margalit (Hg.). Amnestie oder Die Politik der Erinnerung in der Demokratie. es 2016. 243 Seiten

Horst Steinmann/Andreas Georg Scherer (Hg.). Zwischen Universalismus und Relativismus. Philosophische Grundlagenprobleme des interkulturellen Managements. stw 1380. 424 Seiten

Cass. R. Sunstein. Gesetze der Angst. Jenseits des Vorsorgeprinzips. Aus dem Amerikanischen von Robin Celikates und Eva Engels. Gebunden. 344 Seiten

NF 112/5/10.10